LE **LIVRE** DES **MÉDIUMS**

Discovery Publisher

2019, Discovery Publisher

Aucune partie de ce livre ne peut être reproduite ou utilisée sous aucune forme ou par quelque procédé que ce soit, électronique ou mécanique, y compris des photocopies et des rapports ou par aucun moyen de mise en mémoire d'information et de système de récupération sans la permission écrite de l'éditeur.

Auteur : Allan Kardec
Responsable d'édition : Adriano Lucca

616 Corporate Way, Suite 2-4933
Valley Cottage, New York, 10989
www.discoverypublisher.com
edition@discoverypublisher.com
facebook.com/discoverypublisher
twitter.com/discoverypb

New York • Paris • Dublin • Tokyo • Hong Kong

TABLE DES MATIÈRES

LE LIVRE DES MÉDIUMS	**2**
INTRODUCTION	4
PREMIÈRE PARTIE : NOTIONS PRÉLIMINAIRES	**8**
CHAPITRE PREMIER : Y A-T-IL DES ESPRITS ?	10
CHAPITRE II : LE MERVEILLEUX ET LE SURNATUREL	14
CHAPITRE III : MÉTHODE	21
CHAPITRE IV : SYSTÈMES	29
SECONDE PARTIE : DES MANIFESTATIONS SPIRITES	**42**
CHAPITRE PREMIER : ACTION DES ESPRITS SUR LA MATIÈRE	44
CHAPITRE II : MANIFESTATIONS PHYSIQUES - TABLES TOURNANTES	48
CHAPITRE III : MANIFESTATIONS INTELLIGENTES	51
CHAPITRE IV : THÉORIE DES MANIFESTATIONS PHYSIQUES	54
Mouvements et soulèvements - Bruits	54
Augmentation et diminution du poids des corps	61
CHAPITRE V : MANIFESTATIONS PHYSIQUES SPONTANÉES	63
Bruits, tapages et perturbations	63
Objets lancés	67
Phénomène des apports	71
Dissertation d'un esprit sur les apports	72
CHAPITRE VI : MANIFESTATIONS VISUELLES	79
Questions sur les apparitions	79
Essai théorique sur les apparitions	84
Esprits globules	87
Théorie de l'hallucination	89
CHAPITRE VII : BI-CORPORÉITE ET TRANSFIGURATION	93
Apparitions de l'Esprit des vivants	93
Hommes doubles - Saint Alphonse de Liguori et Saint Antoine de Padoue	95
Vespasien	96
Transfiguration	97

Invisibilité	98
CHAPITRE VIII : LABORATOIRE DU MONDE INVISIBLE	100
Vêtements des Esprits - Formation spontanée d'objets tangibles	100
Modification des propriétés de la matière	102
Action magnétique curative	104
CHAPITRE IX : DES LIEUX HANTÉS	106
CHAPITRE X : NATURE DES COMMUNICATIONS	110
Communications grossières	110
Communications frivoles	110
Communications sérieuses	111
Communications instructives	111
CHAPITRE XI : SÉMATOLOGIE ET TYPTOLOGIE	113
Langage des signes et des coups frappés. Typtologie alphabétique	113
CHAPITRE XII : PNEUMATOGRAPHIE OU PNEUMATOPHONIE	117
Écriture directe	117
Pneumatophonie	119
CHAPITRE XIII : PSYCHOGRAPHIE	121
Psychographie indirecte : corbeilles et planchettes	121
Psychographie directe ou manuelle	122
CHAPITRE XIV : DES MÉDIUMS	124
Médiums à effets physiques	124
Personnes électriques	126
Médiums sensitifs ou impressibles	127
Médiums auditifs	127
Médiums parlants	128
Médiums voyants	128
Médiums somnambules	131
Médiums guérisseurs	132
Médiums pneumatographes	133
CHAPITRE XV : MÉDIUMS ECRIVAINS OU PSYCHOGRAPHES	135
Médiums mécaniques	135
Médiums intuitifs	135
Médiums semi-mécaniques	136
Médiums inspirés	136
Médiums à pressentiments	138
CHAPITRE XVI : MÉDIUMS SPÉCIAUX	139
Aptitudes spéciales des médiums	139
Tableau synoptique des différentes variétés de médiums	140

Variétés des médiums écrivains	143
CHAPITRE XVII : FORMATION DES MÉDIUMS	**151**
Développement de la médiumnité	151
Changement d'écriture	158
Perte et suspension de la médiumnité	158
CHAPITRE XVIII : INCONVÉNIENTS ET DANGERS DE LA MÉDIUMNITÉ	**162**
Influence de l'exercice de la médiumnité sur la santé, sur le cerveau, sur les enfants	162
CHAPITRE XIX : RÔLE DU MÉDIUM DANS LES COMMUNICATIONS SPIRITES	**164**
Influence de l'Esprit personnel du médium	164
Système des médiums inertes	166
Aptitude de certains médiums pour les choses qu'ils ne connaissent pas les langues, la musique, le dessin	167
Dissertation d'un Esprit sur le rôle des médiums	169
CHAPITRE XX : INFLUENCE MORALE DU MÉDIUM	**173**
Questions diverses	173
Dissertation d'un Esprit sur l'influence morale	177
CHAPITRE XXI : INFLUENCE DU MILIEU	**179**
CHAPITRE XXII : DE LA MÉDIANIMITÉ CHEZ LES ANIMAUX	**181**
Dissertation d'un esprit sur cette question	181
CHAPITRE XXIII : DE L'OBSESSION	**186**
Obsession simple	186
Fascination	186
Subjugation	187
Causes de l'obsession	188
Moyens de la combattre	191
CHAPITRE XXIV : IDENTITÉ DES ESPRITS	**197**
Preuves possibles d'identité	197
Distinction des bons et des mauvais Esprits	200
Questions sur la nature et l'identité des Esprits	205
CHAPITRE XXV : DES ÉVOCATIONS	**211**
Considérations générales	211
Esprits que l'on peut évoquer	213
Langage à tenir avec les Esprits	215
Utilité des évocations particulières	216
Questions sur les évocations	217
Évocation des animaux	224

Évocation des personnes vivantes	224
Télégraphie humaine	229
CHAPITRE XXVI : QUESTIONS QUE L'ON PEUT ADRESSER AUX ESPRITS	**230**
Observations préliminaires	230
Questions sympathiques ou antipathiques aux Esprits	231
Questions sur l'avenir	232
Questions sur les existences passées et futures	234
Questions sur les intérêts moraux et matériels	235
Questions sur le sort des Esprits	237
Questions sur la santé	238
Questions sur les inventions et les découvertes	239
Questions sur les trésors cachés	239
Questions sur les autres mondes	240
CHAPITRE XXVII : DES CONTRADICTIONS ET DES MYSTIFICATIONS	**242**
Des contradictions	242
Des mystifications	247
CHAPITRE XXVIII : CHARLATANISME ET JONGLERIE	**250**
Médiums intéressés	250
Fraudes spirites	253
CHAPITRE XXIX : RÉUNIONS ET SOCIÉTÉS SPIRITES	**258**
Des réunions en général	258
Des sociétés proprement dites	262
Sujets d'études	267
Rivalité entre les sociétés	269
CHAPITRE XXX : RÈGLEMENT DE LA SOCIÉTÉ PARISIENNE DES ÉTUDES SPIRITES	**271**
Chapitre Premier - But et formation de la Société	271
Chapitre II - Administration	272
Chapitre III - Des séances	274
Chapitre IV - Dispositions diverses	276
CHAPITRE XXXI : DISSERTATIONS SPIRITES	**278**
Sur le spiritisme	278
Sur les médiums	282
Sur les réunions spirites	285
Communications apocryphes	292

VOCABULAIRE SPIRITE	**300**
INDEX	**304**
Index	305

SPIRITISME EXPÉRIMENTAL

LE LIVRE DES MÉDIUMS

OU

GUIDE DES MÉDIUMS ET DES ÉVOCATEURS

CONTENANT

L'ENSEIGNEMENT SPÉCIAL DES ESPRITS SUR LA THÉORIE DE TOUS LES GENRES DE MANIFESTATIONS, LES MOYENS DE COMMUNIQUER AVEC LE MONDE INVISIBLE, LE DÉVELOPPEMENT DE LA MÉDIUMNITÉ, LES DIFFICULTÉS ET LES ÉCUEILS QUE L'ON PEUT RENCONTRER DANS LA PRATIQUE DU SPIRITISME.

POUR FAIRE SUITE AU

LIVRE DES ESPRITS

par ALLAN KARDEC

CONFORME À LA ONZIÈME ÉDITION ORIGINALE

INTRODUCTION

L'expérience nous confirme tous les jours dans cette opinion que les difficultés et les mécomptes que l'on rencontre dans la pratique du spiritisme, ont leur source dans l'ignorance des principes de cette science, et nous sommes heureux d'avoir été à même de constater que le travail que nous avons fait pour prémunir les adeptes contre les écueils d'un noviciat, a porté ses fruits, et que beaucoup ont dû à la lecture de cet ouvrage d'avoir pu les éviter.

Un désir bien naturel, chez les personnes qui s'occupent de spiritisme, c'est de pouvoir entrer elles-mêmes en communication avec les Esprits ; c'est à leur aplanir la route que cet ouvrage est destiné, en les faisant profiter du fruit de nos longues et laborieuses études, car on s'en ferait une idée très fausse si l'on pensait que, pour être expert en cette matière, il suffit de savoir poser les doigts sur une table pour la faire tourner, ou tenir un crayon pour écrire.

On se tromperait également si l'on croyait trouver dans cet ouvrage une recette universelle et infaillible pour former des médiums. Bien que chacun renferme en soi-même le germe des qualités nécessaires pour le devenir, ces qualités n'existent qu'à des degrés très différents, et leur développement tient à des causes qu'il ne dépend de personne de faire naître à volonté. Les règles de la poésie, de la peinture et de la musique ne font ni des poètes, ni des peintres, ni des musiciens de ceux qui n'en ont pas le génie : elles guident dans l'emploi des facultés naturelles. Il en est de même de notre travail ; son objet est d'indiquer les moyens de développer la faculté médianimique autant que le permettent les dispositions de chacun, et surtout d'en diriger l'emploi d'une manière utile lorsque la faculté existe. Mais là n'est point le but unique que nous nous sommes proposé.

À côté des médiums proprement dits, il y a la foule qui s'accroît tous les jours des personnes qui s'occupent des manifestations spirites ; les guider dans leurs observations, leur signaler les écueils qu'elles peuvent et doivent nécessairement rencontrer dans une chose nouvelle, les initier à la manière de s'entretenir avec les Esprits, leur indiquer les moyens d'avoir de bonnes communications, tel est le cercle que nous devons embrasser sous peine de faire une chose incomplète. On ne sera donc point surpris de trouver dans notre travail des renseignements qui, au premier abord, pourraient y paraître étrangers : l'expérience en montrera l'utilité. Après l'avoir étudié avec soin, on comprendra mieux les faits dont on sera témoin ; le langage de certains Esprits paraîtra moins étrange. Comme instruction pratique, il ne s'adresse donc pas exclusivement aux médiums, mais à tous ceux qui sont à même de voir et d'observer les phénomènes spirites.

Quelques personnes auraient désiré que nous publiassions un manuel pratique très succinct, contenant en peu de mots l'indication des procédés à suivre pour entrer en communication avec les Esprits ; elles pensent qu'un livre de cette nature pouvant, par la modicité de son prix, être répandu à profusion, serait un puissant moyen de propagande, en multipliant les médiums ; quant à nous, nous regarderions un tel ouvrage comme plus nuisible qu'utile, pour le moment du moins. La pratique du spiritisme est entourée de beaucoup de difficultés, et n'est pas toujours exempte d'inconvénients qu'une étude sérieuse et complète peut seule prévenir. Il serait donc à craindre qu'une indication trop succincte ne provoquât des expériences faites avec légèreté, et dont on pourrait avoir lieu de se repentir ; ce sont de ces choses avec lesquelles il n'est ni *convenable*, ni prudent de jouer, et nous croirions rendre un mauvais service en les mettant à la disposition du premier étourdi venu qui trouverait plaisant de causer avec les morts. Nous nous adressons aux personnes qui voient dans le spiritisme un but sérieux, qui en comprennent toute la gravité, et ne se font pas un jeu des communications avec le monde invisible.

Nous avons publié une *Instruction pratique* dans le but de guider les médiums ; cet ouvrage est aujourd'hui épuisé et, quoiqu'il fût dans un but éminemment grave et sérieux, nous ne le réimprimerons pas, parce que nous ne le trouvons pas encore assez complet pour éclairer sur toutes les difficultés que l'on peut rencontrer. Nous l'avons remplacé par celui-ci, dans lequel nous avons réuni toutes les données qu'une longue expérience et une étude consciencieuse nous ont mis à même d'acquérir. Il contribuera, nous l'espérons du moins, à donner au spiritisme le caractère sérieux qui est son essence, et à détourner d'y voir un sujet d'occupation frivole et d'amusement.

À ces considérations nous en ajouterons une très importante, c'est la mauvaise impression que produit sur les personnes novices ou mal disposées, la vue d'expériences faites légèrement et sans connaissance de cause ; elles ont pour inconvénient de donner du monde des Esprits une idée très fausse et de prêter le flan à la raillerie et à une critique souvent fondée ; c'est pourquoi les incrédules sortent de ces réunions rarement convertis, et peu disposés à voir un côté sérieux dans le spiritisme. L'ignorance et la légèreté de certains médiums ont fait plus de tort qu'on ne le croit dans l'opinion de beaucoup de gens.

Le spiritisme a fait de grands progrès depuis quelques années, mais il en a fait surtout d'immenses depuis qu'il est entré dans la voie philosophique, parce qu'il a été apprécié par les gens éclairés. Aujourd'hui ce n'est plus un spectacle : c'est une doctrine dont ne se rient plus ceux qui se moquaient des tables tournantes. En faisant nos efforts pour l'amener et le maintenir sur ce terrain, nous avons la conviction de lui conquérir plus de partisans utiles qu'en provoquant à tort et à travers des manifestations dont on pourrait abuser. Nous en avons tous les jours la preuve par le nombre d'adeptes qu'a faits la seule lecture du *Livre des Esprits*.

Après avoir exposé dans le *Livre des Esprits* la partie philosophique de la science spirite, nous donnons dans cet ouvrage la partie pratique à l'usage de ceux qui veulent s'occuper des manifestations, soit par eux-mêmes, soit pour se rendre compte des phénomènes qu'ils peuvent être appelés à voir. Ils y verront les écueils qu'on peut rencontrer, et auront ainsi un moyen de les éviter. Ces deux ouvrages, quoique faisant suite l'un à l'autre, sont jusqu'à un certain point indépendants l'un de l'autre ; mais à quiconque voudra s'occuper sérieusement de la chose, nous dirons de lire d'abord le *Livre des Esprits*, parce qu'il contient des principes fondamentaux, sans lesquels certaines parties de celui-ci seraient peut-être difficilement comprises.

Des améliorations importantes ont été apportées à la seconde édition, beaucoup plus complète que la première. Elle a été corrigée avec un soin tout particulier par les Esprits qui y ont ajouté un très grand nombre de remarques et d'instructions du plus haut intérêt. Comme ils ont tout revu, qu'ils ont approuvé ou modifié à leur gré, on peut dire qu'elle est en grande partie leur ouvrage, car leur intervention ne s'est pas bornée aux quelques articles signés ; nous n'avons indiqué les noms que lorsque cela nous a paru nécessaire pour caractériser certaines citations un peu étendues, comme émanant d'eux textuellement, autrement il nous eût fallu les citer presque à chaque page, notamment à toutes les réponses faites aux questions proposées, ce qui ne nous a pas semblé utile. Les noms, comme on le sait, importent peu en pareille matière ; l'essentiel est que l'ensemble du travail réponde au but que nous nous sommes proposé. L'accueil fait à la première édition, quoique imparfaite, nous fait espérer que celle-ci ne sera pas vue avec moins de faveur.

Comme nous y avons ajouté beaucoup de choses, et plusieurs chapitres entiers, nous avons supprimé quelques articles qui faisaient double emploi, entre autres l'*Échelle spirite* qui se trouve déjà dans le *Livre des Esprits*. Nous avons également supprimé du *Vocabulaire* ce qui ne rentrait pas spécialement dans le cadre de cet ouvrage, et qui se trouve utilement remplacé par des choses plus pratiques. Ce vocabulaire, d'ailleurs, n'était point assez complet ; nous le publierons plus tard séparément sous la forme d'un petit dictionnaire de philosophie spirite ; nous n'en avons conservé ici que les mots nouveaux ou spéciaux relatifs à l'objet dont nous nous occupons.

PREMIÈRE PARTIE
–
NOTIONS PRÉLIMINAIRES

CHAPITRE PREMIER
Y A-T-IL DES ESPRITS ?

☞ 1. Le doute concernant l'existence des Esprits a pour cause première l'ignorance de leur véritable nature. On se les figure généralement comme des êtres à part dans la création, et dont la nécessité n'est pas démontrée. Beaucoup ne les connaissent que par les contes fantastiques dont ils ont été bercés, à peu près comme on connaît l'histoire par les romans ; sans chercher si ces contes, dégagés des accessoires ridicules, reposent sur un fond de vérité, le côté absurde seul les frappe ; ne se donnant pas la peine d'enlever l'écorce amère pour découvrir l'amande, ils rejettent le tout, comme font, dans la religion, ceux qui, choqués de certains abus, confondent tout dans la même réprobation.

Quelle que soit l'idée que l'on se fasse des Esprits, cette croyance est nécessairement fondée sur l'existence d'un principe intelligent en dehors de la matière ; elle est incompatible avec la négation absolue de ce principe. Nous prenons donc notre point de départ dans l'existence, la survivance et l'individualité de l'âme, dont le *spiritualisme* est la démonstration théorique et dogmatique, et le *spiritisme* la démonstration patente. Faisons pour un instant abstraction des manifestations proprement dites, et, raisonnant par induction, voyons à quelles conséquences nous arriverons.

☞ 2. Du moment que l'on admet l'existence de l'âme et son individualité après la mort, il faut admettre aussi 1° qu'elle est d'une nature différente du corps, puisqu'une fois séparée elle n'en a plus les propriétés ; 2° qu'elle jouit de la conscience d'elle-même, puisqu'on lui attribue la joie ou la souffrance, autrement ce serait un être inerte, et autant vaudrait pour nous n'en pas avoir. Ceci admis, cette âme va quelque part ; que devient-elle et où va-t-elle ? Selon la croyance commune elle va au ciel ou en enfer ; mais où sont le ciel et l'enfer ? On disait autrefois que le ciel était en haut et l'enfer en bas ; mais qu'est-ce que le haut et le bas dans l'univers, depuis que l'on connaît la rondeur de la terre, le mouvement des astres qui fait que ce qui est le haut à un moment donné devient le bas dans douze heures, l'infini de l'espace dans lequel l'œil plonge à des distances incommensurables ? Il est vrai que par lieux bas on entend aussi les profondeurs de la terre ; mais que sont devenues ces profondeurs depuis qu'elles ont été fouillées par la géologie ? Que sont également devenues ces sphères concentriques appelées ciel de feu, ciel des étoiles, depuis que l'on sait que la terre n'est pas le centre des mondes, que notre soleil lui-même n'est qu'un des millions de soleils qui brillent dans l'espace, et dont chacun est le centre d'un tourbillon planétaire ? Que devient l'importance de la terre perdue dans cette immensité ? Par quel privilège injustifiable ce grain de sable imperceptible qui ne se distingue ni par son volume, ni par sa position, ni par un rôle particulier, serait-il seul peuplé d'êtres raisonnables ? La raison se refuse à admettre cette inutilité de l'infini, et tout nous dit que ces mondes sont habités. S'ils sont peuplés, ils fournissent donc leur contingent au monde des âmes ; mais encore une fois que deviennent ces âmes, puisque l'astronomie et la géologie ont détruit les demeures qui leur étaient assignées, et surtout depuis que la théorie si rationnelle de la pluralité des mondes les a multipliées à l'infini ? La doctrine de la localisation des âmes ne pouvant s'accorder avec les données de la science, une autre doctrine plus logique leur assigne pour domaine, non un lieu déterminé et circonscrit, mais l'espace universel : c'est tout un monde invisible au milieu duquel nous vivons, qui nous environne et nous coudoie sans cesse. Y a-t-il à cela une impossibilité, quelque chose qui répugne à la raison ? Nullement ; tout nous dit, au contraire, qu'il n'en peut être autrement. Mais alors que deviennent les peines et les récompenses futures, si vous leur ôtez les lieux spéciaux ? Remarquez que l'incrédulité à l'endroit de ces peines et récompenses est généralement provoquée parce qu'on les présente dans des conditions inadmissibles ; mais dites, au lieu de cela, que les âmes puisent leur bonheur ou leur malheur en elles-mêmes ; que leur sort est subordonné à leur état moral ; que la réunion des âmes sympathiques et bonnes est une source de félicité ; que, selon leur degré d'épuration, elles pénètrent et entrevoient des choses qui s'effacent devant des âmes grossières, et tout le monde le comprendra sans peine ; dites encore que les âmes n'arrivent au degré suprême que par les efforts qu'elles font pour s'améliorer et après une série d'épreuves qui servent à leur épuration ; que les anges sont les âmes arrivées au dernier degré que toutes peuvent atteindre avec de la bonne volonté ; que les anges sont les messagers de Dieu, chargés de veiller à l'exécution de ses desseins dans tout l'univers, qu'ils sont heureux de ces missions glorieuses, et vous donnez à leur félicité un but plus utile et plus attrayant que celui d'une contemplation perpétuelle qui ne serait autre chose qu'une inutilité perpétuelle ; dites enfin que les démons ne sont autres que les âmes des méchants non encore épurées, mais qui peuvent arriver comme les autres, et cela paraîtra plus conforme à la justice et à la bonté de Dieu que la doctrine d'êtres créés pour le mal et perpétuellement voués au mal. Encore une fois, voilà ce que la raison la plus sévère, la logique la plus rigoureuse, le bon sens, en un mot, peuvent admettre.

Or, ces âmes qui peuplent l'espace sont précisément ce que l'on appelle *Esprits* ; les *Esprits* ne sont donc autre chose que les âmes des hommes dépouillées de leur enveloppe corporelle. Si les Esprits étaient des êtres à part, leur existence serait plus hypothétique ; mais si l'on admet qu'il y a des âmes, il faut bien aussi admettre les Esprits qui ne sont autres que les âmes ; si l'on admet que les âmes sont partout, il faut admettre également que les Esprits sont partout. On ne saurait donc nier l'existence des Esprits sans nier celle des âmes.

☞ 3. Ceci n'est, il est vrai, qu'une théorie plus rationnelle que l'autre ; mais c'est déjà beaucoup qu'une théorie que ne contredisent ni la raison, ni la science ; si, de plus, elle est corroborée par les faits, elle a pour elle la sanction du raisonnement et de l'expérience. Ces faits, nous les trouvons dans le phénomène des manifestations spirites, qui sont ainsi la preuve patente de l'existence et de la survivance de l'âme. Mais, chez beaucoup de gens, là s'arrête la croyance ; ils admettent bien l'existence des âmes et par conséquent celle des Esprits, mais ils nient la possibilité de communiquer avec eux, par la raison, disent-ils, que des êtres immatériels ne peuvent agir sur la matière. Ce doute est fondé sur l'ignorance de la véritable nature des Esprits dont on se fait généralement une idée très fausse, car on se les figure à tort comme des êtres abstraits, vagues et indéfinis, ce qui n'est pas.

Figurons-nous d'abord l'Esprit dans son union avec le corps ; l'Esprit est l'être principal, puisque c'est l'être *pensant et survivant* ; le corps n'est donc qu'un *accessoire* de l'Esprit, une enveloppe, un vêtement qu'il quitte quand il est usé. Outre cette enveloppe matérielle, l'Esprit en a une seconde, semi-matérielle, qui l'unit à la première ; à la mort, l'Esprit se dépouille de celle-ci, mais non de la seconde à laquelle nous donnons le nom de *périsprit*. Cette enveloppe semi-matérielle, qui affecte la forme humaine, constitue pour lui un corps fluidique, vaporeux, mais qui, pour être invisible pour nous dans son état normal, n'en possède pas moins quelques-unes des propriétés de la matière. L'Esprit n'est donc pas un point, une abstraction, mais un être limité et circonscrit, auquel il ne manque que d'être visible et palpable pour ressembler aux êtres humains. Pourquoi donc n'agirait-il pas sur la matière ? Est-ce parce que son corps est fluidique ? Mais n'est-ce pas parmi les fluides les plus raréfiés, ceux même que l'on regarde comme impondérables, l'électricité, par exemple, que l'homme trouve ses plus puissants moteurs ? Est-ce que la lumière impondérable n'exerce pas une action chimique sur la matière pondérable ? Nous ne connaissons pas la nature intime du périsprit ; mais supposons-le formé de matière électrique, ou toute autre aussi subtile, pourquoi n'aurait-il pas la même propriété étant dirigé par une volonté ?

☞ 4. L'existence de l'âme et celle de Dieu, qui sont la conséquence l'une de l'autre, étant la base de tout l'édifice, avant d'entamer aucune discussion spirite, il importe de s'assurer si l'interlocuteur admet cette base. Si à ces questions : Croyez-vous en Dieu ? croyez-vous avoir une âme ? croyez-vous à la survivance de l'âme après la mort ? il répond négativement, ou même s'il dit simplement : *Je ne sais ; je voudrais qu'il en fût ainsi, mais je n'en suis pas sûr*, ce qui, le plus souvent, équivaut à une négation polie, déguisée sous une forme moins tranchante pour éviter de heurter trop brusquement ce qu'il appelle des préjugés respectables, il serait tout aussi inutile d'aller au-delà que d'entreprendre de démontrer les propriétés de la lumière à l'aveugle qui n'admettrait pas la lumière ; car, en définitive, les manifestations spirites ne sont autre chose que les effets des propriétés de l'âme ; avec celui-là c'est un tout autre ordre d'idées à suivre, si l'on ne veut pas perdre son temps.

Si la base est admise, non à titre de *probabilité*, mais comme chose avérée, incontestable, l'existence des Esprits en découle tout naturellement.

☞ 5. Reste maintenant la question de savoir si l'Esprit peut se communiquer à l'homme, c'est-à-dire s'il peut faire avec lui échange de pensées. Et pourquoi non ? Qu'est-ce que l'homme, sinon un Esprit emprisonné dans un corps ? Pourquoi l'Esprit libre ne pourrait-il se communiquer avec l'Esprit captif, comme l'homme libre avec celui qui est enchaîné ? Dès lors que vous admettez la survivance de l'âme, est-il rationnel de ne pas admettre la survivance des affections ? Puisque les âmes sont partout, n'est-il pas naturel de penser que celle d'un être qui nous a aimés pendant sa vie vienne auprès de nous, qu'il désire se communiquer à nous, et qu'il se serve pour cela des moyens qui sont à sa disposition ? Pendant sa vie, n'agissait-il pas sur la matière de son corps ? N'est-ce pas lui qui en dirigeait les mouvements ? Pourquoi donc après sa mort, d'accord avec un autre Esprit lié à un corps, n'emprunterait-il pas ce corps vivant pour manifester sa pensée comme un muet peut se servir d'un parlant pour se faire comprendre ?

☞ 6. Faisons pour un instant abstraction des faits qui, pour nous, rendent la chose incontestable ; admettons-la à titre de simple hypothèse ; nous demandons que les incrédules nous prouvent, non par une simple négation, car leur avis personnel ne peut faire loi, mais par des raisons péremptoires, que cela ne se peut pas. Nous nous plaçons sur leur terrain, et puisqu'ils veulent apprécier les faits spirites à l'aide des lois de la matière, qu'ils puisent donc dans cet arsenal quelque démonstration mathématique, physique, chimique, mécanique, physiologique, et prouvent par *a* plus *b*, toujours en partant du principe de l'existence et de la survivance de l'âme :

1. Que l'être qui pense en nous pendant la vie ne doit plus penser après la mort ;
2. Que s'il pense, il ne doit plus penser à ceux qu'il a aimés ;
3. Que s'il pense à ceux qu'il a aimés, il ne doit plus vouloir se communiquer à eux ;
4. Que s'il peut être partout, il ne peut pas être à nos côtés ;
5. Que s'il est à nos côtés, il ne peut pas se communiquer à nous ;
6. Que par son enveloppe fluidique il ne peut pas agir sur la matière inerte ;
7. Que s'il peut agir sur la matière inerte, il ne peut pas agir sur un être animé ;
8. Que s'il peut agir sur un être animé, il ne peut pas diriger sa main pour le faire écrire ;
9. Que, pouvant le faire écrire, il ne peut pas répondre à ses questions et lui transmettre sa pensée.

Quand les adversaires du spiritisme nous auront démontré que cela ne se peut pas, par des raisons aussi patentes que celles par lesquelles Galilée démontra que ce n'est pas le soleil qui tourne autour de la terre, alors nous pourrons dire que leurs doutes sont fondés ; malheureusement jusqu'à ce jour toute leur argumentation se résume en ces mots : *Je ne crois pas, donc cela est impossible*. Ils nous diront sans doute que c'est à nous de prouver la réalité des manifestations ; nous la leur prouvons par les faits et par le raisonnement ; s'ils n'admettent ni l'un ni l'autre, s'ils nient même ce qu'ils voient, c'est à eux de prouver que notre raisonnement est faux et que les faits sont impossibles.

CHAPITRE II
LE MERVEILLEUX ET LE SURNATUREL

☞ 7. Si la croyance aux Esprits et à leurs manifestations était une conception isolée, le produit d'un système, elle pourrait, avec quelque apparence de raison, être suspectée d'illusion ; mais qu'on nous dise encore pourquoi on la retrouve si vivace chez tous les peuples anciens et modernes, dans les livres saints de toutes les religions connues ? C'est, disent quelques critiques, parce que, de tout temps, l'homme a aimé le merveilleux. - Qu'est-ce donc que le merveilleux, selon vous ? - Ce qui est surnaturel. - Qu'entendez-vous par le surnaturel ? - Ce qui est contraire aux lois de la nature. - Vous connaissez donc tellement bien ces lois qu'il vous est possible d'assigner une limite à la puissance de Dieu ? Eh bien ! alors prouvez que l'existence des Esprits et leurs manifestations sont contraires aux lois de la nature ; que ce n'est pas, et ne peut être une de ces lois. Suivez la doctrine spirite, et voyez si cet enchaînement n'a pas tous les caractères d'une admirable loi, qui résout tout ce que les lois philosophiques n'ont pu résoudre jusqu'à ce jour. La pensée est un des attributs de l'Esprit ; la possibilité d'agir sur la matière, de faire impression sur nos sens, et par suite de transmettre sa pensée, résulte, si nous pouvons nous exprimer ainsi, de sa constitution physiologique : donc il n'y a dans le fait rien de surnaturel, rien de merveilleux. Qu'un homme mort, et bien mort, revive corporellement, que ses membres dispersés se réunissent pour reformer son corps, voilà du merveilleux, du surnaturel, du fantastique ; ce serait là une véritable dérogation que Dieu ne peut accomplir que par un miracle, mais il n'y a rien de semblable dans la doctrine spirite.

☞ 8. Pourtant, dira-t-on, vous admettez qu'un Esprit peut enlever une table, et la maintenir dans l'espace sans point d'appui ; n'est-ce pas une dérogation à la loi de gravité ? - Oui, à la loi connue ; mais la nature a-t-elle dit son dernier mot ? Avant qu'on eût expérimenté la force ascensionnelle de certains gaz, qui eût dit qu'une lourde machine portant plusieurs hommes peut triompher de la force d'attraction ? Aux yeux du vulgaire cela ne devait-il pas paraître merveilleux, diabolique ? Celui qui eût proposé, il y a un siècle, de transmettre une dépêche à 500 lieues, et d'en recevoir la réponse en quelques minutes, eût passé pour un fou ; s'il l'eût fait, on aurait cru qu'il avait le diable à ses ordres, car alors le diable seul était capable d'aller si vite. Pourquoi donc un fluide inconnu n'aurait-il pas la propriété, dans des circonstances données, de contrebalancer l'effet de la pesanteur, comme l'hydrogène contrebalance le poids du ballon ? Ceci, remarquons-le en passant, est une comparaison, mais non une assimilation, et uniquement pour montrer, par analogie, que le fait n'est pas physiquement impossible. Or, c'est précisément quand les savants, dans l'observation de ces sortes de phénomènes, ont voulu procéder par voie d'assimilation, qu'ils se sont fourvoyés. Au reste, le fait est là ; toutes les dénégations ne pourront faire qu'il ne soit pas, car nier n'est pas prouver ; pour nous, il n'a rien de surnaturel ; c'est tout ce que nous en pouvons dire pour le moment.

☞ 9. Si le fait est constaté, dira-t-on, nous l'acceptons, nous acceptons même la cause que vous venez d'assigner, celle d'un fluide inconnu ; mais qui prouve l'intervention des Esprits ? là est le merveilleux, le surnaturel.

Il faudrait ici toute une démonstration qui ne serait pas à sa place, et ferait d'ailleurs double emploi, car elle ressort de toutes les autres parties de l'enseignement. Toutefois, pour la résumer en quelques mots, nous dirons qu'elle est fondée, en théorie, sur ce principe : tout effet intelligent doit avoir une cause intelligente ; en pratique : sur cette observation que les phénomènes dits spirites, ayant donné des preuves d'intelligence, devaient avoir leur cause en dehors de la matière ; que cette intelligence n'étant pas celle des assistants, - ceci est un résultat d'expérience, - devait être en dehors d'eux ; puisqu'on ne voyait pas l'être agissant, c'était donc un être invisible. C'est alors que d'observation en observation on est arrivé à reconnaître que cet être invisible, auquel on a donné le nom d'Esprit, n'est autre que l'âme de ceux qui ont vécu corporellement, et que la mort a dépouillés de leur grossière enveloppe visible, ne leur laissant qu'une enveloppe éthérée, invisible dans son état normal. Voilà donc le merveilleux et le surnaturel réduits à leur plus simple expression. L'existence d'êtres invisibles une fois constatée, leur action sur la matière résulte de la nature de leur enveloppe fluidique ; cette action est intelligente, parce qu'en mourant ils n'ont perdu que leur corps, mais ont conservé l'intelligence qui est leur essence ; là est la clef de tous ces phénomènes réputés à tort surnaturels. L'existence des Esprits n'est donc point un système préconçu, une hypothèse imaginée pour expliquer les faits ; c'est un résultat d'observations, et la conséquence naturelle de l'existence de l'âme ; nier cette cause, c'est nier l'âme et ses attributs. Que ceux qui penseraient pouvoir donner de ces effets intelligents une solution plus rationnelle, pouvant surtout rendre raison de *tous les faits*, veuillent bien le faire, et alors on pourra discuter le mérite de chacune.

☞ 10. Aux yeux de ceux qui regardent la matière comme la seule puissance de la nature, *tout ce qui ne peut être expliqué par les lois de la matière est merveilleux ou surnaturel* ; et pour eux, *merveilleux* est synonyme de *superstition*. À ce titre la religion, fondée sur l'existence d'un principe immatériel, serait un tissu de superstitions ; ils n'osent le dire tout haut, mais ils le disent tout bas, et ils croient sauver les apparences en concédant qu'il faut une religion pour le peuple et pour faire que les enfants soient sages ; or, de deux choses l'une, ou le principe religieux est vrai, ou il est faux ; s'il est vrai, il l'est pour tout le monde ; s'il est faux, il n'est pas meilleur pour les ignorants que pour les gens éclairés.

☞ 11. Ceux qui attaquent le spiritisme au nom du merveilleux s'appuient donc généralement sur le principe matérialiste, puisqu'en déniant tout effet extra matériel, ils dénient, par cela même, l'existence de l'âme ; sondez le fond de leur pensée, scrutez bien le sens de leurs paroles, et vous verrez presque toujours ce principe, s'il est catégoriquement formulé, poindre sous les dehors d'une prétendue philosophie rationnelle dont ils le couvrent. En rejetant sur le compte du merveilleux tout ce qui découle de l'existence de l'âme, ils sont donc conséquents avec eux-mêmes ; n'admettant pas la cause, ils ne peuvent admettre les effets ; de là, chez eux, une opinion préconçue qui les rend impropres à juger sainement du spiritisme, parce qu'ils partent du principe de la négation de tout ce qui n'est pas matériel. Quant à nous, de ce que nous admettons les effets qui sont la conséquence de l'existence de l'âme, s'ensuit-il que nous acceptions tous les faits qualifiés de merveilleux ; que nous soyons les champions de tous les rêveurs, les adeptes de toutes les utopies, de toutes les excentricités systématiques ? Il faudrait bien peu connaître le spiritisme pour le penser ; mais nos adversaires n'y regardent pas de si près ; la nécessité de connaître ce dont ils parlent est le moindre de leurs soucis. Selon eux, le merveilleux est absurde ; or le spiritisme s'appuie sur des faits merveilleux, donc le spiritisme est absurde : c'est pour eux un jugement sans appel. Ils croient opposer un argument sans réplique quand, après avoir fait d'érudites recherches sur les convulsionnaires de Saint Médard, les camisards des Cévennes, ou les religieuses de Loudun, ils sont arrivés à y découvrir des faits patents de supercherie que personne ne conteste ; mais ces histoires sont-elles l'évangile du spiritisme ? Ses partisans ont-ils nié que le charlatanisme ait exploité certains faits à son profit ; que l'imagination en ait créé ; que le fanatisme en ait exagéré beaucoup ? Il n'est pas plus solidaire des extravagances qu'on peut commettre en son nom, que la vraie science ne l'est des abus de l'ignorance, ni la vraie religion des excès du fanatisme. Beaucoup de critiques ne jugent le spiritisme que sur les contes de fées et les légendes populaires qui en sont les fictions ; autant vaudrait juger l'histoire sur les romans historiques ou les tragédies.

☞ 12. En logique élémentaire, pour discuter une chose il faut la connaître, car l'opinion d'un critique n'a de valeur qu'autant qu'il parle en parfaite connaissance de cause ; alors seulement son opinion, fût-elle erronée, peut être prise en considération ; mais de quel poids est-elle sur une matière qu'il ne connaît pas ? Le vrai critique doit faire preuve, non seulement d'érudition, mais d'un savoir profond à l'endroit de l'objet qu'il traite, d'un jugement sain, et d'une impartialité à toute épreuve, autrement le premier ménétrier venu pourrait s'arroger le droit de juger Rossini, et un rapin celui de censurer Raphaël.

☞ 13. Le spiritisme n'accepte donc point tous les faits réputés merveilleux ou surnaturels ; loin de là, il démontre l'impossibilité d'un grand nombre et le ridicule de certaines croyances qui constituent, à proprement parler, la superstition. Il est vrai que dans ce qu'il admet, il y a des choses qui, pour les incrédules, sont du merveilleux tout pur, autrement dit de la superstition, soit ; mais au moins ne discutez que ces points, car sur les autres il n'a rien à dire, et vous prêchez des convertis. En vous attaquant à ce qu'il réfute lui-même vous prouvez votre ignorance de la chose, et vos arguments tombent à faux. Mais où s'arrête la croyance du spiritisme, dira-t-on ? Lisez, observez, et vous le saurez. Toute science ne s'acquiert qu'avec le temps et l'étude ; or, le spiritisme qui touche aux questions les plus graves de la philosophie, à toutes les branches de l'ordre social, qui embrasse à la fois l'homme physique et l'homme moral, est lui-même toute une science, toute une philosophie qui ne peut pas plus être apprise en quelques heures que toute autre science ; il y aurait autant de puérilité à voir tout le spiritisme dans une table tournante, qu'à voir toute la physique dans certains jouets d'enfant. Pour quiconque ne veut pas s'arrêter à la surface, ce ne sont pas des heures, mais des mois et des années qu'il faut pour en sonder tous les arcanes. Qu'on juge, par là, du degré de savoir et de la valeur de l'opinion de ceux qui s'arrogent le droit de juger, parce qu'ils ont vu une ou deux expériences, le plus souvent en manière de distraction et de passe-temps. Ils diront sans doute qu'ils n'ont pas le loisir de donner tout le temps nécessaire à cette étude, soit ; rien ne les y contraint ; mais alors, quand on n'a pas le temps d'apprendre une chose, on ne se mêle pas d'en parler, et encore moins de la juger, si l'on ne veut être accusé de légèreté ; or, plus on occupe une position élevée dans la science, moins on est excusable de traiter légèrement un sujet que l'on ne connaît pas.

☞ 14. Nous nous résumons dans les propositions suivantes :

1. Tous les phénomènes spirites ont pour principe l'existence de l'âme, sa survivance au corps et ses manifestations ;
2. Ces phénomènes étant fondés sur une loi de la nature n'ont rien de *merveilleux* ni de *surnaturel* dans le sens vulgaire de ces mots ;
3. Beaucoup de faits ne sont réputés surnaturels que parce qu'on n'en connaît pas la cause ; le spiritisme en leur assignant une cause les fait rentrer dans le domaine des phénomènes naturels ;
4. Parmi les faits qualifiés de surnaturels, il en est beaucoup dont le spiritisme démontre l'impossibilité, et qu'il range parmi les croyances superstitieuses ;
5. Bien que le spiritisme reconnaisse dans beaucoup de croyances populaires un fond de vérité, il n'accepte nullement la solidarité de toutes les histoires fantastiques créées par l'imagination ;
6. Juger le spiritisme sur les faits qu'il n'admet pas, c'est faire preuve d'ignorance, et ôter toute valeur à son opinion ;
7. L'explication des faits admis par le spiritisme, leurs causes et leurs conséquences morales, constituent toute une science et toute une philosophie, qui requiert une étude sérieuse, persévérante et approfondie ;
8. Le spiritisme ne peut regarder comme critique sérieux que celui qui aurait tout vu, tout étudié, tout approfondi, avec la patience et la persévérance d'un observateur consciencieux ; qui en saurait autant sur ce sujet que l'adepte le plus éclairé ; qui aurait, par conséquent, puisé ses connaissances ailleurs que dans les romans de la science ; à qui on ne pourrait opposer *aucun fait* dont il n'eût connaissance, aucun argument qu'il n'eût médité ; qu'il réfuterait, non par des négations, mais par d'autres arguments plus péremptoires ; qui pourrait enfin assigner une cause plus logique aux faits avérés. Ce critique est encore à trouver.

☞ 15. Nous avons tout à l'heure prononcé le mot *miracle* ; une courte observation à ce sujet ne sera pas déplacée dans ce chapitre sur le merveilleux.

Dans son acception primitive, et par son étymologie, le mot miracle signifie *chose extraordinaire, chose admirable à voir* ; mais ce mot, comme tant d'autres, s'est écarté du sens originaire, et aujourd'hui il se dit (selon l'Académie) *d'un acte de la puissance divine contraire aux lois communes de la nature*. Telle est, en effet, son acception usuelle, et ce n'est plus que par comparaison et par métaphore qu'on l'applique aux choses vulgaires qui nous surprennent et dont la cause est inconnue. Il n'entre nullement dans nos vues d'examiner si Dieu a pu juger utile, en certaines circonstances, de déroger aux lois établies par lui-même ; notre but est uniquement de démontrer que les phénomènes spirites, quelque extraordinaires qu'ils soient, ne dérogent nullement à ces lois, n'ont aucun caractère miraculeux, pas plus qu'ils ne sont merveilleux ou surnaturels. Le miracle ne s'explique pas ; les phénomènes spirites, au contraire, s'expliquent de la manière la plus rationnelle ; ce ne sont donc pas des miracles, mais de simples effets qui ont leur raison d'être dans les lois générales. Le miracle a encore un autre caractère, c'est d'être insolite et isolé. Or, du moment qu'un fait se reproduit, pour ainsi dire, à volonté, et par diverses personnes, ce ne peut être un miracle.

La science fait tous les jours des miracles aux yeux des ignorants : voilà pourquoi jadis ceux qui en savaient plus que le vulgaire passaient pour sorciers ; et comme on croyait que toute science surhumaine venait du diable, on les brûlait. Aujourd'hui qu'on est beaucoup plus civilisé, on se contente de les envoyer aux Petites-Maisons. Qu'un homme réellement mort, comme nous l'avons dit en commençant, soit rappelé à la vie par une intervention divine, c'est là un véritable miracle, parce que c'est contraire aux lois de la nature. Mais si cet homme n'a que les apparences de la mort, s'il y a encore en lui un reste de *vitalité latente*, et que la science, ou une action magnétique, parvienne à le ranimer, pour les gens éclairés c'est un phénomène naturel ; mais aux yeux du vulgaire ignorant, le fait passera pour miraculeux, et l'auteur sera pourchassé à coups de pierres ou vénéré selon le caractère des individus. Qu'au milieu de certaines campagnes, un physicien lance un cerf-volant électrique et fasse tomber la foudre sur un arbre, ce nouveau Prométhée sera certainement regardé comme armé d'une puissance diabolique ; et, soit dit en passant, Prométhée nous semble singulièrement avoir devancé Franklin ; mais Josué arrêtant le mouvement du soleil, ou plutôt de la terre, voilà le véritable miracle, car nous ne connaissons aucun magnétiseur doué d'une assez grande puissance pour opérer un tel prodige. De tous les phénomènes spirites, un des plus extraordinaires est, sans contredit, celui de l'écriture directe, et l'un de ceux qui démontrent de la manière la plus patente l'action des intelligences occultes ; mais de ce que le phénomène est produit par des êtres occultes, il n'est pas plus miraculeux que tous les autres phénomènes qui sont dus à des agents invisibles, parce que ces êtres occultes, qui peuplent les espaces, sont une des puissances de la nature, puissance dont l'action est incessante sur le monde matériel, aussi bien que sur le monde moral.

Le spiritisme, en nous éclairant sur cette puissance, nous donne la clef d'une foule de choses inexpliquées et inexplicables par tout autre moyen, et qui ont pu, dans des temps reculés, passer pour des prodiges ; il révèle, de même que le magnétisme, une loi, sinon inconnue, du moins mal comprise ; ou, pour mieux dire, on connaissait les effets, car ils se sont produits de tout temps, mais on ne connaissait pas la loi, et c'est l'ignorance de cette loi qui a engendré la superstition. Cette loi connue, le merveilleux disparaît, et les phénomènes rentrent dans l'ordre des choses naturelles. Voilà pourquoi les spirites ne font pas plus de miracles en faisant tourner une table ou écrire des trépassés, que le médecin en faisant revivre un moribond, ou le physicien en faisant tomber la foudre. Celui qui prétendrait, à l'aide de cette science, *faire des miracles*, serait ou un ignorant de la chose, ou un faiseur de dupes.

☞ 16. Les phénomènes spirites, de même que les phénomènes magnétiques, avant qu'on en connût la cause, ont dû passer pour des prodiges ; or, comme les sceptiques, les esprits forts, c'est-à-dire ceux qui ont le privilège exclusif de la raison et du bon sens, ne croient pas qu'une chose soit possible du moment qu'ils ne la comprennent pas, voilà pourquoi tous les faits réputés prodigieux sont l'objet de leurs railleries ; et comme la religion contient un grand nombre de faits de ce genre, ils ne croient pas à la religion, et de là à l'incrédulité absolue il n'y a qu'un pas. Le spiritisme, en expliquant la plupart de ces faits, leur donne une raison d'être. Il vient donc en aide à la religion en démontrant la possibilité de certains faits qui, pour n'avoir plus le caractère miraculeux, n'en sont pas moins extraordinaires, et Dieu n'en est ni moins grand, ni moins puissant, pour n'avoir pas dérogé à ses lois. De quels quolibets les enlèvements de saint Cupertin n'ont-ils pas été l'objet ! Or, la suspension éthéréenne des corps graves est un fait expliqué par la loi spirite ; nous en avons été *personnellement témoin oculaire*, et M. Home, ainsi que d'autres personnes de notre connaissance, ont renouvelé à plusieurs reprises le phénomène produit par saint Cupertin. Donc ce phénomène rentre dans l'ordre des choses naturelles.

☞ 17. Au nombre des faits de ce genre il faut placer en première ligne les apparitions, parce que ce sont les plus fréquents. Celle de la Salette, qui divise même le clergé, n'a pour nous rien d'insolite. Assurément nous ne pouvons affirmer que le fait a eu lieu, parce que nous n'en avons pas la preuve matérielle ; mais, pour nous, il est possible, attendu que des milliers de faits analogues *récents* nous sont connus ; nous y croyons, non seulement parce que leur réalité est avérée pour nous, mais surtout parce que nous nous rendons parfaitement compte de la manière dont ils se produisent. Qu'on veuille bien se reporter à la théorie que nous donnons plus loin des apparitions, et l'on verra que ce phénomène devient aussi simple et aussi plausible qu'une foule de phénomènes physiques qui ne sont prodigieux que faute d'en avoir la clef. Quant au personnage qui s'est présenté à la Salette, c'est une autre question ; son identité ne nous est nullement démontrée ; nous constatons simplement qu'une apparition peut avoir eu lieu, le reste n'est pas de notre compétence ; chacun peut à cet égard garder ses convictions, le spiritisme n'a pas à s'en occuper ; nous disons seulement que les faits produits par le spiritisme nous révèlent des lois nouvelles, et nous donnent la clef d'une foule de choses qui paraissaient surnaturelles ; si quelques-uns de ceux qui passaient pour miraculeux y trouvent une explication logique, c'est un motif pour ne pas se hâter de nier ce que l'on ne comprend pas.

Les phénomènes spirites sont contestés par certaines personnes, précisément parce qu'ils paraissent sortir de la loi commune et qu'on ne s'en rend pas compte. Donnez-leur une base rationnelle, et le doute cesse. L'explication, dans ce siècle où l'on ne se paye pas de mots, est donc un puissant motif de conviction ; aussi voyons-nous tous les jours des personnes qui n'ont été témoins d'aucun fait, qui n'ont vu ni une table tourner, ni un médium écrire, et qui sont aussi convaincues que nous, uniquement parce qu'elles ont lu et compris. Si l'on ne devait croire qu'à ce que l'on a vu de ses yeux, nos convictions se réduiraient à bien peu de chose.

CHAPITRE III
MÉTHODE

☞ 18. Le désir très naturel et très louable de tout adepte, désir qu'on ne saurait trop encourager, est de faire des prosélytes. C'est en vue de faciliter leur tâche que nous nous proposons d'examiner ici la marche la plus sûre, selon nous, pour atteindre ce but, afin de leur épargner des efforts inutiles.

Nous avons dit que le spiritisme est toute une science, toute une philosophie ; celui qui veut sérieusement le connaître doit donc, comme première condition, s'astreindre à une étude sérieuse, et se persuader que, pas plus que toute autre science, il ne peut s'apprendre en jouant. Le spiritisme, nous l'avons dit, touche à toutes les questions qui intéressent l'humanité ; son champ est immense, et c'est surtout dans ses conséquences qu'il convient de l'envisager. La croyance aux Esprits en forme sans doute la base, mais elle ne suffit pas plus pour faire un spirite éclairé, que la croyance en Dieu ne suffit pour faire un théologien. Voyons donc de quelle manière il convient de procéder à cet enseignement pour amener plus sûrement la conviction.

Que les adeptes ne soient point effrayés par ce mot d'enseignement ; il n'y a pas que l'enseignement donné du haut de la chaire ou de la tribune ; il y a aussi celui de la simple conversation. Toute personne qui cherche à en persuader une autre, soit par la voie des explications, soit par celles des expériences, fait de l'enseignement ; ce que nous désirons, c'est que sa peine porte des fruits, et c'est pour cela que nous croyons devoir donner quelques conseils, dont pourront également profiter ceux qui veulent s'instruire par eux-mêmes ; ils y trouveront le moyen d'arriver plus sûrement et plus promptement au but.

☞ 19. On croit généralement que pour convaincre, il suffit de montrer des faits ; cela semble en effet la marche la plus logique, et pourtant l'expérience montre que ce n'est pas toujours la meilleure, car on voit souvent des personnes que les faits les plus patents ne convainquent nullement. À quoi cela tient-il ? C'est ce que nous allons essayer de démontrer.

Dans le spiritisme, la question des Esprits est secondaire et consécutive ; ce n'est pas le point de départ, et là précisément est l'erreur dans laquelle on tombe, et qui souvent fait échouer vis-à-vis de certaines personnes. Les Esprits n'étant autre chose que les âmes des hommes, le véritable point de départ est donc l'existence de l'âme. Or, comment le matérialiste peut-il admettre que des êtres vivent en dehors du monde matériel, alors qu'il croit que lui-même n'est que matière ? Comment peut-il croire à des Esprits en dehors de lui, quand il ne croit pas en avoir un en lui ? En vain accumulerait-on à ses yeux les preuves les plus palpables, il les contestera toutes, parce qu'il n'admet pas le principe. Tout enseignement méthodique doit procéder du connu à l'inconnu ; pour le matérialiste, le connu c'est la matière ; partez donc de la matière, et tâchez avant tout, en la lui faisant observer, de le convaincre qu'en lui il y a quelque chose qui échappe aux lois de la matière ; en un mot, *avant de le rendre* SPIRITE, *tâchez de le rendre* SPIRITUALISTE ; mais pour cela, c'est un tout autre ordre de faits, un enseignement tout spécial auquel il faut procéder par d'autres moyens ; lui parler des Esprits avant qu'il soit convaincu d'avoir une âme, c'est commencer par où il faudrait finir, car il ne peut admettre la conclusion s'il n'admet pas les prémisses. Avant donc d'entreprendre de convaincre un incrédule, même par les faits, il convient de s'assurer de son opinion par rapport à l'âme, c'est-à-dire s'il croit à son existence, à sa survivance au corps, à son individualité après la mort ; si sa réponse est négative, ce serait peine perdue que de lui parler des Esprits. Voilà la règle ; nous ne disons pas qu'elle soit sans exception, mais alors c'est qu'il y a probablement une autre cause qui le rend moins réfractaire.

☞ 20. Parmi les matérialistes, il faut distinguer deux classes : dans la première nous mettrons ceux qui le sont *par système* ; chez eux ce n'est point le doute, c'est la négation absolue, raisonnée à leur manière ; à leurs yeux l'homme n'est qu'une machine qui va tant qu'elle est montée, qui se détraque, et dont, après la mort, il ne reste que la carcasse. Leur nombre est heureusement fort restreint et ne constitue nulle part une école hautement avouée ; nous n'avons pas besoin d'insister sur les déplorables effets qui résulteraient pour l'ordre social de la vulgarisation d'une pareille doctrine ; nous nous sommes suffisamment étendu sur ce sujet dans le *Livre des Esprits* (n° 147 et conclusion § III).

Quand nous avons dit que le doute cesse chez les incrédules en présence d'une explication rationnelle, il faut en excepter les matérialistes quand même, ceux qui nient toute puissance et tout principe intelligent en dehors de la matière ; la plupart s'obstinent dans leur opinion par orgueil, et croient leur amour-propre engagé à y persister ; ils y persistent envers et contre toutes preuves contraires, parce qu'ils ne veulent pas avoir le dessous. Avec ces gens-là, il n'y a rien à faire ; il ne faut même pas se laisser prendre au faux-semblant de sincérité de ceux qui disent : faites-moi voir et je croirai. Il y en a qui sont plus francs et qui disent carrément : je verrais que je ne croirais pas.

☞ 21. La seconde classe de matérialistes, et de beaucoup la plus nombreuse, car le vrai matérialisme est un sentiment anti-naturel, comprend ceux qui le sont par indifférence, et l'on peut dire *faute de mieux* ; ils ne le sont pas de propos délibéré, et ne demandent pas mieux que de croire, car l'incertitude est pour eux un tourment. Il y a en eux une vague aspiration vers l'avenir ; mais cet avenir leur a été présenté sous des couleurs que leur raison ne peut accepter ; de là le doute, et, comme conséquence du doute, l'incrédulité. Chez eux l'incrédulité n'est donc point un système ; aussi présentez-leur quelque chose de rationnel, et ils l'acceptent avec empressement ; ceux-là peuvent donc nous comprendre, car ils sont plus près de nous qu'ils ne le croient sans doute eux-mêmes. Avec le premier, ne parlez ni de révélation, ni des anges, ni du paradis, il ne vous comprendrait pas ; mais en vous plaçant sur son terrain, prouvez-lui d'abord que les lois de la physiologie sont impuissantes pour rendre raison de tout ; le reste viendra ensuite. Il en est tout autrement quand l'incrédulité n'est pas préconçue, car alors la croyance n'est pas absolument nulle ;

c'est un germe latent étouffé par de mauvaises herbes, mais qu'une étincelle peut ranimer; c'est l'aveugle à qui on rend la vue, et qui est joyeux de revoir la lumière, c'est le naufragé à qui l'on tend une planche de salut.

☞ 22. À côté des matérialistes proprement dits, il y a une troisième classe d'incrédules qui, bien que spiritualistes, au moins de nom, n'en sont pas moins très réfractaires; ce sont les *incrédules de mauvaise volonté*. Ceux-là seraient fâchés de croire, parce que cela troublerait leur quiétude dans les jouissances matérielles; ils craignent d'y voir la condamnation de leur ambition, de leur égoïsme et des vanités humaines dont ils font leurs délices; ils ferment les yeux pour ne pas voir et se bouchent les oreilles pour ne pas entendre. On ne peut que les plaindre.

☞ 23. Nous ne parlerons que pour mémoire d'une quatrième catégorie que nous appellerons celle des *incrédules intéressés* ou *de mauvaise foi*. Ceux-là savent très bien à quoi s'en tenir sur le spiritisme, mais ostensiblement ils le condamnent par des motifs d'intérêt personnel. D'eux, il n'y a rien à dire, comme il n'y a rien à faire avec eux. Si le matérialiste pur se trompe, il a au moins pour lui l'excuse de la bonne foi; on peut le ramener en lui prouvant son erreur; ici, c'est un parti-pris contre lequel tous les arguments viennent se briser; le temps se chargera de leur ouvrir les yeux et de leur montrer, peut-être à leurs dépens, où étaient leurs véritables intérêts, car ne pouvant empêcher la vérité de se répandre, ils seront entraînés par le torrent, et avec eux les intérêts qu'ils croyaient sauvegarder.

☞ 24. Outre ces diverses catégories d'opposants, il y a une infinité de nuances parmi lesquelles on peut compter *les incrédules par pusillanimité*: le courage leur viendra quand ils verront que les autres ne se brûlent pas; *les incrédules par scrupules religieux*: une étude éclairée leur apprendra que le spiritisme s'appuie sur les bases fondamentales de la religion, et qu'il respecte toutes les croyances; qu'un de ses effets est de donner des sentiments religieux à ceux qui n'en ont pas, de les fortifier chez ceux en qui ils sont chancelants; puis viennent les incrédules par orgueil, par esprit de contradiction, par insouciance, par légèreté, etc.

☞ 25. Nous ne pouvons omettre une catégorie que nous appellerons celle des *incrédules par déceptions*. Elle comprend les personnes qui ont passé d'une confiance exagérée à l'incrédulité, parce qu'elles ont éprouvé des mécomptes; alors, découragées, elles ont tout abandonné, tout rejeté. Elles sont dans le cas de celui qui nierait la bonne foi, parce qu'il aurait été trompé. C'est encore le résultat d'une étude incomplète du spiritisme et d'un défaut d'expérience. Celui qui est mystifié par les Esprits, c'est généralement parce qu'il leur demande ce qu'ils ne doivent pas ou ne peuvent pas dire, ou parce qu'il n'est pas assez éclairé sur la chose pour discerner la vérité de l'imposture. Beaucoup, d'ailleurs, ne voient dans le spiritisme qu'un nouveau moyen de divination, et s'imaginent que les Esprits sont faits pour dire la bonne aventure; or, les Esprits légers et moqueurs ne se font pas faute de s'amuser à leurs dépens: c'est ainsi qu'ils annonceront des maris aux jeunes filles; à l'ambitieux, des honneurs, des héritages, des trésors cachés, etc.; de là souvent des déceptions désagréables, mais dont l'homme sérieux et prudent sait toujours se préserver.

☞ 26. Une classe très nombreuse, la plus nombreuse même de toutes, mais qui ne saurait être rangée parmi les opposants, est celle des *incertains*; ils sont généralement *spiritualistes* par principe ; chez la plupart, il y a une vague intuition des idées spirites, une aspiration vers quelque chose qu'ils ne peuvent définir ; il ne manque à leurs pensées que d'être coordonnées et formulées ; le spiritisme est pour eux comme un trait de lumière : c'est la clarté qui dissipe le brouillard ; aussi l'accueillent-ils avec empressement, parce qu'il les délivre des angoisses de l'incertitude.

☞ 27. Si, de là, nous jetons un coup d'œil sur les diverses catégories de *croyants*, nous trouverons d'abord *les spirites sans le savoir* ; c'est, à proprement parler, une variété ou une nuance de la classe précédente. Sans avoir jamais entendu parler de la doctrine spirite, ils ont le sentiment inné des grands principes qui en découlent, et ce sentiment se reflète dans certains passages de leurs écrits et de leurs discours, à tel point qu'en les entendant on les croirait complètement initiés. On en trouve de nombreux exemples dans les écrivains sacrés et profanes, dans les poètes, les orateurs, les moralistes, les philosophes anciens et modernes.

☞ 28. Parmi ceux qu'une étude directe a convaincus on peut distinguer :

1. Ceux qui croient purement et simplement aux manifestations. Le spiritisme est pour eux une simple science d'observation, une série de faits plus ou moins curieux ; nous les appellerons *spirites expérimentateurs* ;
2. Ceux qui voient dans le spiritisme autre chose que des faits ; ils en comprennent la partie philosophique ; ils admirent la morale qui en découle, mais ils ne la pratiquent pas. Son influence sur leur caractère est insignifiante ou nulle ; ils ne changent rien à leurs habitudes, et ne se priveraient pas d'une seule jouissance ; l'avare est toujours ladre, l'orgueilleux toujours plein de lui-même, l'envieux et le jaloux toujours hostiles ; pour eux la charité chrétienne n'est qu'une belle maxime ; ce sont les *spirites imparfaits* ;
3. Ceux qui ne se contentent pas d'admirer la morale spirite, mais qui la pratiquent et en acceptent toutes les conséquences. Convaincus que l'existence terrestre est une épreuve passagère, ils tâchent de mettre à profit ces courts instants pour marcher dans la voie du progrès qui seul peut les élever dans la hiérarchie du monde des Esprits, en s'efforçant de faire le bien et de réprimer leurs penchants mauvais ; leurs relations sont toujours sûres, car leur conviction les éloigne de toute pensée du mal. La charité est en toutes choses la règle de leur conduite ; ce sont là les *vrais spirites* ou mieux *les spirites chrétiens*.
4. Il y a enfin les *spirites exaltés*. L'espèce humaine serait parfaite si elle ne prenait jamais que le bon côté des choses. L'exagération en tout est nuisible ; en spiritisme elle donne une confiance trop aveugle et souvent puérile dans les choses du monde invisible, et fait accepter trop facilement et sans contrôle ce dont la réflexion et l'examen démontreraient l'absurdité ou l'impossibilité ; mais l'enthousiasme ne réfléchit pas ; il éblouit. Cette sorte d'adeptes est plus nuisible qu'utile à la cause du spiritisme ; ce sont les moins propres à convaincre, parce qu'on se défie avec raison de leur jugement ; ils sont de très bonne foi dupes,

soit des Esprits mystificateurs, soit des hommes qui cherchent à exploiter leur crédulité. S'ils devaient en subir seuls les conséquences, il n'y aurait que demi-mal ; le pis, c'est qu'ils donnent sans le vouloir des armes aux incrédules qui cherchent bien plutôt les occasions de railler que de se convaincre, et ne manquent pas d'imputer à tous le ridicule de quelques-uns. Cela n'est sans doute ni juste ni rationnel ; mais, on le sait, les adversaires du spiritisme ne reconnaissent que leur raison comme étant de bon aloi, et connaître à fond ce dont ils parlent est le moindre de leurs soucis.

☞ 29. Les moyens de conviction varient extrêmement selon les individus ; ce qui persuade les uns ne produit rien sur d'autres ; tel est convaincu par certaines manifestations matérielles, tel autre par des communications intelligentes, le plus grand nombre par le raisonnement. Nous pouvons même dire que, pour la plupart de ceux qui ne sont pas préparés par le raisonnement, les phénomènes matériels sont de peu de poids ; plus ces phénomènes sont extraordinaires, et s'écartent davantage des lois connues, plus ils rencontrent d'opposition, et cela par une raison très simple, c'est qu'on est naturellement porté à douter d'une chose qui n'a pas une sanction rationnelle ; chacun l'envisage à son point de vue et se l'explique à sa manière : le matérialiste y voit une cause purement physique ou une supercherie ; l'ignorant et le superstitieux, une cause diabolique ou surnaturelle ; tandis qu'une explication préalable a pour effet de déduire les idées préconçues et de montrer, sinon la réalité, du moins la possibilité de la chose ; on la comprend avant de l'avoir vue ; or, du moment que la possibilité est reconnue, la conviction est aux trois quarts faite.

☞ 30. Est-il utile de chercher à convaincre un incrédule obstiné ? Nous avons dit que cela dépend des causes et de la nature de son incrédulité ; souvent l'insistance que l'on met à le persuader lui fait croire à son importance personnelle, et c'est une raison pour lui de s'obstiner davantage. Celui qui n'est convaincu ni par le raisonnement ni par les faits, c'est qu'il doit subir encore l'épreuve de l'incrédulité ; il faut laisser à la Providence le soin d'amener pour lui des circonstances plus favorables ; assez de gens ne demandent qu'à recevoir la lumière pour ne pas perdre son temps avec ceux qui la repoussent ; adressez-vous donc aux hommes de bonne volonté dont le nombre est plus grand qu'on ne le croit, et leur exemple, en se multipliant, vaincra plus de résistances que des paroles. Le vrai spirite ne manquera jamais de bien à faire ; des cœurs affligés à soulager, des consolations à donner, des désespoirs à calmer, des réformes morales à opérer, là est sa mission ; là aussi il trouvera sa véritable satisfaction. Le spiritisme est dans l'air ; il se répand par la force des choses, et parce qu'il rend heureux ceux qui le professent. Quand ses adversaires systématiques l'entendront retentir autour d'eux, chez leurs amis même, ils comprendront leur isolement, et seront forcés ou de se taire, ou de se rendre.

☞ 31. Pour procéder, dans l'enseignement du spiritisme, comme on le ferait pour les sciences ordinaires, il faudrait passer en revue toute la série des phénomènes qui peuvent se produire, en commençant par les plus simples, et arriver successivement aux plus compliqués ; or, c'est ce qui ne se peut pas, car il serait impossible de faire un cours de spiritisme expérimental comme on fait un cours de physique et de chimie. Dans les sciences naturelles on opère sur la matière brute qu'on manipule à volonté, et l'on est à peu près toujours certain de pouvoir en régler les effets ; dans le spiritisme on a affaire à des intelligences qui ont leur liberté, et nous prouvent à chaque instant qu'elles ne sont pas soumises à nos caprices ; il faut donc observer, attendre les résultats, les saisir au passage ; aussi disons-nous hautement que *quiconque se flatterait de les obtenir à volonté ne peut être qu'un ignorant ou un imposteur* ; c'est pourquoi le spiritisme VRAI ne se mettra jamais en spectacle et ne montra jamais sur les tréteaux. Il y a même quelque chose d'illogique à supposer que des Esprits viennent faire la parade et se soumettre à l'investigation comme des objets de curiosité. Les phénomènes peuvent donc, ou faire défaut lorsqu'on en aurait besoin, ou se présenter dans un tout autre ordre que celui qu'on désire. Ajoutons encore que, pour les obtenir, il faut des personnes douées de facultés spéciales, et que ces facultés varient à l'infini selon l'aptitude des individus ; or, comme il est extrêmement rare que la même personne ait toutes les aptitudes, c'est une difficulté de plus, car il faudrait toujours avoir sous la main une véritable collection de médiums, ce qui n'est guère possible.

Le moyen d'obvier à cet inconvénient est très simple, c'est de commencer par la théorie ; là tous les phénomènes sont passés en revue ; ils sont expliqués, on peut s'en rendre compte, en comprendre la possibilité, connaître les conditions dans lesquelles ils peuvent se produire et les obstacles qu'ils peuvent rencontrer ; quel que soit alors l'ordre dans lequel ils sont amenés par les circonstances, ils n'ont rien qui puisse surprendre. Cette marche offre encore un autre avantage, c'est d'épargner à celui qui veut opérer une foule de mécomptes ; prémuni contre les difficultés, il peut se tenir sur ses gardes, et éviter d'acquérir l'expérience à ses dépens.

Depuis que nous nous occupons de spiritisme, il nous serait difficile de dire le nombre des personnes qui sont venues auprès de nous, et parmi celles-ci combien nous en avons vu qui étaient restées indifférentes ou incrédules en présence des faits les plus patents, et qui n'ont été convaincues que plus tard par une explication raisonnée ; combien d'autres ont été prédisposées à la conviction par le raisonnement ; combien enfin ont été persuadées sans avoir rien vu, mais uniquement parce qu'elles avaient compris. C'est donc par expérience que nous parlons, et c'est aussi pourquoi nous disons que la meilleure méthode d'enseignement spirite est de s'adresser à la raison avant de s'adresser aux yeux. C'est celle que nous suivons dans nos leçons, et nous n'avons qu'à nous en applaudir[1].

☞ 32. L'étude préalable de la théorie a un autre avantage, c'est de montrer immédiatement la grandeur du but et la portée de cette science ; celui qui débute par voir une table tourner ou frapper est plus porté à la raillerie, parce qu'il se figure difficilement que d'une table puisse sortir une doctrine régénératrice de l'humanité. Nous avons toujours remarqué que ceux qui croient avant d'avoir vu, mais parce qu'ils ont lu et compris, loin d'être superficiels, sont au contraire ceux qui réfléchissent le plus ; s'attachant plus au fond qu'à la forme, pour eux la partie phi-

---

1. Notre enseignement théorique et pratique est toujours gratuit.

losophique est le principal, les phénomènes proprement dits sont l'accessoire, et ils se disent qu'alors même que ces phénomènes n'existeraient pas, il n'en resterait pas moins une philosophie qui seule résout des problèmes insolubles jusqu'à ce jour ; qui seule donne du passé de l'homme et de son avenir la théorie la plus rationnelle ; or, ils préfèrent une doctrine qui explique à celles qui n'expliquent pas ou qui expliquent mal. Quiconque réfléchit comprend très bien qu'on pourrait faire abstraction des manifestations, et que la doctrine n'en subsisterait pas moins ; les manifestations viennent la corroborer, la confirmer, mais elles n'en sont pas la base essentielle ; l'observateur sérieux ne les repousse pas, au contraire, mais il attend les circonstances favorables qui lui permettront d'en être témoin. La preuve de ce que nous avançons, c'est qu'avant d'avoir entendu parler des manifestations, quantité de personnes avaient l'intuition de cette doctrine qui n'a fait que donner un corps, un ensemble à leurs idées.

☞ 33. Du reste, il ne serait pas exact de dire que ceux qui commencent par la théorie manquent de sujets d'observations pratiques ; ils en ont, au contraire, qui doivent avoir à leurs yeux un plus grand poids même que ceux que l'on pourrait produire devant eux, ce sont les faits nombreux de *manifestations spontanées* dont nous parlerons dans les chapitres suivants. Il est peu de personnes qui n'en aient connaissance au moins par ouï-dire ; beaucoup en ont eu elles-mêmes auxquels elles n'avaient prêté qu'une médiocre attention. La théorie a pour effet de leur en donner l'explication ; et nous disons que ces faits ont un grand poids, lorsqu'ils s'appuient sur des témoignages irrécusables, parce qu'on ne peut supposer ni préparations, ni connivence. Si les phénomènes provoqués n'existaient pas, les phénomènes spontanés n'en subsisteraient pas moins, et le spiritisme n'aurait-il pour résultat que d'en donner une solution rationnelle, ce serait déjà beaucoup. Aussi, la plupart de ceux qui lisent par avance reportent leurs souvenirs sur ces faits qui sont pour eux une confirmation de la théorie.

☞ 34. On se méprendrait étrangement sur notre manière de voir si l'on supposait que nous conseillons de négliger les faits ; c'est par les faits que nous sommes arrivés à la théorie ; il est vrai qu'il nous a fallu pour cela un travail assidu de plusieurs années et des milliers d'observations ; mais puisque les faits nous ont servi et nous servent tous les jours, nous serions inconséquent avec nous-même d'en contester l'importance, alors surtout que nous faisons un livre destiné à les faire connaître. Nous disons seulement que, sans le raisonnement, ils ne suffisent pas pour déterminer la conviction ; qu'une explication préalable, en détruisant les préventions, et en montrant qu'ils n'ont rien de contraire à la raison, *dispose* à les accepter. Cela est si vrai, que sur dix personnes complètement novices qui assisteront à une séance d'expérimentation, fût-elle des plus satisfaisantes au point de vue des adeptes, il y en a neuf qui sortiront sans être convaincues, et quelques-unes plus incrédules qu'avant, parce que les expériences n'auront pas répondu à leur attente. Il en sera tout autrement de celles qui pourront s'en rendre compte par une connaissance théorique anticipée ; pour elles, c'est un moyen de contrôle, mais rien ne les surprend, pas même l'insuccès, parce qu'elles savent dans quelles conditions les faits se produisent, et qu'il ne faut leur demander que ce qu'ils peuvent donner. L'intelligence préalable des faits les met donc à même de se rendre compte de toutes les anomalies, mais en outre elle leur permet d'y saisir une foule de détails, de nuances souvent très délicates, qui sont pour elles des moyens de conviction, et qui échappent à l'observateur ignorant. Tels sont les motifs qui nous engagent à n'admettre à nos séances expérimentales que les personnes possédant des notions préparatoires suffisantes pour comprendre ce qu'on y fait, persuadé que les autres y perdraient leur temps ou nous feraient perdre le nôtre.

☞ 35. Ceux qui voudront acquérir ces connaissances préliminaires par la lecture de nos ouvrages, voici l'ordre que nous leur conseillons :

1. *Qu'est-ce que le spiritisme ?* Cette brochure, d'une centaine de pages seulement, est un exposé sommaire des principes de la doctrine spirite, un coup d'œil général qui permet d'embrasser l'ensemble sous un cadre restreint. En peu de mots on voit le but, et l'on peut juger de sa portée. On y trouve en outre la réponse aux principales questions ou objections que sont naturellement disposées à faire les personnes novices. Cette première lecture, qui ne demande que peu de temps, est une introduction qui facilite une étude plus approfondie.
2. *Le Livre des Esprits* ; il contient la doctrine complète dictée par les Esprits eux-mêmes avec toute sa philosophie et toutes ses conséquences morales ; c'est la destinée de l'homme dévoilée, l'initiation à la nature des Esprits et aux mystères de la vie d'outre-tombe. En le lisant, on comprend que le spiritisme a un but sérieux, et n'est pas un passe-temps frivole.
3. *Le Livre des médiums* ; il est destiné à diriger dans la pratique des manifestations, par la connaissance des moyens les plus propres pour communiquer avec les Esprits ; c'est un guide soit pour les médiums, soit pour les évocateurs, et le complément du *Livre des Esprits*.
4. *La Revue spirite* ; c'est un recueil varié de faits, d'explications théoriques et de morceaux détachés qui complètent ce qui est dit dans les deux précédents ouvrages, et qui en est en quelque sorte l'application. La lecture peut en être faite en même temps, mais elle sera plus profitable et plus intelligible surtout après celle du *Livre des Esprits*.

Voilà pour ce qui nous concerne. Ceux qui veulent tout connaître dans une science doivent nécessairement lire tout ce qui est écrit sur la matière, ou tout au moins les choses principales, et ne pas se borner à un seul auteur ; ils doivent même lire le pour et le contre, les critiques aussi bien que les apologies, s'initier aux différents systèmes afin de pouvoir juger par la comparaison. Sous ce rapport, nous ne préconisons ni ne critiquons aucun ouvrage, ne voulant influer en rien sur l'opinion qu'on peut s'en former ; apportant notre pierre à l'édifice, nous nous mettons sur les rangs : il ne nous appartient pas d'être juge et partie, et nous n'avons pas la ridicule prétention d'être seul dispensateur de la lumière ; c'est au lecteur à faire la part du bon et du mauvais, du vrai et du faux.

CHAPITRE IV
SYSTÈMES

☞ 36. Quand les phénomènes étranges du spiritisme ont commencé à se produire, ou pour mieux dire se sont renouvelés dans ces derniers temps, le premier sentiment qu'ils ont excité a été celui du doute sur leur réalité même, et encore plus sur leur cause. Lorsqu'ils ont été avérés par des témoignages irrécusables et par les expériences que chacun a pu faire, il est arrivé que chacun les a interprétés à sa manière, selon ses idées personnelles, ses croyances ou ses préventions ; de là, plusieurs systèmes qu'une observation plus attentive devait réduire à leur juste valeur.

Les adversaires du spiritisme ont cru trouver un argument dans cette divergence d'opinions en disant que les spirites eux-mêmes ne sont pas d'accord entre eux. C'était une bien pauvre raison, si l'on réfléchit que les pas de toute science naissante sont nécessairement incertains, jusqu'à ce que le temps ait permis de rassembler et de coordonner les faits qui peuvent asseoir l'opinion ; à mesure que les faits se complètent et sont mieux observés, les idées prématurées s'effacent et l'unité s'établit, du moins sur les points fondamentaux, si ce n'est dans tous les détails. C'est ce qui a eu lieu pour le spiritisme ; il ne pouvait échapper à la loi commune, et devait même, par sa nature, se prêter plus que toute autre chose à la diversité des interprétations. On peut même dire qu'à cet égard il a été plus vite que d'autres sciences ses aînées, la médecine, par exemple, qui divise encore les plus grands savants.

☞ 37. Dans l'ordre méthodique, pour suivre la marche progressive des idées, il convient de placer en tête ceux qu'on peut appeler *systèmes de la négation*, c'est-à-dire ceux des adversaires du spiritisme. Nous avons réfuté leurs objections dans l'introduction et dans la conclusion du *Livre des Esprits*, ainsi que dans le petit ouvrage intitulé : *Qu'est-ce que le spiritisme ?* Il serait superflu d'y revenir ici ; nous nous bornerons à rappeler en deux mots les motifs sur lesquels ils se fondent.

Les phénomènes spirites sont de deux sortes : les effets physiques et les effets intelligents. N'admettant pas l'existence des Esprits, par la raison qu'ils n'admettent rien en dehors de la matière, on conçoit qu'ils nient les effets intelligents. Quant aux effets physiques, ils les commentent à leur point de vue, et leurs arguments peuvent se résumer dans les quatre systèmes suivants.

☞ 38. *Système de charlatanisme.* Parmi les antagonistes, beaucoup attribuent ces effets à la supercherie, par la raison que quelques-uns ont pu être imités. Cette supposition transformerait tous les spirites en dupes, et tous les médiums en faiseurs de dupes, sans égard pour la position, le caractère, le savoir et l'honorabilité des personnes. Si elle méritait une réponse, nous dirions que certains phénomènes de la physique sont aussi imités par les prestidigitateurs, et que cela ne prouve rien contre la véritable science. Il est d'ailleurs des personnes dont le caractère écarte tout soupçon de fraude, et il faut être dépourvu de tout savoir-vivre et de toute urbanité pour oser venir leur dire en face qu'elles sont complices de charlatanisme. Dans un salon très respectable, un monsieur, soi-disant bien élevé, s'étant permis une réflexion de cette nature, la dame de la maison lui dit: « Monsieur, puisque vous n'êtes pas content, on vous rendra votre argent à la porte. » et d'un geste lui fit comprendre ce qu'il avait de mieux à faire. Est-ce à dire pour cela que jamais il n'y a eu d'abus ? Il faudrait, pour le croire, admettre que les hommes sont parfaits. On abuse de tout, même des choses les plus saintes ; pourquoi n'abuserait-on pas du spiritisme ? Mais le mauvais usage qu'on peut faire d'une chose ne peut rien faire préjuger contre la chose elle-même ; le contrôle qu'on peut avoir touchant la bonne foi des gens est dans les motifs qui les font agir. Où il n'y a pas spéculation, le charlatanisme n'a rien à faire.

☞ 39. *Système de la folie.* Quelques-uns, par condescendance, veulent bien écarter le soupçon de supercherie, et prétendent que ceux qui ne font pas des dupes sont dupes eux-mêmes : ce qui revient à dire qu'ils sont des imbéciles. Quand les incrédules y mettent moins de formes, ils disent tout simplement qu'on est fou, s'attribuant ainsi sans façon le privilège du bon sens. C'est là le grand argument de ceux qui n'ont point de bonne raison à opposer. Du reste, ce mode d'attaque est devenu ridicule à force de banalité, et ne mérite pas qu'on perde son temps à le réfuter. Les spirites, d'ailleurs, ne s'en émeuvent guère ; ils prennent bravement leur parti, et se consolent en songeant qu'ils ont pour compagnons d'infortune assez de gens dont le mérite ne saurait être contesté. Il faut en effet convenir que cette folie, si folie il y a, a un bien singulier caractère, c'est qu'elle atteint de préférence la classe éclairée, parmi laquelle le spiritisme compte jusqu'à présent l'immense majorité de ses adeptes. Si, dans le nombre, on rencontre quelques excentricités, elles ne prouvent pas plus contre cette doctrine que les fous religieux ne prouvent contre la religion ; les fous mélomanes, contre la musique ; les fous mathématiciens, contre les mathématiques. Toutes les idées ont trouvé des fanatiques exagérés, et il faudrait être doué d'un jugement bien obtus pour confondre l'exagération d'une chose avec la chose elle-même. Nous renvoyons, pour plus amples explications sur ce sujet, à notre brochure : *Qu'est-ce que le spiritisme ?* au *Livre des Esprits* (Introduction, §15).

☞ 40. *Système de l'hallucination.* Une autre opinion, moins offensante en ce qu'elle a une petite couleur scientifique, consiste à mettre les phénomènes sur le compte de l'illusion des sens ; ainsi, l'observateur serait de très bonne foi ; seulement, il croirait voir ce qu'il ne voit pas. Quand il voit une table se soulever et se maintenir dans l'espace sans point d'appui, la table n'aurait pas bougé de place ; il la voit en l'air par une sorte de mirage ou un effet de réfraction comme celui qui fait voir un astre, ou un objet dans l'eau, hors de sa position réelle. Cela serait possible à la rigueur ; mais ceux qui ont été témoins de ce phénomène ont pu constater l'isolement en passant sous la table suspendue, ce qui paraît difficile si elle n'a pas quitté le sol. D'un autre côté, il est arrivé maintes fois que la table s'est brisée en tombant : dira-t-on aussi que ce n'est là qu'un effet d'optique ?

Une cause physiologique bien connue peut, sans doute, faire qu'on croie voir tourner une chose qui ne bouge pas, ou qu'on croie tourner soi-même quand on est immobile ; mais quand plusieurs personnes autour d'une table sont entraînées par un mouvement si rapide qu'elles ont de la peine à le suivre, que quelques-unes sont parfois jetées par terre, dira-t-on que toutes sont prises de vertige, comme l'ivrogne qui croit voir passer sa maison devant lui ?

☞ 41. *Système du muscle craqueur.* S'il en était ainsi pour la vue, il ne saurait en être de même pour l'ouïe, et quand des coups frappés sont entendus par toute une assemblée, on ne peut raisonnablement les attribuer à une illusion. Nous écartons, bien entendu, toute idée de fraude, et nous supposons qu'une observation attentive a constaté qu'ils ne sont dus à aucune cause fortuite ou matérielle.

Il est vrai qu'un savant médecin en a donné une explication péremptoire, selon lui[2]. « La cause en est, dit-il, dans les contractions volontaires ou involontaires du tendon du muscle court-péronier ». Il entre à ce sujet dans les détails anatomiques les plus complets pour démontrer par quel mécanisme ce tendon peut produire ces bruits, imiter les batteries du tambour et même exécuter des airs rythmés ; d'où il conclut que ceux qui croient entendre frapper des coups dans une table sont dupes ou d'une mystification, ou d'une illusion. Le fait n'est pas nouveau en lui-même ; malheureusement pour l'auteur de cette prétendue découverte, sa théorie ne peut rendre raison de tous les cas. Disons d'abord que ceux qui jouissent de la singulière faculté de faire craquer à volonté leur muscle court-péronier, ou tout autre, et de jouer des airs par ce moyen, sont des sujets exceptionnels ; tandis que celle de faire frapper les tables est très commune, et que ceux qui possèdent celle-ci ne jouissent pas tous, à beaucoup près, de la première. En second lieu, le savant docteur a oublié d'expliquer comment le craquement musculaire d'une personne immobile et isolée de la table peut y produire des vibrations sensibles au toucher ; comment ce bruit peut se répercuter à la volonté des assistants dans les différentes parties de la table, dans les autres meubles, contre les murs, au plafond, etc. ; comment, enfin, l'action de ce muscle peut s'étendre à une table qu'on ne touche pas, et la faire mouvoir. Cette explication, du reste, si c'en était une, n'infirmerait que le phénomène des coups frappés, mais ne peut concerner tous les autres modes de communications. Concluons-en qu'il a jugé sans avoir vu, ou sans avoir tout vu et bien vu. Il est toujours regrettable que des hommes de science se hâtent de donner sur ce qu'ils ne connaissent pas des explications que les faits peuvent démentir. Leur savoir même devrait les rendre d'autant plus circonspects dans leurs jugements, qu'il recule pour eux les bornes de l'inconnu.

☞ 42. *Système des causes physiques.* Ici nous sortons du système de la négation absolue. La réalité des phénomènes étant avérée, la première pensée qui est naturellement venue à l'esprit de ceux qui les ont reconnus a été d'attribuer les mouvements au magnétisme, à l'électricité, ou à l'action d'un fluide quelconque, en un mot, à une cause toute physique et matérielle. Cette opinion n'avait rien d'irrationnel et elle aurait prévalu si le phénomène se fût borné à des effets purement mécaniques.

---

2. M. Jobert (de Lamballe). Pour être juste il faut dire que cette découverte est due à M. Schiff : M. Jobert en a développé les conséquences devant l'Académie de médecins pour donner le coup de massue aux Esprits frappeurs. On en trouvera tous les détails dans la *Revue Spirite* du mois de juin 1859.

Une circonstance même semblait la corroborer : c'était, dans certains cas, l'accroissement de la puissance en raison du nombre des personnes ; chacune d'elles pouvait ainsi être considérée comme un des éléments d'une pile électrique humaine. Ce qui caractérise une théorie vraie, nous l'avons dit, c'est de pouvoir rendre raison de tout ; mais si un seul fait vient la contredire, c'est qu'elle est fausse, incomplète ou trop absolue. Or, c'est ce qui n'a pas tardé d'arriver ici. Ces mouvements et ces coups ont donné des signes intelligents, en obéissant à la volonté et en répondant à la pensée ; ils devaient donc avoir une cause intelligente. Dès lors que l'effet cessait d'être purement physique, la cause, par cela même, devait avoir une autre source ; aussi le système de l'action *exclusive* d'un agent matériel a-t-il été abandonné et ne se retrouve que chez ceux qui jugent *a priori* et sans avoir vu. Le point capital est donc de constater l'action intelligente, et c'est ce dont peut se convaincre quiconque veut se donner la peine d'observer.

☞ 43. *Système du reflet.* L'action intelligente une fois reconnue, il restait à savoir quelle était la source de cette intelligence. On a pensé que ce pouvait être celle du médium ou des assistants, qui se réfléchissait comme la lumière ou les rayons sonores. Cela était possible : l'expérience seule pouvait dire son dernier mot. Mais d'abord, remarquons que ce système s'écarte déjà complètement de l'idée purement matérialiste ; pour que l'intelligence des assistants pût se reproduire par voie indirecte, il fallait admettre en l'homme un principe en dehors de l'organisme.

Si la pensée exprimée avait toujours été celle des assistants, la théorie de la réflexion eût été confirmée ; or, le phénomène, même réduit à cette proportion, n'était-il pas du plus haut intérêt ? La pensée se répercutant dans un corps inerte et se traduisant par le mouvement et le bruit, n'était-ce pas une chose bien remarquable ? N'y avait-il pas là de quoi piquer la curiosité des savants ? Pourquoi donc l'ont-ils dédaignée, eux qui s'épuisent à la recherche d'une fibre nerveuse ?

L'expérience seule, disons-nous, pouvait donner tort ou raison à cette théorie, et l'expérience lui a donné tort, car elle démontre à chaque instant, et par les faits les plus positifs, que la pensée exprimée peut être, non seulement étrangère à celle des assistants, mais que souvent elle y est entièrement contraire ; qu'elle vient contredire toutes les idées préconçues, déjouer toutes les prévisions ; en effet, quand je pense blanc et qu'il m'est répondu noir, il m'est difficile de croire que la réponse vienne de moi. On s'appuie sur quelques cas d'identité entre la pensée exprimée et celle des assistants ; mais qu'est-ce que cela prouve, sinon que les assistants peuvent penser comme l'intelligence qui se communique ? Il n'est pas dit qu'ils doivent toujours être d'opinion opposée. Lorsque, dans la conversation, l'interlocuteur émet une pensée analogue à la vôtre, direz-vous pour cela qu'elle vient de vous ? Il suffit de quelques exemples contraires bien constatés pour prouver que cette théorie ne peut être absolue. Comment, d'ailleurs, expliquer par la réflexion de la pensée, l'écriture produite par des personnes qui ne savent pas écrire, les réponses de la plus haute portée philosophique obtenues par des personnes illettrées, celles qui sont données à des questions mentales ou dans une langue inconnue du médium, et mille autres faits qui ne peuvent laisser de doute sur l'indépendance de l'intelligence qui se manifeste ? L'opinion contraire ne peut être que le résultat d'un défaut d'observation. Si la présence d'une intelligence étrangère est prouvée moralement par la nature des réponses, elle l'est matériellement par le fait de l'écriture directe, c'est-à-dire de l'écriture obtenue spontanément, sans plume ni crayon, sans contact, et nonobstant toutes les précautions prises pour se garantir de tout subterfuge. Le caractère intelligent du phénomène ne saurait être révoqué en doute ; donc il y a autre chose qu'une action fluidique. Ensuite, la spontanéité de la pensée exprimée en dehors de toute attente, de toute question proposée, ne permet pas d'y voir un reflet de celle des assistants.

Le système du reflet est assez désobligeant dans certains cas ; quand, dans une réunion de personnes honnêtes, survient inopinément une de ces communications révoltantes de grossièreté, ce serait faire un fort mauvais compliment aux assistants de prétendre qu'elle provient de l'un d'eux, et il est probable que chacun s'empresserait de la répudier (Voyez *Livre des Esprits*, Introduction, § 16).

☞ 44. *Système de l'âme collective.* C'est une variante du précédent. Selon ce système, l'âme seule du médium se manifeste, mais elle s'identifie avec celle de plusieurs autres vivants présents ou absents, et forme un *tout collectif* réunissant les aptitudes, l'intelligence et les connaissances de chacun. Quoique la brochure où cette théorie est exposée soit intitulée *la lumière*[3], elle nous a semblé d'un style très obscur ; nous avouons l'avoir peu comprise, et nous n'en parlons que pour mémoire. C'est, d'ailleurs, comme beaucoup d'autres, une opinion individuelle qui a fait peu de prosélytes. Le nom d'*Emah Tirpsé* est celui que prend l'auteur pour désigner l'être collectif qu'il représente. Il prend pour épigraphe : *Il n'est rien de caché qui ne doive être connu.* Cette proposition est évidemment fausse, car il est une foule de choses que l'homme ne peut pas et ne doit pas savoir ; bien présomptueux serait celui qui prétendrait pénétrer tous les secrets de Dieu.

☞ 45. *Système somnambulique.* Celui-ci a eu plus de partisans et en compte même encore quelques-uns. Comme le précédent, il admet que toutes les communications intelligentes ont leur source dans l'âme ou Esprit du médium ; mais, pour expliquer son aptitude à traiter des sujets en dehors de ses connaissances, au lieu de supposer en lui une âme multiple, il attribue cette aptitude à une surexcitation momentanée, des facultés mentales, à une sorte d'état somnambulique ou extatique qui exalte et développe son intelligence. On ne peut nier, dans certains cas, l'influence de cette cause ; mais il suffit d'avoir vu opérer la plupart des médiums pour se convaincre qu'elle ne peut résoudre tous les faits, et qu'elle forme l'exception et non la règle. On pourrait croire qu'il en est ainsi si le médium avait toujours l'air d'un inspiré ou d'un extatique, apparence qu'il pourrait d'ailleurs parfaitement simuler s'il voulait jouer la comédie ; mais comment croire à l'inspiration, quand le médium écrit comme une machine, sans avoir la moindre conscience de ce qu'il obtient, sans la moindre

---

3. Communion. La lumière du phénomène de l'Esprit. Tables parlantes, somnambules, médiums, miracles. Magnétisme spirituel : puissance de la pratique de la foi. Par *Emah Tirpsé*, une âme collective écrivant par l'intermédiaire d'une planchette. Bruxelles, 1858, chez Devroye.

émotion, sans s'occuper de ce qu'il fait, et tout en regardant ailleurs, riant et causant de choses et d'autres ? On conçoit la surexcitation des idées, mais on ne comprend pas qu'elle puisse faire écrire celui qui ne sait pas écrire, et encore moins quand les communications sont transmises par des coups frappés, ou à l'aide d'une planchette ou d'une corbeille. Nous verrons, dans la suite de cet ouvrage, la part qu'il faut faire à l'influence des idées du médium ; mais les faits où l'intelligence étrangère se révèle par des signes incontestables sont si nombreux et si évidents, qu'ils ne peuvent laisser de doute à cet égard. Le tort de la plupart des systèmes éclos à l'origine du spiritisme est d'avoir tiré des conclusions générales de quelques faits isolés.

☞ 46. *Système pessimiste, diabolique ou démoniaque.* Ici nous entrons dans un autre ordre d'idées. L'intervention d'une intelligence étrangère étant constatée, il s'agissait de savoir quelle était la nature de cette intelligence. Le moyen le plus simple était sans doute de le lui demander ; mais certaines personnes n'ont pas trouvé là une garantie suffisante, et n'ont voulu voir dans toutes les manifestations qu'une œuvre diabolique ; selon elles, le diable ou les démons peuvent seuls se communiquer. Quoique ce système trouve peu d'échos aujourd'hui, il n'en a pas moins joui un instant de quelque crédit par le caractère même de ceux qui ont cherché à le faire prévaloir. Nous ferons toutefois remarquer que les partisans du système démoniaque ne doivent point être rangés parmi les adversaires du spiritisme, bien au contraire. Que les êtres qui se communiquent soient des démons ou des anges, ce sont toujours des êtres incorporels ; or, admettre la manifestation des démons, c'est toujours admettre la possibilité de communiquer avec le monde invisible, ou tout au moins avec une partie de ce monde.

La croyance à la communication exclusive des démons, quelque irrationnelle qu'elle soit, pouvait ne pas sembler impossible alors que l'on regardait les Esprits comme des êtres créés en dehors de l'humanité ; mais depuis que l'on sait que les Esprits ne sont autre chose que les âmes de ceux qui ont vécu, elle a perdu tout son prestige, et l'on peut dire toute vraisemblance ; car il s'ensuivrait que toutes ces âmes sont des démons, fussent-elles celles d'un père, d'un fils ou d'un ami, et que nous-mêmes, en mourant, nous devenons des démons, doctrine peu flatteuse et peu consolante pour beaucoup de gens. Il sera bien difficile de persuader à une mère que l'enfant chéri qu'elle a perdu, et qui vient lui donner après sa mort des preuves de son affection et de son identité, soit un suppôt de Satan. Il est vrai que, parmi les Esprits, il y en a de très mauvais et qui ne valent pas mieux que ceux que l'on appelle *démons*, par une raison bien simple, c'est qu'il y a des hommes très mauvais et que la mort ne rend pas immédiatement meilleurs ; la question est de savoir si ce sont les seuls qui puissent se communiquer. À ceux qui le pensent, nous adresserons les questions suivantes :

1. Y a-t-il de bons et de mauvais Esprits ?
2. Dieu est-il plus puissant que les mauvais Esprits, ou que les démons, si vous voulez les appeler ainsi ?
3. Affirmer que les mauvais seuls se communiquent, c'est dire que les bons ne le peuvent pas ; s'il en est ainsi, de deux choses l'une : cela a lieu par la volonté

ou contre la volonté de Dieu. Si c'est contre sa volonté, c'est que les mauvais Esprits sont plus puissants que lui ; si c'est par sa volonté, pourquoi, dans sa bonté, ne le permettrait-il pas aux bons pour contrebalancer l'influence des autres ?
4. Quelle preuve pouvez-vous donner de l'impuissance des bons Esprits à se communiquer ?
5. Lorsqu'on vous oppose la sagesse de certaines communications, vous répondez que le démon prend tous les masques pour mieux séduire. Nous savons, en effet, qu'il y a des Esprits hypocrites qui donnent à leur langage un faux vernis de sagesse ; mais admettez-vous que l'ignorance puisse contrefaire le vrai savoir, et une mauvaise nature contrefaire la vraie vertu, sans laisser rien percer qui puisse déceler la fraude ?
6. Si le démon seul se communique, puisqu'il est l'ennemi de Dieu et des hommes, pourquoi recommande-t-il de prier Dieu, de se soumettre à sa volonté, de subir sans murmure les tribulations de la vie, de n'ambitionner ni les honneurs ni les richesses, de pratiquer la charité et toutes les maximes du Christ ; en un mot, de faire tout ce qui est nécessaire pour détruire son empire ? Si c'est le démon qui donne de tels conseils, il faut convenir que, tout rusé qu'il est, il est bien maladroit de fournir des armes contre lui-même[4].
7. Puisque les Esprits se communiquent, c'est que Dieu le permet ; en voyant les bonnes et les mauvaises communications, n'est-il pas plus logique de penser que Dieu permet les unes pour nous éprouver, et les autres pour nous conseiller le bien ?
8. Que penseriez-vous d'un père qui laisserait son enfant à la merci des exemples et des conseils pernicieux, et qui écarterait de lui, qui lui interdirait de voir les personnes qui pourraient le détourner du mal ? Ce qu'un bon père ne ferait pas, doit-on penser que Dieu, qui est la bonté par excellence, fasse moins que ne ferait un homme ?
9. L'Église reconnaît comme authentiques certaines manifestations de la Vierge et autres saints, dans des apparitions, visions, communications orales, etc. ; cette croyance n'est-elle pas contradictoire avec la doctrine de la communication exclusive des démons ?

Nous croyons que certaines personnes ont professé cette théorie de bonne foi ; mais nous croyons aussi que plusieurs l'ont fait uniquement en vue de détourner de s'occuper de ces choses, à cause des mauvaises communications que l'on est exposé à recevoir ; en disant que le diable seul se manifeste, elles ont voulu effrayer, à peu près comme lorsqu'on dit à un enfant : Ne touche pas à cela, parce que cela brûle.

---

4. Cette question a été traitée dans le *Livre des Esprits* (n° 128 et suivants) ; mais nous recommandons à ce sujet, comme sur tout ce qui touche à la partie religieuse, la brochure intitulée : *Lettre d'un catholique sur le spiritisme*, par M. le docteur Grand, ancien consul de France (chez Ledoyen. In-18 ; prix, 1 fr.), ainsi que celle que nous allons publier sous le titre de : LES CONTRADICTEURS DU SPIRITISME *au point de vue de la religion, de la science et du matérialisme*.

L'intention peut être louable, mais le but est manqué ; car la défense seule excite la curiosité, et la peur du diable retient bien peu de gens : on veut le voir, ne serait-ce que pour voir comment il est fait, et l'on est tout étonné de ne pas le trouver aussi noir qu'on l'avait cru.

Ne pourrait-on pas aussi voir un autre motif à cette théorie exclusive du diable ? Il y a des gens qui trouvent que tous ceux qui ne sont pas de leur avis ont tort ; or, ceux qui prétendent que toutes les communications sont l'œuvre du démon, ne seraient-ils pas mus par la crainte de ne pas trouver les Esprits d'accord avec eux sur tous les points, plus encore sur ceux qui touchent aux intérêts de ce monde qu'à ceux de l'autre ? Ne pouvant nier les faits, ils ont voulu les présenter d'une manière effrayante ; mais ce moyen n'a pas plus arrêté que les autres. Où la crainte du ridicule est impuissante, il faut se résigner à laisser passer les choses.

Le musulman qui entendrait un Esprit parler contre certaines lois du Coran penserait assurément que c'est un mauvais Esprit ; il en serait de même d'un juif pour ce qui regarde certaines pratiques de la loi de Moïse. Quant aux catholiques, nous en avons entendu un affirmer que l'Esprit qui se communiquait ne pouvait être que le *diable*, parce qu'il s'était permis de penser autrement que lui sur le pouvoir temporel, bien qu'il n'eût, du reste, prêché que la charité, la tolérance, l'amour du prochain, et l'abnégation des choses de ce monde, toutes maximes enseignées par le Christ.

Les Esprits n'étant autres que les âmes des hommes, et les hommes n'étant pas parfaits, il en résulte qu'il y a des Esprits également imparfaits, et dont le caractère se reflète dans leurs communications. C'est un fait incontestable qu'il y en a de mauvais, d'astucieux, de profondément hypocrites, et contre lesquels il faut se tenir en garde ; mais, parce qu'on rencontre dans le monde des hommes pervers, est-ce une raison pour fuir toute société. Dieu nous a donné la raison et le jugement pour apprécier les Esprits aussi bien que les hommes. Le meilleur moyen de se prémunir contre les inconvénients que peut présenter la pratique du spiritisme, ce n'est pas de l'interdire, mais de le faire comprendre. Une crainte imaginaire n'impressionne qu'un instant et n'affecte pas tout le monde ; la réalité clairement démontrée est comprise de tous.

☞ 47. *Système optimiste*. À côté de ceux qui ne voient dans ces phénomènes que l'action des démons, il en est d'autres qui n'ont vu que celle des bons Esprits ; ils ont supposé que l'âme étant dégagée de la matière, aucun voile n'existait plus pour elle, et qu'elle devait avoir la souveraine science et la souveraine sagesse. Leur confiance aveugle dans cette supériorité absolue des êtres du monde invisible a été pour beaucoup la source de bien des déceptions ; ils ont appris à leurs dépens à se défier de certains Esprits, tout aussi bien que de certains hommes.

☞ 48. *Système unispirite* ou *monospirite*. Une variété du système optimiste consiste dans la croyance qu'un seul Esprit se communique aux hommes, et que cet Esprit est le *Christ*, qui est le protecteur de la terre. Quand on voit des communications de la plus basse trivialité, d'une grossièreté révoltante, empreintes de malveillance et de méchanceté, il y aurait profanation et impiété à supposer qu'elles pussent émaner de l'Esprit du bien par excellence. Encore si ceux qui le croient n'avaient jamais eu que des communications irréprochables, on concevrait leur illusion ; mais la plupart conviennent en avoir eu de très mauvaises, ce qu'ils expliquent en disant que c'est une épreuve que le bon Esprit leur fait subir en leur dictant des choses absurdes : ainsi, tandis que les uns attribuent toutes les communications au diable, qui peut dire de bonnes choses pour tenter, d'autres pensent que Jésus seul se manifeste et qu'il peut dire de mauvaises choses pour éprouver. Entre ces deux opinions si inverses, qui prononcera ? Le bon sens et l'expérience. Nous disons l'expérience, parce qu'il est impossible que ceux qui professent des idées aussi exclusives aient tout vu et tout bien vu.

Quand on leur objecte les faits d'identité qui attestent la présence de parents, amis ou connaissances par les manifestations écrites, visuelles ou autres, ils répondent que c'est toujours le même Esprit, le diable selon les uns, le Christ selon les autres, qui prend toutes les formes ; mais ils ne nous disent pas pourquoi les autres Esprits ne peuvent pas se communiquer, dans quel but l'Esprit de vérité viendrait nous tromper en se présentant sous de fausses apparences, abuser une pauvre mère en lui faisant croire mensongèrement qu'il est l'enfant qu'elle pleure. La raison se refuse à admettre que l'Esprit-Saint entre tous s'abaisse à jouer une pareille comédie. D'ailleurs, nier la possibilité de toute autre communication, n'est-ce pas ôter au spiritisme ce qu'il a de plus suave : la consolation des affligés ? Disons tout simplement qu'un pareil système est irrationnel et ne peut soutenir un examen sérieux.

☞ 49. *Système multispirite* ou *polyspirite*. Tous les systèmes que nous avons passés en revue, sans en excepter ceux qui sont dans le sens négatif, reposent sur quelques observations, mais incomplètes ou mal interprétées. Si une maison est rouge d'un côté et blanche de l'autre, celui qui ne l'aura vue que d'un seul côté affirmera qu'elle est rouge, un autre qu'elle est blanche : ils auront tous les deux tort et raison ; mais celui qui aura vu la maison de tous les côtés dira qu'elle est rouge et blanche, et il sera seul dans le vrai. Il en est de même à l'égard de l'opinion que l'on se fait du spiritisme : elle peut être vraie à certains égards et fausse si l'on généralise ce qui n'est que partiel, si l'on prend pour la règle ce qui n'est que l'exception, pour le tout ce qui n'est que la partie. C'est pourquoi nous disons que quiconque veut étudier sérieusement cette science doit voir beaucoup et longtemps ; le temps seul lui permettra de saisir les détails, de remarquer les nuances délicates, d'observer une multitude de faits caractéristiques qui seront pour lui des traits de lumière ; mais s'il s'arrête à la surface, il s'expose à porter un jugement prématuré, et par conséquent erroné. Voici les conséquences générales qui ont été déduites d'une observation complète et qui forment maintenant la croyance, on peut le dire, de l'universalité des spirites, car les systèmes restrictifs ne sont plus que des opinions isolées.

1. Les phénomènes spirites sont produits par des intelligences extra corporelles, autrement dit par des Esprits.
2. Les Esprits constituent le monde invisible ; ils sont partout ; les espaces en sont peuplés à l'infini ; il y en a sans cesse autour de nous avec lesquels nous sommes en contact.
3. Les Esprits réagissent incessamment sur le monde physique et sur le monde

moral, et sont une des puissances de la nature.
4. Les Esprits ne sont pas des êtres à part dans la création ; ce sont les âmes de ceux qui ont vécu sur la terre ou dans d'autres mondes, et qui ont dépouillé leur enveloppe corporelle ; d'où il suit que les âmes des hommes sont des Esprits incarnés, et qu'en mourant nous devenons Esprits.
5. Il y a des Esprits de tous les degrés de bonté et de malice, de savoir et d'ignorance.
6. Ils sont tous soumis à la loi du progrès et peuvent tous arriver à la perfection ; mais comme ils ont leur libre arbitre, ils y arrivent dans un temps plus ou moins long, selon leurs efforts et leur volonté.
7. Ils sont heureux ou malheureux, selon le bien ou le mal qu'ils ont fait pendant leur vie et le degré d'avancement auquel ils sont parvenus. Le bonheur parfait et sans mélange n'est le partage que des Esprits arrivés au suprême degré de perfection.
8. Tous les Esprits, dans des circonstances données, peuvent se manifester aux hommes ; le nombre de ceux qui peuvent se communiquer est indéfini.
9. Les Esprits se communiquent par l'intermédiaire des médiums, qui leur servent d'instruments et d'interprètes.
10. On reconnaît la supériorité ou l'infériorité des Esprits à leur langage ; les bons ne conseillent que le bien et ne disent que de bonnes choses : tout en eux atteste l'élévation ; les mauvais trompent, et toutes leurs paroles portent le cachet de l'imperfection et de l'ignorance.

Les différents degrés que parcourent les Esprits sont indiqués dans l'*Échelle spirite* (*Livre des Esprits*, livre II, chapitre I, n° 100). L'étude de cette classification est indispensable pour apprécier la nature des Esprits qui se manifestent, leurs bonnes et mauvaises qualités.

☞ 50. *Système de l'âme matérielle ;* il consiste uniquement dans une opinion particulière sur la nature intime de l'âme. Selon cette opinion, l'âme et le périsprit ne seraient donc point deux choses distinctes, ou, pour mieux dire, le périsprit ne serait autre que l'âme elle-même, s'épurant graduellement par les diverses transmigrations, comme l'alcool s'épure par les diverses distillations, tandis que la doctrine spirite ne considère le périsprit que comme l'enveloppe fluidique de l'âme ou de l'Esprit. Le périsprit étant une matière, quoique très éthérée, l'âme serait ainsi d'une nature matérielle plus ou moins essentielle selon le degré de son épuration.
Ce système n'infirme aucun des principes fondamentaux de la doctrine spirite, car il ne change rien à la destinée de l'âme ; les conditions de son bonheur futur sont toujours les mêmes ; l'âme et le périsprit formant un tout, sous le nom d'Esprit, comme le germe et le périsperme en forment un sous le nom de fruit, toute la question se réduit à considérer le tout comme homogène au lieu d'être formé de deux parties distinctes.
Comme on le voit, cela ne tire à aucune conséquence, et nous n'en aurions pas parlé si nous n'avions rencontré des personnes portées à voir une nouvelle école dans ce qui n'est, en définitive, qu'une simple interprétation de mots. Cette opinion,

très restreinte du reste, fût-elle même plus générale, n'en constituerait pas plus une scission entre les spirites que les deux théories de l'émission ou des ondulations de la lumière n'en font une entre les physiciens. Ceux qui voudraient faire bande à part pour une question aussi puérile prouveraient par cela seul qu'ils attachent plus d'importance à l'accessoire qu'à la chose principale, et qu'ils sont poussés à la désunion par des Esprits qui ne peuvent pas être bons, car les bons Esprits ne soufflent jamais l'aigreur et la zizanie ; c'est pourquoi nous engageons tous les vrais spirites à se tenir en garde contre de pareilles suggestions, et à ne pas attacher à certains détails plus d'importance qu'ils n'en méritent ; l'essentiel c'est le fond.

Nous croyons néanmoins devoir dire en quelques mots sur quoi s'appuie l'opinion de ceux qui considèrent l'âme et le périsprit comme deux choses distinctes. Elle est fondée sur l'enseignement des Esprits qui n'ont jamais varié à cet égard ; nous parlons des Esprits éclairés, car parmi eux il en est qui n'en savent pas plus et même moins que les hommes, tandis que la théorie contraire est une conception humaine. Nous n'avons ni inventé, ni supposé le périsprit pour expliquer les phénomènes ; son existence nous a été révélée par les Esprits, et l'observation nous l'a confirmée (*Livre des Esprits*, n° 93). Elle s'appuie encore sur l'étude des sensations chez les Esprits (*Livre des Esprits*, n° 257) et surtout sur le phénomène des apparitions tangibles qui impliquerait, selon l'autre opinion, la solidification et la désagrégation des parties constituantes de l'âme, et par conséquent sa désorganisation. Il faudrait en outre admettre que cette matière, qui peut tomber sous les sens, est elle-même le principe intelligent, ce qui n'est pas plus rationnel que de confondre le corps avec l'âme, ou l'habit avec le corps. Quant à la nature intime de l'âme, elle nous est inconnue. Quand on dit qu'elle est *immatérielle*, il faut l'entendre dans le sens relatif et non absolu, car l'immatérialité absolue serait le néant ; or, l'âme ou l'Esprit, c'est quelque chose ; on veut dire que son essence est tellement supérieure qu'elle n'a aucune analogie avec ce que nous appelons matière, et qu'ainsi, pour nous, elle est immatérielle (*Livre des Esprits*, n° 23 et 82).

☞ 51. Voici la réponse donnée à ce sujet par un Esprit :

« Ce que les uns nomment *périsprit* n'est pas autre chose que ce que les autres appellent enveloppe matérielle fluidique. Je dirai, pour me faire comprendre d'une manière plus logique, que ce fluide est la perfectibilité des sens, l'extension de la vue et des idées ; je parle ici des Esprits élevés. Quant aux Esprits inférieurs, les fluides terrestres sont encore complètement inhérents à eux ; donc c'est matière, comme vous voyez ; de là les souffrances de la faim, du froid, etc., souffrances que ne peuvent endurer les Esprits supérieurs, attendu que les fluides terrestres sont épurés autour de la pensée, c'est-à-dire de l'âme. L'âme, pour son progrès, a toujours besoin d'un agent ; l'âme, sans agent, n'est rien pour vous, ou, pour mieux dire, ne peut être conçue par vous. Le périsprit, pour nous autres Esprits errants, est l'agent par lequel nous communiquons avec vous, soit indirectement par votre corps ou votre périsprit, soit directement à votre âme ; de là des infinies nuances de médiums et de communications. Maintenant reste le point de vue scientifique, c'est-à-dire l'essence même du périsprit ; ceci est une autre affaire. Comprenez d'abord moralement; il ne reste plus qu'une discussion sur la nature des fluides, ce qui est inexplicable pour le moment; la science ne connaît pas assez, mais on y arrivera si la science veut marcher avec le spiritisme. Le périsprit peut varier et changer à l'infini; l'âme est la pensée : elle ne change pas de nature; sous ce rapport n'allez pas plus loin, c'est un point qui ne peut être expliqué. Croyez-vous que je ne cherche pas comme vous ? Vous, vous cherchez le périsprit; nous autres maintenant, nous cherchons l'âme. Attendez donc. »

LAMENNAIS.

Ainsi, des Esprits que l'on peut considérer comme avancés n'ont pu encore sonder la nature de l'âme, comment pourrions-nous le faire nous-mêmes ? C'est donc perdre son temps que de vouloir scruter le principe des choses qui, ainsi qu'il est dit dans le *Livre des Esprits* (n° 17, 49), est dans les secrets de Dieu. Prétendre fouiller, à l'aide du spiritisme, ce qui n'est pas encore du ressort de l'humanité, c'est le détourner de son véritable but; c'est faire comme l'enfant qui voudrait en savoir autant que le vieillard. Que l'homme fasse tourner le spiritisme à son amélioration morale, c'est l'essentiel; le surplus n'est qu'une curiosité stérile et souvent orgueilleuse, dont la satisfaction ne lui fera faire aucun pas en avant; le seul moyen d'avancer, c'est de devenir meilleur. Les Esprits qui ont dicté le livre qui porte leur nom ont prouvé leur sagesse en se renfermant, pour ce qui concerne le principe des choses, dans les limites que Dieu ne permet pas de franchir, laissant aux Esprits systématiques et présomptueux la responsabilité des théories anticipées et erronées, plus séduisantes que solides, et qui tomberont un jour devant la raison comme tant d'autres sorties des cerveaux humains. Ils n'ont dit que juste ce qui était nécessaire pour faire comprendre à l'homme l'avenir qui l'attend, et par cela même l'encourager au bien. (Voir ci-après, 2° partie, chapitre 1°, Action des Esprits sur la matière.)

SECONDE PARTIE
—
DES MANIFESTATIONS SPIRITES

CHAPITRE PREMIER
ACTION DES ESPRITS SUR LA MATIÈRE

☞ 52. L'opinion matérialiste étant écartée, comme condamnée à la fois par la raison et par les faits, tout se résume à savoir si l'âme, après la mort, peut se manifester aux vivants. La question, ainsi réduite à sa plus simple expression, se trouve singulièrement dégagée. On pourrait d'abord demander pourquoi des êtres intelligents, qui vivent en quelque sorte dans notre milieu, quoique invisibles par leur nature, ne pourraient pas attester leur présence d'une manière quelconque. La simple raison dit qu'à cela il n'y a rien d'absolument impossible, et c'est déjà quelque chose. Cette croyance a d'ailleurs pour elle l'assentiment de tous les peuples, car on la retrouve partout et à toutes les époques ; or, une intuition ne saurait être aussi générale, ni survivre aux temps, sans reposer sur quelque chose. Elle est de plus sanctionnée par le témoignage des livres sacrés et des Pères de l'Église, et il a fallu le scepticisme et le matérialisme de notre siècle pour la reléguer parmi les idées superstitieuses ; si nous sommes dans l'erreur, ces autorités le sont également.
Mais ce ne sont là que des considérations morales. Une cause a surtout contribué à fortifier le doute, à une époque aussi positive que la nôtre, où l'on tient à se rendre compte de tout, où l'on veut savoir le pourquoi et le comment de chaque chose, c'est l'ignorance de la nature des Esprits et des moyens par lesquels ils peuvent se manifester. Cette connaissance acquise, le fait des manifestations n'a plus rien de surprenant et rentre dans l'ordre des faits naturels.

☞ 53. L'idée que l'on se forme des Esprits rend au premier abord le phénomène des manifestations incompréhensibles. Ces manifestations ne peuvent avoir lieu que par l'action de l'Esprit sur la matière ; c'est pourquoi ceux qui croient que l'Esprit est l'absence de toute matière se demandent, avec quelque apparence de raison, comment il peut agir matériellement. Or, là est l'erreur ; car l'Esprit n'est pas une abstraction, c'est un être défini, limité et circonscrit. L'esprit incarné dans le corps constitue l'âme ; lorsqu'il le quitte à la mort, il n'en sort pas dépouillé de toute enveloppe. Tous nous disent qu'ils conservent la forme humaine, et, en effet, lorsqu'ils nous apparaissent, c'est sous celle que nous leur connaissions.
Observons-les attentivement au moment où ils viennent de quitter la vie ; ils sont dans un état de trouble ; tout est confus autour d'eux ; ils voient leur corps sain ou mutilé selon le genre de mort ; d'un autre côté, ils se voient et se sentent vivre ; quelque chose leur dit que ce corps est à eux, et ils ne comprennent pas qu'ils en soient séparés. Ils continuent à se voir sous leur forme primitive, et cette vue produit chez quelques-uns, pendant un certain temps, une singulière illusion : celle de se croire encore vivants ; il leur faut l'expérience de leur nouvel état pour se convaincre de la réalité. Ce premier moment de trouble dissipé, le corps devient pour eux un vieux vêtement dont ils se sont dépouillés et qu'ils ne regrettent pas ; ils se sentent plus légers et comme débarrassés d'un fardeau ; ils n'éprouvent plus les

douleurs physiques et sont tout heureux de pouvoir s'élever, franchir l'espace, ainsi que, de leur vivant, ils l'ont fait maintes fois dans leurs rêves[5]. Cependant, malgré l'absence du corps, ils constatent leur personnalité ; ils ont une forme, mais une forme qui ne les gêne ni ne les embarrasse ; ils ont enfin la conscience de leur *moi* et de leur individualité. Que devons-nous en conclure ? C'est que l'âme ne laisse pas tout dans le cercueil, et qu'elle emporte quelque chose avec elle.

☞ 54. De nombreuses observations et des faits irrécusables dont nous aurons à parler plus tard ont conduit à cette conséquence, c'est qu'il y a en l'homme trois choses ; 1° l'âme ou Esprit, principe intelligent en qui réside le sens moral ; 2° le corps, enveloppe grossière, matérielle, dont il est temporairement revêtu pour l'accomplissement de certaines vues providentielles ; 3° le périsprit, enveloppe fluidique, semi-matérielle, servant de lien entre l'âme et le corps.

La mort est la destruction, ou mieux la désagrégation de la grossière enveloppe, de celle que l'âme abandonne ; l'autre s'en dégage et suit l'âme qui se trouve, de cette manière, avoir toujours une enveloppe ; cette dernière, bien que fluidique, éthérée, vaporeuse, invisible pour nous dans son état normal, n'en est pas moins de la matière, quoique, jusqu'à présent, nous n'ayons pas pu la saisir et la soumettre à l'analyse.

Cette seconde enveloppe de l'âme ou *périsprit* existe donc pendant la vie corporelle ; c'est l'intermédiaire de toutes les sensations que perçoit l'Esprit, celui par lequel l'Esprit transmet sa volonté à l'extérieur et agit sur les organes. Pour nous servir d'une comparaison matérielle, c'est le fil électrique conducteur qui sert à la réception et à la transmission de la pensée ; c'est enfin cet agent mystérieux, insaisissable désigné sous le nom de fluide nerveux, qui joue un si grand rôle dans l'économie, et dont on ne tient pas assez compte dans les phénomènes physiologiques et pathologiques. La médecine, ne considérant que l'élément matériel pondérable, se prive, dans l'appréciation des faits, d'une cause incessante d'action. Mais ce n'est pas ici le lieu d'examiner cette question ; nous ferons seulement remarquer que la connaissance du périsprit est la clef d'une foule de problèmes jusqu'alors inexpliqués.

Le périsprit n'est point une de ces hypothèses auxquelles on a quelquefois recours dans la science pour l'explication d'un fait ; son existence n'est pas seulement révélée par les Esprits, c'est un résultat d'observations, ainsi que nous aurons occasion de le démontrer. Pour le moment, et pour ne pas anticiper sur les faits que nous aurons à relater, nous nous bornons à dire que, soit pendant son union avec le corps, soit après sa séparation, l'âme n'est jamais séparée de son périsprit.

---

5. Si l'on veut bien se reporter à tout ce que nous avons dit dans le *Livre des Esprits* sur les rêves et l'état de l'Esprit pendant le sommeil (n° 400 à 418), on concevra que ces rêves que presque tout le monde a faits, dans lesquels on se voit transporté à travers l'espace et comme volant, ne sont autre chose qu'un souvenir de la sensation éprouvée par l'Esprit, alors que, pendant le sommeil, il avait momentanément quitté son corps matériel, n'emportant avec lui que son corps fluidique, celui qu'il conservera après la mort. Ces rêves peuvent donc nous donner une idée de l'état de l'Esprit quand il sera débarrassé des entraves qui le retiennent au sol.

☞ 55. On a dit que l'Esprit est une flamme, une étincelle ; ceci doit s'entendre de l'Esprit proprement dit, comme principe intellectuel et moral, et auquel on ne saurait attribuer une forme déterminée ; mais, à quelque degré qu'il se trouve, il est toujours revêtu d'une enveloppe ou périsprit, dont la nature s'éthérise à mesure qu'il se purifie et s'élève dans la hiérarchie ; de telle sorte que, pour nous, l'idée de forme est inséparable de celle d'Esprit, et que nous ne concevons pas l'un sans l'autre. Le périsprit fait donc partie intégrante de l'Esprit, comme le corps fait partie intégrante de l'homme ; mais le périsprit seul n'est pas plus l'Esprit que le corps seul n'est l'homme, car le périsprit ne pense pas ; il est à l'Esprit ce que le corps est à l'homme ; c'est l'agent ou l'instrument de son action.

☞ 56. La forme du périsprit est la forme humaine, et lorsqu'il nous apparaît, c'est généralement celle sous laquelle nous avons connu l'Esprit de son vivant. On pourrait croire, d'après cela, que le périsprit, dégagé de toutes les parties du corps, se moule en quelque sorte sur lui et en conserve l'empreinte, mais il ne paraît pas qu'il en soit ainsi. La forme humaine, à quelques nuances de détails près, et sauf les modifications organiques nécessitées par le milieu dans lequel l'être est appelé à vivre, se retrouve chez les habitants de tous les globes ; c'est du moins ce que disent les Esprits ; c'est également la forme de tous les Esprits non incarnés et qui n'ont que le périsprit ; c'est celle sous laquelle de tout temps on a représenté les anges ou purs Esprits ; d'où nous devons conclure que la forme humaine est la forme type de tous les êtres humains à quelque degré qu'ils appartiennent. Mais la matière subtile du périsprit n'a point la ténacité ni la rigidité de la matière compacte du corps ; elle est, si nous pouvons nous exprimer ainsi, flexible et expansible ; c'est pourquoi la forme qu'elle prend, bien que calquée sur celle du corps, n'est pas absolue ; elle se plie à la volonté de l'Esprit, qui peut lui donner telle ou telle apparence à son gré, tandis que l'enveloppe solide lui offrait une résistance insurmontable. Débarrassé de cette entrave qui le comprimait, le périsprit s'étend ou se resserre, se transforme, en un mot se prête à toutes les métamorphoses, selon la volonté qui agit sur lui. C'est par suite de cette propriété de son enveloppe fluidique que l'Esprit qui veut se faire reconnaître peut, quand cela est nécessaire, prendre l'exacte apparence qu'il avait de son vivant, voire même celle des accidents corporels qui peuvent être des signes de reconnaissance.

Les Esprits, comme on le voit, sont donc des êtres semblables à nous, formant autour de nous toute une population invisible dans l'état normal ; nous disons dans l'état normal, parce que, comme nous le verrons, cette invisibilité n'est pas absolue.

☞ 57. Revenons à la nature du périsprit, car cela est essentiel pour l'explication que nous avons à donner. Nous avons dit que, quoique fluidique, ce n'en est pas moins une sorte de matière, et ceci résulte du fait des apparitions tangibles sur lesquelles nous reviendrons. On a vu, sous l'influence de certains médiums, apparaître des mains ayant toutes les propriétés de mains vivantes, qui en ont la chaleur, que l'on peut palper, qui offrent la résistance d'un corps solide, qui vous saisissent, et qui, tout à coup, s'évanouissent comme une ombre. L'action intelligente de ces mains qui obéissent évidemment à une volonté en exécutant certains mouvements, en jouant même des airs sur un instrument, prouve qu'elles sont la partie visible d'un être intelligent invisible. Leur tangibilité, leur température, en un mot l'impression qu'elles font sur les sens, puisqu'on en a vu laisser des empreintes sur la peau, donner des coups douloureux, ou caresser délicatement, prouvent qu'elles sont d'une matière quelconque. Leur disparition instantanée prouve, en outre, que cette matière est éminemment subtile et se comporte comme certaines substances qui peuvent alternativement passer de l'état solide à l'état fluidique, et réciproquement.

☞ 58. La nature intime de l'Esprit proprement dit, c'est-à-dire de l'être pensant, nous est entièrement inconnue ; il ne se révèle à nous que par ses actes, et ses actes ne peuvent frapper nos sens matériels que par un intermédiaire matériel. L'Esprit a donc besoin de matière pour agir sur la matière. Il a pour instrument direct son périsprit, comme l'homme a son corps ; or son périsprit est matière, ainsi que nous venons de le voir. Il a ensuite pour agent intermédiaire le fluide universel, sorte de véhicule sur lequel il agit comme nous agissons sur l'air pour produire certains effets à l'aide de la dilatation, de la compression, de la propulsion ou des vibrations. Envisagée de cette manière, l'action de l'Esprit sur la matière se conçoit facilement ; on comprend dès lors que tous les effets qui en résultent rentrent dans l'ordre des faits naturels, et n'ont rien de merveilleux. Ils n'ont paru surnaturels que parce qu'on n'en connaissait pas la cause ; la cause connue, le merveilleux disparaît, et cette cause est tout entière dans les propriétés semi-matérielles du périsprit. C'est un nouvel ordre de faits qu'une nouvelle loi vient expliquer, et dont on ne s'étonnera pas plus dans quelque temps qu'on ne s'étonne aujourd'hui de correspondre à distance par l'électricité en quelques minutes.

☞ 59. On se demandera peut-être comment l'Esprit, à l'aide d'une matière aussi subtile, peut agir sur des corps lourds et compacts, soulever des tables, etc. Assurément, ce ne serait pas un homme de science qui pourrait faire une pareille objection ; car, sans parler des propriétés inconnues que peut avoir ce nouvel agent, n'avons-nous pas sous nos yeux des exemples analogues ? n'est-ce pas dans les gaz les plus raréfiés, dans les fluides impondérables que l'industrie trouve ses plus puissants moteurs ? Quand on voit l'air renverser des édifices, la vapeur traîner des masses énormes, la poudre gazéifiée soulever des rochers, l'électricité briser des arbres et percer des murailles, qu'y a-t-il de plus étrange à admettre que l'Esprit, à l'aide de son périsprit, puisse soulever une table ? quand on sait surtout que ce périsprit peut devenir visible, tangible, et se comporter comme un corps solide.

CHAPITRE II
MANIFESTATIONS PHYSIQUES - TABLES TOURNANTES

☞ 60. On donne le nom de manifestations physiques à celles qui se traduisent par des effets sensibles, tels que les bruits, le mouvement et le déplacement des corps solides. Les unes sont spontanées, c'est-à-dire indépendantes de toute volonté ; les autres peuvent être provoquées. Nous ne parlerons d'abord que de ces dernières.

L'effet le plus simple, et l'un des premiers qui aient été observés, consiste dans le mouvement circulaire imprimé à une table. Cet effet se produit également sur tous les autres objets ; mais la table étant celui sur lequel on s'est le plus exercé, parce que c'était le plus commode, le nom de *tables tournantes* a prévalu pour la désignation de cette sorte de phénomène.

Quand nous disons que cet effet est un des premiers qui aient été observés, nous voulons dire dans ces derniers temps, car il est bien certain que tous les genres de manifestations étaient connus dès les temps les plus reculés, et il n'en peut être autrement ; puisque ce sont des effets naturels, ils ont dû se produire à toutes les époques. Tertullien parle en termes explicites des tables tournantes et parlantes.

Ce phénomène a pendant quelque temps alimenté la curiosité des salons, puis on s'en est lassé pour passer à d'autres distractions, parce que ce n'était qu'un sujet de distraction. Deux causes ont contribué à l'abandon des tables tournantes : la mode pour les gens frivoles qui consacrent rarement deux hivers au même amusement, et qui, chose prodigieuse pour eux ! en ont bien donné trois ou quatre à celui-là. Pour les gens graves et observateurs il en est sorti quelque chose de sérieux qui a prévalu ; s'ils ont négligé les tables tournantes, c'est qu'ils se sont occupés des conséquences bien autrement importantes dans leurs résultats : ils ont quitté l'alphabet pour la science ; voilà tout le secret de cet abandon apparent dont font tant de bruit les railleurs.

Quoi qu'il en soit, les tables tournantes n'en sont pas moins le point de départ pour la doctrine spirite, et à ce titre, nous leur devons quelques développements, d'autant mieux que, présentant les phénomènes dans leur plus grande simplicité, l'étude des causes en sera plus facile, et la théorie une fois établie nous donnera la clef des effets plus compliqués.

☞ 61. Pour la production du phénomène, l'intervention d'une ou plusieurs personnes douées d'une aptitude spéciale, et qu'on désigne sous le nom de *médiums*, est nécessaire. Le nombre des coopérants est indifférent, si ce n'est que, dans la quantité, il peut se trouver quelques médiums inconnus. Quant à ceux dont la médiumnité est nulle, leur présence est sans résultat, et même plus nuisible qu'utile, par la disposition d'esprit qu'ils y apportent souvent.

Les médiums jouissent, sous ce rapport, d'une puissance plus ou moins grande, et produisent, par conséquent, des effets plus ou moins prononcés ; souvent une personne, médium puissant, produira à elle seule beaucoup plus que vingt autres réunies ; il lui suffira de poser les mains sur la table pour qu'à l'instant elle se meuve, se dresse, se renverse, fasse des soubresauts, ou tourne avec violence.

☞ 62. Il n'y a aucun indice de la faculté médianimique ; l'expérience seule peut la faire reconnaître. Lorsque, dans une réunion, on veut essayer, il faut tout simplement s'asseoir autour d'une table, et poser à plat les mains dessus, sans pression ni contention musculaire. Dans le principe, comme on ignorait les causes du phénomène, on avait indiqué plusieurs précautions reconnues comme absolument inutiles ; telle est, par exemple, l'alternance des sexes ; tel est encore le contact des petits doigts des différentes personnes, de manière à former une chaîne non interrompue. Cette dernière précaution avait paru nécessaire alors qu'on croyait à l'action d'une sorte de courant électrique ; depuis, l'expérience en a démontré l'inutilité. La seule prescription qui soit rigoureusement obligatoire, c'est le recueillement, un silence absolu, et surtout la patience si l'effet se fait attendre. Il se peut qu'il se produise en quelques minutes, comme il peut tarder une demi-heure ou une heure ; cela dépend de la puissance médianimique des coparticipants.

☞ 63. Disons encore que la forme de la table, la substance dont elle est faite, la présence des métaux, de la soie dans les vêtements des assistants, les jours, les heures, l'obscurité ou la lumière, etc., sont aussi indifférents que la pluie ou le beau temps. Le volume seul de la table y est pour quelque chose, mais dans le cas seulement où la puissance médianimique serait insuffisante pour vaincre la résistance ; dans le cas contraire une seule personne, un enfant même, peut faire soulever une table de cent kg, alors que, dans des conditions moins favorables, douze personnes ne feraient pas mouvoir le plus petit guéridon.

Les choses étant en cet état, lorsque l'effet commence à se manifester, on entend assez généralement un petit craquement dans la table ; on sent comme un frémissement qui est le prélude du mouvement ; elle semble faire des efforts pour se démarrer, puis le mouvement de rotation se prononce ; il s'accélère au point d'acquérir une rapidité telle que les assistants ont toutes les peines du monde à le suivre. Une fois le mouvement établi, on peut même s'écarter de la table qui continue à se mouvoir en divers sens sans contact.

Dans d'autres circonstances, la table se soulève et se dresse, tantôt sur un seul pied, tantôt sur un autre, puis reprend doucement sa position naturelle. D'autres fois, elle se balance en imitant le mouvement de tangage ou de roulis. D'autres fois, enfin, mais pour cela il faut une puissance médianimique considérable, elle se détache entièrement du sol, et se maintient en équilibre dans l'espace, sans point d'appui, se soulevant même parfois jusqu'au plafond, de façon à ce qu'on puisse passer par-dessous ; puis elle redescend lentement en se balançant comme le ferait une feuille de papier, ou bien tombe violemment et se brise, ce qui prouve d'une manière patente qu'on n'est pas le jouet d'une illusion d'optique.

☞ 64. Un autre phénomène qui se produit très souvent, selon la nature du médium, c'est celui des coups frappés dans le tissu même du bois, sans aucun mouvement de la table ; ces coups, quelquefois très faibles, d'autres fois assez forts, se font également entendre dans les autres meubles de l'appartement, contre les portes, les murailles et le plafond. Nous y reviendrons dans un instant. Quand ils ont lieu dans la table, ils y produisent une vibration très appréciable par les doigts, et surtout très distincte quand on y applique l'oreille.

CHAPITRE III
MANIFESTATIONS INTELLIGENTES

☞ 65. Dans ce que nous venons de voir, rien assurément ne révèle l'intervention d'une puissance occulte, et ces effets pourraient parfaitement s'expliquer par l'action d'un courant magnétique ou électrique, ou celle d'un fluide quelconque. Telle a été, en effet, la première solution donnée à ces phénomènes, et qui pouvait avec raison passer pour très logique. Elle aurait, sans contredit, prévalu, si d'autres faits ne fussent venus en démontrer l'insuffisance ; ces faits sont les preuves d'intelligence qu'ils ont données ; or, comme tout effet intelligent doit avoir une cause intelligente, il demeurait évident qu'en admettant même que l'électricité ou tout autre fluide y jouât un rôle, il s'y mêlait une autre cause. Quelle était-elle ? quelle était cette intelligence ? c'est ce que la suite des observations a fait connaître.

☞ 66. Pour qu'une manifestation soit intelligente, il n'est pas nécessaire qu'elle soit éloquente, spirituelle ou savante ; il suffit qu'elle prouve un acte libre et volontaire, exprimant une intention ou répondant à une pensée. Assurément, quand on voit une girouette agitée par le vent, on est bien certain qu'elle n'obéit qu'à une impulsion mécanique ; mais si l'on reconnaissait dans les mouvements de la girouette des signaux intentionnels, si elle tournait à droite ou à gauche, vite ou avec lenteur au commandement, on serait bien forcé d'admettre, non pas que la girouette est intelligente, mais qu'elle obéit à une intelligence. C'est ce qui est arrivé pour la table.

☞ 67. Nous avons vu la table se mouvoir, se soulever, frapper des coups, sous l'influence d'un ou de plusieurs médiums. Le premier effet intelligent qui fut remarqué, ce fut de voir ces mouvements obéir au commandement ; ainsi, sans changer de place, la table se soulevait alternativement sur le pied désigné ; puis, en retombant, frappait un nombre déterminé de coups, répondant à une question. D'autres fois la table, sans le contact de personne, se promenait toute seule dans la chambre, allant à droite ou à gauche, en avant ou en arrière, exécutant divers mouvements sur l'ordre des assistants. Il est bien évident que nous écartons toute supposition de fraude ; que nous admettons la parfaite loyauté des assistants, attestée par leur honorabilité et leur parfait désintéressement. Nous parlerons plus tard des supercheries contre lesquelles il est prudent de se tenir en garde.

☞ 68. Au moyen des coups frappés, et surtout par les coups intimes dont nous venons de parler, on obtient des effets encore plus intelligents, comme l'imitation des diverses batteries du tambour, de la petite guerre avec feux de file ou de peloton, canonnade ; puis le grincement de la scie, les coups de marteau, le rythme de différents airs, etc. C'était, comme on le comprend, un vaste champ ouvert à l'exploration. On s'est dit que, puisqu'il y avait là une intelligence occulte, elle devait pouvoir répondre aux questions, et elle répondit en effet par oui ou par non, au moyen d'un nombre de coups de convention. Ces réponses étaient bien insignifiantes, c'est pourquoi on eut l'idée de faire désigner les lettres de l'alphabet, et de composer ainsi des mots et des phrases.

☞ 69. Ces faits, renouvelés à volonté par des milliers de personnes et dans tous les pays, ne pouvaient laisser de doute sur la nature intelligente des manifestations. C'est alors que surgit un nouveau système selon lequel cette intelligence ne serait autre que celle du médium, de l'interrogateur ou même des assistants. La difficulté était d'expliquer comment cette intelligence pouvait se réfléchir dans la table et se traduire par des coups ; dès qu'il était avéré que ces coups n'étaient pas frappés par le médium, ils l'étaient donc par la pensée ; or, la pensée frappant des coups, c'était un phénomène plus prodigieux encore que tous ceux dont on avait été témoin. L'expérience ne tarda pas à démontrer l'inadmissibilité de cette opinion. En effet, les réponses se trouvaient fort souvent en opposition formelle avec la pensée des assistants, en dehors de la portée intellectuelle du médium, et même dans des langues ignorées de lui, ou relatant des faits inconnus de tous. Les exemples sont si nombreux, qu'il est presque impossible que quiconque s'est un peu occupé de communications spirites n'en ait pas été maintes fois témoin. Nous n'en citerons qu'un seul qui nous a été rapporté par un témoin oculaire.

☞ 70. Sur un navire de la marine impériale française, en station dans les mers de la Chine, tout l'équipage, depuis les matelots jusqu'à l'état-major, s'occupait de faire parler les tables. On eut l'idée d'évoquer l'Esprit d'un lieutenant de ce même vaisseau, mort depuis deux ans. Il vint, et, après diverses communications qui frappèrent tout le monde d'étonnement, il dit ce qui suit, par coups frappés : « Je vous prie instamment de faire payer au capitaine la somme de... (il indiquait le chiffre), que je lui dois, et que je regrette de n'avoir pu lui rembourser avant ma mort. » Personne ne connaissait le fait ; le capitaine lui-même avait oublié cette créance, assez minime du reste ; mais en cherchant dans ses comptes, il y trouva la mention de la dette du lieutenant, et dont le chiffre indiqué était parfaitement exact. Nous demandons de la pensée de qui cette indication pouvait être le reflet.

☞ 71. On perfectionna l'art de communiquer par des coups alphabétiques, mais le moyen était toujours très long ; cependant on en obtint d'une certaine étendue, ainsi que d'intéressantes révélations sur le monde des Esprits. Ceux-ci en indiquèrent d'autres, et c'est à eux que l'on doit le moyen des communications écrites.
Les premières communications de ce genre eurent lieu en adaptant un crayon au pied d'une table légère posé sur une feuille de papier. La table, mise en mouvement par l'influence d'un médium, se mit à tracer des caractères, puis des mots et des phrases. On simplifia successivement ce moyen en se servant de petites tables grandes comme la main, faites exprès, puis de corbeilles, de boîtes de carton, et enfin de simples planchettes. L'écriture était aussi courante, aussi rapide et aussi facile qu'avec la main, mais on reconnut plus tard que tous ces objets n'étaient, en définitive, que des appendices, véritables porte-crayons dont on pouvait se passer, en tenant soi-même le crayon ; la main, entraînée par un mouvement involontaire, écrivait sous l'impulsion imprimée par l'Esprit, et sans le concours de la volonté ni

de la pensée du médium. Dès lors, les communications d'outre-tombe n'eurent pas plus de bornes que la correspondance habituelle entre vivants. Nous reviendrons sur ces différents moyens que nous expliquerons en détail ; nous les avons rapidement esquissés pour montrer la succession des faits qui ont conduit à constater, dans ces phénomènes, l'intervention d'intelligences occultes, autrement dit des Esprits.

CHAPITRE IV
THÉORIE DES MANIFESTATIONS PHYSIQUES

Mouvements et soulèvements - Bruits

☞ 72. L'existence des Esprits étant démontrée par le raisonnement et par les faits, ainsi que la possibilité pour eux d'agir sur la matière, il s'agit de connaître maintenant comment s'opère cette action et comment ils s'y prennent pour faire mouvoir les tables et les autres corps inertes.

Une pensée se présente tout naturellement, et c'est celle que nous avons eue ; comme elle a été combattue par les Esprits qui nous ont donné une toute autre explication à laquelle nous étions loin de nous attendre, c'est une preuve évidente que leur théorie n'était pas notre opinion. Or, cette première pensée, chacun pourrait l'avoir comme nous ; quant à la théorie des Esprits, nous ne croyons pas qu'elle soit jamais venue à l'idée de personne. On reconnaîtra sans peine combien elle est supérieure à la nôtre, quoique moins simple, parce qu'elle donne la solution d'une foule d'autres faits qui n'y trouvaient pas une explication satisfaisante.

☞ 73. Du moment que l'on connaît la nature des Esprits, leur forme humaine, les propriétés semi-matérielles du périsprit, l'action mécanique qu'il peut avoir sur la matière ; que dans des faits d'apparition on a vu des mains fluidiques et même tangibles saisir des objets et les transporter, il était naturel de croire que l'Esprit se servait tout simplement de ses mains pour faire tourner la table, et qu'il la soulevait dans l'espace à force de bras. Mais alors, dans ce cas, quelle nécessité d'avoir un médium ? L'Esprit ne peut-il agir seul ? car le médium, qui pose le plus souvent ses mains en sens contraire du mouvement, ou même qui ne les pose pas du tout, ne peut évidemment seconder l'Esprit par une action musculaire quelconque. Laissons d'abord parler les Esprits que nous avons interrogés à ce sujet.

☞ 74. Les réponses suivantes nous ont été données par l'Esprit de saint Louis ; elles ont depuis été confirmées par beaucoup d'autres.

↪ 1. Le fluide universel est-il une émanation de la divinité ?
« Non. »

↪ 2. Est-ce une création de la divinité ?
« Tout est créé, excepté Dieu. »

↪ 3. Le fluide universel est-il en même temps l'élément universel ?
« Oui, c'est le principe élémentaire de toutes choses. »

↪ 4. A-t-il quelque rapport avec le fluide électrique dont nous connaissons les effets ?
« C'est son élément. »

↪ 5. Quel est l'état dans lequel le fluide universel se présente à nous dans sa plus grande simplicité ?

« Pour le trouver dans sa simplicité absolue, il faudrait remonter jusqu'aux purs Esprits ; dans votre monde il est toujours plus ou moins modifié pour former la matière compacte qui vous entoure ; cependant vous pouvez dire que l'état qui se rapproche le plus de cette simplicité, c'est celui du fluide que vous appelez *fluide magnétique animal*. »

⇨ 6. Il a été dit que le fluide universel est la source de la vie ; est-il en même temps la source de l'intelligence ?
« Non ; ce fluide n'anime que la matière. »

⇨ 7. Puisque c'est ce fluide qui compose le périsprit, il paraît y être dans une sorte d'état de condensation qui le rapproche, jusqu'à un certain point, de la matière proprement dite ?
« Jusqu'à un certain point, comme vous le dites, car il n'en a pas toutes les propriétés ; il est plus ou moins condensé selon les mondes. »

⇨ 8. Comment un Esprit peut-il opérer le mouvement d'un corps solide ?
« Il combine une partie du fluide universel avec le fluide que dégage le médium propre à cet effet. »

⇨ 9. Les Esprits soulèvent-ils la table à l'aide de leurs membres en quelque sorte solidifiés ?
« Cette réponse n'amènera pas encore ce que vous désirez. Lorsqu'une table se meut sous vos mains, l'Esprit évoqué va puiser dans le fluide universel de quoi animer cette table d'une vie factice. La table ainsi préparée, l'Esprit l'attire et la meut sous l'influence de son propre fluide dégagé par sa volonté. Lorsque la masse qu'il veut mettre en mouvement est trop pesante pour lui, il appelle à son aide des Esprits qui se trouvent dans les mêmes conditions que lui. En raison de sa nature éthérée, l'Esprit, proprement dit, ne peut agir sur la matière grossière sans intermédiaire, c'est-à-dire sans le lien qui l'unit à la matière ; ce lien, qui constitue ce que vous appelez le périsprit, vous donne la clef de tous les phénomènes spirites matériels. Je crois m'être expliqué assez clairement pour me faire comprendre. »

Remarque : Nous appelons l'attention sur cette première phrase : Cette réponse n'amènera pas ENCORE ce que vous désirez. L'Esprit avait parfaitement compris que toutes les questions précédentes n'étaient faites que pour arriver à celle-ci, et il fait allusion à notre pensée qui attendait, en effet, une toute autre réponse, c'est-à-dire la confirmation de notre idée sur la manière dont l'Esprit fait mouvoir les tables.

⇨ 10. Les Esprits qu'il appelle à son aide lui sont-ils inférieurs ? sont-ils sous ses ordres ?
« Égaux, presque toujours ; souvent ils viennent d'eux-mêmes. »

⇨ 11. Tous les Esprits sont-ils aptes à produire les phénomènes de ce genre ?
« Les Esprits qui produisent ces sortes d'effets sont toujours des Esprits inférieurs qui ne sont pas encore entièrement dégagés de toute influence matérielle. »

⇨ 12. Nous comprenons que les Esprits supérieurs ne s'occupent pas de choses qui sont au-dessous d'eux; mais nous demandons si, en raison de ce qu'ils sont plus dématérialisés, ils auraient la puissance de le faire s'ils en avaient la volonté.

« Ils ont la force morale comme les autres ont la force physique ; quand ils ont besoin de cette force, ils se servent de ceux qui la possèdent. Ne vous a-t-on pas dit qu'ils se servent des Esprits inférieurs comme vous le faites des portefaix ? »

Remarque : On a dit que la densité du périsprit, si l'on peut s'exprimer ainsi, varie selon l'état des mondes; il parait qu'elle varie aussi dans le même monde selon les individus. Chez les Esprits avancés moralement il est plus subtil et se rapproche de celui des Esprits élevés; chez les Esprits inférieurs, au contraire, il se rapproche de la matière, et c'est ce qui fait que ces Esprits de bas étage conservent si longtemps les illusions de la vie terrestre; ils pensent et agissent comme s'ils étaient encore vivants; ils ont les mêmes désirs, et l'on pourrait presque dire la même sensualité. Cette grossièreté du périsprit lui donnant plus d'affinité avec la matière rend les Esprits inférieurs plus propres aux manifestations physiques. C'est par la même raison qu'un homme du monde, habitué aux travaux d'intelligence, dont le corps est frêle et délicat, ne peut enlever un lourd fardeau comme un portefaix. La matière, chez lui, est en quelque sorte moins compacte, les organes moins résistants; il a moins de fluide nerveux. Le périsprit étant à l'Esprit ce que le corps est à l'homme, et sa densité étant en raison de l'infériorité de l'Esprit, elle remplace chez lui la force musculaire, c'est-à-dire lui donne, sur les fluides nécessaires aux manifestations, une puissance plus grande que chez ceux dont la nature est plus éthérée. Si un Esprit élevé veut produire de tels effets, il fait ce que font parmi nous les gens délicats, il le fait faire par un Esprit du métier.

↪ 13. Si nous avons bien compris ce que vous avez dit, le principe vital réside dans le fluide universel; l'Esprit puise dans ce fluide l'enveloppe semi-matérielle qui constitue son périsprit, et c'est par le moyen de ce fluide qu'il agit sur la matière inerte. Est-ce bien cela ?

« Oui ; c'est-à-dire qu'il anime la matière d'une espèce de vie factice : la matière s'anime de la vie animale. La table qui se meut sous vos mains vit comme l'animal; elle obéit d'elle-même à l'être intelligent. Ce n'est pas celui-ci qui la pousse comme l'homme fait d'un fardeau; lorsque la table s'enlève, ce n'est pas l'Esprit qui la soulève à force de bras, c'est la table animée qui obéit à l'impulsion donnée par l'Esprit. »

↪ 14. Quel est le rôle du médium dans ce phénomène ?

« Je l'ai dit, le fluide propre du médium se combine avec le fluide universel accumulé par l'Esprit; il faut l'union de ces deux fluides, c'est-à-dire du fluide animalisé avec le fluide universel, pour donner la vie à la table. Mais remarquez bien que cette vie n'est que momentanée; elle s'éteint avec l'action, et souvent avant la fin de l'action, aussitôt que la quantité de fluide n'est plus suffisante pour l'animer. »

↪ 15. L'Esprit peut-il agir sans le concours d'un médium ?

« Il peut agir à l'insu du médium ; c'est-à-dire que beaucoup de personnes servent d'auxiliaires aux Esprits pour certains phénomènes, sans s'en douter. L'Esprit puise en elles, comme à une source, le fluide animalisé dont il a besoin ; c'est ainsi que le concours d'un médium tel que vous l'entendez n'est pas toujours nécessaire, ce qui a lieu surtout dans les phénomènes spontanés. »

❧ 16. La table animée agit-elle avec intelligence ? pense-t-elle ?
« Elle ne pense pas plus que le bâton avec lequel vous faites un signe intelligent, mais la vitalité dont elle est animée lui permet d'obéir à l'impulsion d'une intelligence. Sachez donc bien que la table qui se meut ne devient pas *Esprit*, et qu'elle n'a, par elle-même, ni pensée, ni volonté. »

Remarque : On se sert souvent d'une expression analogue dans le langage usuel ; on dit d'une roue qui tourne avec vitesse qu'elle est animée d'un mouvement rapide.

❧ 17. Quelle est la cause prépondérante dans la production de ce phénomène : l'Esprit ou le fluide ?
« L'Esprit est la cause, le fluide est l'instrument ; les deux choses sont nécessaires. »

❧ 18. Quel rôle joue la volonté du médium dans ce cas ?
« Appeler les Esprits et les seconder dans l'impulsion donnée au fluide. »

– L'action de la volonté est-elle toujours indispensable ?
« Elle ajoute à la puissance, mais elle n'est pas toujours nécessaire, puisque le mouvement peut avoir lieu contre et malgré cette volonté, et c'est là une preuve qu'il y a une cause indépendante du médium. »

Remarque : Le contact des mains n'est pas toujours nécessaire pour faire mouvoir un objet. Il l'est le plus souvent pour donner la première impulsion, mais une fois que l'objet est animé, il peut obéir à la volonté sans contact matériel ; cela dépend soit de la puissance du médium, soit de la nature des Esprits. Un premier contact n'est même pas toujours indispensable ; on en a la preuve dans les mouvements et déplacements spontanés que l'on ne songe pas à provoquer.

❧ 19. Pourquoi tout le monde ne peut-il pas produire le même effet, et pourquoi tous les médiums n'ont-ils pas la même puissance ?
« Cela dépend de l'organisation et du plus ou moins de facilité avec laquelle la combinaison des fluides peut s'opérer ; puis, l'Esprit du médium sympathise plus ou moins avec les Esprits étrangers qui trouvent en lui la puissance fluidique nécessaire. Il en est de cette puissance comme de celle des magnétiseurs, qui est plus ou moins grande. Sous ce rapport, il y a des personnes qui sont tout à fait réfractaires ; d'autres chez lesquelles la combinaison ne s'opère que par un effort de leur volonté ; d'autres, enfin, chez lesquelles elle a lieu si naturellement et si facilement, qu'elles ne s'en doutent même pas, et qu'elles servent d'instrument à leur insu, comme nous l'avons déjà dit. » (Voir ci-après le chapitre des manifestations spontanées).

Remarque : Le magnétisme est sans aucun doute le principe de ces phénomènes, mais non tel qu'on l'entend généralement, la preuve, c'est qu'il y a de très puissants magnétiseurs qui ne feraient pas mouvoir un guéridon, et des personnes qui ne peuvent pas magnétiser, des enfants même, à qui il suffit de poser les doigts sur une lourde table pour la faire s'agiter ; donc si la puissance médianimique n'est pas en raison de la puissance magnétique, c'est qu'il y a une autre cause.

❧ 20. Les personnes dites électriques peuvent-elles être considérées comme des médiums ?

« Ces personnes puisent en elles-mêmes le fluide nécessaire à la production du phénomène, et peuvent agir sans le secours d'Esprits étrangers. Ce ne sont point alors des médiums dans le sens attaché à ce mot ; mais il se peut aussi qu'un Esprit les assiste et profite de leurs dispositions naturelles. »

Remarque : Il en serait de ces personnes comme des somnambules qui peuvent agir avec ou sans le concours d'un Esprit étranger. (Voir au chapitre des médiums, l'article relatif aux médiums somnambules.)

⇨ 21. L'Esprit qui agit sur les corps solides pour les mouvoir, est-il dans la substance même des corps, ou bien en dehors de cette substance ?

« L'un et l'autre ; nous avons dit que la matière n'est point un obstacle pour les Esprits ; ils pénètrent tout ; une portion du périsprit s'identifie, pour ainsi dire, avec l'objet qu'il pénètre. »

⇨ 22. Comment l'Esprit s'y prend-il pour frapper ? Se sert-il d'un objet matériel ?

« Pas plus que de ses bras pour soulever la table. Vous savez bien qu'il n'a pas de marteau à sa disposition. Son marteau, c'est le fluide combiné mis en action par sa volonté pour mouvoir ou pour frapper. Quand il meut, la lumière vous apporte la vue des mouvements ; quand il frappe, l'air vous apporte le son. »

⇨ 23. Nous concevons cela quand il frappe sur un corps dur ; mais comment peut-il faire entendre du bruit ou des sons articulés dans le vague de l'air ?

« Puisqu'il agit sur la matière, il peut agir sur l'air aussi bien que sur la table. Quant aux sons articulés, il peut les imiter comme tous les autres bruits. »

⇨ 24. Vous dites que l'Esprit ne se sert pas de ses mains pour remuer la table ; cependant on a vu, dans certaines manifestations visuelles, apparaître des mains dont les doigts se promenaient sur un clavier, agitaient les touches et faisaient entendre des sons. Ne semblerait-il pas qu'ici le mouvement des touches est produit par la pression des doigts ? Cette pression n'est-elle pas aussi directe et réelle quand elle se fait sentir sur nous-mêmes, quand ces mains laissent des empreintes sur la peau ?

« Vous ne pouvez comprendre la nature des Esprits et leur manière d'agir que par des comparaisons qui ne vous en donnent qu'une idée incomplète, et c'est un tort de toujours vouloir assimiler leurs procédés aux vôtres. Leurs procédés doivent être en rapport avec leur organisation. Ne vous ai-je pas dit que le fluide du périsprit pénètre la matière et s'identifie avec elle, qu'il l'anime d'une vie factice ? Eh bien ! quand l'Esprit pose les doigts sur les touches, il les pose réellement, et même il les remue ; mais ce n'est pas par la force musculaire qu'il presse sur la touche ; il anime la touche, comme il anime la table, et la touche qui obéit à sa volonté se remue et frappe la corde. Il se passe même ici une chose que vous aurez de la peine à comprendre, c'est que certains Esprits sont si peu avancés et tellement matériels, comparativement aux Esprits élevés, qu'ils ont encore les illusions de la vie terrestre, et croient agir comme lorsqu'ils avaient leur corps ; ils ne se rendent pas plus compte de la véritable cause des effets qu'ils produisent qu'un paysan ne se rend compte de la théorie des sons qu'il articule ; demandez-leur comment ils touchent du piano, ils vous diront qu'ils frappent dessus avec leurs doigts, parce qu'ils croient frapper ; l'effet se produit instinctivement chez eux sans qu'ils sachent comment, et cependant par leur volonté. Quand ils font entendre des paroles, c'est la même chose. »

Remarque : Il résulte de ces explications que les Esprits peuvent produire tous les effets que nous produisons nous-mêmes, mais par des moyens appropriés à leur organisation ; certaines forces qui leur sont propres remplacent les muscles qui nous sont nécessaires pour agir ; de même que le geste remplace, chez le muet, la parole qui lui manque.

↪ 25. Parmi les phénomènes que l'on cite comme preuves de l'action d'une puissance occulte, il y en a qui sont évidemment contraires à toutes les lois connues de la nature ; le doute alors ne semble-t-il pas permis ?

« C'est que l'homme est loin de connaître toutes les lois de la nature ; s'il les connaissait toutes, il serait Esprit supérieur. Chaque jour pourtant donne un démenti à ceux qui, croyant tout savoir, prétendent imposer des bornes à la nature, et ils n'en restent pas moins orgueilleux. En dévoilant sans cesse de nouveaux mystères, Dieu avertit l'homme de se défier de ses propres lumières, car un jour viendra où *la science du plus savant sera confondue*. N'avez-vous pas tous les jours des exemples de corps animés d'un mouvement capable de l'emporter sur la force de gravitation ? Le boulet, lancé en l'air, ne surmonte-t-il pas momentanément cette force ? Pauvres hommes qui croyez être bien savants, et dont la sotte vanité est à chaque instant déroutée, sachez donc que vous êtes encore bien petits. »

☞ 75. Ces explications sont claires, catégoriques et sans ambiguïté ; il en ressort ce point capital que le fluide universel, dans lequel réside le principe de la vie, est l'agent principal des manifestations, et que cet agent reçoit son impulsion de l'Esprit, que celui-ci soit incarné ou errant. Ce fluide condensé constitue le périsprit ou enveloppe semi-matérielle de l'Esprit. Dans l'état d'incarnation, le périsprit est uni à la matière du corps ; dans l'état d'erraticité, il est libre. Quand l'Esprit est incarné, la substance du périsprit est plus ou moins liée, plus ou moins adhérente, si l'on peut s'exprimer ainsi. Chez certaines personnes, il y a en quelque sorte émanation de ce fluide par suite de leur organisation, et c'est là, à proprement parler, ce qui constitue les médiums à influences physiques. L'émission du fluide animalisé peut être plus ou moins abondante, sa combinaison plus ou moins facile, de là les médiums plus ou moins puissants ; elle n'est point permanente, ce qui explique l'intermittence de la puissance.

☞ 76. Citons une comparaison. Lorsqu'on a la volonté d'agir matériellement sur un point quelconque placé à distance, c'est la pensée qui veut, mais la pensée seule n'ira pas frapper ce point ; il lui faut un intermédiaire qu'elle dirige : un bâton, un projectile, un courant d'air, etc. Remarquez même que la pensée n'agit pas directement sur le bâton, car si on ne le touche pas il n'agira pas tout seul. La pensée, qui n'est autre que l'Esprit incarné en nous, est unie au corps par le périsprit ; or, elle ne peut pas plus agir sur le corps sans le périsprit, qu'elle ne peut agir sur le bâton sans le corps ; elle agit sur le périsprit, parce que c'est la substance avec laquelle elle a le plus d'affinité ; le périsprit agit sur les muscles, les muscles saisissent le bâton, et le bâton frappe le but. Quand l'Esprit n'est pas incarné, il lui faut un auxiliaire étranger ; cet auxiliaire est le fluide à l'aide duquel il rend l'objet propre à suivre l'impulsion de sa volonté.

☞ 77. Ainsi, quand un objet est mis en mouvement, enlevé ou lancé en l'air, ce n'est point l'Esprit qui le saisit, le pousse et le soulève, comme nous le ferions avec la main ; il le *sature*, pour ainsi dire, de son fluide combiné avec celui du médium, et l'objet, ainsi momentanément vivifié, agit comme le ferait un être vivant, avec cette différence que, n'ayant pas de volonté propre, il suit l'impulsion de la volonté de l'Esprit.

Puisque le fluide vital, poussé en quelque sorte par l'Esprit, donne une vie factice et momentanée aux corps inertes, que le périsprit n'est autre chose que ce même fluide vital, il s'ensuit que lorsque l'Esprit est incarné, c'est lui qui donne la vie à son corps, au moyen de son périsprit ; il y reste uni tant que l'organisation le permet ; quand il se retire, le corps meurt. Maintenant si, au lieu d'une table, on taille le bois en statue, et qu'on agisse sur cette statue comme sur la table, on aura une statue qui se remuera, qui frappera, qui répondra par ses mouvements et par ses coups ; on aura, en un mot, une statue momentanément animée d'une vie artificielle ; on a dit les tables parlantes, on pourrait aussi dire les statues parlantes. Quelle lumière cette théorie ne jette-t-elle pas sur une foule de phénomènes jusqu'alors sans solution ! Que d'allégories et d'effets mystérieux n'explique-t-elle pas !

☞ 78. Les incrédules quand même objectent que le fait de l'enlèvement des tables sans point d'appui est impossible, parce qu'il est contraire à la loi de gravitation. Nous leur répondrons d'abord que leur négation n'est pas une preuve ; secondement, que si le fait existe, il aurait beau être contraire à toutes les lois connues, cela prouverait une chose, c'est qu'il repose sur une loi inconnue, et que les négateurs ne peuvent avoir la prétention de connaître toutes les lois de la nature. Nous venons d'expliquer cette loi, mais ce n'est pas une raison pour qu'elle soit acceptée par eux, précisément parce qu'elle est donnée par des Esprits qui ont quitté leur habit terrestre, au lieu de l'être par des Esprits qui l'ont encore et qui siègent à l'Académie. De telle sorte que si l'Esprit d'Arago vivant eût donné cette loi, ils l'eussent acceptée les yeux fermés ; mais donnée par l'Esprit d'Arago mort, c'est une utopie, et pourquoi cela ? parce qu'ils croient qu'Arago étant mort, tout est mort en lui. Nous n'avons pas la prétention de les en dissuader ; cependant, comme cette objection pourrait embarrasser certaines personnes, nous allons essayer d'y répondre en nous mettant à leur point de vue, c'est-à-dire en faisant abstraction pour un instant de la théorie de l'animation factice.

☞ 79. Quand on fait le vide sous la cloche de la machine pneumatique, cette cloche adhère avec une telle force qu'il est impossible de l'enlever à cause du poids de la colonne d'air qui pèse dessus. Qu'on laisse rentrer l'air, et la cloche s'enlève avec la plus grande facilité, parce que l'air de dessous fait contrepoids avec l'air du dessus ; cependant, abandonnée à elle-même, elle restera sur le plateau en vertu de la loi de gravitation. Maintenant, que l'air de dessous soit comprimé, qu'il ait une densité plus grande que celui de dessus, la cloche sera soulevée malgré la gravitation ; si le courant d'air est rapide et violent, elle pourra être soutenue dans l'espace sans aucun appui *visible*, à la manière de ces bonshommes qu'on fait voltiger sur un jet d'eau. Pourquoi donc le fluide universel, *qui est l'élément de toute nature*, étant accumulé autour de la table, n'aurait-il pas la propriété d'en diminuer ou d'en augmenter la pesanteur spécifique relative, comme l'air le fait pour la cloche de la machine pneumatique, comme le gaz hydrogène le fait pour les ballons, sans qu'il soit pour cela dérogé aux lois de la gravitation ? Connaissez-vous toutes les propriétés et toute la puissance de ce fluide ? Non ; eh bien ! ne niez donc pas un fait parce que vous ne pouvez pas l'expliquer.

☞ 80. Revenons à la théorie du mouvement de la table. Si, par le moyen indiqué, l'Esprit peut enlever une table, il peut enlever toute autre chose : un fauteuil, par exemple. S'il peut enlever un fauteuil, il peut aussi, avec une force suffisante, enlever en même temps une personne assise dessus. Voilà donc l'explication de ce phénomène qu'a produit cent fois M. Home sur lui et sur d'autres personnes ; il l'a renouvelé pendant un voyage à Londres, et afin de prouver que les spectateurs n'étaient pas le jouet d'une illusion d'optique, il a fait au plafond une marque avec un crayon, et l'on a passé sous lui. On sait que M. Home est un puissant médium pour les effets physiques : il était, dans ce cas, la cause efficiente et l'objet.

Augmentation et diminution du poids des corps

☞ 81. Nous avons parlé tout à l'heure de l'augmentation du poids ; c'est en effet un phénomène qui se produit quelquefois, et qui n'a rien de plus anomal que la prodigieuse résistance de la cloche sous la pression de la colonne atmosphérique. On a vu, sous l'influence de certains médiums, des objets assez légers offrir la même résistance, puis tout à coup céder au moindre effort. Dans l'expérience ci-dessus, la cloche ne pèse en réalité ni plus ni moins par elle-même, mais elle paraît plus lourde par l'effet de la cause extérieure qui agit sur elle ; il en est probablement de même ici. La table a toujours le même poids intrinsèque, car sa masse n'a pas augmenté, mais une force étrangère s'oppose à son mouvement, et cette cause peut être dans les fluides ambiants qui la pénètrent, comme celle qui augmente ou diminue le poids apparent de la cloche est dans l'air. Faites l'expérience de la cloche pneumatique devant un paysan ignorant, ne comprenant pas que c'est l'air qu'il ne voit pas qui agit, il ne sera pas difficile de lui persuader que c'est le diable.

On dira peut-être que ce fluide étant impondérable, son accumulation ne peut augmenter le poids d'un objet : d'accord ; mais remarquez que si nous nous sommes servi du mot *accumulation*, c'est par comparaison, et non par assimilation absolue avec l'air ; il est impondérable, soit ; cependant rien ne le prouve ; sa nature intime nous est inconnue, et nous sommes loin d'en connaître toutes les propriétés. Avant qu'on eût expérimenté la pesanteur de l'air on ne soupçonnait pas les effets de cette même pesanteur. L'électricité est aussi rangée parmi les fluides impondérables ; cependant un corps peut être retenu par un courant électrique, et offrir une grande résistance à celui qui veut le soulever ; il est donc en apparence devenu plus pesant. De ce qu'on ne voit pas le support, il serait illogique de conclure qu'il n'existe pas. L'Esprit peut donc avoir des leviers qui nous sont inconnus ; la nature nous prouve tous les jours que sa puissance ne s'arrête pas au témoignage des sens.

On ne peut expliquer que par une cause semblable le phénomène singulier, dont on a vu plusieurs exemples, d'une jeune personne faible et délicate, soulevant avec deux doigts, sans effort et comme une plume, un homme fort et robuste avec le siège sur lequel il était assis. Ce qui prouve une cause étrangère à la personne, ce sont les intermittences de la faculté.

CHAPITRE V
MANIFESTATIONS PHYSIQUES SPONTANÉES

Bruits, tapages et perturbations

☞ 82. Les phénomènes dont nous venons de parler sont provoqués ; mais il arrive quelquefois qu'ils ont lieu spontanément, sans participation de la volonté ; loin de là, puisqu'ils deviennent souvent très importuns. Ce qui exclut, en outre, la pensée qu'ils peuvent être un effet de l'imagination surexcitée par les idées spirites, c'est qu'ils se produisent chez des personnes qui n'en ont jamais entendu parler, et au moment où elles s'y attendent le moins. Ces phénomènes, qu'on pourrait appeler le spiritisme pratique naturel, sont très importants, parce qu'ils ne peuvent être suspectés de connivence ; c'est pourquoi nous engageons les personnes qui s'occupent des phénomènes spirites à recueillir tous les faits de ce genre qui viendraient à leur connaissance, mais surtout à en constater avec soin la réalité par une étude minutieuse des circonstances, afin de s'assurer qu'on n'est pas le jouet d'une illusion ou d'une mystification.

☞ 83. De toutes les manifestations spirites, les plus simples et les plus fréquentes sont les bruits et les coups frappés ; c'est ici surtout qu'il faut craindre l'illusion, car une foule de causes naturelles peuvent en produire : le vent qui siffle ou qui agite un objet, un corps que l'on remue soi-même sans s'en apercevoir, un effet acoustique, un animal caché, un insecte, etc., voire même les espiègleries des mauvais plaisants. Les bruits spirites ont d'ailleurs un caractère particulier, tout en affectant une intensité et un timbre très variés, qui les rendent aisément reconnaissables et ne permettent pas de les confondre avec le craquement du bois, le pétillement du feu ou le tic-tac monotone d'une pendule ; ce sont des coups secs, tantôt sourds, faibles et légers, tantôt clairs, distincts, quelquefois bruyants, qui changent de place et se répètent sans avoir une régularité mécanique. De tous les moyens de contrôle le plus efficace, celui qui ne peut laisser de doute sur leur origine, c'est l'obéissance à la volonté. Si les coups se font entendre dans l'endroit désigné, s'ils répondent à la pensée par leur nombre ou leur intensité, on ne peut méconnaître en eux une cause intelligente ; mais le défaut d'obéissance n'est pas toujours une preuve contraire.

☞ 84. Admettons maintenant que, par une constatation minutieuse, on acquière la certitude que les bruits ou tous autres effets sont des manifestations réelles, est-il rationnel de s'en effrayer ? Non, assurément ; car, dans aucun cas, il ne saurait y avoir le moindre danger ; les personnes auxquelles on persuade que c'est le diable, peuvent seules en être affectées d'une manière fâcheuse, comme les enfants auxquels on fait peur du loup-garou ou de Croque-mitaine. Ces manifestations acquièrent dans certaines circonstances, il faut en convenir, des proportions et une persistance désagréables, dont on a le désir bien naturel de se débarrasser. Une explication est nécessaire à ce sujet.

☞ 85. Nous avons dit que les manifestations physiques ont pour but d'appeler notre attention sur quelque chose, et de nous convaincre de la présence d'une puissance supérieure à l'homme. Nous avons dit aussi que les Esprits élevés ne s'occupent pas de ces sortes de manifestations ; ils se servent des Esprits inférieurs pour les produire, comme nous nous servons de serviteurs pour la grosse besogne, et cela dans le but que nous venons d'indiquer. Ce but une fois atteint, la manifestation matérielle cesse, parce qu'elle n'est plus nécessaire. Un ou deux exemples feront mieux comprendre la chose.

☞ 86. Il y a plusieurs années, au début de mes études sur le spiritisme, étant un soir occupé d'un travail sur cette matière, des coups se firent entendre autour de moi pendant quatre heures consécutives ; c'était la première fois que pareille chose m'arrivait ; je constatai qu'ils n'avaient aucune cause accidentelle, mais dans le moment je n'en pus savoir davantage. J'avais à cette époque occasion de voir fréquemment un excellent médium écrivain. Dès le lendemain, j'interrogeai l'Esprit qui se communiquait par son intermédiaire sur la cause de ces coups. *C'est*, me fut-il répondu, *ton Esprit familier qui voulait te parler*. - Et que voulait-il me dire ? Rép. : Tu peux le lui demander toi-même, car il est là. - Ayant donc interrogé cet Esprit, il se fit connaître sous un nom allégorique (j'ai su depuis, par d'autres Esprits, qu'il appartient à un ordre très élevé, et qu'il a joué sur la terre un rôle important) ; il me signala des erreurs dans mon travail, en m'indiquant *les lignes* où elles se trouvaient, me donna d'utiles et sages conseils, et ajouta qu'il serait toujours avec moi, et viendrait à mon appel toutes les fois que je voudrais l'interroger. Depuis lors, en effet, cet Esprit ne m'a jamais quitté. Il m'a donné maintes preuves d'une grande supériorité, et son intervention *bienveillante* et *efficace* a été manifeste pour moi dans les affaires de la vie matérielle, comme en ce qui touche aux choses métaphysiques. Mais dès notre premier entretien les coups ont cessé. Que voulait-il en effet ? Entrer en communication régulière avec moi ; pour cela il fallait m'avertir. L'avertissement donné, puis expliqué, les relations régulières établies, les coups devenaient inutiles, c'est pourquoi ils ont cessé. On ne bat plus le tambour pour réveiller les soldats une fois qu'ils sont debout.

Un fait à peu près semblable est arrivé à un de nos amis. Depuis quelque temps, sa chambre retentissait de bruits divers qui devenaient très fatigants. L'occasion s'étant présentée d'interroger l'Esprit de son père par un médium écrivain, il sut ce qu'on lui voulait, fit ce qui lui fut recommandé, et depuis lors il n'a plus rien entendu. Il est à remarquer que les personnes qui ont avec les Esprits un moyen régulier et facile de communication, ont beaucoup plus rarement des manifestations de ce genre, et cela se conçoit.

☞ 87. Les manifestations spontanées ne se bornent pas toujours à des bruits et à des coups frappés ; elles dégénèrent quelquefois en véritable tapage et en perturbations ; des meubles et objets divers sont bouleversés, des projectiles de toutes sortes sont lancés du dehors, des portes et des fenêtres sont ouvertes et fermées par des mains invisibles, des carreaux sont brisés, ce qui ne peut être mis sur le compte de l'illusion.

Le bouleversement est souvent très effectif, mais quelquefois il n'a que les apparences de la réalité. On entend du vacarme dans une pièce voisine, un bruit de vaisselle qui tombe et se brise avec fracas, des bûches qui roulent sur le plancher ; on se hâte d'accourir, et l'on trouve tout tranquille et en ordre ; puis, à peine sorti, le tumulte recommence.

☞ 88. Les manifestations de ce genre ne sont ni rares ni nouvelles ; il y a peu de chronique locale qui ne renferme quelque histoire de ce genre. La peur a sans doute souvent exagéré des faits qui ont dû prendre des proportions gigantesquement ridicules en passant de bouche en bouche ; la superstition aidant, les maisons où ils se sont passés ont été réputées hantées par le diable, et de là tous les contes merveilleux ou terribles de revenants. De son côté, la fourberie n'a pas laissé échapper une si belle occasion d'exploiter la crédulité, et cela souvent au profit d'intérêts personnels. On conçoit, du reste, l'impression que des faits de ce genre, même réduits à la réalité, peuvent faire sur des caractères faibles et prédisposés par l'éducation aux idées superstitieuses. Le plus sûr moyen de prévenir les inconvénients qu'ils pourraient avoir, puisqu'on ne saurait les empêcher, c'est de faire connaître la vérité. Les choses les plus simples deviennent effrayantes quand la cause est inconnue. Quand on sera familiarisé avec les Esprits, et que ceux auxquels ils se manifestent ne croiront plus avoir une légion de démons à leurs trousses, ils n'en auront plus peur.

On peut voir, dans la *Revue spirite*, le récit de plusieurs faits authentiques de ce genre, entre autres l'histoire de l'Esprit frappeur de Bergzabern, dont les mauvais tours ont duré plus de huit ans (numéros de mai, juin et juillet 1858) ; celle de Dibbelsdorf (août 1858) ; celle du boulanger des Grandes-Ventes, près Dieppe (mars 1860) ; celle de la rue des Noyers, à Paris (août 1860) ; celle de l'Esprit de Castelnaudary, sous le titre d'*Histoire d'un damné* (février 1860) ; celle du fabricant de Saint Pétersbourg (avril 1860), et beaucoup d'autres.

☞ 89. Les faits de cette nature ont souvent le caractère d'une véritable persécution. Nous connaissons six sœurs qui habitaient ensemble, et qui, pendant plusieurs années, trouvaient le matin leurs robes dispersées, cachées jusque sur les toits, déchirées et coupées en morceaux, quelques précautions qu'elles prissent de les enfermer à clef. Il est souvent arrivé que des personnes couchées et *parfaitement éveillées* voyaient secouer leurs rideaux, arracher violemment leurs couvertures et leurs oreillers, étaient soulevées sur leurs matelas, et quelquefois même jetées hors du lit. Ces faits sont plus fréquents qu'on ne croit ; mais la plupart du temps, ceux qui en sont victimes n'osent pas en parler par la crainte du ridicule. Il est à notre connaissance que l'on a cru guérir certains individus, de ce qu'on regardait comme des hallucinations, en les soumettant au traitement des aliénés, ce qui les a rendus réellement fous. La médecine ne peut comprendre ces choses, parce qu'elle n'admet dans les causes que l'élément matériel, d'où résultent des méprises souvent funestes. L'histoire, un jour, racontera certains traitements du dix-neuvième siècle, comme on raconte aujourd'hui certains procédés du moyen âge.

Nous admettons parfaitement que certains faits sont l'œuvre de la malice ou de la malveillance ; mais si, toutes constatations faites, il demeure avéré qu'ils ne sont pas l'œuvre des hommes, il faut bien convenir qu'ils sont celle, les uns diront du diable, nous, nous dirons des Esprits ; mais de quels Esprits ?

☞ 90. Les Esprits supérieurs, pas plus que parmi nous les hommes graves et sérieux, ne s'amusent à donner des charivaris. Nous en avons souvent fait venir pour leur demander le motif qui les porte à troubler ainsi le repos. La plupart n'ont d'autre but que de s'amuser ; ce sont des Esprits plutôt légers que méchants, qui se rient des frayeurs qu'ils occasionnent, et des recherches inutiles que l'on fait pour découvrir la cause du tumulte. Souvent, ils s'acharnent après un individu qu'ils se plaisent à vexer et qu'ils poursuivent de demeure en demeure ; d'autres fois ils s'attachent à un local sans autre motif que leur caprice. C'est quelquefois aussi une vengeance qu'ils exercent comme nous aurons l'occasion de le voir. Dans certains cas, leur intention est plus louable ; ils veulent appeler l'attention et se mettre en rapport, soit pour donner un avertissement utile à la personne à laquelle ils s'adressent, soit pour demander quelque chose pour eux-mêmes. Nous en avons souvent vu demander des prières, d'autres solliciter l'accomplissement en leur nom d'un vœu qu'ils n'avaient pu remplir, d'autres enfin vouloir, dans l'intérêt de leur propre repos, réparer une mauvaise action commise par eux de leur vivant. En général, on a tort de s'en effrayer ; leur présence peut être importune, mais non dangereuse. On conçoit, du reste, le désir qu'on a de s'en débarrasser et l'on fait généralement pour cela tout le contraire de ce qu'il faudrait. Si ce sont des Esprits qui s'amusent, plus on prend la chose au sérieux, plus ils persistent, comme des enfants espiègles qui harcèlent d'autant plus ceux qu'ils voient s'impatienter, et qui font peur aux poltrons. Si l'on prenait le sage parti de rire soi-même de leurs mauvais tours, ils finiraient par se lasser et par rester tranquilles. Nous connaissons quelqu'un qui, loin de s'irriter, les excitait, les mettait au défi de faire telle ou telle chose, si bien qu'au bout de quelques jours, ils ne revinrent plus. Mais, comme nous l'avons dit, il y en a dont le motif est moins frivole. C'est pourquoi il est toujours utile de savoir ce qu'ils veulent. S'ils demandent quelque chose, on peut être certain qu'ils cesseront leurs visites dès que leur désir sera satisfait. Le meilleur moyen d'être renseigné à cet égard, c'est d'évoquer l'Esprit par l'intermédiaire d'un bon médium écrivain ; à ses réponses, on verra tout de suite à qui l'on a affaire, et l'on agira en conséquence ; si c'est un Esprit malheureux, la charité veut qu'on le traite avec les égards qu'il mérite ; si c'est un mauvais plaisant, on peut agir envers lui sans façon ; s'il est malveillant, il faut prier Dieu de le rendre meilleur. En tout état de cause, la prière ne peut toujours avoir qu'un bon résultat. Mais la gravité des formules d'exorcisme les fait rire et ils n'en tiennent aucun compte. Si l'on peut entrer en communication avec eux, il faut se défier des qualifications burlesques ou effrayantes qu'ils se donnent quelquefois pour s'amuser de la crédulité.

Nous reviendrons avec plus de détails sur ce sujet, et sur les causes qui rendent souvent les prières inefficaces, dans les chapitres des *lieux hantés* et de l'*obsession*.

☞ 91. Ces phénomènes, quoique exécutés par des Esprits inférieurs, sont souvent provoqués par des Esprits d'un ordre plus élevé, dans le but de convaincre de l'existence des êtres incorporels et d'une puissance supérieure à l'homme. Le retentissement qui en résulte, l'effroi même que cela cause, appellent l'attention, et finiront par faire ouvrir les yeux aux plus incrédules. Ceux-ci trouvent plus simple de mettre ces phénomènes sur le compte de l'imagination, explication très commode et qui dispense d'en donner d'autres ; pourtant quand des objets sont bousculés ou vous sont jetés à la tête, il faudrait une imagination bien complaisante pour se figurer que pareilles choses sont quand elles ne sont pas. On remarque un effet quelconque, cet effet a nécessairement une cause ; si une *froide et calme* observation nous démontre que cet effet est indépendant de toute volonté humaine et de toute cause matérielle, si de plus il nous donne des signes *évidents* d'intelligence et de libre volonté, *ce qui est le signe le plus caractéristique*, on est bien forcé de l'attribuer à une intelligence occulte. Quels sont ces êtres mystérieux ? c'est ce que les études spirites nous apprennent de la manière la moins contestable, par les moyens qu'elles nous donnent de communiquer avec eux. Ces études nous apprennent en outre à faire la part de ce qu'il y a de réel, de faux ou d'exagéré dans les phénomènes dont nous ne nous rendons pas compte. Si un effet insolite se produit : bruit, mouvement, apparition même, la première pensée que l'on doit avoir, c'est qu'il est dû à une cause toute naturelle, parce que c'est la plus probable ; il faut alors rechercher cette cause avec le plus grand soin, et n'admettre l'intervention des Esprits qu'à bon escient ; c'est le moyen de ne pas se faire illusion. Celui, par exemple, qui, sans être approché par personne, recevrait un soufflet ou des coups de bâton dans le dos, comme cela s'est vu, ne saurait douter de la présence d'un être invisible.

On doit se tenir en garde non seulement contre des récits qui peuvent être tout au moins entachés d'exagération, mais contre ses propres impressions, et ne pas attribuer une origine occulte à tout ce que l'on ne comprend pas. Une infinité de causes très simples et très naturelles peuvent produire des effets étranges au premier abord, et ce serait une véritable superstition de voir partout des Esprits occupés à renverser les meubles, briser la vaisselle, susciter enfin les mille et une tracasseries de ménage qu'il est plus rationnel de mettre sur le compte de la maladresse.

Objets lancés

☞ 92. L'explication donnée du mouvement des corps inertes s'applique naturellement à tous les effets spontanés que nous venons de voir. Les bruits, quoique plus forts que les coups frappés dans la table, ont la même cause ; les objets lancés ou déplacés le sont par la même force qui soulève un objet quelconque. Une circonstance vient même ici à l'appui de cette théorie. On pourrait se demander où est le médium dans cette circonstance. Les Esprits nous ont dit qu'en pareil cas il y a toujours quelqu'un dont le pouvoir s'exerce à son insu. Les manifestations spontanées se produisent très rarement dans les endroits isolés ; c'est presque toujours dans des maisons habitées qu'elles ont lieu, et par le fait de la présence de certaines personnes qui exercent une influence sans le vouloir ; ces personnes sont de véritables médiums qui s'ignorent eux-mêmes, et que nous appelons, pour cette raison, *médiums naturels* ; ils sont aux autres médiums ce que les somnambules naturels sont aux somnambules magnétiques, et tout aussi curieux à observer.

☞ 93. L'intervention volontaire ou involontaire d'une personne douée d'une aptitude spéciale pour la production de ces phénomènes paraît être nécessaire dans la plupart des cas, quoiqu'il y en ait où l'Esprit semble agir seul ; mais alors il se pourrait qu'il puisât le fluide animalisé ailleurs que chez une personne présente. Ceci explique pourquoi les Esprits qui nous entourent sans cesse ne produisent pas à chaque instant des perturbations. Il faut d'abord que l'Esprit le veuille, qu'il ait un but, un motif, sans cela il ne fait rien. Il faut souvent ensuite qu'il trouve, précisément dans le lieu où il voudrait agir, une personne apte à le seconder, coïncidence qui se rencontre assez rarement. Cette personne survenant inopinément, il en profite. Malgré la réunion des circonstances favorables, il pourrait encore en être empêché par une volonté supérieure qui ne lui permettrait pas d'agir à son gré. Il peut ne lui être permis de le faire que dans certaines limites, et dans le cas où ces manifestations seraient jugées utiles, soit comme moyen de conviction, soit comme épreuve pour la personne qui en est l'objet.

☞ 94. Nous ne citerons à ce sujet que l'entretien provoqué à propos des faits qui se sont passés en juin 1860 dans la rue des Noyers, à Paris. On en trouvera les détails dans la *Revue spirite*, n° d'août 1860 :

◇ 1. (À saint Louis). Auriez-vous la bonté de nous dire si les faits qu'on dit s'être passés dans la rue des Noyers sont réels ? quant à la possibilité, nous n'en doutons pas.
« Oui, ces faits sont vrais ; seulement l'imagination des hommes les grossira, soit par peur, soit par ironie ; mais, je le répète, ils sont vrais. Ces manifestations sont provoquées par un Esprit qui s'amuse un peu aux dépens des habitants du lieu. »

◇ 2. Y a-t-il, dans la maison, une personne qui soit cause de ces manifestations ?
« Elles sont toujours causées par la présence de la personne à laquelle on s'attaque ; c'est que l'Esprit perturbateur en veut à l'habitant du lieu où il est, et qu'il veut lui faire des malices, ou même cherche à le faire déloger. »

◇ 3. Nous demandons si, parmi les habitants de la maison, il y a quelqu'un qui soit la cause de ces phénomènes par une influence médianimique spontanée et involontaire ?
« Il le faut bien, *sans cela le fait ne pourrait avoir lieu*. Un Esprit habite un endroit de prédilection pour lui ; il reste dans l'inaction tant qu'une nature qui lui soit convenable ne s'est pas présentée dans cet endroit ; quand cette personne arrive, alors il s'amuse autant qu'il le peut. »

◇ 4. La présence de cette personne sur les lieux mêmes est-elle indispensable ?
« C'est le cas le plus ordinaire, et c'est celui du fait que vous citez ; c'est pourquoi j'ai dit que sans cela le fait n'aurait pu avoir lieu ; mais je n'ai pas entendu généraliser ; il en est où la présence immédiate n'est pas nécessaire. »

◇ 5. Ces Esprits étant toujours d'un ordre inférieur, l'aptitude à leur servir d'auxiliaire est-elle une présomption défavorable pour la personne ? cela annonce-t-il une sympathie avec les êtres de cette nature ?

« Non, pas précisément, car cette aptitude tient à une disposition physique ; cependant cela annonce très souvent une tendance matérielle qu'il serait préférable de ne pas avoir ; car plus on est élevé moralement, plus on attire à soi les bons Esprits, qui éloignent nécessairement les mauvais. »

↪ 6. Où l'Esprit va-t-il prendre les projectiles dont il se sert ?
« Ces divers objets sont, le plus souvent, pris sur les lieux, ou dans le voisinage ; une force venant d'un Esprit les lance dans l'espace, et ils tombent dans un endroit désigné par cet Esprit. »

↪ 7. Puisque les manifestations spontanées sont souvent permises et même provoquées dans le but de convaincre, il nous semble que si certains incrédules en étaient personnellement l'objet, ils seraient bien forcés de se rendre à l'évidence. Ils se plaignent quelquefois de ne pouvoir être témoins de faits concluants ; ne dépendrait-il pas des Esprits de leur faire donner quelque preuve sensible ?
« Les athées et les matérialistes ne sont-ils pas à chaque instant témoins des effets de la puissance de Dieu et de la pensée ? Cela ne les empêche pas de nier Dieu et l'âme. Les miracles de Jésus ont-ils converti tous ses contemporains ? Les Pharisiens qui lui disaient : « Maître, faites-nous voir quelque prodige », ne ressemblent-ils pas à ceux qui, de votre temps, demandent que vous leur fassiez voir des manifestations ? S'ils ne sont pas convaincus par les merveilles de la création, ils ne le seraient pas davantage quand bien même les Esprits leur apparaîtraient de la manière la moins équivoque, parce que leur orgueil les rend comme des chevaux rétifs. Les occasions de voir ne leur manqueraient pas s'ils les cherchaient de bonne foi, c'est pourquoi Dieu ne juge pas à propos de faire pour eux plus qu'il ne fait pour ceux qui cherchent sincèrement à s'instruire, car il ne récompense que les hommes de bonne volonté. Leur incrédulité n'empêchera pas la volonté de Dieu de s'accomplir ; vous voyez bien qu'elle n'a pas empêché la doctrine de se répandre. Cessez donc de vous inquiéter de leur opposition qui est à la doctrine comme l'ombre est au tableau, et lui donne un plus grand relief. Quel mérite auraient-ils à être convaincus par la force ? Dieu leur laisse toute la responsabilité de leur entêtement, et cette responsabilité sera plus terrible que vous ne pensez. Bienheureux ceux qui croient sans avoir vu, a dit Jésus, parce que ceux-là ne doutent pas de la puissance de Dieu. »

↪ 8. Croyez-vous qu'il serait utile d'évoquer cet Esprit pour lui demander quelques explications ?
« Évoquez-le si vous voulez ; mais c'est un Esprit inférieur qui ne vous donnera que des réponses assez insignifiantes. »

☞ 95. Entretien avec l'Esprit perturbateur de la rue des Noyers.

↪ 1. Évocation.
« Qu'avez-vous donc de m'appeler ? Vous voulez donc des coups de pierres ? C'est alors qu'on verrait un beau sauve-qui-peut, malgré votre air de bravoure. »

↪ 2. Quand tu nous enverrais des pierres ici, cela ne nous effrayerait pas ; nous demandons même positivement si tu peux nous en envoyer.

« Ici, je ne pourrais peut-être pas ; vous avez un gardien qui veille bien sur vous. »

↪ 3. Dans la rue des Noyers, y avait-il une personne qui te servait d'auxiliaire pour te faciliter les mauvais tours que tu jouais aux habitants de la maison ?
« Certainement, j'ai trouvé un bon instrument, et aucun Esprit docte, savant et prude pour m'en empêcher ; car je suis gai, j'aime parfois à m'amuser. »

↪ 4. Quelle était la personne qui t'a servi d'instrument ?
« Une servante. »

↪ 5. Était-ce à son insu qu'elle te servait d'auxiliaire ?
« Oh ! oui ; la pauvre fille ! elle était la plus effrayée. »

↪ 6. Agissais-tu dans un but hostile ?
« Moi, je n'avais aucun but hostile ; mais les hommes qui s'emparent de tout le feront tourner à leur avantage. »

↪ 7. Qu'entends-tu par là ? nous ne te comprenons pas.
« Je cherchais à m'amuser ; mais vous autres, vous étudierez la chose et vous aurez un fait de plus pour montrer que nous existons. »

↪ 8. Tu dis que tu n'avais pas de but hostile, et pourtant tu as cassé tous les carreaux de l'appartement ; tu as ainsi causé un préjudice réel.
« C'est un détail. »

↪ 9. Où t'es-tu procuré les objets que tu as lancés ?
« Ils sont assez communs ; je les ai trouvés dans la cour, dans les jardins voisins. »

↪ 10. Les as-tu tous trouvés, ou en as-tu fabriqués quelques-uns ? (Voir ci-après chapitre VIII).
« Je n'ai rien créé, rien composé. »

↪ 11. Si tu n'en avais pas trouvé, aurais-tu pu en fabriquer ?
« C'eût été plus difficile ; mais, à la rigueur, on mêle des matières, et cela fait un tout quelconque. »

↪ 12. Maintenant, dis-nous comment tu les as lancés ?
« Ah ! ceci est plus difficile à dire ; je me suis aidé de la nature électrique de cette fille, jointe à la mienne moins matérielle ; nous avons pu transporter ainsi ces diverses matières à nous deux. »

↪ 13. Tu voudras bien, je pense, nous donner quelques renseignements sur ta personne. Dis-nous donc d'abord s'il y a longtemps que tu es mort ?
« Il y a assez longtemps ; il y a bien cinquante ans. »

↪ 14. Qu'étais-tu de ton vivant ?
« Pas grand-chose de bon ; je chiffonnais dans ce quartier, et on me disait parfois des sottises, parce que j'aimais trop la liqueur rouge du bonhomme Noé ; aussi je voulais les faire tous décamper. »

↪ 15. Était-ce toi-même et de ton plein gré que tu as répondu à nos questions ?
« J'avais un instituteur. »

↪ 16. Quel est cet instituteur ?
« Votre bon roi Louis. »

Remarque : Cette question est motivée par la nature de certaines réponses qui ont paru dépasser la portée de cet Esprit, par le fond des idées et même par la forme du langage. Il n'y a donc rien d'étonnant à ce qu'il ait été aidé par un Esprit plus éclairé, qui voulait profiter de cette occasion pour nous donner une instruction. Ceci est un fait très ordinaire, mais une particularité remarquable dans cette circonstance, c'est que l'influence de l'autre Esprit s'est fait sentir sur l'écriture même ; celle des réponses où il est intervenu est plus régulière et plus coulante ; celle du chiffonnier est anguleuse, grosse, irrégulière, souvent peu lisible, et porte un tout autre caractère.

↪ 17. Que fais-tu maintenant ; t'occupes-tu de ton avenir ?
« Pas encore ; j'erre. On pense si peu à moi sur la terre, que personne ne prie pour moi : aussi je ne suis pas aidé, je ne travaille pas. »

Remarque : On verra plus tard combien on peut contribuer à l'avancement et au soulagement des Esprits inférieurs par la prière et les conseils.

↪ 18. Quel était ton nom de ton vivant ?
« Jeannet. »

↪ 19. Eh bien ! Jeannet, nous prierons pour toi. Dis-nous si notre évocation t'a fait plaisir ou t'a contrarié ?
« Plutôt plaisir, car vous êtes de bons enfants, de gais vivants, quoique un peu austères ; c'est égal, vous m'avez écouté, je suis content. »

—JEANNET

Phénomène des apports

☞ 96. Ce phénomène ne diffère de ceux dont nous venons de parler que par l'intention bienveillante de l'Esprit qui en est l'auteur, par la nature des objets presque toujours gracieux, et par la manière douce et souvent délicate dont ils sont apportés. Il consiste dans l'apport spontané d'objets qui n'existent pas dans l'endroit où l'on est ; ce sont le plus souvent des fleurs, quelquefois des fruits, des bonbons, des bijoux, etc.

☞ 97. Disons d'abord que ce phénomène est un de ceux qui se prêtent le plus à l'imitation, et que par conséquent il faut se tenir en garde contre la supercherie. On sait jusqu'où peut aller l'art de la prestidigitation en fait d'expériences de ce genre ; mais, sans avoir affaire à un homme du métier, on pourrait être facilement dupe d'une manœuvre habile et intéressée. La meilleure de toutes les garanties est dans *le caractère, l'honorabilité notoire, le désintéressement absolu* de la personne qui obtient de semblables effets ; en second lieu dans l'examen attentif de toutes les circonstances dans lesquelles les faits se produisent ; enfin dans la connaissance éclairée du spiritisme, qui seule peut faire découvrir ce qui serait suspect.

Dissertation d'un esprit sur les apports

☞ 98. La théorie du phénomène des apports, et des manifestations physiques en général, se trouve résumée d'une manière remarquable dans la dissertation suivante, par un Esprit dont toutes les communications ont un cachet incontestable de profondeur et de logique. On en trouvera plusieurs dans la suite de cet ouvrage. Il s'est fait connaître sous le nom d'*Eraste*, disciple de saint Paul, et comme Esprit protecteur du médium qui lui a servi d'interprète :

« Il faut nécessairement, pour obtenir des phénomènes de cet ordre, avoir avec soi des médiums que j'appellerai *sensitifs*, c'est-à-dire doués au plus haut degré des facultés médianimiques d'expansion et de pénétrabilité ; parce que le système nerveux de ces médiums, facilement excitable, leur permet, au moyen de certaines vibrations, de projeter autour d'eux avec profusion leur fluide animalisé.

Les natures impressionnables, les personnes dont les nerfs vibrent au moindre sentiment, à la plus petite sensation, que l'influence morale ou physique, interne ou externe, sensibilise, sont des sujets très aptes à devenir d'excellents médiums pour les effets physiques de tangibilité et d'apports. En effet, leur système nerveux, presque entièrement dépourvu de l'enveloppe réfractaire qui isole ce système chez la plupart des autres incarnés, les rend propres au développement de ces divers phénomènes. En conséquence, avec un sujet de cette nature, et dont les autres facultés ne sont pas hostiles à la médianimisation, on obtiendra plus facilement les phénomènes de tangibilité, les coups frappés dans les murs et dans les meubles, les mouvements *intelligents*, et même la suspension dans l'espace de la matière inerte la plus lourde. À *fortiori*, obtiendra-t-on ces résultats si, au lieu d'un médium, on en a sous la main plusieurs également bien doués.

Mais de la production de ces phénomènes à l'obtention de celui des apports, il y a tout un monde ; car, dans ce cas, non seulement le travail de l'Esprit est plus complexe, plus difficile, mais, bien plus, l'Esprit ne peut opérer qu'au moyen d'un seul appareil médianimique, c'est-à-dire que plusieurs médiums ne peuvent pas concourir simultanément à la production du même phénomène. Il arrive même, au contraire, que la présence de certaines personnes antipathiques à l'Esprit qui opère entrave radicalement son opération. À ces motifs qui, comme vous le voyez, ne manquent pas d'importance, ajoutez que les apports nécessitent toujours une plus grande concentration, et en même temps une plus grande diffusion de certains fluides, et qu'ils ne peuvent être obtenus qu'avec des médiums les mieux doués, ceux, en un mot, dont l'appareil *électromédianimique* est le mieux conditionné.

En général, les faits d'apports sont et resteront excessivement rares. Je n'ai pas besoin de vous démontrer pourquoi ils sont et seront moins fréquents que les autres faits de tangibilité ; de ce que je dis, vous le déduirez vous-même. D'ailleurs, ces phénomènes sont d'une nature telle, que non seulement tous les médiums n'y sont pas propres, mais que tous les Esprits eux-mêmes ne peuvent pas les produire. En effet, il faut qu'entre l'Esprit et le médium influencé il existe une certaine affinité, une certaine analogie, en un mot, une certaine ressemblance qui permette à la partie expansible du fluide *périspritique*⁶ de l'incarné de se mêler, de s'unir, de se combiner avec celui de l'Esprit qui veut faire un apport. Cette fusion doit être telle que la force résultante devienne, pour ainsi dire, *une* ; de même qu'un courant électrique, en agissant sur le charbon, produit un foyer, une clarté uniques. Pourquoi cette union, pourquoi cette fusion, direz-vous ? C'est que, pour la production de ces phénomènes, il faut que les propriétés essentielles de l'Esprit moteur soient augmentées de quelques-unes de celles du médianimisé ; c'est que le *fluide vital*, indispensable à la production de tous les phénomènes médianimiques, est l'apanage *exclusif* de l'incarné, et que, par conséquent, l'Esprit opérateur est obligé de s'en imprégner. Ce n'est qu'alors qu'il peut, au moyen de certaines propriétés de votre milieu ambiant, inconnues pour vous, isoler, rendre invisibles, et faire mouvoir certains objets matériels, et des incarnés eux-mêmes.

Il ne m'est pas permis, pour le moment, de vous dévoiler ces lois particulières qui régissent les gaz et les fluides qui vous environnent ; mais, avant que des années soient écoulées, avant qu'une existence d'homme soit accomplie, l'explication de ces lois et de ces phénomènes vous sera révélée, et vous verrez surgir et se produire une nouvelle variété de médiums, qui tomberont dans un état cataleptique particulier dès qu'ils seront médianimisés.

Vous voyez de combien de difficultés la production des apports se trouve entourée ; vous pouvez en conclure très logiquement que les phénomènes de cette nature sont excessivement rares, comme je l'ai dit, et avec d'autant plus de raison que les Esprits s'y prêtent fort peu, parce que cela motive de leur part un travail quasi matériel, ce qui est un ennui et une fatigue pour eux. D'autre part, il arrive encore ceci : c'est que très souvent, malgré leur énergie et leur volonté, l'état du médium lui-même leur oppose une barrière infranchissable.

Il est donc évident, et votre raisonnement le sanctionne, je n'en doute pas, que les faits tangibles de coups, de mouvements et de suspension, sont des phénomènes simples, qui s'opèrent par la concentration et la dilatation de certains fluides, et qu'ils peuvent être provoqués et obtenus par la volonté et le travail des médiums qui y sont aptes, quand ceux-ci sont secondés par des Esprits amis et bienveillants ; tandis que les faits d'apport sont multiples, complexes, exigent un concours de circonstances spéciales, ne peuvent s'opérer que par un seul Esprit et un seul médium, et nécessitent, en dehors des besoins de la tangibilité, une combinaison toute particulière pour isoler et rendre invisibles l'objet ou les objets qui font le sujet de l'apport. Vous tous, spirites, vous comprenez mes explications et vous vous rendez parfaitement compte de cette concentration de fluides spéciaux, pour la locomotion et la tactilité de la matière inerte ; vous y croyez, comme vous croyez aux phénomènes de l'électricité et du magnétisme, avec lesquels les faits médianimiques sont

---

6. On voit que, lorsqu'il s'agit d'exprimer une idée nouvelle pour laquelle la langue manque de terme, les Esprits savent parfaitement créer des néologismes. Ces mots, *électromédianimique*, *périspritique*, ne sont pas de nous. Ceux qui nous ont critiqué d'avoir créé les mots *spirite*, *spiritisme*, *périsprit*, qui n'avaient pas leurs analogues, pourront aussi faire le même procès aux Esprits.

pleins d'analogie, et en sont, pour ainsi dire, la consécration et le développement. Quant aux incrédules, et aux savants pires que les incrédules, je n'ai que faire de les convaincre, je ne m'occupe pas d'eux ; ils seront un jour convaincus par la force de l'évidence, car il faudra bien qu'ils s'inclinent devant le témoignage unanime des faits spirites, comme ils ont été forcés de le faire devant tant d'autres faits qu'ils avaient d'abord repoussés.

Pour me résumer : si les faits de tangibilité sont fréquents, les faits d'apport sont très rares, parce que les conditions en sont très difficiles ; par conséquent, nul médium ne peut dire : à telle heure, à tel moment, j'obtiendrai un apport ; car souvent l'Esprit lui-même se trouve empêché dans son œuvre. Je dois ajouter que ces phénomènes sont doublement difficiles en public, car on y rencontre presque toujours des éléments énergiquement réfractaires qui paralysent les efforts de l'Esprit, et à plus forte raison l'action du médium. Tenez, au contraire, pour certain que ces phénomènes se produisent presque toujours en particulier, spontanément, le plus souvent à l'insu des médiums et sans préméditation, et enfin fort rarement quand ceux-ci sont prévenus ; d'où vous devez conclure qu'il y a motif légitime de suspicion toutes les fois qu'un médium se flatte de les obtenir à volonté, autrement dit de commander aux Esprits comme à des serviteurs, ce qui est tout simplement absurde. Tenez encore pour règle générale que les phénomènes spirites ne sont point faits pour être donnés en spectacle et pour amuser les curieux. Si quelques Esprits se prêtent à ces sortes de choses, ce ne peut être que pour des phénomènes simples, et non pour ceux qui, tels que les apports et autres semblables, exigent des conditions exceptionnelles.

Rappelez-vous, spirites, que s'il est absurde de repousser systématiquement tous les phénomènes d'outre-tombe, il n'est pas sage non plus de les accepter tous aveuglément. Quand un phénomène de tangibilité, d'apparition, de visibilité ou d'apport se manifeste spontanément et d'une manière instantanée, acceptez-le ; mais, je ne saurais trop vous le répéter, n'acceptez rien aveuglément ; que chaque fait subisse un examen minutieux, approfondi et sévère ; car, croyez-le, le spiritisme, si riche en phénomènes sublimes et grandioses, n'a rien à gagner à ces petites manifestations que d'habiles prestidigitateurs peuvent imiter.

Je sais bien ce que vous allez me dire : c'est que ces phénomènes sont utiles pour convaincre les incrédules ; mais sachez que, si vous n'aviez pas eu d'autres moyens de conviction, vous n'auriez pas aujourd'hui la centième partie des spirites que vous avez. Parlez au cœur, c'est par là que vous ferez le plus de conversions sérieuses. Si vous croyez utile, pour certaines personnes, d'agir par les faits matériels, présentez-les au moins dans des circonstances telles qu'ils ne puissent donner lieu à aucune fausse interprétation, et surtout ne sortez pas des conditions normales de ces faits, car les faits présentés dans de mauvaises conditions fournissent des arguments aux incrédules, au lieu de les convaincre. »

—ERASTE

☞ 99. Ce phénomène offre une particularité assez singulière, c'est que certains médiums ne l'obtiennent que dans l'état somnambulique ; et cela s'explique facilement.

Il y a chez le somnambule un dégagement naturel, une sorte d'isolement de l'Esprit et du périsprit qui doit faciliter la combinaison des fluides nécessaires. Tel est le cas des apports dont nous avons été témoin. Les questions suivantes ont été adressées à l'Esprit qui les avait produits, mais ses réponses se ressentent parfois de son insuffisance ; nous les avons soumises à l'Esprit *Eraste*, beaucoup plus éclairé au point de vue théorique, et qui les a complétées par des remarques très judicieuses. L'un est l'artisan, l'autre le savant, et la comparaison même de ces deux intelligences est une étude instructive, car elle prouve qu'il ne suffit pas d'être Esprit pour tout comprendre.

▷ 1. Veuillez, je vous prie, nous dire pourquoi les apports que vous faites ne se produisent que dans le sommeil magnétique du médium ?
« Cela tient à la nature du médium ; les faits que je produis quand le mien est endormi, je pourrais également les produire dans l'état de veille avec un autre médium. »

▷ 2. Pourquoi faites-vous attendre si longtemps l'apport des objets, et pourquoi excitez-vous la convoitise du médium en irritant son désir d'obtenir l'objet promis ?
« Ce temps m'est nécessaire afin de préparer les fluides qui servent à l'apport ; quant à l'excitation, ce n'est souvent que pour amuser les personnes présentes et la somnambule. »

Remarque d'Eraste : L'Esprit qui a répondu n'en sait pas davantage ; il ne se rend pas compte du motif de cette convoitise qu'il aiguillonne instinctivement sans en comprendre l'effet ; il croit amuser, tandis qu'en réalité il provoque sans s'en douter une plus grande émission de fluide ; c'est la conséquence de la difficulté que présente le phénomène, difficulté toujours plus grande quand il n'est pas spontané, surtout avec certains médiums.

▷ 3. La production du phénomène tient-elle à la nature spéciale du médium, et pourrait-il se produire par d'autres médiums avec plus de facilité et de promptitude ?
« La production tient à la nature du médium et ne peut se produire qu'avec des natures correspondantes ; pour la promptitude, l'habitude que nous prenons, en correspondant souvent avec le même médium, nous est d'un grand secours. »

▷ 4. L'influence des personnes présentes y est-elle pour quelque chose ?
« Quand il y a de l'incrédulité, de l'opposition, on peut beaucoup nous gêner ; nous aimons bien mieux faire nos preuves avec des croyants et des personnes versées dans le spiritisme ; mais je n'entends pas par là dire que la mauvaise volonté pourrait nous paralyser complètement. »

▷ 5. Où avez-vous été prendre les fleurs et les bonbons que vous avez apportés ?
« Les fleurs, je les prends dans les jardins, où elles me plaisent. »

▷ 6. Et les bonbons ? le marchand a dû s'apercevoir qu'ils lui manquaient.
« Je les prends où cela me plaît ; le marchand ne s'en est pas aperçu du tout, parce que j'en ai mis d'autres à la place. »

▷ 7. Mais les bagues ont une valeur ; où les avez-vous prises ? Est-ce que cela n'a pas fait de tort à celui à qui vous les avez empruntées ?

« Je les ai prises dans des endroits inconnus à tous, et de manière que personne ne puisse en éprouver aucun tort. »

Remarque d'Eraste : Je crois que le fait est expliqué d'une manière insuffisante en raison de la capacité de l'Esprit qui a répondu. Si, il peut y avoir un tort réel de causé, mais l'Esprit n'a pas voulu passer pour avoir détourné quoi que ce soit. Un objet ne peut être remplacé que par un objet identique, de même forme, de même valeur ; par conséquent, si un Esprit avait la faculté de substituer un objet pareil à celui qu'il prend, il n'aurait pas de raison pour le prendre, et devrait donner celui qui sert de remplaçant.

➢ 8. Est-il possible d'apporter des fleurs d'une autre planète ?
« Non, ce n'est pas possible à moi. »

– (À Eraste.) D'autres Esprits auraient-ils ce pouvoir ?
« Non, cela n'est pas possible, en raison de la différence des milieux ambiants. »

➢ 9. Pourriez-vous apporter des fleurs d'un autre hémisphère ; des tropiques, par exemple ?
« Du moment que c'est sur terre, je le puis. »

➢ 10. Les objets que vous avez apportés, pourriez-vous les faire disparaître et les remporter ?
« Aussi bien que je les ai fait venir, je puis les remporter à ma volonté. »

➢ 11. La production du phénomène des apports vous cause-t-elle une peine, un embarras quelconque ?
« Elle ne nous cause aucune peine quand nous en avons la permission ; elle pourrait nous en causer de très grandes si nous voulions produire des effets sans y être autorisés. »

Remarque d'Eraste : Il ne veut pas convenir de sa peine, quoiqu'elle soit réelle, puisqu'il est forcé de faire une opération pour ainsi dire matérielle.

➢ 12. Quelles sont les difficultés que vous rencontrez ?
« Aucune autre que de mauvaises dispositions fluidiques qui peuvent nous être contraires. »

➢ 13. Comment apportez-vous l'objet ; le tenez-vous avec les mains ?
« Non, nous l'enveloppons en nous. »

Remarque d'Eraste : Il n'explique pas clairement son opération, car il n'enveloppe pas l'objet avec sa propre personnalité ; mais comme son fluide personnel est dilatable, pénétrable et expansible, il combine une partie de ce fluide avec une partie de fluide animalisé du médium, et c'est dans cette combinaison qu'il cache et transporte l'objet sujet de l'apport. Il n'est donc pas juste de dire qu'il l'enveloppe en lui.

➢ 14. Apporteriez-vous avec la même facilité un objet d'un poids considérable ; de 50 kg, par exemple ?
« Le poids n'est rien pour nous ; nous apportons des fleurs, parce que cela peut être plus agréable qu'un poids volumineux. »

Remarque d'Eraste : C'est juste ; il peut apporter cent et deux-cent kg d'objets, car la pesanteur qui existe pour vous est annulée pour lui ; mais ici encore il ne se rend pas compte de ce qui se passe. La masse de fluides combinés est proportionnée à la masse des objets, en un mot la force doit être en raison de la résistance ; d'où il suit que, si l'Esprit n'apporte qu'une fleur ou un objet léger, c'est souvent parce qu'il ne trouve pas dans le médium, ou en lui-même, les éléments nécessaires pour un effort plus considérable.

❧ 15. Y a-t-il quelquefois des disparitions d'objets dont la cause est ignorée, et qui seraient le fait des Esprits ?
« Cela arrive très souvent, plus souvent que vous ne le pensez, et l'on pourrait y remédier en priant l'Esprit de rapporter l'objet disparu. »
Remarque d'Eraste : C'est vrai ; mais quelquefois ce qui est enlevé est bien enlevé ; car tels objets qu'on ne retrouve plus chez soi sont souvent emportés fort loin. Cependant, comme l'enlèvement des objets exige à peu près les mêmes conditions fluidiques que les apports, il ne peut avoir lieu qu'à l'aide de médiums doués de facultés spéciales ; c'est pourquoi, lorsque quelque chose disparaît, il y a plus de probabilité que c'est le fait de votre étourderie que celui des Esprits.

❧ 16. Y a-t-il des effets que l'on regarde comme des phénomènes naturels et qui sont dus à l'action de certains Esprits ?
« Vos jours sont remplis de ces fait-là que vous ne comprenez pas, parce que vous n'y avez pas songé, et qu'un peu de réflexion vous ferait voir clairement. »
Remarque d'Eraste : N'attribuez pas aux Esprits ce qui est l'œuvre de l'humanité ; mais croyez à leur influence occulte, constante, qui fait naître autour de vous mille circonstances, mille incidents nécessaires à l'accomplissement de vos actes, de votre existence.

❧ 17. Parmi les objets apportés, n'y en a-t-il pas qui peuvent être fabriqués par les Esprits ; c'est-à-dire produits spontanément par les modifications que les Esprits peuvent faire subir au fluide ou à l'élément universel ?
« Pas par moi, car je n'en ai pas la permission ; un Esprit élevé le peut seul. »

❧ 18. Comment avez-vous introduit ces objets l'autre jour, puisque la chambre était close ?
« Je les ai fait entrer avec moi, enveloppés, pour ainsi dire, dans ma substance ; quand à vous en dire plus long, ce n'est pas explicable. »

❧ 19. Comment avez-vous fait pour rendre visibles ces objets qui étaient invisibles un instant auparavant ?
« J'ai ôté la matière qui les enveloppait. »
Remarque d'Eraste : Ce n'est pas de la matière proprement dite qui les enveloppe, mais un fluide puisé mi-partie dans le périsprit du médium, mi-partie dans celui de l'Esprit qui opère.

❧ 20. (À Eraste.) Un objet peut-il être apporté dans un endroit parfaitement clos ; en un mot, l'Esprit peut-il spiritualiser un objet matériel, de manière qu'il puisse pénétrer la matière ?
« Cette question est complexe. Pour les objets apportés, l'Esprit peut les rendre

invisibles mais non pénétrables ; il ne peut rompre l'agrégation de la matière, ce qui serait la destruction de l'objet. Cet objet rendu invisible, il peut l'apporter quand il veut, et ne le dégager qu'au moment convenable pour le faire apparaître. Il en est autrement pour ceux que nous composons ; comme nous n'introduisons que les éléments de la matière, et que ces éléments sont essentiellement pénétrables ; que nous pénétrons nous-mêmes et traversons les corps les plus condensés avec autant de facilité que les rayons solaires traversent les carreaux de vitre, nous pouvons parfaitement dire que nous avons introduit l'objet dans un endroit, quelque clos qu'il soit ; mais c'est seulement dans ce cas. »

Nota. Voir ci-après, pour la théorie de la formation spontanée des objets, le chapitre intitulé : *Laboratoire du monde invisible*.

CHAPITRE VI
MANIFESTATIONS VISUELLES

Questions sur les apparitions

☞ 100. De toutes les manifestations spirites les plus intéressantes sont, sans contredit, celles par lesquelles les Esprits peuvent se rendre visibles. On verra, par l'explication de ce phénomène, qu'il n'est pas plus surnaturel que les autres. Nous donnons d'abord les réponses qui ont été faites à ce sujet par les Esprits :

↪ 1. Les Esprits peuvent-ils se rendre visibles ?
« Oui, surtout pendant le sommeil ; cependant certaines personnes les voient aussi pendant la veille, mais c'est plus rare. »

Remarque : Pendant que le corps repose, l'Esprit se dégage des liens matériels ; il est plus libre, et peut plus facilement voir les autres Esprits avec lesquels il entre en communication. Le rêve n'est que le souvenir de cet état ; quand on ne se souvient de rien, on dit qu'on n'a pas rêvé, mais l'âme n'en a pas moins vu, et joui de sa liberté. Nous nous occupons plus spécialement ici des apparitions à l'état de veille[7].

↪ 2. Les Esprits qui se manifestent à la vue appartiennent-ils plutôt à une classe qu'à une autre ?
« Non ; ils peuvent appartenir à toutes les classes, aux plus élevées comme aux plus inférieures. »

↪ 3. Est-il donné à tous les Esprits de se manifester visiblement ?
« Tous le peuvent ; mais ils n'en ont pas toujours la permission ni la volonté. »

↪ 4. Quel est le but des Esprits qui se manifestent visiblement ?
« Cela dépend ; selon leur nature, le but peut être bon ou mauvais. »

↪ 5. Comment cette permission peut-elle être donnée quand le but est mauvais ?
« C'est alors pour éprouver ceux auxquels ils apparaissent. L'intention de l'Esprit peut être mauvaise, mais le résultat peut être bon. »

↪ 6. Quel peut être le but des Esprits qui ont une mauvaise intention en se faisant voir ?
« Effrayer, et souvent se venger. »

– Quel est celui des Esprits qui viennent avec une bonne intention ?
« Consoler les personnes qui les regrettent ; prouver qu'ils existent et sont près de vous ; donner des conseils et quelquefois réclamer assistance pour eux-mêmes. »

↪ 7. Quel inconvénient y aurait-il à ce que la possibilité de voir les Esprits fût permanente et générale ? Ne serait-ce pas un moyen de lever les doutes des plus in-

---

[7]. Voir, pour plus de détails sur l'état de l'Esprit pendant le sommeil, le *Livre des Esprits*, chapitre *Émancipation de l'âme*, n° 409.

crédules?

«L'homme étant constamment environné d'Esprits, leur vue incessante le troublerait, le gênerait dans ses actions et lui ôterait son initiative dans la plupart des cas, tandis que, se croyant seul, il agit plus librement. Quant aux incrédules, ils ont assez de moyens de se convaincre, s'ils veulent en profiter et s'ils ne sont pas aveuglés par l'orgueil. Vous savez bien qu'il y a des personnes qui ont vu et qui ne croient pas davantage pour cela, puisqu'elles disent que ce sont des illusions. Ne vous inquiétez pas de ces gens-là, Dieu s'en charge.»

Remarque: Il y aurait autant d'inconvénient à se voir constamment en présence des Esprits qu'à voir l'air qui nous environne, ou les myriades d'animaux microscopiques qui pullulent autour de nous et sur nous. D'où nous devons conclure que ce que Dieu fait est bien fait, et qu'il sait mieux que nous ce qui nous convient.

⇨ 8. Si la vue des Esprits a des inconvénients, pourquoi est-elle permise dans certains cas?

«C'est afin de donner une preuve que tout ne meurt pas avec le corps, et que l'âme conserve son individualité après la mort. Cette vue passagère suffit pour donner cette preuve et attester la présence de vos amis auprès de vous; mais elle n'a pas les inconvénients de la permanence.»

⇨ 9. Dans les mondes plus avancés que le nôtre, la vue des Esprits est-elle plus fréquente?

«Plus l'homme se rapproche de la nature spirituelle, plus il entre facilement en rapport avec les Esprits; c'est la grossièreté de votre enveloppe qui rend plus difficile et plus rare la perception des êtres éthérés.»

⇨ 10. Est-il rationnel de s'effrayer de l'apparition d'un Esprit?

«Celui qui réfléchit doit comprendre qu'un Esprit, quel qu'il soit, est moins dangereux qu'un vivant. Les Esprits, d'ailleurs, vont partout, et l'on a pas besoin de les voir pour savoir qu'on peut en avoir à côté de soi. L'Esprit qui voudrait nuire peut le faire sans se faire voir, et même plus sûrement; il n'est pas dangereux parce qu'il est Esprit, mais bien par l'influence qu'il peut exercer sur la pensée en détournant du bien et en poussant au mal.»

Remarque: Les personnes qui ont peur dans la solitude ou l'obscurité se rendent rarement compte de la cause de leur frayeur; elles ne sauraient dire de quoi elles ont peur, mais assurément elles devraient plus redouter de rencontrer des hommes que des Esprits, car un malfaiteur est plus dangereux vivant qu'après sa mort. Une dame de notre connaissance eut un soir, dans sa chambre, une apparition si bien caractérisée, qu'elle crut à la présence de quelqu'un, et son premier mouvement fut celui de l'effroi. S'étant assurée qu'il n'y avait personne, elle se dit: Il parait que ce n'est qu'un Esprit: je puis dormir tranquille.

⇨ 11. Celui auquel un Esprit apparaît pourrait-il engager une conversation avec lui?

«Parfaitement, et c'est même ce que l'on doit toujours faire en pareil cas, en demandant à l'Esprit qui il est, ce qu'il désire et ce qu'on peut faire pour lui être utile. Si l'Esprit est malheureux et souffrant, la commisération qu'on lui témoigne le soulage; si c'est un Esprit bienveillant, il peut venir dans l'intention de donner de bons conseils.»

– Comment, dans ce cas, l'Esprit peut-il répondre ?
« Il le fait quelquefois par des sons articulés, comme le ferait une personne vivante ; le plus souvent il y a transmission de pensées.»

⇨ 12. Les Esprits qui apparaissent avec des ailes en ont-ils réellement, ou bien ces ailes ne sont-elles qu'une apparence symbolique ?
« Les Esprits n'ont pas d'ailes ; ils n'en ont pas besoin, puisqu'ils peuvent se transporter partout comme Esprits. Ils apparaissent selon la façon dont ils veulent affecter la personne à laquelle ils se montrent : les uns paraîtront avec le costume vulgaire, d'autres enveloppés de draperies, quelques-uns avec des ailes, comme attribut de la catégorie d'Esprits qu'ils représentent.»

⇨ 13. Les personnes que l'on voit en rêve sont-elles toujours celles dont elles ont l'aspect ?
« Ce sont presque toujours ces personnes mêmes que votre Esprit va trouver ou qui viennent vous trouver.»

⇨ 14. Les Esprits moqueurs ne pourraient-ils prendre l'apparence des personnes qui nous sont chères pour nous induire en erreur ?
« Ils ne prennent des apparences fantastiques que pour s'amuser à vos dépens ; mais il est des choses dont il ne leur est pas permis de se jouer.»

⇨ 15. La pensée étant une sorte d'évocation, on comprend qu'elle provoque la présence de l'Esprit ; mais comment se fait-il que souvent les personnes auxquelles on pense le plus, qu'on désire ardemment revoir, ne se présentent jamais en songe, tandis qu'on voit des gens indifférents et auxquels on ne pense nullement ?
« Les Esprits n'ont pas toujours la possibilité de se manifester à la vue, même en rêve, et malgré le désir qu'on a de les voir ; des causes indépendantes de leur volonté peuvent en empêcher. C'est souvent aussi une épreuve dont le désir le plus ardent ne peut affranchir. Quant aux personnes indifférentes, si vous ne pensez pas à elles, il est possible qu'elles pensent à vous. D'ailleurs, vous ne pouvez vous faire une idée des relations du monde des Esprits ; vous y rencontrez une foule de connaissances intimes, anciennes ou nouvelles, dont vous n'avez nulle idée dans l'état de veille.»

Remarque : Lorsqu'il n'y a aucun moyen de contrôler les visions ou apparitions, on peut sans doute les mettre sur le compte de l'hallucination ; mais lorsqu'elles sont confirmées par les événements, on ne saurait les attribuer à l'imagination : telles sont, par exemple, les apparitions au moment de leur mort, en rêve ou à l'état de veille, de personnes auxquelles on ne songe nullement, et qui, par divers signes, viennent révéler les circonstances tout à fait inattendues de leur fin. On a vu souvent des chevaux se cabrer et refuser d'avancer devant des apparitions qui effrayaient ceux qui les conduisaient. Si l'imagination est pour quelque chose chez les hommes, assurément elle n'est pour rien chez les animaux. D'ailleurs, si les images que l'on voit en rêve étaient toujours un effet des préoccupations de la veille, rien n'expliquerait pourquoi il arrive souvent qu'on ne rêve jamais aux choses auxquelles on pense le plus.

◆ 16. Pourquoi certaines visions sont-elles plus fréquentes dans l'état de maladie ?

« Elles ont également lieu dans l'état de parfaite santé ; mais dans la maladie les liens matériels sont relâchés ; la faiblesse du corps laisse plus de liberté à l'Esprit, qui entre plus facilement en communication avec les autres Esprits. »

◆ 17. Les apparitions spontanées paraissent être plus fréquentes dans certaines contrées. Est-ce que certains peuples sont mieux doués que d'autres pour avoir ces sortes de manifestations ?

« Dressez-vous des procès-verbaux de chaque apparition ? Les apparitions, les bruits, toutes les manifestations enfin, sont également répandues sur toute la terre, mais elles présentent des caractères distinctifs selon les peuples chez lesquels elles s'accomplissent. Chez ceux, par exemple, où l'écriture est peu répandue, il n'y a pas de médiums écrivains ; chez d'autres ils abondent ; ailleurs il y a plus souvent des bruits et des mouvements que des communications intelligentes, parce que celles-ci sont moins estimées et recherchées. »

◆ 18. Pourquoi les apparitions ont-elles plutôt lieu la nuit ? Ne serait-ce pas un effet du silence et de l'obscurité sur l'imagination ?

« C'est par la même raison qui vous fait voir pendant la nuit les étoiles que vous ne voyez pas en plein jour. La grande clarté peut effacer une apparition légère ; mais c'est une erreur de croire que la nuit y soit pour quelque chose. Interrogez tous ceux qui en ont eu, et vous verrez que la plupart les ont eues le jour. »

Remarque : Les faits d'apparition sont beaucoup plus fréquents et plus généraux qu'on ne croit ; mais beaucoup de personnes ne les avouent pas par la crainte du ridicule, d'autres les attribuent à l'illusion. S'ils paraissent plus multipliés chez certains peuples, cela tient à ce que l'on y conserve plus soigneusement les traditions vraies ou fausses, presque toujours amplifiées par l'attrait du merveilleux, auquel prête plus ou moins l'aspect des localités ; la crédulité fait alors voir des effets surnaturels dans les phénomènes les plus vulgaires : le silence de la solitude, l'escarpement des ravins, le mugissement de la forêt, les rafales de la tempête, l'écho des montagnes, la forme fantastique des nuages, les ombres, les mirages, tout enfin prête à l'illusion pour des imaginations simples et naïves, qui racontent de bonne foi ce qu'elles ont vu ou ce qu'elles ont cru voir. Mais à côté de la fiction, il y a la réalité ; c'est à la dégager de tous les accessoires ridicules de la superstition que conduit l'étude sérieuse du spiritisme.

◆ 19. La vue des Esprits se produit-elle dans l'état normal, ou seulement dans un état extatique ?

« Elle peut avoir lieu dans les conditions parfaitement normales ; cependant les personnes qui les voient sont assez souvent dans un état particulier, voisin de l'extase, qui leur donne une sorte de double vue. (*Livre des Esprits*, n° 447.) »

◆ 20. Ceux qui voient les Esprits les voient-ils par les yeux ?

« Ils le croient ; mais en réalité c'est l'âme qui voit, et, ce qui le prouve, c'est qu'on peut les voir les yeux fermés. »

◆ 21. Comment l'Esprit peut-il se rendre visible ?

« Le principe est le même que celui de toutes les manifestations, il tient aux propriétés du périsprit, qui peut subir diverses modifications au gré de l'Esprit.»

⇨ 22. L'Esprit proprement dit peut-il se rendre visible, ou bien ne le peut-il qu'à l'aide du périsprit ?
« Dans votre état matériel, les Esprits ne peuvent se manifester qu'à l'aide de leur enveloppe semi-matérielle ; c'est l'intermédiaire par lequel ils agissent sur vos sens. C'est sous cette enveloppe qu'ils apparaissent quelquefois avec une forme humaine ou toute autre, soit dans les rêves, soit même à l'état de veille, aussi bien à la lumière que dans l'obscurité.»

⇨ 23. Pourrait-on dire que c'est par la condensation du fluide du périsprit que l'Esprit devient visible ?
« Condensation n'est pas le mot ; c'est plutôt une comparaison qui peut aider à vous faire comprendre le phénomène, car il n'y a pas réellement condensation. Par la combinaison des fluides, il se produit dans le périsprit une disposition particulière qui n'a pas d'analogue pour vous, et qui le rend perceptible.»

⇨ 24. Les Esprits qui apparaissent sont-ils toujours insaisissables et inaccessibles au toucher ?
« Insaisissables comme dans un songe, dans leur état normal ; cependant ils peuvent faire impression sur le toucher, et laisser des traces de leur présence, et même, dans certains cas, devenir momentanément tangibles, ce qui prouve qu'entre eux et vous il y a une matière.»

⇨ 25. Tout le monde est-il apte à voir les Esprits ?
« Dans le sommeil oui, mais non à l'état de veille. Dans le sommeil, l'âme voit sans intermédiaire ; dans la veille, elle est toujours plus ou moins influencée par les organes : c'est pourquoi les conditions ne sont pas tout à fait les mêmes.»

⇨ 26. À quoi tient la faculté de voir les Esprits pendant la veille ?
« Cette faculté dépend de l'organisation ; elle tient, à la faculté plus ou moins grande qu'a le fluide du voyant de se combiner avec celui de l'Esprit. Ainsi il ne suffit pas à l'Esprit de vouloir se montrer, il faut encore qu'il trouve dans la personne à laquelle il veut se faire voir l'aptitude nécessaire.»

– Cette faculté peut-elle se développer par l'exercice ?
« Elle le peut, comme toutes les autres facultés ; mais c'est une de celles dont il vaut mieux attendre le développement naturel que de le provoquer, dans la crainte de surexciter l'imagination. La vue générale et permanente des Esprits est exceptionnelle et n'est pas dans les conditions normales de l'homme.»

⇨ 27. Peut-on provoquer l'apparition des Esprits ?
« Cela se peut quelquefois, mais très rarement ; elle est presque toujours spontanée. Il faut pour cela être doué d'une faculté spéciale.»

⇨ 28. Les Esprits peuvent-ils se rendre visibles sous une autre apparence que la forme humaine ?
« La forme humaine est la forme normale ; l'Esprit peut en varier l'apparence, mais

c'est toujours le type humain. »

– Ne peuvent-ils se manifester sous forme de flamme ?
« Ils peuvent produire des flammes des lueurs, comme tous autres effets, pour attester leur présence ; mais ce ne sont pas les Esprits eux-mêmes. La flamme n'est souvent qu'un mirage ou une émanation du périsprit ; ce n'en est, dans tous les cas, qu'une partie ; le périsprit n'apparaît tout entier que dans les visions ».

❧ 29. Que penser de la croyance qui attribue les feux follets à la présence d'âmes ou Esprits ?
« Superstition produite par l'ignorance. La cause physique des feux follets est bien connue. »

– La flamme bleue qui parut, dit-on, sur la tête de Servius Tullius enfant, est-elle une fable ou une réalité ?
« C'était réel ; elle était produite par l'Esprit familier qui voulait avertir la mère. Cette mère, médium voyant, avait aperçu un rayonnement de l'Esprit protecteur de son enfant. Tous les médiums voyants ne voient pas au même degré, de même que vos médiums écrivains n'écrivent pas tous la même chose. Tandis que cette mère ne voyait qu'une flamme, un autre médium aurait pu voir le corps même de l'Esprit. »

❧ 30. Les Esprits pourraient-ils se présenter sous la forme d'animaux ?
« Cela peut arriver ; mais ce ne sont toujours que des Esprits très inférieurs qui prennent ces apparences. Ce ne serait, dans tous les cas, qu'une apparence momentanée ; car il serait absurde de croire qu'un animal véritable quelconque pût être l'incarnation d'un Esprit. Les animaux ne sont toujours que des animaux et rien autre chose. »

Remarque : La superstition seule peut faire croire que certains animaux sont animés par des Esprits ; il faut une imagination bien complaisante ou bien frappée pour voir quelque chose de surnaturel dans les circonstances un peu bizarres dans lesquelles ils se présentent quelquefois ; mais la peur fait souvent voir ce qui n'existe pas. La peur n'est pas toujours la source de cette idée ; nous avons connu une dame, très intelligente du reste, qui affectionnait outre mesure un gros chat noir, parce qu'elle le croyait d'une nature sur-animale ; elle n'avait pourtant jamais entendu parler du spiritisme ; si elle l'eût connu, il lui aurait fait comprendre le ridicule de la cause de sa prédilection, en lui prouvant l'impossibilité d'une pareille métamorphose.

Essai théorique sur les apparitions

☞ 101. Les manifestations apparentes les plus ordinaires ont lieu dans le sommeil, par les rêves : ce sont les visions. Il ne peut entrer dans notre cadre d'examiner toutes les particularités que peuvent présenter les rêves ; nous nous résumons en disant qu'ils peuvent être : une vision actuelle des choses présentes ou absentes ; une vision rétrospective du passé, et, dans quelques cas exceptionnels, un pressentiment de l'avenir. Ce sont souvent aussi des tableaux allégoriques que les Esprits font passer sous nos yeux pour nous donner d'utiles avertissements et de salutaires conseils, si

ce sont de bons Esprits; ou pour nous induire en erreur et flatter nos passions, si ce sont des Esprits imparfaits. La théorie ci-après s'applique aux rêves, comme à tous les autres cas d'apparitions. (Voir *Livre des Esprits*, n° 400 et suivants.)
Nous croirions faire injure au bon sens de nos lecteurs en réfutant ce qu'il y a d'absurde et de ridicule dans ce qu'on nomme vulgairement l'interprétation des songes.

☞ 102. Les apparitions, proprement dites, ont lieu à l'état de veille, et alors qu'on jouit de la plénitude et de l'entière liberté de ses facultés. Elles se présentent généralement sous une forme vaporeuse et diaphane, quelquefois vague et indécise; c'est souvent, au premier abord, une lueur blanchâtre dont les contours se dessinent peu à peu. D'autres fois les formes sont nettement accentuées, et l'on distingue les moindres traits du visage, au point d'en pouvoir faire une description très précise. Les allures, l'aspect, sont semblables à ce qu'était l'Esprit de son vivant.
Pouvant prendre toutes les apparences, l'Esprit se présente sous celle qui peut le mieux le faire reconnaître, si tel est son désir. Ainsi, bien que, comme Esprit, il n'ait plus aucune infirmité corporelle, il se montrera estropié, boiteux, bossu, blessé, avec des cicatrices, si cela est nécessaire pour constater son identité. Esope, par exemple, comme Esprit, n'est pas difforme; mais si on l'évoque en tant qu'Esope, aurait-il eu plusieurs existences depuis, il apparaîtra laid et bossu, avec le costume traditionnel. Une chose remarquable, c'est qu'à moins de circonstances particulières, les parties les moins dessinées sont les membres inférieurs, tandis que la tête, le tronc, les bras et les mains, sont toujours nettement accusés: aussi ne les voit-on presque jamais marcher, mais glisser comme des ombres. Quant au costume, il se compose le plus ordinairement d'une draperie se terminant en longs plis flottants; c'est, du moins, avec une chevelure ondoyante et gracieuse, l'apparence des Esprits qui n'ont rien conservé des choses terrestres; mais les Esprits vulgaires, ceux que l'on a connus, ont généralement le costume qu'ils avaient dans la dernière période de leur existence. Souvent ils ont des attributs caractéristiques de leur élévation, comme une auréole, ou des ailes pour ceux que l'on peut considérer comme des anges, tandis que d'autres ont ceux qui rappellent leurs occupations terrestres: ainsi un guerrier pourra apparaître avec son armure, un savant avec des livres, un assassin avec un poignard, etc. Les Esprits supérieurs ont une figure belle, noble et sereine; les plus inférieurs ont quelque chose de farouche et de bestial, et quelquefois portent encore les traces des crimes qu'ils ont commis ou des supplices qu'ils ont endurés. La question du costume et de tous ces objets accessoires est peut-être celle qui étonne le plus; nous y reviendrons dans un chapitre spécial, parce qu'elle se lie à d'autres faits très importants.

☞ 103. Nous avons dit que l'apparition a quelque chose de vaporeux; dans certains cas on pourrait la comparer à l'image réfléchie dans une glace sans tain, et qui, malgré sa netteté, n'empêche pas de voir au travers les objets qui sont par-derrière. C'est assez généralement ainsi que les distinguent les médiums voyants; ils les voient aller, venir, entrer dans un appartement ou en sortir, circuler parmi la foule des vivants, en ayant l'air, du moins pour les Esprits vulgaires, de prendre une part active à tout ce qui se fait autour d'eux, de s'y intéresser, d'écouter ce qui se dit. Souvent on les voit s'approcher d'une personne, lui souffler des idées, l'influencer, la consoler s'ils sont bons, la railler s'ils sont malins, se montrer tristes ou contents des résultats qu'ils obtiennent ; c'est en un mot la doublure du monde corporel. Tel est ce monde occulte qui nous entoure, au milieu duquel nous vivons sans nous en douter, comme nous vivons, sans nous en douter davantage, au milieu des myriades du monde microscopique. Le microscope nous a révélé le monde des infiniment petits que nous ne soupçonnions pas ; le spiritisme, aidé des médiums voyants, nous a révélé le monde des Esprits qui, lui aussi, est une des forces actives de la nature. À l'aide des médiums voyants, nous avons pu étudier le monde invisible, nous initier à ses habitudes, comme un peuple d'aveugles pourrait étudier le monde visible à l'aide de quelques hommes qui jouiraient de la vue. (Voir ci-après, au chapitre des médiums, l'article concernant les médiums voyants.)

☞ 104. L'Esprit qui veut ou peut apparaître revêt quelquefois une forme plus nette encore, ayant toutes les apparences d'un corps solide, au point de produire une illusion complète et de faire croire que l'on a devant soi un être corporel. Dans quelques cas enfin, et sous l'empire de certaines circonstances, la tangibilité peut devenir réelle, c'est-à-dire qu'on peut toucher, palper, sentir la même résistance, la même chaleur que de la part d'un corps vivant, ce qui ne l'empêche pas de s'évanouir avec la rapidité de l'éclair. Ce n'est plus alors par les yeux qu'on en constate la présence, mais par le toucher. Si l'on pouvait attribuer à l'illusion ou à une sorte de fascination l'apparition simplement visuelle, le doute n'est pas permis quand on peut la saisir, la palper, quand elle-même vous saisit et vous étreint. Les faits d'apparitions tangibles sont les plus rares ; mais ceux qui se sont passés dans ces derniers temps par l'influence de quelques médiums puissants[8], et qui ont toute l'authenticité de témoignages irrécusables, prouvent et expliquent ceux que l'histoire rapporte au sujet de personnes qui se sont montrées depuis leur mort avec toutes les apparences de la réalité. Au reste, comme nous l'avons dit, quelque extraordinaires que soient de pareils phénomènes, tout le merveilleux disparaît quand on connaît la manière dont ils se produisent, et l'on comprend que, loin d'être une dérogation aux lois de la nature, ils n'en sont qu'une nouvelle application.

☞ 105. Par sa nature et dans son état normal, le périsprit est invisible, et il a cela de commun avec une foule de fluides que nous savons exister et que nous n'avons cependant jamais vus ; mais il peut aussi, de même que certains fluides, subir des modifications qui le rendent perceptible à la vue, soit par une sorte de condensation, soit par un changement dans la disposition moléculaire ; c'est alors qu'il nous apparaît sous une forme vaporeuse. La condensation (il ne faudrait pas prendre ce mot à la lettre ; nous ne l'employons que faute d'autre, et à titre de comparaison), la condensation, disons-nous, peut être telle, que le périsprit acquière les propriétés d'un corps solide et tangible ; mais il peut instantanément reprendre son état éthéré et invisible. Nous pouvons nous rendre compte de cet effet par celui de la vapeur, qui peut passer de l'invisibilité à l'état brumeux, puis liquide, puis solide, et *vice ver-*

---

8. Entre autres M. Home.

sa. Ces différents états du périsprit sont le résultat de la volonté de l'Esprit, et non d'une cause physique extérieure comme dans nos gaz. Quand il nous apparaît, c'est qu'il met son périsprit dans l'état nécessaire pour le rendre visible ; mais pour cela sa volonté ne suffit pas, car la modification du périsprit s'opère par sa combinaison avec le fluide propre du médium ; or, cette combinaison n'est pas toujours possible, ce qui explique pourquoi la visibilité des Esprits n'est pas générale. Ainsi il ne suffit pas que l'Esprit veuille se montrer ; il ne suffit pas non plus qu'une personne veuille le voir : il faut que les deux fluides puissent se combiner, qu'il y ait entre eux une sorte d'affinité ; peut-être aussi que l'émission du fluide de la personne soit assez abondante pour opérer la transformation du périsprit, et probablement encore d'autres conditions qui nous sont inconnues ; il faut enfin que l'Esprit ait la permission de se faire voir à telle personne, ce qui ne lui est pas toujours accordé ou ne l'est que dans certaines circonstances, par des motifs que nous ne pouvons apprécier.

☞ 106. Une autre propriété du périsprit, et qui tient à sa nature éthérée, c'est la pénétrabilité. Aucune matière ne lui fait obstacle : il les traverse toutes, comme la lumière traverse les corps transparents. C'est pourquoi il n'est pas de clôture qui puisse s'opposer à l'entrée des Esprits ; ils vont visiter le prisonnier dans son cachot aussi facilement que l'homme qui est au milieu des champs.

☞ 107. Les apparitions à l'état de veille ne sont ni rares ni nouvelles ; il y en a eu de tout temps ; l'histoire en rapporte un grand nombre ; mais sans remonter si haut, de nos jours elles sont très fréquentes, et beaucoup de personnes en ont eu qu'elles ont prises au premier abord pour ce qu'on est convenu d'appeler des hallucinations. Elles sont fréquentes surtout dans les cas de mort de personnes absentes qui viennent visiter leurs parents ou amis. Souvent, elles n'ont pas de but bien déterminé, mais on peut dire qu'en général les esprits qui apparaissent ainsi sont attirés par la sympathie. Que chacun veuille bien interroger ses souvenirs, et l'on verra qu'il est peu de personnes qui n'aient connaissance de quelques faits de ce genre dont l'authenticité ne saurait être révoquée en doute.

Esprits globules

☞ 108. Nous ajouterons aux considérations précédentes l'examen de quelques effets d'optique qui ont donné lieu au singulier système des *Esprits globules*.
L'air n'est pas toujours d'une limpidité absolue, et il est telles circonstances où les courants des molécules aériformes et leur agitation produite par la chaleur sont parfaitement visibles. Quelques personnes ont pris cela pour des amas d'Esprits s'agitant dans l'espace ; il suffit de signaler cette opinion pour la réfuter. Mais voici un autre genre d'illusion non moins bizarre contre laquelle il est également bon d'être prémuni.
L'humeur aqueuse de l'œil offre des points à peine perceptibles qui ont perdu de leur transparence. Ces points sont comme des corps opaques en suspension dans le liquide dont ils suivent les mouvements. Ils produisent dans l'air ambiant, et à distance, par l'effet du grossissement et de la réfraction, l'apparence de petits disques

variant de un à dix millimètres de diamètre et qui semblent nager dans l'atmosphère. Nous avons vu des personnes prendre ces disques pour des Esprits qui les suivaient et les accompagnaient partout, et dans leur enthousiasme prendre pour des figures les nuances de l'irisation, ce qui est à peu près aussi rationnel que de voir une figure dans la lune. Une simple observation, fournie par ces personnes elles-mêmes, va les ramener sur le terrain de la réalité.

Ces disques ou médaillons, disent-elles, non seulement les accompagnent, mais suivent tous leurs mouvements ; ils vont à droite, à gauche, en haut, en bas, ou s'arrêtent selon le mouvement de la tête. Cela n'est pas étonnant ; puisque le siège de l'apparence est dans le globe de l'œil, elle doit en suivre les mouvements. Si c'étaient des Esprits, il faudrait convenir qu'ils seraient astreints à un rôle par trop mécanique pour des êtres intelligents et libres ; rôle bien fastidieux, même pour des esprits inférieurs, à plus forte raison incompatible avec l'idée que nous nous faisons des Esprits supérieurs. Quelques-uns, il est vrai, prennent pour de mauvais Esprits les points noirs ou mouches amaurotiques. Ces disques, de même que les taches noires, ont un mouvement ondulatoire qui ne s'écarte jamais de l'amplitude d'un certain angle, et ce qui ajoute à l'illusion, c'est qu'ils ne suivent pas avec brusquerie les mouvements de la ligne visuelle. La raison en est bien simple. Les points opaques de l'humeur aqueuse, cause première du phénomène, sont, avons-nous dit, comme tenus en suspension, et ils ont toujours une tendance à descendre : lorsqu'ils montent, c'est qu'ils y sont sollicités par le mouvement de l'œil de bas en haut ; mais arrivés à une certaine hauteur, si on fixe l'œil, on voit les disques descendre d'eux-mêmes, puis s'arrêter. Leur mobilité est extrême, parce qu'il suffit d'un mouvement imperceptible de l'œil pour les faire changer de direction et leur faire parcourir rapidement toute l'amplitude de l'arc dans l'espace où se produit l'image. Tant qu'il n'est pas prouvé qu'une image possède un mouvement propre, spontané et intelligent, on ne peut y voir qu'un simple phénomène optique ou physiologique.

Il en est de même des étincelles qui se produisent quelquefois en gerbes ou en faisceaux plus ou moins compactes par la contraction des muscles de l'œil, et qui sont probablement dues à l'électricité phosphorescente de l'iris, puisqu'elles sont généralement circonscrites dans la circonférence du disque de cet organe.

De pareilles illusions ne peuvent être que le résultat d'une observation incomplète. Quiconque aura sérieusement étudié la nature des Esprits, par tous les moyens que donne la science pratique, comprendra tout ce qu'elles ont de puéril. Autant nous combattons les théories hasardées par lesquelles on attaque les manifestations, quand ces théories sont basées sur l'ignorance des faits, autant nous devons chercher à détruire les idées fausses qui prouvent plus d'enthousiasme que de réflexion, et qui, par cela même, font plus de mal que de bien auprès des incrédules, déjà si disposés à chercher le côté ridicule.

☞ 109. Le périsprit, comme on le voit, est le principe de toutes les manifestations ; sa connaissance a donné la clef d'une foule de phénomènes ; elle a fait faire un pas immense à la science spirite, et l'a fait entrer dans une voie nouvelle, en lui ôtant tout caractère merveilleux. Nous avons trouvé, par les Esprits eux-mêmes, car remarquez bien que ce sont eux qui nous ont mis sur la voie, l'explication de l'action de l'Esprit sur la matière, du mouvement des corps inertes, des bruits et des apparitions. Nous y trouverons encore celle de plusieurs autres phénomènes qui nous restent à examiner avant de passer à l'étude des communications proprement dites. On les comprendra d'autant mieux qu'on se sera mieux rendu compte des causes premières. Si l'on a bien compris ce principe, on en fera facilement soi-même l'application aux divers faits qui pourront se présenter à l'observateur.

☞ 110. Nous sommes loin de regarder la théorie que nous donnons comme absolue et comme étant le dernier mot; elle sera sans doute complétée ou rectifiée plus tard par de nouvelles études, mais quelque incomplète ou imparfaite qu'elle soit encore aujourd'hui, elle peut toujours aider à se rendre compte de la possibilité des faits par des causes qui n'ont rien de surnaturel; si c'est une hypothèse, on ne peut toutefois lui refuser le mérite de la rationalité et de la probabilité, et elle vaut bien toutes les explications que donnent les négateurs pour prouver que tout n'est qu'illusion, fantasmagorie et subterfuge dans les phénomènes spirites.

Théorie de l'hallucination

☞ 111. Ceux qui n'admettent pas le monde incorporel et invisible, croient tout expliquer par le mot *hallucination*. La définition de ce mot est connue; c'est: Une erreur, une illusion d'une personne qui croit avoir des perceptions qu'elle n'a pas réellement (du latin *hallucinari*, errer, fait de *ad lucem*); mais les savants n'en ont point encore, que nous sachions, donné la raison physiologique.
L'optique et la physiologie ne paraissent plus avoir de secrets pour eux, comment se fait-il qu'ils n'aient point encore expliqué la nature et la source des images qui s'offrent à l'esprit en certaines circonstances?
Ils veulent tout expliquer par les lois de la matière, soit; qu'ils donnent donc par ces lois une théorie de l'hallucination; bonne ou mauvaise, ce sera toujours une explication.

☞ 112. La cause des rêves n'a jamais été expliquée par la science; elle les attribue à un effet de l'imagination; mais elle ne nous dit pas ce que c'est que l'imagination, ni comment elle produit ces images si claires et si nettes qui nous apparaissent quelquefois; c'est expliquer une chose qui n'est pas connue, par une autre qui ne l'est pas davantage; la question reste donc tout entière. C'est, dit-on, un souvenir des préoccupations de la veille; mais en admettant même cette solution, qui n'en est pas une, il resterait encore à savoir quel est ce miroir magique qui conserve ainsi l'empreinte des choses; comment expliquer surtout ces visions de choses réelles que l'on n'a jamais vues à l'état de veille, et auxquelles même on n'a jamais pensé? Le spiritisme seul pouvait nous donner la clef de ce phénomène bizarre, qui passe inaperçu à cause de sa vulgarité même, comme toutes les merveilles de la nature que nous foulons sous nos pieds.

Les savants ont dédaigné de s'occuper de l'hallucination; qu'elle soit réelle ou non, ce n'en est pas moins un phénomène que la physiologie doit pouvoir expliquer, sous peine d'avouer son insuffisance. Si un jour un savant entreprend d'en donner, non pas une définition, entendons-nous bien, mais une explication physiologique, nous verrons si sa théorie résout tous les cas ; qu'il n'omette pas surtout les faits si communs d'apparitions de personnes au moment de leur mort ; qu'il dise d'où vient la coïncidence de l'apparition avec la mort de la personne ? Si c'était un fait isolé, on pourrait l'attribuer au hasard ; mais comme il est très fréquent, le hasard n'a pas de ces récidives. Si encore celui qui voit l'apparition avait l'imagination frappée par l'idée que la personne doit mourir, soit ; mais celle qui apparaît est le plus souvent celle à laquelle il songe le moins : donc l'imagination n'y est pour rien. On peut encore moins expliquer par l'imagination les circonstances de la mort dont on n'a aucune idée. Les hallucinationistes diront-ils que l'âme (si tant est qu'ils admettent une âme) a des moments de surexcitation où ses facultés sont exaltées ? Nous sommes d'accord ; mais quand ce qu'elle voit est réel, ce n'est donc pas une illusion. Si, dans son exaltation, l'âme voit une chose qui n'est pas présente, c'est donc qu'elle se transporte ; mais si notre âme peut se transporter vers une personne absente, pourquoi l'âme de cette personne ne se transporterait-elle pas vers nous ? Que, dans leur théorie de l'hallucination, ils veuillent bien tenir compte de ces faits, et ne pas oublier qu'une théorie à laquelle on peut opposer des faits contraires est nécessairement fausse ou incomplète.

En attendant leur explication, nous allons essayer d'émettre quelques idées à ce sujet.

☞ 113. Les faits prouvent qu'il y a de véritables apparitions dont la théorie spirite rend parfaitement compte, et que peuvent seuls nier ceux qui n'admettent rien en dehors de l'organisme ; mais à côté des visions réelles, y a-t-il des hallucinations dans le sens attaché à ce mot ? Cela n'est pas douteux. Quelle en est la source ? Ce sont les Esprits qui vont nous mettre sur la voie, car l'explication nous semble tout entière dans les réponses faites aux questions suivantes :

– Les visions sont-elles toujours réelles, et ne sont-elles pas quelquefois l'effet de l'hallucination ? Quand on voit, en rêve ou autrement, le diable, par exemple, ou d'autres choses fantastiques qui n'existent pas, n'est-ce pas un produit de l'imagination ?

« Oui, quelquefois, quand on est frappé par certaines lectures ou par des histoires de diableries qui impressionnent, on se souvient et l'on croit voir ce qui n'existe pas. Mais nous avons dit aussi que l'Esprit, sous son enveloppe semi-matérielle, peut prendre toutes sortes de formes pour se manifester. Un Esprit moqueur peut donc apparaître avec des cornes et des griffes si cela lui plaît, pour se jouer de la crédulité, comme un bon Esprit peut se montrer avec des ailes et une figure radieuse. »

– Peut-on considérer comme des apparitions les figures et autres images qui se présentent souvent dans le demi-sommeil, ou simplement quand on ferme les yeux ?

« Dès que les sens s'engourdissent, l'Esprit se dégage, et peut voir au loin ou de près ce qu'il ne pourrait voir avec les yeux. Ces images sont très souvent des visions, mais elles peuvent être aussi un effet des impressions que la vue de certains objets a laissées dans le cerveau qui en conserve des traces comme il conserve celles des sons. L'Esprit dégagé voit alors dans son propre cerveau ces empreintes qui s'y sont fixées comme sur une plaque de daguerréotype. Leur variété et leur mélange forment des ensembles bizarres et fugitifs qui s'effacent presque aussitôt, malgré les efforts que l'on fait pour les retenir. C'est à une cause semblable qu'il faut attribuer certaines apparitions fantastiques qui n'ont rien de réel et qui se produisent souvent dans l'état de maladie.»

Il est constant que la mémoire est le résultat des empreintes conservées par le cerveau ; par quel singulier phénomène ces empreintes si variées, si multiples, ne se confondent-elles pas ? C'est là un mystère impénétrable, mais qui n'est pas plus étrange que celui des ondulations sonores qui se croisent dans l'air, et n'en restent pas moins distinctes. Dans un cerveau sain et bien organisé, ces empreintes sont nettes et précises ; dans un état moins favorable, elles s'effacent et se confondent ; de là, la perte de la mémoire ou la confusion des idées. Cela paraît encore moins extraordinaire si l'on admet, comme en phrénologie, une destination spéciale à chaque partie, et même à chaque fibre du cerveau.

Les images arrivées au cerveau par les yeux y laissent donc une empreinte, qui fait qu'on se souvient d'un tableau comme si on l'avait devant soi, mais ce n'est toujours qu'une affaire de mémoire, car on ne le voit pas ; or, dans un certain état d'émancipation, l'âme voit dans le cerveau et y retrouve ces images, celles surtout qui ont le plus frappé, selon la nature des préoccupations ou les dispositions de l'esprit, c'est ainsi qu'elle y retrouve l'empreinte de scènes religieuses, diaboliques, dramatiques, mondaines, des figures d'animaux bizarres qu'elle a vus à une autre époque en peintures ou même en récits, car les récits laissent aussi des empreintes. Ainsi l'âme voit réellement, mais elle ne voit qu'une image daguerréotypée dans le cerveau. Dans l'état normal ces images sont fugitives et éphémères, parce que toutes les parties cérébrales fonctionnent librement ; mais dans l'état de maladie, le cerveau est toujours plus ou moins affaibli, l'équilibre n'existe pas entre tous les organes, quelques-uns seulement conservent leur activité, tandis que d'autres sont en quelque sorte paralysés ; de là la permanence de certaines images qui ne sont plus effacées, comme dans l'état normal, par les préoccupations de la vie extérieure. C'est là la véritable hallucination et la cause première des idées fixes.

Comme on le voit, nous avons rendu compte de cette anomalie par une loi toute physiologique bien connue, celle des empreintes cérébrales ; mais il nous a toujours fallu faire intervenir l'âme ; or, si les matérialistes n'ont pu encore donner une solution satisfaisante de ce phénomène, c'est qu'ils ne veulent pas admettre d'âme ; aussi diront-ils que notre explication est mauvaise, parce que nous posons en principe ce qui est contesté. Contesté par qui ? Par eux, mais admis par l'immense majorité depuis qu'il y a des hommes sur la terre, et la négation de quelques-uns ne peut faire loi.

Notre explication est-elle bonne ? Nous la donnons pour ce qu'elle peut valoir à défaut d'autre, et si l'on veut à titre de simple hypothèse en attendant mieux. Telle qu'elle est rend-elle raison de tous les cas de vision ? Certainement non, et nous mettons tous les physiologistes au défi d'en donner une seule à leur point de vue exclusif qui les résolve tous ; car, quand ils ont prononcé leurs mots sacramentels de surexcitation et d'exaltation, ils n'ont rien dit ; donc, si toutes les théories de l'hallucination sont insuffisantes pour expliquer tous les faits, c'est qu'il y a autre chose que l'hallucination proprement dite. Notre théorie serait fausse si nous l'appliquions à tous les cas de vision, parce qu'il en est qui viendraient la contredire ; elle peut être juste si elle est restreinte à certains effets.

CHAPITRE VII
BI-CORPORÉITE ET TRANSFIGURATION

Apparitions de l'Esprit des vivants

☞ 114. Ces deux phénomènes sont des variétés de celui des manifestations visuelles, et quelque merveilleux qu'ils puissent paraître au premier abord, on reconnaîtra facilement, par l'explication qui peut en être donnée, qu'ils ne sortent pas de l'ordre des phénomènes naturels. Ils reposent l'un et l'autre sur ce principe, que tout ce qui a été dit sur les propriétés du périsprit après la mort s'applique au périsprit des vivants. Nous savons que pendant le sommeil l'Esprit recouvre en partie sa liberté, c'est-à-dire qu'il s'isole du corps, et c'est dans cet état que nous avons eu maintes fois occasion de l'observer. Mais l'Esprit, que l'homme soit mort ou vivant, a toujours son enveloppe semi-matérielle qui, par les mêmes causes que nous avons décrites, peut acquérir la visibilité et la tangibilité. Des faits bien positifs ne peuvent laisser aucun doute à cet égard ; nous n'en citerons que quelques exemples qui sont à notre connaissance personnelle, et dont nous pouvons garantir l'exactitude, chacun étant à même d'en recueillir d'analogues en consultant ses souvenirs.

☞ 115. La femme d'un de nos amis vit à plusieurs reprises, pendant la nuit, entrer dans sa chambre, qu'elle eût ou non de la lumière, une marchande fruitière des environs qu'elle connaissait de vue, mais à laquelle elle n'avait jamais parlé. Cette apparition lui causa une frayeur d'autant plus grande qu'à cette époque cette dame n'avait aucune connaissance du spiritisme, et que ce phénomène se renouvela très souvent. Or, la marchande était parfaitement vivante, et dormait probablement à cette heure ; pendant que son corps matériel était chez elle, son Esprit et son corps fluidique étaient chez cette dame ; pour quel motif ? c'est ce qu'on ne sait pas. En pareil cas, un spirite, initié à ces sortes de choses, le lui eût demandé, mais c'est ce dont elle n'eut pas l'idée. Chaque fois l'apparition s'éclipsa sans qu'elle sût comment, et chaque fois aussi, après sa disparition, elle alla s'assurer que toutes les portes étaient parfaitement fermées et que personne n'avait pu s'introduire dans son appartement. Cette précaution lui prouva qu'elle était bien éveillée et qu'elle n'était pas le jouet d'un rêve. D'autres fois, elle vit de la même manière un homme qu'elle ne connaissait pas, mais un jour elle vit son frère qui était alors en Californie ; il avait tellement l'apparence d'une personne réelle, qu'au premier moment elle crut à son retour et voulut lui adresser la parole, mais il disparut sans lui en laisser le temps. Une lettre reçue postérieurement lui prouva qu'il n'était pas mort. Cette dame était ce qu'on peut appeler un médium voyant naturel, mais à cette époque, comme nous l'avons dit, elle n'avait jamais entendu parler de médiums.

☞ 116. Une autre dame qui habite la province, étant assez gravement malade, vit un soir, vers les dix heures, un monsieur âgé habitant la même ville et qu'elle voyait quelquefois dans la société, mais sans aucun rapport d'intimité. Ce monsieur était assis dans un fauteuil au pied de son lit, et de temps en temps prenait une prise de tabac ; il avait l'air de la veiller. Surprise d'une telle visite à pareille heure, elle veut lui en demander le motif, mais le monsieur lui fait signe de ne pas parler et de dormir ; à plusieurs reprises elle veut lui adresser la parole, et chaque fois la même recommandation. Elle finit par s'endormir. À quelques jours de là, étant rétablie, elle reçut la visite de ce même monsieur, mais à une heure plus convenable, et cette fois c'était bien lui ; il avait le même costume, la même tabatière et exactement les mêmes manières. Persuadée qu'il était venu pendant sa maladie, elle le remercia de la peine qu'il avait prise. Le monsieur, fort surpris, lui dit qu'il n'avait pas eu l'avantage de la voir depuis assez longtemps. La dame, qui connaissait les phénomènes spirites, comprit ce qu'il en était ; mais ne voulant pas s'en expliquer avec lui, elle se contenta de lui dire que probablement elle l'avait rêvé.

C'est ce qui est probable, diront les incrédules, les esprits forts, ce qui pour eux, est synonyme de gens d'esprit ; mais il est constant que cette dame ne dormait pas du tout, pas plus que la précédente. - C'est qu'alors elle rêvait tout éveillée ; autrement dit elle avait une hallucination. - Voilà le grand mot, l'explication universelle de tout ce qu'on ne comprend pas. Comme nous avons déjà suffisamment réfuté cette objection, nous poursuivrons en nous adressant à ceux qui peuvent nous comprendre.

☞ 117. Voici cependant un autre fait plus caractéristique, et nous serions curieux de voir comment on pourrait l'expliquer par le seul jeu de l'imagination.

Un monsieur habitant la province n'avait jamais voulu se marier, malgré les instances de sa famille. On avait notamment insisté en faveur d'une personne habitant une ville voisine, et qu'il n'avait jamais vue. Un jour, étant dans sa chambre, il fut tout étonné de se voir en présence d'une jeune fille, vêtue de blanc, et la tête ornée d'une couronne de fleurs. Elle lui dit qu'elle était sa fiancée, lui tendit la main qu'il prit dans la sienne, et à laquelle il vit un anneau. Au bout de quelques instants tout disparut. Surpris de cette apparition, et s'étant assuré qu'il était bien éveillé, il s'informe si quelqu'un est venu dans la journée ; mais on lui dit qu'on n'avait vu personne. Un an après, cédant à de nouvelles sollicitations d'une parente, il se décida à aller voir celle qu'on lui proposait. Il arriva le jour de la Fête-Dieu ; on revenait de la procession, et une des premières personnes qui s'offre à sa vue en entrant dans la maison, c'est une jeune fille qu'il reconnaît pour celle qui lui était apparue ; elle était vêtue de même, car le jour de l'apparition était aussi celui de la Fête-Dieu. Il reste interdit, et de son côté, la jeune fille pousse un cri de surprise et se trouve mal. Revenue à elle, elle dit qu'elle a déjà vu ce monsieur à pareil jour l'année précédente. Le mariage fut conclu. C'était vers 1835 ; à cette époque il n'était pas question des Esprits, et d'ailleurs l'un et l'autre sont des gens d'un positivisme extrême et de l'imagination la moins exaltée qui soit au monde.

On dira peut-être que l'un et l'autre avaient l'esprit frappé de l'idée de l'union proposée et que cette préoccupation détermina une hallucination ; mais il ne faut pas oublier que le mari y était si indifférent, qu'il fut un an sans aller voir sa prétendue. En admettant même cette hypothèse, il resterait à expliquer la double apparition, la coïncidence du costume avec le jour de la Fête-Dieu, et enfin la reconnaissance physique entre personnes qui ne s'étaient jamais vues, circonstances qui ne peuvent être le produit de l'imagination.

☞ 118. Avant d'aller plus loin, nous devons répondre immédiatement à une question qu'on ne manquera pas de faire, c'est de savoir comment le corps peut vivre tandis que l'Esprit est absent. Nous pourrions dire que le corps peut vivre de la vie organique qui est indépendante de la présence de l'Esprit, et la preuve en est, c'est que les plantes vivent et n'ont pas d'Esprit ; mais nous devons ajouter que, pendant la vie, l'Esprit n'est jamais complètement détaché du corps. Les Esprits, de même que certains médiums voyants, reconnaissent l'Esprit d'une personne vivante à une traînée lumineuse qui aboutit à son corps, phénomène qui n'a jamais lieu quand le corps est mort, car alors la séparation est complète. C'est par cette communication que l'Esprit est averti instantanément, à quelque distance qu'il soit, du besoin que le corps peut avoir de sa présence, et alors il y revient avec la promptitude de l'éclair. Il en résulte que le corps ne peut jamais mourir pendant l'absence de l'Esprit, et qu'il ne peut jamais arriver que celui-ci, à son retour, trouve la porte close, ainsi que l'ont dit quelques romanciers dans des histoires faites à plaisir. (*Livre des Esprits*, n° 400 et suivants.)

Hommes doubles - Saint Alphonse de Liguori et Saint Antoine de Padoue

☞ 119. Revenons à notre sujet. L'Esprit d'une personne vivante, isolé du corps, peut apparaître comme celui d'une personne morte, et avoir toutes les apparences de la réalité ; de plus, par les mêmes causes que nous avons expliquées, il peut acquérir une tangibilité momentanée. C'est ce phénomène, désigné sous le nom de *bi-corporéité*, qui a donné lieu aux histoires des hommes doubles, c'est-à-dire d'individus dont la présence simultanée a été constatée en deux endroits différents. En voici deux exemples tirés, non des légendes populaires, mais de l'histoire ecclésiastique. Saint Alphonse de Liguori fut canonisé avant le temps voulu pour s'être montré simultanément en deux endroits différents, ce qui passa pour un miracle. Saint Antoine de Padoue était en Espagne, et au temps où il prêchait, son père, qui était à Padoue, allait au supplice accusé d'un meurtre. À ce moment, saint Antoine paraît, démontre l'innocence de son père et fait connaître le véritable criminel qui, plus tard, subit le châtiment. Il fut constaté qu'à ce moment saint Antoine n'avait pas quitté l'Espagne.
Saint Alphonse ayant été évoqué et interrogé par nous sur le fait ci-dessus, voici les réponses qu'il fit :

↪ 1. Pourriez-vous nous donner l'explication de ce phénomène ?
« Oui ; l'homme, lorsqu'il s'est complètement dématérialisé par sa vertu, qu'il a élevé son âme vers Dieu, peut apparaître en deux endroits à la fois, voici comment. L'Esprit incarné, en sentant le sommeil venir, peut demander à Dieu de se transporter dans un lieu quelconque. Son Esprit, ou son âme, comme vous voudrez l'appeler, abandonne alors son corps, suivie d'une *partie* de son périsprit, et laisse

la matière immonde dans un état voisin de la mort. Je dis *voisin* de la mort, parce qu'il est resté dans le corps un lien qui rattache le périsprit et l'âme à la matière, et ce lien ne peut être défini. Le corps apparaît donc dans l'endroit demandé. Je crois que c'est tout ce que vous désirez savoir. »

↳ 2. Ceci ne nous donne pas l'explication de la visibilité et de la tangibilité du périsprit.
« L'Esprit se trouvant dégagé de la matière suivant son degré d'élévation peut se rendre tangible à la matière. »

↳ 3. Le sommeil du corps est-il indispensable pour que l'Esprit apparaisse en d'autres endroits ?
« L'âme peut se diviser lorsqu'elle se sent portée dans un lieu différent de celui où se trouve le corps. Il peut arriver que le corps ne dorme pas, quoique cela soit très rare, mais alors le corps n'est jamais dans un état parfaitement normal, il est toujours dans un état plus ou moins extatique. »

Remarque : L'âme ne se divise pas dans le sens littéral du mot ; elle rayonne de différents côtés, et peut ainsi se manifester sur plusieurs points sans être partagée ; il en est de même d'une lumière qui peut simultanément se refléter dans plusieurs glaces.

↳ 4. L'homme étant plongé dans le sommeil tandis que son Esprit apparaît ailleurs, qu'arriverait-il s'il était réveillé subitement ?
« Cela n'arriverait pas, parce que si quelqu'un avait l'intention de l'éveiller, l'Esprit rentrerait dans le corps et préviendrait l'intention, attendu que l'Esprit lit dans la pensée. »

Une explication tout à fait identique nous a été donnée plusieurs fois par l'Esprit de personnes mortes ou vivantes. Saint Alphonse explique le fait de la double présence, mais il ne donne pas la théorie de la visibilité et de la tangibilité.

Vespasien

☞ 120. Tacite rapporte un fait analogue :
Pendant les mois que Vespasien passa dans Alexandrie pour attendre le retour périodique des vents d'été et la saison où la mer devient sûre, plusieurs prodiges arrivèrent, par où se manifesta la faveur du ciel et l'intérêt que les dieux semblaient prendre à ce prince...
Ces prodiges redoublèrent dans Vespasien le désir de visiter le séjour sacré du dieu, pour le consulter au sujet de l'empire. Il ordonne que le temple soit fermé à tout le monde ; entré lui-même et tout entier à ce qu'allait prononcer l'oracle, il aperçoit derrière lui un des principaux Égyptiens, nommé Basilide, qu'il savait être retenu malade à plusieurs journées d'Alexandrie. Il s'informe aux prêtres si Basilide est venu ce jour-là dans le temple ; il s'informe aux passants si on l'a vu dans la ville, enfin, il envoie des hommes à cheval, et il s'assure que dans ce moment-là même il était à quatre-vingts milles de distance. Alors, il ne douta plus que la vision ne fût surnaturelle, et le nom de Basilide lui tint lieu d'oracle. (TACITE. *Histoires*, livre IV, chapitres 81 et 82. *Traduction de Burnouf.*)

☞ 121. L'individu qui se montre simultanément en deux endroits différents a donc deux corps ; mais de ces deux corps un seul est réel, l'autre n'est qu'une apparence ; on peut dire que le premier a la vie organique et que le second a la vie de l'âme ; au réveil les deux corps se réunissent, et la vie de l'âme rentre dans le corps matériel. Il ne paraît pas possible, du moins nous n'en n'avons pas d'exemple, et la raison semble le démontrer, que dans l'état de séparation, les deux corps puissent jouir simultanément et au même degré de la vie active et intelligente. Il ressort, en outre, de ce que nous venons de dire que le corps réel ne pourrait pas mourir tandis que le corps apparent resterait visible : l'approche de la mort rappelant toujours l'Esprit dans le corps, ne fût-ce que pour un instant. Il en résulte également que le corps apparent ne pourrait être tué, parce qu'il n'est pas organique et qu'il n'est pas formé de chair et d'os ; il disparaît au moment où l'on voudrait lui donner la mort[9]

Transfiguration

☞ 122. Nous passons au second phénomène, celui de la *transfiguration*. Il consiste dans le changement d'aspect d'un corps vivant. Voici à cet égard un fait dont nous pouvons garantir la parfaite authenticité, et qui s'est passé dans les années 1858 et 1859 aux environs de Saint-Étienne. Une jeune fille d'une quinzaine d'années jouissait de la singulière faculté de se transfigurer, c'est-à-dire de prendre à des moments donnés toutes les apparences de certaines personnes mortes ; l'illusion était si complète, qu'on croyait avoir la personne devant soi, tant étaient semblables les traits du visage, le regard, le son de la voix et jusqu'au jargon. Ce phénomène s'est renouvelé des centaines de fois sans que la volonté de la jeune fille y fût pour rien. Elle prit plusieurs fois l'apparence de son frère, mort quelques années auparavant ; elle en avait non seulement la figure, mais la taille et le volume du corps. Un médecin du pays, maintes fois témoin de ces effets bizarres, et voulant s'assurer s'il n'était pas le jouet d'une illusion, fit l'expérience suivante. Nous tenons les faits de lui-même, du père de la jeune fille et de plusieurs autres témoins oculaires très honorables et très dignes de foi. Il eut l'idée de peser la jeune fille dans son état normal, puis dans celui de transfiguration, alors qu'elle avait l'apparence de son frère âgé de vingt et quelques années, et qui était beaucoup plus grand et plus fort. Eh bien ! il s'est trouvé que dans ce dernier état le poids était presque le double. L'expérience était concluante, et il était impossible d'attribuer cette apparence à une simple illusion d'optique. Essayons d'expliquer ce fait, que dans un temps on eût appelé miracle, et que nous appelons tout simplement phénomène.

☞ 123. La transfiguration, dans certains cas, peut avoir pour cause une simple

---

[9]. Voir la *Revue Spirite*, janvier 1859, *Le Follet de Bayonne* ; février 1859, *Les agénères ; mon ami Hermann* ; mai 1859, *Le lien entre l'Esprit et le corps* ; novembre 1859, *L'âme errante* ; janvier 1860, *L'Esprit d'un coté et le corps de l'autre* ; mars 1860, *Etudes sur l'Esprit de personnes vivantes : le docteur V. et mademoiselle I.* ; avril 1860, *Le Fabricant de Saint-Pétersbourg ; apparitions tangibles* ; novembre 1860, *Histoire de Marie d'Agréda* ; juillet 1861, *Une apparition providentielle*.

contraction musculaire qui peut donner à la physionomie une tout autre expression, au point de rendre la personne presque méconnaissable. Nous l'avons souvent observée chez certaines somnambules, mais dans ce cas la transformation n'est pas radicale ; une femme pourra paraître jeune ou vieille, belle ou laide, mais ce sera toujours une femme, et son poids surtout n'augmentera ni ne diminuera. Dans le cas dont il s'agit, il est bien évident qu'il y a quelque chose de plus ; la théorie du périsprit va nous mettre sur la voie.

Il est admis en principe que l'Esprit peut donner à son périsprit toutes les apparences ; que par une modification dans la disposition moléculaire, il peut lui donner la visibilité, la tangibilité, et par conséquent l'*opacité* ; que le périsprit d'une personne vivante, isolé du corps, peut subir les mêmes transformations ; que ce changement d'état s'opère par la combinaison des fluides. Figurons-nous maintenant le périsprit d'une personne vivante, non pas isolé, mais rayonnant autour du corps de manière à l'envelopper comme d'une vapeur ; dans cet état, il peut subir les mêmes modifications que s'il en était séparé ; s'il perd sa transparence, le corps peut disparaître, devenir invisible, et être voilé comme s'il était plongé dans le brouillard. Il pourra même changer d'aspect, devenir brillant si telle est la volonté ou le pouvoir de l'Esprit. Un autre Esprit, combinant son propre fluide avec le premier, peut y substituer sa propre apparence ; de telle sorte que le corps réel disparaît sous une enveloppe fluidique extérieure dont l'apparence peut varier au gré de l'Esprit. Telle paraît être la véritable cause du phénomène étrange, et rare, il faut le dire, de la transfiguration. Quant à la différence du poids, elle s'explique de la même manière que pour les corps inertes. Le poids intrinsèque du corps n'a pas varié, parce que la quantité de matière n'a pas augmenté ; il subit l'influence d'un agent extérieur qui peut en augmenter ou en diminuer le poids relatif, comme nous l'avons expliqué ci-dessus, n° 78 et suivants. Il est donc probable que si la transfiguration eût lieu sous l'aspect d'un petit enfant, le poids eût diminué en proportion.

Invisibilité

☞ 124. On conçoit que le corps puisse prendre une autre apparence plus grande ou de même dimension ; mais comment pourrait-il en prendre une plus petite, celle d'un petit enfant, comme nous venons de le dire ? Dans ce cas, le corps réel ne devrait-il pas dépasser les limites du corps apparent ? Aussi ne disions-nous pas que le fait se soit produit ; nous avons seulement voulu montrer, en nous rapportant à la théorie du poids spécifique, que le poids apparent aurait pu diminuer. Quant au phénomène en lui-même, nous n'affirmons ni sa possibilité, ni son impossibilité ; mais dans le cas où il aurait lieu, de ce qu'on ne pourrait en donner une solution satisfaisante, cela n'infirmerait pas la chose ; il ne faut pas oublier que nous sommes au début de la science, et qu'elle est loin d'avoir dit son dernier mot sur ce point comme sur beaucoup d'autres. D'ailleurs les parties excédantes pourraient parfaitement être rendues invisibles.

La théorie du phénomène de l'invisibilité ressort tout naturellement des explications précédentes et de celles qui ont été données au sujet du phénomène des apports, n° 96 et suivants.

☞ 125. Il nous resterait à parler du singulier phénomène des *agénères* qui, tout extraordinaire qu'il puisse paraître au premier abord, n'est pas plus surnaturel que les autres. Mais, comme nous l'avons expliqué dans la *Revue spirite* (février 1859), nous croyons inutile d'en reproduire ici les détails ; nous dirons seulement que c'est une variété de l'apparition tangible ; c'est l'état de certains Esprits qui peuvent revêtir momentanément les formes d'une personne vivante, au point de faire complètement illusion. (Du grec *a* privatif, et *géine*, *géinomaï* engendrer ; qui n'a pas été engendré.)

CHAPITRE VIII
—
LABORATOIRE DU MONDE INVISIBLE

Vêtements des Esprits - Formation spontanée d'objets tangibles

☞ 126. Nous avons dit que les Esprits se présentent vêtus de tuniques, de draperies ou même de leurs habits ordinaires. Les draperies paraissent être un costume général dans le monde des Esprits ; mais on se demande où ils vont prendre des habillements en tout semblables à ceux qu'ils portaient de leur vivant, avec tous les accessoires de la toilette. Il est bien certain qu'ils n'ont pas emporté ces objets avec eux, puisque les objets réels sont encore là sous nos yeux ; d'où proviennent donc ceux qu'ils portent dans l'autre monde ? Cette question a toujours beaucoup intrigué ; mais pour beaucoup de gens c'était une simple affaire de curiosité ; elle confirmait pourtant une question de principe d'une grande importance, car sa solution nous a mis sur la voie d'une loi générale qui trouve également son application dans notre monde corporel. Plusieurs faits sont venus la compliquer et démontrer l'insuffisance des théories qu'on avait essayées.

On pouvait, jusqu'à un certain point, se rendre compte du costume, parce qu'on peut le considérer comme faisant en quelque sorte partie de l'individu ; il n'en est pas de même des objets accessoires, comme par exemple la tabatière du visiteur de la dame malade dont nous avons parlé n° 116. Remarquons à ce sujet qu'il ne s'agissait pas ici d'un mort mais d'un vivant, et que ce monsieur, lorsqu'il revint en personne, avait une tabatière en tout semblable. Où donc son Esprit avait-il trouvé celle qu'il avait quand il était au pied du lit de la malade ? Nous pourrions citer un grand nombre de cas où des Esprits de morts ou de vivants sont apparus avec divers objets, tels que bâtons, armes, pipes, lanternes, livres, etc.

Il nous vint alors une pensée, c'est que les corps inertes pouvaient avoir leurs analogues éthérés dans le monde invisible ; que la matière condensée qui forme les objets pouvait avoir une partie quintessenciée échappant à nos sens. Cette théorie n'était pas dénuée de vraisemblance, mais elle était impuissante à rendre raison de tous les faits. Il en est un surtout qui semblait devoir déjouer toutes les interprétations. Jusqu'alors il ne s'est agi que d'images ou apparences ; nous avons bien vu que le périsprit peut acquérir les propriétés de la matière et devenir tangible, mais cette tangibilité n'est que momentanée, et le corps solide s'évanouit comme une ombre. C'est déjà un phénomène fort extraordinaire, mais ce qui l'est bien autrement, c'est de voir se produire de la matière solide persistante, ainsi que le prouvent de nombreux faits authentiques, et notamment celui de l'écriture directe dont nous parlerons en détail dans un chapitre spécial. Toutefois, comme ce phénomène se lie intimement au sujet que nous traitons en ce moment, et qu'il en est une des applications les plus positives, nous anticiperons sur l'ordre dans lequel il doit venir.

☞ 127. L'écriture directe, ou *pneumatographie*, est celle qui se produit spontanément sans le secours ni de la main du médium, ni du crayon. Il suffit de prendre une feuille de papier blanc, ce que l'on peut faire avec toutes les précautions nécessaires pour s'assurer qu'on ne peut pas être dupe d'aucune supercherie, de la plier et de la déposer quelque part, dans un tiroir, ou simplement sur un meuble, et si l'on est dans les conditions convenables, au bout d'un temps plus ou moins long, on trouve sur le papier des caractères tracés, des signes divers, des mots, des phrases et même des discours, le plus souvent avec une substance grisâtre analogue à la mine de plomb, d'autres fois avec du crayon rouge, de l'encre ordinaire et même de l'encre d'imprimerie. Voilà le fait dans toute sa simplicité, et dont la reproduction, quoique peu commune, n'est cependant pas très rare, car il est des personnes qui l'obtiennent assez facilement. Si l'on mettait un crayon avec le papier, on pourrait croire que l'Esprit s'en est servi pour écrire ; mais du moment que le papier est entièrement seul, il est évident que l'écriture est formée par une matière déposée ; où l'Esprit a-t-il pris cette matière ? telle est la question à la solution de laquelle nous avons été conduits par la tabatière dont nous avons parlé tout à l'heure.

☞ 128. C'est l'Esprit de saint Louis qui nous a donné cette solution dans les réponses suivantes :

↪ 1. Nous avons cité un cas d'apparition de l'Esprit d'une personne vivante. Cet Esprit avait une tabatière et prisait. Éprouvait-il la sensation que l'on éprouve en prisant ?
« Non. »

↪ 2. Cette tabatière avait la forme de celle dont il se servait habituellement, et qui était chez lui. Qu'était-ce que cette tabatière entre les mains de cet homme ?
« Une apparence ; c'était pour que la circonstance fût remarquée comme elle l'a été, et que l'apparition ne fût pas prise pour une hallucination produite par l'état de santé du voyant. L'Esprit voulait que cette dame crût à la réalité de sa présence, il a pris toutes les apparences de la réalité. »

↪ 3. Vous dites que c'est une apparence ; mais une apparence n'a rien de réel, c'est comme une illusion d'optique ; nous voudrions savoir si cette tabatière n'était qu'une image sans réalité, ou s'il y avait quelque chose de matériel ?
« Certainement ; c'est à l'aide de ce principe matériel que le périsprit prend l'apparence de vêtements semblables à ceux que l'Esprit portait de son vivant. »

Remarque : Il est évident qu'il faut entendre ici le mot apparence dans le sens d'aspect, imitation. La tabatière réelle n'était pas là ; celle que tenait l'Esprit n'en était que la représentation : c'était donc une apparence comparée à l'original, quoique formée d'un principe matériel.

L'expérience nous apprend qu'il ne faut pas toujours prendre à la lettre certaines expressions employées par les Esprits ; en les interprétant selon nos idées, nous nous exposons à de grandes méprises ; c'est pourquoi il faut approfondir le sens de leurs paroles toutes les fois qu'il présente la moindre ambiguïté ; c'est une recommandation que nous font constamment les Esprits eux-mêmes. Sans l'explication que nous avons provoquée, le mot *apparence*, constamment reproduit dans les cas analogues, pouvait donner lieu à une fausse interprétation.

❧ 4. Est-ce que la matière inerte se dédoublerait ? Y aurait-il dans le monde invisible une matière essentielle qui revêtirait la forme des objets que nous voyons ? En un mot ces objets auraient-ils leur doublure éthérée dans le monde invisible, comme les hommes y sont représentés par les Esprits ?

« Ce n'est point ainsi que cela se passe ; l'Esprit a sur les éléments matériels répandus partout dans l'espace, dans votre atmosphère, une puissance que vous êtes loin de soupçonner. Il peut à son gré concentrer ces éléments et leur donner la forme apparente propre à ses projets. »

Remarque : Cette question, comme on l'a vu, était la traduction de notre pensée, c'est-à-dire de l'idée que nous nous étions formée sur la nature de ces objets. Si les réponses étaient, comme quelques-uns le prétendent, le reflet de la pensée, nous aurions obtenu la confirmation de notre théorie, au lieu d'une théorie contraire.

❧ 5. Je pose de nouveau la question d'une manière catégorique, afin d'éviter toute équivoque :
Les vêtements dont se couvrent les Esprits sont-ils quelque chose ?
« Il me semble que ma réponse précédente résout la question. Ne savez-vous pas que le périsprit lui-même est quelque chose ? »

❧ 6. Il résulte de cette explication que les Esprits font subir à la matière éthérée des transformations à leur gré, et qu'ainsi, par exemple, pour la tabatière, l'Esprit ne l'a point trouvée toute faite, mais qu'il l'a faite lui-même pour le moment où il en avait besoin, par un acte de sa volonté, et qu'il a pu la défaire ; il doit en être de même de tous les autres objets, tels que vêtements, bijoux, etc.
« Mais évidemment. »

❧ 7. Cette tabatière a été visible pour cette dame, au point de lui faire illusion. L'Esprit aurait-il pu la rendre tangible pour elle ?
« Il l'aurait pu. »

❧ 8. Le cas échéant, cette dame aurait-elle pu la prendre dans ses mains, croyant avoir une tabatière véritable ?
« Oui. »

❧ 9. Si elle l'eût ouverte, elle y eût probablement trouvé du tabac ; si elle eût pris ce tabac, l'aurait-il fait éternuer ?
« Oui. »

Modification des propriétés de la matière

❧ 10. L'Esprit peut donc donner, non seulement la forme, mais des propriétés spéciales ?
« S'il le veut ; ce n'est qu'en vertu de ce principe que j'ai répondu affirmativement aux questions précédentes. Vous aurez des preuves de la puissante action qu'exerce l'Esprit sur la matière, et que vous êtes loin de soupçonner, comme je vous l'ai dit. »

↪ 11. Supposons alors qu'il eût voulu faire une substance vénéneuse et qu'une personne en eût pris, aurait-elle été empoisonnée ?
« Il l'aurait pu, mais il ne l'aurait pas fait ; cela ne lui aurait pas été permis. »

↪ 12. Aurait-il eu le pouvoir de faire une substance salutaire et propre à guérir en cas de maladie, et le cas s'est-il présenté ?
« Oui, fort souvent. »

↪ 13. Il pourrait alors tout aussi bien faire une substance alimentaire ; supposons qu'il ait fait un fruit, un mets quelconque, quelqu'un aurait-il pu en manger et être rassasié ?
« Oui, oui ; mais ne cherchez donc pas tant pour trouver ce qui est si facile à comprendre. Il suffit d'un rayon de soleil pour rendre perceptibles à vos organes grossiers ces particules matérielles qui encombrent l'espace au milieu duquel vous vivez ; ne savez-vous pas que l'air contient des vapeurs d'eau ? condensez-les, vous les ramènerez à l'état normal ; privez-les de chaleur, et voilà que ces molécules impalpables et invisibles sont devenues un corps solide, et très solide, et bien d'autres substances dont les chimistes vous tireront des merveilles plus étonnantes encore ; seulement l'Esprit possède des instruments plus parfaits que les vôtres : la volonté et la permission de Dieu. »

Remarque : La question de satiété est ici fort importante. Comment une substance qui n'a qu'une existence et des propriétés temporaires et en quelque sorte de convention peut-elle produire la satiété ? Cette substance, par son contact avec l'estomac, produit la sensation de la satiété, mais non la satiété résultant de la plénitude. Si une telle substance peut agir sur l'économie et modifier un état morbide, elle peut tout aussi bien agir sur l'estomac et y produire le sentiment de la satiété. Nous prions toutefois Mr. les pharmaciens et restaurateurs de ne pas en concevoir de jalousie, ni croire que les Esprits viennent leur faire concurrence : ces cas sont rares, exceptionnels, et ne dépendent jamais de la volonté ; autrement on se nourrirait et l'on se guérirait à trop bon marché.

↪ 14. Les objets, rendus tangibles par la volonté de l'Esprit, pourraient-ils avoir un caractère de permanence et de stabilité, et devenir usuels ?
« Cela se pourrait, *mais cela ne se fait pas* ; c'est en dehors des lois. »

↪ 15. Tous les Esprits ont-ils au même degré le pouvoir de produire des objets tangibles ?
« Il est certain que plus l'Esprit est élevé, plus facilement il l'obtient ; mais encore cela dépend des circonstances : des Esprits inférieurs peuvent avoir ce pouvoir. »

↪ 16. L'Esprit se rend-il toujours compte de la manière dont il produit soit ses vêtements, soit les objets dont il offre l'apparence ?
« Non ; souvent il concourt à leur formation par un acte instinctif qu'il ne comprend pas lui-même, s'il n'est pas assez éclairé pour cela. »

↪ 17. Si l'Esprit peut puiser dans l'élément universel les matériaux pour faire toutes ces choses, donner à ces choses une réalité temporaire avec leurs propriétés, il peut tout aussi bien y puiser ce qui est nécessaire pour écrire, et par conséquent ceci nous paraît donner la clef du phénomène de l'écriture directe ?

« Enfin vous y voilà donc ! »

Remarque : C'était là, en effet, où nous voulions en venir par toutes nos questions préliminaires ; la réponse prouve que l'Esprit avait lu notre pensée.

➲ 18. Si la matière dont se sert l'Esprit n'a pas de persistance, comment se fait-il que les traces de l'écriture directe ne disparaissent pas ?

« N'épiloguez pas sur les mots ; je n'ai d'abord pas dit : jamais ; il était question d'un objet matériel volumineux ; ici, ce sont des signes tracés qu'il est utile de conserver, et on les conserve. J'ai voulu dire que les objets ainsi composés par l'Esprit ne pourraient devenir des objets usuels, car il n'y a pas en réalité agrégation de matière comme dans vos corps solides. »

☞ 129. La théorie ci-dessus peut se résumer ainsi : l'Esprit agit sur la matière ; il puise dans la matière cosmique universelle les éléments nécessaires pour former à son gré des objets ayant l'apparence des divers corps qui existent sur la terre. Il peut également opérer sur la matière élémentaire, par sa volonté, une transformation intime qui lui donne des propriétés déterminées. Cette faculté est inhérente à la nature de l'Esprit, qui l'exerce souvent comme un acte instinctif quand cela est nécessaire, et sans s'en rendre compte. Les objets formés par l'Esprit ont une existence temporaire, subordonnée à sa volonté ou à la nécessité ; il peut les faire et les défaire à son gré. Ces objets peuvent, dans certains cas, avoir aux yeux des personnes vivantes toutes les apparences de la réalité, c'est-à-dire devenir momentanément visibles et même tangibles. Il y a formation, mais non création, attendu que l'Esprit ne peut rien tirer du néant.

☞ 130. L'existence d'une matière élémentaire unique est à peu près généralement admise aujourd'hui par la science, et confirmée, comme on l'a vu, par les Esprits. Cette matière donne naissance à tous les corps de la nature ; par les transformations qu'elle subit, elle produit aussi les diverses propriétés de ces mêmes corps ; c'est ainsi qu'une substance salutaire peut devenir vénéneuse par une simple modification ; la chimie nous en offre de nombreux exemples. Tout le monde sait que deux substances innocentes combinées en certaines proportions peuvent en produire une qui soit délétère. Une partie d'oxygène et deux d'hydrogène, tous deux inoffensifs, forment l'eau ; ajoutez un atome d'oxygène et vous avez un liquide corrosif. Sans changer les proportions, il suffit souvent d'un simple changement dans le mode d'agrégation moléculaire pour changer les propriétés ; c'est ainsi qu'un corps opaque peut devenir transparent, *et vice versa*. Puisque l'Esprit a, par sa seule volonté, une action si puissante sur la matière élémentaire, on conçoit qu'il puisse non seulement former des substances, mais encore en dénaturer les propriétés, la volonté faisant ici l'effet d'un réactif.

Action magnétique curative

☞ 131. Cette théorie nous donne la solution d'un fait bien connu en magnétisme, mais jusqu'à présent inexpliqué, celui du changement des propriétés de l'eau par la volonté. L'Esprit agissant est celui du magnétiseur, le plus souvent assisté par un Esprit étranger; il opère une transmutation à l'aide du fluide magnétique qui, comme on l'a dit, est la substance qui se rapproche le plus de la matière cosmique, ou élément universel. S'il peut opérer une modification dans les propriétés de l'eau, il peut également produire un phénomène analogue sur les fluides de l'organisme, et de là l'effet curatif de l'action magnétique convenablement dirigée.

On sait le rôle capital que joue la volonté dans tous les phénomènes du magnétisme; mais comment expliquer l'action matérielle d'un agent si subtil? La volonté n'est point un être, une substance quelconque; ce n'est même pas une propriété de la matière la plus éthérée; la volonté est l'attribut essentiel de l'esprit, c'est-à-dire de l'être pensant. À l'aide de ce levier, il agit sur la matière élémentaire, et, par une action consécutive, il réagit sur ses composés dont les propriétés intimes peuvent ainsi être transformées.

La volonté est l'attribut de l'Esprit incarné aussi bien que de l'Esprit errant; de là la puissance du magnétiseur, puissance que l'on sait être en raison de la force de volonté. L'Esprit incarné pouvant agir sur la matière élémentaire peut donc également en varier les propriétés dans certaines limites, c'est ainsi que s'explique la faculté de guérir par le contact et l'imposition des mains, faculté que quelques personnes possèdent à un degré plus ou moins grand. (Voir au chapitre des *médiums*, l'article relatif aux *médiums guérisseurs*. Voir aussi la *Revue spirite*, juillet 1859, pages 184 et 189: *Le zouave de Magenta; Un officier de l'armée d'Italie.*)

CHAPITRE IX
—
DES LIEUX HANTÉS

☞ 132. Les manifestations spontanées qui se sont produites de tout temps, et la persistance de quelques Esprits à donner des marques ostensibles de leur présence dans certaines localités, sont la source de la croyance aux lieux hantés. Les réponses suivantes ont été faites aux questions adressées à ce sujet.

↪ 1. Les Esprits s'attachent-ils seulement aux personnes, ou s'attachent-ils aussi aux choses ?

« Cela dépend de leur élévation. Certains Esprits peuvent s'attacher aux objets terrestres ; des avares, par exemple, qui ont caché leurs trésors, et qui ne sont pas assez dématérialisés, peuvent encore les surveiller et les garder. »

↪ 2. Les Esprits errants ont-ils des lieux de prédilection ?

« C'est encore le même principe. Les Esprits qui ne tiennent plus à la terre vont où ils trouvent à aimer ; ils y sont attirés par les personnes plutôt que par les objets matériels ; cependant il en est qui peuvent momentanément avoir une préférence pour certains lieux, mais ce sont toujours des Esprits inférieurs. »

↪ 3. Puisque l'attachement des Esprits pour une localité est un signe d'infériorité, est-ce également une preuve que ce sont de mauvais Esprits ?

« Assurément non ; un Esprit peut être peu avancé sans être mauvais pour cela ; n'en est-il pas de même parmi les hommes ? »

↪ 4. La croyance que les Esprits fréquentent de préférence les ruines a-t-elle quelque fondement ?

« Non ; les Esprits vont dans ces endroits comme ils vont partout ailleurs ; mais l'imagination est frappée de l'aspect lugubre de certains lieux, et attribue à leur présence ce qui n'est le plus souvent qu'un effet très naturel. Que de fois la peur n'a-t-elle pas fait prendre l'ombre d'un arbre pour un fantôme, le cri d'un animal ou le souffle du vent pour des revenants ! Les Esprits aiment la présence des hommes, c'est pourquoi ils rechercheront plutôt les endroits habités que les lieux isolés. »

– Cependant, d'après ce que nous savons de la diversité de caractère des Esprits, il doit y en avoir de misanthropes et qui peuvent préférer la solitude.

« Aussi n'ai-je pas répondu d'une manière absolue à la question ; j'ai dit qu'ils peuvent aller dans les lieux déserts comme partout ailleurs, et il est bien évident que ceux qui se tiennent à l'écart, c'est que cela leur plaît ; mais ce n'est pas une raison pour que les ruines soient forcément des lieux de prédilection pour eux ; car, certes, il y en a beaucoup plus dans les villes et les palais que dans le fond des bois. »

↪ 5. Les croyances populaires ont, en général, un fond de vérité ; quelle peut être la source de celle des lieux hantés ?

« Le fond de vérité, c'est la manifestation des Esprits à laquelle l'homme a cru de tout temps par instinct ; mais, comme je l'ai dit, l'aspect des lieux lugubres frappe son imagination, et il y place naturellement les êtres qu'il regarde comme surnaturels. Cette croyance superstitieuse est entretenue par les récits des poètes et les contes fantastiques dont on berce son enfance. »

↪ 6. Les Esprits qui se rassemblent ont-ils pour cela des jours et des heures de prédilection ?
« Non ; les jours et les heures sont des contrôles du temps à l'usage des hommes, et pour la vie corporelle, mais dont les Esprits n'ont pas besoin et ne s'inquiètent pas. »

↪ 7. Quelle est l'origine de l'idée que les Esprits viennent de préférence la nuit ?
« L'impression produite sur l'imagination par le silence et l'obscurité. Toutes ces croyances sont des superstitions que la connaissance raisonnée du spiritisme doit détruire. Il en est de même des jours et des heures qu'on croit leur être plus propices ; croyez bien que l'influence de minuit n'a jamais existé que dans les contes. »

– S'il en est ainsi, pourquoi donc certains Esprits annoncent-ils leur arrivée et leurs manifestations pour cette heure-là, et pour des jours déterminés, comme le vendredi, par exemple ?
« Ce sont des Esprits qui profitent de la crédulité et s'en amusent. C'est par la même raison qu'il y en a qui disent être le diable ou se donnent des noms infernaux. Montrez-leur que vous n'êtes pas leurs dupes, et ils n'y reviendront pas. »

↪ 8. Les Esprits reviennent-ils de préférence vers les tombes où repose leur corps ?
« Le corps n'était qu'un vêtement ; ils ne tiennent pas plus à l'enveloppe qui les a fait souffrir que le prisonnier à ses chaînes. Le souvenir des personnes qui leur sont chères est la seule chose à laquelle ils attachent du prix. »

– Les prières que l'on va faire sur leurs tombes leur sont-elles plus agréables, et les y attirent-elles plutôt qu'ailleurs ?
« La prière est une évocation qui attire les Esprits, vous le savez bien. La prière a d'autant plus d'action qu'elle est plus fervente et plus sincère ; or, devant une tombe vénérée, on est plus recueilli, et la conservation de pieuses reliques est un témoignage d'affection que l'on donne à l'Esprit, et auquel il est toujours sensible. C'est toujours la pensée qui agit sur l'Esprit, et non les objets matériels ; ces objets ont plus d'influence sur celui qui prie en fixant son attention, que sur l'Esprit. »

↪ 9. D'après cela, la croyance aux lieux hantés ne paraîtrait pas absolument fausse ?
« Nous avons dit que certains Esprits peuvent être attirés par des choses matérielles ; ils peuvent l'être par certains lieux où ils semblent élire domicile, jusqu'à ce que cessent les circonstances qui les y amenaient. »

– Quelles sont les circonstances qui peuvent les y amener ?
« Leur sympathie pour quelques-unes des personnes qui les fréquentent, ou le désir de communiquer avec elles. Cependant, leurs intentions ne sont pas toujours aussi louables ; quand ce sont de mauvais Esprits, ils peuvent vouloir exercer une vengeance sur certaines personnes dont ils ont eu à se plaindre. Le séjour dans un lieu déterminé peut être aussi, pour quelques-uns, une punition qui leur est infligée,

surtout s'ils y ont commis un crime, afin qu'ils aient constamment ce crime devant les yeux[10]. »

❧ 10. Les lieux hantés le sont-ils toujours par d'anciens habitants de ces demeures ?
« Quelquefois, mais pas toujours, car si l'ancien habitant est un Esprit élevé, il ne tiendra pas plus à sa demeure terrestre qu'à son corps. Les Esprits qui hantent certains lieux n'ont souvent pas d'autre motif que le caprice, à moins qu'ils n'y soient attirés par leur sympathie pour certaines personnes. »

– Peuvent-ils s'y fixer en vue de protéger une personne ou sa famille ?
« Assurément, si ce sont de bons Esprits ; mais dans ce cas ils ne manifestent jamais leur présence par des choses désagréables. »

❧ 11. Y a-t-il quelque chose de réel dans l'histoire de la dame Blanche ?
« C'est un conte tiré de mille faits qui sont vrais. »

❧ 12. Est-il rationnel de redouter les lieux hantés par les Esprits ?
« Non ; les Esprits qui hantent certains lieux et y font du tapage cherchent plutôt à s'amuser aux dépens de la crédulité et de la poltronnerie qu'à faire du mal. D'ailleurs figurez-vous bien qu'il y a des Esprits partout, et que quelque part que vous soyez vous en avez sans cesse à vos côtés, même dans les maisons les plus paisibles. Ils ne paraissent souvent hanter certaines habitations que parce qu'ils y trouvent une occasion de manifester leur présence. »

❧ 13. Y a-t-il un moyen de les expulser ?
« Oui, et le plus souvent ce qu'on fait pour cela les attire au lieu de les éloigner. Le meilleur moyen de chasser les mauvais Esprits, c'est d'attirer les bons. Attirez donc les bons Esprits en faisant le plus de bien possible, et les mauvais s'en iront ; car le bien et le mal sont incompatibles. Soyez toujours bons, et vous n'aurez que de bons Esprits à vos côtés. »

– Il y a pourtant des personnes très bonnes qui sont en butte aux tracasseries des mauvais Esprits ?
« Si ces personnes sont réellement bonnes, ce peut être une épreuve pour exercer leur patience et les exciter à être encore meilleures ; mais croyez bien que ce ne sont pas ceux qui parlent sans cesse de la vertu qui en ont le plus. Celui qui possède des qualités réelles les ignore souvent lui-même ou n'en parle pas. »

❧ 14. Que faut-il croire relativement à l'efficacité de l'exorcisme pour chasser les mauvais Esprits des lieux hantés ?
« Avez-vous souvent vu ce moyen réussir ? N'avez-vous pas vu, au contraire, le tapage redoubler après les cérémonies de l'exorcisme ? C'est qu'ils s'amusent d'être pris pour le diable.

Les Esprits qui ne viennent pas avec une mauvaise intention peuvent aussi manifester leur présence par du bruit, et même en se rendant visibles, mais ils ne font jamais de tapage incommode. Ce sont souvent des Esprits souffrants que vous pouvez soulager en priant pour eux ; d'autres fois même ce sont des Esprits bien-

---

10. Voir *Revue Spirite*, février 1860 ; *Histoire d'un damné*.

veillants qui veulent vous prouver qu'ils sont auprès de vous, ou enfin des Esprits légers qui folâtrent. Comme ceux qui troublent le repos par du tapage sont presque toujours des Esprits qui s'amusent, ce qu'on a de mieux à faire c'est d'en rire ; ils se lasseront s'ils voient qu'ils ne parviennent ni à effrayer, ni à impatienter. » (Voir ci-dessus chapitre V, *manifestations physiques spontanées*.)

Il résulte des explications ci-dessus qu'il y a des Esprits qui s'attachent à certaines localités et s'y tiennent de préférence, mais qu'ils n'ont pas pour cela besoin de manifester leur présence par des effets sensibles. Un lieu quelconque peut être le séjour forcé ou de prédilection d'un Esprit, même mauvais, sans qu'il s'y soit jamais produit aucune manifestation.

Les Esprits qui s'attachent aux localités ou aux choses matérielles ne sont jamais des Esprits supérieurs, mais sans être supérieurs ils peuvent n'être pas méchants et n'avoir aucune mauvaise intention ; ce sont même quelquefois des commensaux plus utiles que nuisibles, car s'ils s'intéressent aux personnes, ils peuvent les protéger.

CHAPITRE X
NATURE DES COMMUNICATIONS

☞ 133. Nous avons dit que tout effet qui révèle dans sa cause un acte de libre volonté, quelque insignifiant que soit cet acte, accuse par cela même une cause intelligente. Ainsi un simple mouvement de table qui répond à notre pensée, ou présente un caractère intentionnel, peut être considéré comme une manifestation intelligente. Si le résultat devait se borner à cela, il n'aurait pour nous qu'un intérêt très secondaire ; ce serait, toutefois, quelque chose de nous donner la preuve qu'il y a dans ces phénomènes plus qu'une action purement matérielle ; mais l'utilité pratique qui en sortirait pour nous serait nulle ou du moins restreinte ; il en est tout autrement quand cette intelligence acquiert un développement qui permet un échange régulier et suivi de pensées ; ce ne sont plus alors de simples manifestations intelligentes mais de véritables *communications*. Les moyens dont on dispose aujourd'hui permettent de les obtenir aussi étendues, aussi explicites, et aussi rapides que celles que nous entretenons avec les hommes.

Si l'on s'est bien pénétré, d'après l'*échelle spirite* (*Livre des Esprits*, n° 100), de la variété infinie qui existe entre les Esprits sous le double rapport de l'intelligence et de la moralité, on concevra facilement la différence qui doit exister dans leurs communications ; elles doivent refléter l'élévation ou la bassesse de leurs idées, leur savoir et leur ignorance, leurs vices et leurs vertus ; en un mot elles ne doivent pas plus se ressembler que celles des hommes, depuis le sauvage jusqu'à l'Européen le plus éclairé. Toutes les nuances qu'elles présentent peuvent se grouper en quatre catégories principales ; selon leurs caractères les plus tranchés, elles sont : *grossières, frivoles, sérieuses,* ou *instructives*.

Communications grossières

☞ 134. *Les communications grossières* sont celles qui se traduisent par des expressions qui choquent les bienséances. Elles ne peuvent émaner que d'Esprits de bas étage, encore souillés de toutes les impuretés de la matière, et ne diffèrent en rien de celles que pourraient donner des hommes vicieux et grossiers. Elles répugnent à toute personne qui a la moindre délicatesse de sentiment ; car elles sont, selon le caractère des Esprits, triviales, ordurières, obscènes, insolentes, arrogantes, malveillantes et même impies.

Communications frivoles

☞ 135. *Les communications frivoles* émanent d'Esprits légers, moqueurs et espiègles, plus malins que méchants, et qui n'attachent aucune importance à ce qu'ils disent. Comme elles n'ont rien de malséant, elles plaisent à certaines personnes qui s'en amusent, et trouvent du plaisir dans ces entretiens futiles où l'on parle beaucoup pour ne rien dire. Ces esprits font quelquefois assaut de saillies spirituelles et mordantes, et au milieu de facéties banales disent souvent de dures vérités qui frappent presque toujours juste. Ces Esprits légers pullulent autour de nous, et saisissent toutes les occasions de se mêler aux communications ; la vérité est le moindre de leurs soucis, c'est pourquoi ils se font un malin plaisir de mystifier ceux qui ont la faiblesse, et quelquefois la présomption de les croire sur parole. Les personnes qui se complaisent dans ces sortes de communications donnent naturellement accès aux Esprits légers et trompeurs ; les Esprits sérieux s'en éloignent comme parmi nous les hommes sérieux s'éloignent des sociétés d'étourdis.

Communications sérieuses

☞ 136. *Les communications sérieuses* sont graves quant au sujet et à la manière dont elles sont faites. Toute communication qui exclut la frivolité et la grossièreté, et qui a un but utile, fût-il d'intérêt privé, est par cela même sérieuse ; mais elle n'est pas pour cela toujours exempte d'erreurs. Les Esprits sérieux ne sont pas tous également éclairés ; il est beaucoup de choses qu'ils ignorent et sur lesquelles ils peuvent se tromper de bonne foi ; c'est pourquoi les Esprits vraiment supérieurs nous recommandent sans cesse de soumettre toutes les communications au contrôle de la raison et de la plus sévère logique.

Il faut donc distinguer les communications *sérieuses-vraies* des communications *sérieuses-fausses*, et ce n'est pas toujours facile, car c'est à la faveur même de la gravité du langage que certains Esprits présomptueux ou faux savants cherchent à faire prévaloir les idées les plus fausses et les systèmes les plus absurdes ; et pour se donner plus de crédit et d'importance, ils ne se font pas scrupule de se parer des noms les plus respectables et même les plus vénérés. C'est là un des plus grands écueils de la science pratique ; nous y reviendrons plus tard avec tous les développements que nécessite un sujet aussi important, en même temps que nous ferons connaître les moyens de se prémunir contre le danger des fausses communications.

Communications instructives

☞ 137. *Les communications instructives* sont les communications sérieuses qui ont pour objet principal un enseignement quelconque donné par les Esprits sur les sciences, la morale, la philosophie, etc. Elles sont plus ou moins profondes, selon le degré d'élévation et de *dématérialisation* de l'Esprit. Pour retirer de ces communications un fruit réel, il faut qu'elles soient régulières, et suivies avec persévérance. Les Esprits sérieux s'attachent à ceux qui veulent s'instruire et ils les secondent, tandis qu'ils laissent aux Esprits légers le soin d'amuser ceux qui ne voient dans ces manifestations qu'une distraction passagère. Ce n'est que par la régularité et la fréquence de ces communications qu'on peut apprécier la valeur morale et intellectuelle des Esprits avec lesquels on s'entretient, et le degré de confiance qu'ils méritent. S'il faut de l'expérience pour juger les hommes, il en faut plus encore peut-être pour juger les Esprits.

En donnant à ces communications la qualification d'*instructives*, nous les supposons *vraies*, car une chose qui ne serait pas *vraie* ne saurait être *instructive*, fût-elle dite dans le langage le plus imposant. Nous ne saurions donc ranger dans cette catégorie certains enseignements qui n'ont de sérieux que la forme souvent ampoulée et emphatique à l'aide de laquelle les Esprits plus présomptueux que savants qui les dictent espèrent faire illusion ; mais ces Esprits ne pouvant remplacer le fond qui manque chez eux, ne sauraient longtemps soutenir leur rôle ; ils trahissent bientôt leur côté faible, pour peu que leurs communications aient de la suite, ou qu'on sache les pousser dans leurs derniers retranchements.

☞ 138. Les moyens de communication sont très variés. Les Esprits agissant sur nos organes et sur tous nos sens, peuvent se manifester à la vue dans les apparitions, au toucher par des impressions tangibles occultes ou visibles, à l'ouïe par des bruits, à l'odorat par des odeurs sans cause connue. Ce dernier mode de manifestation, quoique très réel, est sans contredit le plus incertain par les nombreuses causes qui peuvent induire en erreur ; aussi nous ne nous y arrêterons pas. Ce que nous devons examiner avec soin, ce sont les divers moyens d'obtenir des communications, c'est-à-dire un échange régulier et suivi de pensées. Ces moyens sont : *les coups frappés, la parole et l'écriture*. Nous les développerons dans des chapitres spéciaux.

CHAPITRE XI
SÉMATOLOGIE ET TYPTOLOGIE

Langage des signes et des coups frappés. Typtologie alphabétique

☞ 139. Les premières manifestations intelligentes ont été obtenues par les coups frappés ou la typtologie. Ce moyen primitif, qui se ressentait de l'enfance de l'art, n'offrait que des ressources très bornées, et l'on en était réduit, dans les communications, aux réponses monosyllabiques par oui ou par non, à l'aide d'un nombre convenu de coups. On le perfectionna plus tard ainsi que nous l'avons dit. Les coups frappés s'obtiennent de deux manières par des médiums spéciaux ; il faut généralement pour ce mode d'opérer une certaine aptitude pour les manifestations physiques. La première, que l'on pourrait appeler *typtologie par bascule*, consiste dans le mouvement de la table qui se lève d'un côté, puis retombe en frappant du pied. Il suffit pour cela que le médium pose les mains sur le bord de la table ; s'il désire s'entretenir avec un Esprit déterminé, il faut en faire l'évocation ; dans le cas contraire, c'est le premier venu qui se présente ou celui qui a l'habitude de venir. Etant convenu, par exemple, d'un coup pour *oui*, et de deux coups pour *non*, ceci est indifférent, on adresse à l'Esprit les questions que l'on désire ; nous verrons plus tard celles dont il convient de s'abstenir. L'inconvénient est dans la brièveté des réponses et dans la difficulté de formuler la question de manière à amener un oui ou un non. Supposons qu'on demande à l'Esprit : Que désires-tu ? il ne pourrait répondre que par une phrase ; il faut alors dire : désires-tu telle chose ? Non ; - telle autre ? Oui ; et ainsi de suite.

☞ 140. Il est à remarquer qu'à l'emploi de ce moyen, l'Esprit joint souvent une sorte de *mimique*, c'est-à-dire qu'il exprime l'énergie de l'affirmation ou de la négation par la force des coups. Il exprime aussi la nature des sentiments qui l'animent : la violence, par la brusquerie des mouvements ; la colère et l'impatience en frappant avec force des coups réitérés comme une personne qui frappe du pied avec emportement, quelquefois en jetant la table par terre. S'il est bienveillant et poli, au début et à la fin de la séance, il incline la table en forme de salut ; veut-il s'adresser directement à une personne de la société, il dirige la table vers elle avec douceur ou violence, selon qu'il veut lui témoigner de l'affection ou de l'antipathie. C'est là, à proprement parler, la *sématologie* ou langage des signes, comme la *typtologie* est le langage des coups frappés. Voici un remarquable exemple de l'emploi spontané de la sématologie :

Un monsieur de notre connaissance étant un jour dans son salon, où plusieurs personnes s'occupaient de manifestations, reçut à ce moment une lettre de nous. Pendant qu'il la lisait, le guéridon qui servait aux expériences vient tout à coup vers lui. La lecture de la lettre achevée il va la poser sur une table à l'autre extrémité du salon ; le guéridon le suit et se dirige vers la table où était la lettre. Surpris de cette coïncidence, il pense qu'il y a quelque rapport entre ce mouvement et la lettre ; il interroge l'Esprit qui répond être notre Esprit familier. Ce monsieur nous ayant informé de la circonstance, nous priâmes à notre tour cet Esprit de nous dire le motif de la visite qu'il lui avait faite ; il répondit : « Il est naturel que j'aille voir les personnes avec lesquelles tu es en relation, afin de pouvoir, au besoin, te donner ainsi qu'à elles les avis nécessaires. »

Il est donc évident que l'Esprit avait voulu appeler l'attention de ce monsieur, et cherchait une occasion de lui faire savoir qu'il était là. Un muet ne s'y serait pas mieux pris.

☞ 141. La typtologie ne tarda pas à se perfectionner, et s'enrichit d'un moyen de communication plus complet, celui de la *typtologie alphabétique*. Il consiste à faire désigner les lettres de l'alphabet au moyen des coups frappés ; on put alors obtenir des mots, des phrases et même des discours entiers. Suivant une méthode, la table frappe autant de coups qu'il en faut pour indiquer chaque lettre, c'est-à-dire un coup pour *a*, deux pour *b*, et ainsi de suite ; pendant ce temps, une personne écrit les lettres à mesure qu'elles sont désignées. Quand l'Esprit a fini, il le fait savoir par un signe quelconque de convention.

Ce mode de procéder, comme on le voit, est très long, et demande un temps énorme pour les communications d'une certaine étendue ; cependant il y a des personnes qui ont eu la patience de s'en servir pour obtenir des dictées de plusieurs pages ; mais la pratique fit découvrir des moyens abréviatifs qui permirent d'aller avec une certaine rapidité. Celui qui est le plus en usage consiste à avoir devant soi un alphabet tout écrit ainsi que la série des chiffres marquant les unités. Tandis que le médium est à la table, une autre personne parcourt successivement les lettres de l'alphabet s'il s'agit d'un mot, ou celles des chiffres s'il s'agit d'un nombre ; arrivé sur la lettre nécessaire, la table frappe d'elle-même un coup, et l'on écrit la lettre ; puis on recommence pour la 2°, la 3° et ainsi de suite. Si l'on s'est trompé pour une lettre, l'Esprit avertit par plusieurs coups ou par un mouvement de la table, et l'on recommence. Avec de l'habitude, on va assez vite ; mais on abrège surtout beaucoup en devinant la fin d'un mot commencé et que le sens de la phrase fait connaître ; si l'on est dans l'incertitude, on demande à l'Esprit s'il a voulu mettre tel mot, et il répond par oui ou par non.

☞ 142. Tous les effets que nous venons d'indiquer peuvent s'obtenir d'une manière encore plus simple par les coups qui se font entendre dans le bois même de la table, sans aucune espèce de mouvement, et que nous avons décrits au chapitre des manifestations physiques n° 64 : c'est la *typtologie intime*. Tous les médiums ne sont pas également propres à ce dernier mode de communication ; car il en est qui n'obtiennent que les coups frappés par bascule ; cependant, avec de l'exercice, ils peuvent y arriver pour la plupart, et cette manière a le double avantage d'être plus rapide et de moins prêter à la suspicion que la bascule, qu'on peut attribuer à une pression volontaire. Il est vrai que les coups intimes pourraient aussi être imités par des médiums de mauvaise foi. Les meilleures choses peuvent être contrefaites, ce qui ne prouve rien contre elles. (Voir à la fin de ce volume le chapitre intitulé :

Fraudes et supercheries.)

Quels que soient les perfectionnements que l'on ait pu apporter dans cette manière de procéder, elle ne peut jamais atteindre la rapidité et la facilité que présente l'écriture, aussi l'emploie-t-on très peu maintenant ; elle est cependant quelquefois très intéressante au point de vue du phénomène, principalement pour les novices, et elle a surtout l'avantage de prouver d'une manière péremptoire l'indépendance absolue de la pensée du médium. On obtient souvent ainsi des réponses si imprévues, si saisissantes d'à-propos, qu'il faudrait un parti pris bien déterminé pour ne pas se rendre à l'évidence ; aussi est-ce pour beaucoup de personnes un puissant motif de conviction ; mais par ce moyen, pas plus que par les autres, les Esprits n'aiment à se prêter aux caprices des curieux qui veulent les mettre à l'épreuve par des questions déplacées.

☞ 143. Dans le but de mieux assurer l'indépendance de la pensée du médium, on a imaginé divers instruments consistant dans les cadrans sur lesquels sont tracées les lettres à la manière des cadrans des télégraphes électriques. Une aiguille mobile, mise en mouvement par l'influence du médium à l'aide d'un fil conducteur et d'une poulie, indique les lettres. Nous ne connaissons ces instruments que par les dessins et par les descriptions qui en ont été publiés en Amérique ; nous ne pouvons donc nous prononcer sur leur mérite, mais nous pensons que leur complication même est un inconvénient ; que l'indépendance du médium est tout aussi bien attestée par les coups intimes et qu'elle l'est bien plus encore par l'imprévu des réponses que par tous les moyens matériels. D'un autre côté, les incrédules qui sont toujours disposés à voir partout des ficelles et des préparations sont encore plus portés à en supposer dans un mécanisme spécial, que dans la première table venue dépourvue de tout accessoire.

☞ 144. Un appareil plus simple, mais dont la mauvaise foi peut aisément abuser, comme nous le verrons au chapitre des Fraudes, est celui que nous désignerons sous le nom de *Table-Girardin*, en souvenir de l'usage qu'en faisait Mme Emile de Girardin dans les nombreuses communications qu'elle obtenait comme médium ; car Mme de Girardin, toute femme d'esprit qu'elle était, avait la faiblesse de croire aux Esprits et à leurs manifestations. Cet instrument consiste en un dessus de guéridon mobile de trente à quarante centimètres de diamètre, tournant librement et facilement sur son axe, à la manière de la roulette. Sur la surface et à la circonférence sont tracés, comme sur un cadran, les lettres, les chiffres et les mots *oui* et *non*. Au centre est une aiguille fixe. Le médium posant ses doigts sur le bord de la tablette, celle-ci tourne et s'arrête quand la lettre voulue est sous l'aiguille. On prend note des lettres indiquées, et l'on forme ainsi assez rapidement les mots et les phrases.

Il est à remarquer que la tablette ne glisse pas sous les doigts, mais que les doigts y restant appliqués suivent le mouvement de la tablette. Peut-être un médium puissant pourrait-il obtenir un mouvement indépendant, nous le croyons possible, mais nous n'en avons jamais été témoin. Si l'expérience pouvait se faire de cette manière, elle serait infiniment plus concluante, parce qu'elle écarterait toute possibilité de supercherie.

☞ 145. Il nous reste à détruire une erreur assez répandue, et qui consiste à confondre tous les Esprits qui se communiquent par des coups avec les Esprits frappeurs. La typtologie est un moyen de communication comme un autre, et qui n'est pas plus indigne des Esprits élevés que l'écriture ou la parole. Tous les Esprits, bons ou mauvais, peuvent donc s'en servir tout aussi bien que des autres modes. Ce qui caractérise les Esprits supérieurs, c'est l'élévation de la pensée, et non l'instrument dont ils se servent pour la transmettre ; sans doute ils préfèrent les moyens les plus commodes et surtout les plus rapides ; mais, à défaut de crayons et de papier, ils se serviront sans scrupule de la vulgaire table parlante, et la preuve en est, c'est qu'on obtient par ce moyen les choses les plus sublimes. Si nous ne nous en servons pas, ce n'est donc pas que nous le méprisions, mais uniquement parce que, comme phénomène, il nous a appris tout ce que nous pouvions savoir, qu'il ne peut rien ajouter à nos convictions, et que l'étendue des communications que nous recevons exige une rapidité incompatible avec la typtologie.

Tous les Esprits qui frappent ne sont donc pas des Esprits frappeurs ; ce nom doit être réservé pour ceux qu'on peut appeler frappeurs de profession, et qui, à l'aide de ce moyen, se plaisent à faire des tours pour amuser une société, ou à vexer par leur importunité. De leur part on peut attendre quelquefois des choses spirituelles, mais jamais des choses profondes ; aussi serait-ce perdre son temps que leur adresser des questions d'une certaine portée scientifique ou philosophique ; leur ignorance et leur infériorité leur ont valu à juste titre, de la part des autres Esprits, la qualification d'Esprits bateleurs ou de saltimbanques du monde spirite. Ajoutons que, s'ils agissent souvent pour leur propre compte, ils sont souvent aussi des instruments dont se servent les Esprits supérieurs quand ceux-ci veulent produire des effets matériels.

CHAPITRE XII
PNEUMATOGRAPHIE OU - PNEUMATOPHONIE

Écriture directe

☞ 146. La *pneumatographie* est l'écriture produite directement par l'Esprit, sans aucun intermédiaire ; elle diffère de la *psychographie* en ce que celle-ci est la transmission de la pensée de l'Esprit au moyen de l'écriture par la main d'un médium.

Le phénomène de l'écriture directe est sans contredit l'un des plus extraordinaires du spiritisme ; mais, quelque anormal qu'il paraisse au premier abord, c'est aujourd'hui un fait avéré et incontestable. Si la théorie est nécessaire pour se rendre compte de la possibilité des phénomènes spirites en général, elle l'est plus encore peut-être dans ce cas, sans contredit, l'un des plus étranges qui se soient encore présentés, mais qui cesse de paraître surnaturel dès que l'on en comprend le principe.

À la première révélation de ce phénomène, le sentiment dominant a été celui du doute ; l'idée d'une supercherie est aussitôt venue à la pensée ; en effet, tout le monde connaît l'action des encres dites sympathiques, dont les traces, d'abord complètement invisibles, apparaissent au bout de quelque temps. Il se pouvait donc qu'on eût abusé de la crédulité, et nous n'affirmerions pas qu'on ne l'ait jamais fait ; nous sommes même convaincu que certaines personnes, soit dans un but mercenaire, soit uniquement par amour-propre et pour faire croire à leur puissance, ont employé des subterfuges. (Voir le chapitre des *Fraudes*.)

Mais de ce qu'on peut imiter une chose, il serait absurde de conclure que la chose n'existe pas. N'a-t-on pas, dans ces derniers temps, trouvé le moyen d'imiter la lucidité somnambulique au point de faire illusion ? Et de ce que ce procédé d'escamoteur a couru toutes les foires, faut-il conclure qu'il n'y a pas de vrais somnambules ? Parce que certains marchands vendent du vin frelaté, est-ce une raison pour qu'il n'y ait pas de vin pur ? Il en est de même de l'écriture directe ; les précautions pour s'assurer de la réalité du fait étaient d'ailleurs bien simples et bien faciles, et, grâce à ces précautions, il ne peut aujourd'hui faire l'objet d'aucun doute.

☞ 147. Puisque la possibilité d'écrire sans intermédiaire est un des attributs de l'Esprit, que les Esprits ont existé de tout temps, et de tout temps aussi ont produit les divers phénomènes que nous connaissons, ils ont dû également produire l'écriture directe dans l'antiquité aussi bien que de nos jours ; et c'est ainsi que l'on peut expliquer l'apparition des trois mots dans la salle du festin de Balthazar. Le moyen âge, si fécond en prodiges occultes, mais qui ont été étouffés sous les bûchers, a dû connaître aussi l'écriture directe, et peut-être trouverait-on dans la théorie des modifications que les Esprits peuvent opérer sur la matière, et que nous avons développée dans le chapitre VIII, le principe de la croyance à la transmutation des métaux. Quoi qu'il en soit des résultats obtenus à diverses époques, ce n'est que depuis la vulgarisation des manifestations spirites qu'il est sérieusement question de l'écriture directe. Le premier qui paraît l'avoir fait connaître à Paris dans ces dernières années, c'est M. le baron de Guldenstubbe, qui a publié sur ce sujet un ouvrage très intéressant, contenant un grand nombre de *fac-similé* des écritures qu'il a obtenues[11]. Le phénomène était déjà connu en Amérique depuis quelque temps. La position sociale de M. de Guldenstubbe, son indépendance, la considération dont il jouit dans le monde le plus élevé, écartent incontestablement toute suspicion de fraude volontaire, car il ne peut être mû par aucun motif d'intérêt. On pourrait tout au plus croire qu'il était lui-même le jouet d'une illusion ; mais à cela un fait répond péremptoirement, c'est l'obtention du même phénomène par d'autres personnes, en s'entourant de toutes les précautions nécessaires pour éviter toute supercherie et toute cause d'erreur.

☞ 148. L'écriture directe s'obtient, comme en général la plupart des manifestations spirites *non spontanées*, par le recueillement, la prière et l'évocation. On en a souvent obtenu dans les églises, sur les tombeaux, au pied des statues ou des images des personnages que l'on appelle ; mais il est évident que la localité n'a d'autre influence que de provoquer un plus grand recueillement et une plus grande concentration de la pensée ; car il est prouvé qu'on l'obtient également sans ces accessoires et dans les endroits les plus vulgaires, sur un simple meuble domestique, si l'on se trouve dans les conditions morales voulues, et si l'on jouit de la faculté médianimique nécessaire. Dans le principe on prétendait qu'il fallait déposer un crayon avec le papier ; le fait alors pouvait jusqu'à un certain point s'expliquer. On sait que les Esprits opèrent le mouvement et le déplacement des objets ; qu'ils les saisissent et les lancent quelquefois à travers l'espace ; ils pouvaient donc tout aussi bien saisir le crayon et s'en servir pour tracer des caractères ; puisqu'ils lui donnent l'impulsion par l'intermédiaire de la main du médium, d'une planchette, etc., ils pouvaient également le faire d'une manière directe. Mais on ne tarda pas à reconnaître que la présence du crayon n'était pas nécessaire, et qu'il suffisait d'un simple morceau de papier plié ou non, sur lequel on trouve, après quelques minutes, des caractères tracés. Ici le phénomène change complètement de face et nous jette dans un ordre de choses entièrement nouveau ; ces caractères ont été tracés avec une substance quelconque ; du moment qu'on n'a pas fourni cette substance à l'Esprit, il l'a donc faite, composée lui-même ; où l'a-t-il puisée ? Là était le problème.

Si l'on veut bien se reporter aux explications données dans le chapitre VIII, n° 127 et 128, on y trouvera la théorie complète de ce phénomène. Dans cette écriture, l'Esprit ne se sert ni de nos substances, ni de nos instruments ; il fait lui-même la matière et les instruments dont il a besoin, en puisant ses matériaux dans l'élément primitif universel auquel il fait subir, par sa volonté, les modifications nécessaires à l'effet qu'il veut produire. Il peut donc tout aussi bien fabriquer du crayon rouge, de l'encre d'impression ou de l'encre ordinaire que du crayon noir, voire des caractères typographiques assez résistants pour donner un relief à l'empreinte, ainsi que nous

---

11. *La réalité des Esprits et de leurs manifestations*, démontrée par le phénomène de l'écriture directe. Par M. le baron de Guldenstubbe. 1 vol. in-8°, avec 15 planches et 93 *fac-similé*.

en avons vu des exemples. La fille d'un monsieur que nous connaissons, enfant de 12 à 13 ans, a obtenu des pages entières écrites avec une substance analogue au pastel.

☞ 149. Tel est le résultat auquel nous a conduit le phénomène de la tabatière rapporté dans le chapitre VII, n° 116, et sur lequel nous nous sommes longuement étendu, parce que nous y avons vu l'occasion de sonder une des lois les plus graves du spiritisme, loi dont la connaissance peut éclairer plus d'un mystère même du monde visible. C'est ainsi que d'un fait, vulgaire en apparence, peut jaillir la lumière ; le tout est d'observer avec soin, et c'est ce que chacun peut faire comme nous, quand on ne se bornera pas à voir des effets sans en chercher les causes. Si notre foi s'affermit de jour en jour, c'est parce que nous comprenons ; faites donc comprendre, si vous voulez faire des prosélytes sérieux. L'intelligence des causes a un autre résultat, c'est de tracer une ligne de démarcation entre la vérité et la superstition.

Si nous envisageons l'écriture directe au point de vue des avantages qu'elle peut offrir, nous dirons que, jusqu'à présent, sa principale utilité a été la constatation matérielle d'un fait grave : l'intervention d'une puissance occulte qui trouve par là un nouveau moyen de se manifester. Mais les communications que l'on obtient ainsi sont rarement de quelque étendue ; elles sont généralement spontanées et bornées à des mots, des sentences, souvent des signes inintelligibles ; on en a obtenu dans toutes les langues, en grec, en latin, en syriaque, en caractères hiéroglyphiques, etc., mais elles ne se sont point encore prêtées à ces entretiens suivis et rapides que permet la psychographie ou écriture par médiums.

Pneumatophonie

☞ 150. Les Esprits, pouvant produire des bruits et des coups frappés, peuvent tout aussi bien faire entendre des cris de toute nature, et des sons vocaux imitant la voix humaine, à nos côtés ou dans le vague de l'air ; c'est ce phénomène que nous désignons sous le nom de *pneumatophonie*. D'après ce que nous connaissons de la nature des Esprits, on peut penser que certains d'entre eux, quand ils sont d'un ordre inférieur, se font illusion et croient parler comme de leur vivant. (Voir *Revue spirite*, février 1858 : *Histoire du revenant de mademoiselle Clairon*.)

Il faudrait toutefois se garder de prendre pour des voix occultes tous les sons qui n'ont pas de cause connue, ou de simples tintements d'oreilles, et surtout de croire qu'il y a la moindre vérité dans la croyance vulgaire que l'oreille qui tinte nous avertit qu'on parle de nous quelque part. Ces tintements, dont la cause est purement physiologique, n'ont d'ailleurs aucun sens, tandis que les sons pneumatophoniques expriment des pensées, et c'est à cela seul qu'on peut reconnaître qu'ils sont dus à une cause intelligente et non accidentelle. On peut poser en principe que les effets *notoirement intelligents* sont les seuls qui puissent attester l'intervention des Esprits ; quant aux autres, il y a au moins cent chances contre une qu'ils sont dus à des causes fortuites.

☞ 151. Il arrive assez fréquemment que dans le demi-sommeil on entend distinctement prononcer des mots, des noms, quelquefois même des phrases entières, et cela assez fortement pour nous réveiller en sursaut. Quoiqu'il puisse arriver qu'en certains cas ce soit bien réellement une manifestation, ce phénomène n'a rien d'assez positif pour qu'on ne puisse aussi l'attribuer à une cause analogue à celle que nous avons développée dans la théorie de l'hallucination, chapitre VI, n° 111 et suivants. Ce que l'on entend de cette manière n'a du reste aucune suite ; il n'en est pas de même quand on est tout à fait éveillé, car alors, si c'est un Esprit qui se fait entendre, on peut presque toujours faire avec lui échange de pensées et lier une conversation régulière.

Les sons spirites ou pneumatophoniques ont deux manières bien distinctes de se produire : c'est quelquefois une voix intime qui retentit dans le for intérieur ; mais, bien que les paroles soient claires et distinctes, elles n'ont cependant rien de matériel ; d'autres fois elles sont extérieures et aussi distinctement articulées que si elles provenaient d'une personne que l'on aurait à côté de soi. De quelque manière qu'il se produise, le phénomène de la pneumatophonie est presque toujours spontané et ne peut que bien rarement être provoqué.

CHAPITRE XIII
PSYCHOGRAPHIE

Psychographie indirecte : corbeilles et planchettes

☞ 152. La science spirite a progressé comme toutes les autres, et plus rapidement que les autres ; car quelques années à peine nous séparent de ces moyens primitifs et incomplets qu'on appelait trivialement les tables parlantes et l'on en est déjà à pouvoir communiquer avec les Esprits aussi facilement et aussi rapidement que les hommes le font entre eux, et cela par les mêmes moyens : l'écriture et la parole. L'écriture a surtout l'avantage d'accuser plus matériellement l'intervention d'une puissance occulte et de laisser des traces que l'on peut conserver, comme nous le faisons pour notre propre correspondance. Le premier moyen employé a été celui des planchettes et des corbeilles munies d'un crayon. Voici quelle en est la disposition.

☞ 153. Nous avons dit qu'une personne douée d'une aptitude spéciale peut imprimer un mouvement de rotation à une table ou à un objet quelconque ; prenons, au lieu d'une table, une petite corbeille de quinze à vingt centimètres de diamètre (qu'elle soit en bois ou en osier, peu importe, la substance est indifférente). Si maintenant à travers le fond de cette corbeille on fait passer un crayon solidement assujetti, la pointe en dehors et en bas, et qu'on maintienne le tout en équilibre sur la pointe du crayon, placé lui-même sur une feuille de papier, en posant les doigts sur les bords de la corbeille, celle-ci prendra son mouvement ; mais au lieu de tourner, elle promènera le crayon en sens divers sur le papier, de manière à former soit des traits insignifiants, soit des caractères d'écriture. Si un Esprit est évoqué, et qu'il veuille se communiquer, il répondra, non plus par des coups frappés, comme dans la typtologie, mais par des mots écrits. Le mouvement de la corbeille n'est plus automatique comme dans les tables tournantes, il devient intelligent. Dans cette disposition, le crayon, arrivé à l'extrémité de la ligne, ne revient pas sur lui-même pour en commencer une autre ; il continue circulairement, de telle sorte que la ligne d'écriture forme une spirale et qu'il faut retourner plusieurs fois le papier pour lire ce qui est écrit. L'écriture ainsi obtenue n'est pas toujours très lisible, les mots n'étant point séparés ; mais le médium, par une sorte d'intuition, la déchiffre aisément. Par système d'économie, on peut substituer l'ardoise et le crayon d'ardoise au papier et au crayon ordinaire. Nous désignerons cette corbeille sous le nom de *corbeille-toupie*. À la corbeille on substitue quelquefois un carton assez semblable aux boîtes de dragées ; le crayon en forme l'axe comme dans le jouet appelé *toton*.

☞ 154. Plusieurs autres dispositions ont été imaginées pour atteindre le même but. Le plus commode est celle que nous appellerons *corbeille à bec*, et qui consiste à adapter sur la corbeille une tige de bois inclinée, faisant saillie de dix à quinze centimètres d'un côté, dans la position du mât de beaupré d'un navire. Par un trou pratiqué à l'extrémité de cette tige, ou du bec, on fait passer un crayon assez long pour que la pointe repose sur le papier. Le médium ayant les doigts sur les bords de la corbeille, tout l'appareil s'agite et le crayon écrit comme dans le cas ci-dessus, avec cette différence que l'écriture est, en général, plus lisible, les mots séparés, et que les lignes ne sont plus en spirale, mais se suivent comme dans l'écriture ordinaire, le médium pouvant aisément ramener le crayon d'une ligne à l'autre. On obtient ainsi des dissertations de plusieurs pages aussi rapidement que si l'on écrivait avec la main.

☞ 155. L'intelligence qui agit se manifeste souvent par d'autres signes équivoques. Arrivé à la fin de la page, le crayon fait spontanément un mouvement pour la retourner; veut-il se reporter à un passage précédent, dans la même page ou dans une autre, il la cherche avec la pointe du crayon, comme on le ferait avec le doigt, puis le souligne. L'Esprit veut-il enfin s'adresser à l'un des assistants, le bout de la tige de bois se dirige vers lui. Pour abréger, il exprime souvent les mots *oui* et *non* par les signes d'affirmation et de négation que nous faisons avec la tête; s'il veut exprimer la colère et l'impatience, il frappe à coups redoublés avec la pointe du crayon, et souvent il le casse.

☞ 156. Au lieu de corbeille, quelques personnes se servent d'une sorte de petite table faite exprès, de douze à quinze centimètres de long sur cinq à six de hauteur, à trois pieds, dont l'un porte le crayon; les deux autres sont arrondis ou garnis d'une petite boule d'ivoire, pour glisser facilement sur le papier. D'autres se servent simplement d'une *planchette* de quinze à vingt centimètres carrés, triangulaire, oblongue ou ovale; sur l'un des bords est un trou *oblique* pour mettre le crayon; placée pour écrire, elle se trouve inclinée, et s'appuie par un de ses côtés sur le papier; le côté qui pose sur le papier est quelquefois garni de deux petites roulettes pour faciliter le mouvement. On conçoit, du reste, que toutes ces dispositions n'ont rien d'absolu; la plus commode est la meilleure.

Avec tous ces appareils, il faut presque toujours être deux; mais il n'est pas nécessaire que la seconde personne soit douée de la faculté médianimique: elle sert uniquement à maintenir l'équilibre et à diminuer la fatigue du médium.

Psychographie directe ou manuelle

☞ 157. Nous appelons *psychographie indirecte* l'écriture ainsi obtenue, par opposition à la *psychographie directe* ou *manuelle* obtenue par le médium même. Pour comprendre ce dernier procédé, il faut se rendre compte de ce qui se passe dans cette opération. L'Esprit étranger qui se communique agit sur le médium; celui-ci, sous cette influence, dirige *machinalement* son bras et sa main pour écrire, sans avoir (c'est du moins le cas le plus ordinaire) la moindre conscience de ce qu'il écrit; la main agit sur la corbeille, et la corbeille sur le crayon. Ainsi *ce n'est point la corbeille qui devient intelligente*, c'est un instrument dirigé par une intelligence; ce n'est en réalité qu'un porte-crayon, un appendice de la main, un intermédiaire entre la main et le crayon; supprimez cet intermédiaire, et placez le crayon dans la main, vous aurez le même résultat, avec un mécanisme beaucoup plus simple, puisque le médium écrit comme il le fait dans les conditions normales ; ainsi toute personne qui écrit à l'aide d'une corbeille, planchette ou autre objet, peut écrire directement. De tous les moyens de communication, l'*écriture à la main*, désignée par quelques-uns sous le nom d'*écriture involontaire*, est, sans contredit, le plus simple, le plus facile et le plus commode, parce qu'il n'exige aucune préparation, et qu'il se prête, comme l'écriture courante, aux développements les plus étendus. Nous y reviendrons en parlant des médiums.

☞ 158. Au début des manifestations, alors qu'on avait à ce sujet des idées moins précises, plusieurs écrits ont été publiés avec cette désignation : *Communications d'une corbeille, d'une planchette, d'une table*, etc. On comprend aujourd'hui tout ce que ces expressions ont d'insuffisant ou d'erroné, abstraction faite de leur caractère peu sérieux. En effet, comme nous venons de le voir, les tables, planchettes et corbeilles ne sont que des instruments *inintelligents*, quoique animés momentanément d'une vie factice, et qui ne peuvent rien communiquer par eux-mêmes ; c'est ici prendre l'effet pour la cause, l'instrument pour le principe ; autant vaudrait qu'un auteur mît sur le titre de son ouvrage qu'il l'a écrit avec une plume métallique ou une plume d'oie. Ces instruments, d'ailleurs, ne sont point absolus ; nous connaissons quelqu'un qui, au lieu de la *corbeille-toupie* que nous avons décrite, se servait d'un entonnoir au goulot duquel il passait le crayon. On aurait donc pu avoir les communications d'un entonnoir, et tout aussi bien celles d'une casserole ou d'un saladier. Si elles ont lieu au moyen de coups, et que ces coups soient frappés par une chaise ou un bâton, ce n'est plus une table parlante, mais une chaise ou un bâton parlant. Ce qu'il importe de connaître, ce n'est pas la nature de l'instrument, mais le mode d'obtention. Si la communication a lieu par l'écriture, que le porte-crayon soit tout ce que l'on voudra, c'est pour nous de la *psychographie* ; si c'est par les coups, c'est de la *typtologie*. Le spiritisme prenant les proportions d'une science, il lui faut un langage scientifique.

CHAPITRE XIV
DES MÉDIUMS

☞ 159. Toute personne qui ressent à un degré quelconque l'influence des Esprits est, par cela même, médium. Cette faculté est inhérente à l'homme, et par conséquent n'est point un privilège exclusif; aussi en est-il peu chez lesquels on n'en trouve quelques rudiments. On peut donc dire que tout le monde, à peu de chose près, est médium. Toutefois, dans l'usage, cette qualification ne s'applique qu'à ceux chez lesquels la faculté médianimique est nettement caractérisée, et se traduit par des effets patents d'une certaine intensité, ce qui dépend alors d'une organisation plus ou moins sensitive. Il est, en outre, à remarquer que cette faculté ne se révèle pas chez tous de la même manière ; les médiums ont généralement une aptitude spéciale pour tel ou tel ordre de phénomènes, ce qui en fait autant de variétés qu'il y a de sortes de manifestations. Les principales sont : *les médiums à effets physiques ; les médiums sensitifs* ou *impressibles ; auditifs ; parlants ; voyants ; somnambules ; guérisseurs ; pneumatographes ; écrivains* ou *psychographes*.

Médiums à effets physiques

☞ 160. *Les médiums à effets physiques* sont plus spécialement aptes à produire des phénomènes matériels, tels que les mouvements des corps inertes, les bruits, etc. On peut les diviser en *médiums facultatifs* et *médiums involontaires*. (Voir 2° partie, chapitres II et IV.)
Les médiums facultatifs sont ceux qui ont la conscience de leur pouvoir et qui produisent des phénomènes spirites par l'acte de leur volonté. Cette faculté, bien qu'inhérente à l'espèce humaine, comme nous l'avons déjà dit, est loin d'exister chez tous au même degré ; mais s'il est peu de personnes chez lesquelles elle soit absolument nulle, celles qui sont aptes à produire les grands effets, tels que la suspension des corps graves dans l'espace, la translation aérienne et surtout les apparitions, sont plus rares encore. Les effets les plus simples sont ceux de la rotation d'un objet, des coups frappés par le soulèvement de cet objet ou dans sa substance même. Sans attacher une importance capitale à ces phénomènes, nous engageons à ne pas les négliger ; ils peuvent donner lieu à des observations intéressantes et aider à la conviction. Mais il est à remarquer que la faculté de produire des effets matériels existe rarement chez ceux qui ont des moyens plus parfaits de communication, comme l'écriture ou la parole. Généralement la faculté diminue dans un sens à mesure qu'elle se développe dans un autre.

☞ 161. *Les médiums involontaires* ou *naturels* sont ceux dont l'influence s'exerce à leur insu. Ils n'ont aucune conscience de leur pouvoir, et souvent ce qui se passe d'anormal autour d'eux ne leur semble nullement extraordinaire ; cela fait partie d'eux-mêmes, absolument comme les personnes douées de la seconde vue et qui ne s'en doutent pas. Ces sujets sont très dignes d'observation, et l'on ne doit pas négliger de recueillir et d'étudier les faits de ce genre qui peuvent venir à notre connaissance ; ils se manifestent à tout âge, et souvent chez de très jeunes enfants. (Voir ci-dessus, chapitre V, *Manifestations spontanées*.)

Cette faculté n'est point, par elle-même, l'indice d'un état pathologique, car elle n'est pas incompatible avec une santé parfaite. Si celui qui la possède est souffrant, cela tient à une cause étrangère ; aussi les moyens thérapeutiques sont-ils impuissants pour la faire cesser. Elle peut, dans certains cas, être consécutive d'une certaine faiblesse organique, mais elle n'est jamais cause efficiente. On ne saurait donc raisonnablement en concevoir aucune inquiétude au point de vue hygiénique ; elle ne pourrait avoir d'inconvénient que si le sujet, devenu médium facultatif, en faisait un usage abusif, parce qu'alors il y aurait chez lui émission trop abondante de fluide vital, et, par suite, affaiblissement des organes.

☞ 162. La raison se révolte à l'idée des tortures morales et corporelles auxquelles la science a quelquefois soumis des êtres faibles et délicats en vue de s'assurer s'il n'y avait pas supercherie de leur part ; ces *expérimentations*, le plus souvent faites avec malveillance, sont toujours nuisibles aux organisations sensitives ; il pourrait en résulter de graves désordres dans l'économie ; faire de telles épreuves, c'est jouer avec la vie. L'observateur de bonne foi n'a pas besoin de l'emploi de ces moyens ; celui qui est familiarisé avec ces sortes de phénomènes sait, d'ailleurs, qu'ils appartiennent plus à l'ordre moral qu'à l'ordre physique, et qu'on en chercherait vainement la solution dans nos sciences exactes.

Par cela même que ces phénomènes tiennent à l'ordre moral, on doit éviter avec un soin non moins scrupuleux tout ce qui peut surexciter l'imagination. On sait les accidents que peut occasionner la peur, et l'on serait moins imprudent si l'on connaissait tous les cas de folie et d'épilepsie qui ont leur source dans les contes de loups-garous et de Croque-mitaine ; que sera-ce donc si l'on persuade que c'est le *diable* ? Ceux qui accréditent de telles idées ne savent pas la responsabilité qu'ils assument : *ils peuvent tuer*. Or, le danger n'est pas pour le sujet seul, il est aussi pour ceux qui l'entourent et qui peuvent être effrayés par la pensée que leur maison est un repaire de démons. C'est cette croyance funeste qui a causé tant d'actes d'atrocité dans les temps d'ignorance. Avec un peu plus de discernement cependant, on aurait dû songer qu'en brûlant le corps censément possédé par le diable, on ne brûlait pas le diable. Puisqu'on voulait se défaire du diable, c'est lui qu'il fallait tuer ; la doctrine spirite, en nous éclairant sur la véritable cause de tous ces phénomènes, lui donne le coup de grâce. *Loin donc de faire naître cette pensée, on doit, et c'est un devoir de moralité et d'humanité, la combattre si elle existe.*

Ce qu'il faut faire quand une faculté semblable se développe spontanément chez un individu, c'est de laisser le phénomène suivre son cours naturel : la nature est plus prudente que les hommes ; la Providence, d'ailleurs, a ses vues, et le plus petit peut être l'instrument des plus grands desseins. Mais, il faut en convenir, ce phénomène acquiert quelquefois des proportions fatigantes et importunes pour tout le monde[12] ; or, voici dans tous les cas ce qu'il faut faire. Dans le chapitre V, *des*

---

12. Un des faits les plus extraordinaires de cette nature, par la variété et l'étrangeté des

Manifestations physiques spontanées, nous avons déjà donné quelques conseils à ce sujet, en disant qu'il faut chercher à se mettre en rapport avec l'Esprit pour savoir de lui ce qu'il veut. Le moyen suivant est également fondé sur l'observation.

Les Etres invisibles qui révèlent leur présence par des effets sensibles sont, en général, des Esprits d'un ordre inférieur, et que l'on peut dominer par l'ascendant moral ; c'est cet ascendant qu'il faut chercher à acquérir.

Pour obtenir cet ascendant, il faut faire passer le sujet de l'état de *médium naturel* à celui de *médium facultatif*. Il se produit alors un effet analogue à ce qui a lieu dans le somnambulisme. On sait que le somnambulisme naturel cesse généralement quand il est remplacé par le somnambulisme magnétique. On n'arrête point la faculté émancipatrice de l'âme, on lui donne un autre cours. Il en est de même de la faculté médianimique. À cet effet, au lieu d'entraver les phénomènes, ce à quoi l'on réussit rarement et ce qui n'est pas toujours sans danger, il faut exciter le médium à les produire à sa volonté en s'imposant à l'Esprit ; par ce moyen, il parvient à le maîtriser, et d'un dominateur quelquefois tyrannique, il en fait un être subordonné et souvent très docile. Un fait digne de remarque, et justifié par l'expérience, c'est qu'en pareil cas un enfant a autant et souvent plus d'autorité qu'un adulte : preuve nouvelle à l'appui de ce point capital de la doctrine, que l'Esprit n'est enfant que par le corps, et qu'il a par lui-même un développement nécessairement antérieur à son incarnation actuelle, développement qui peut lui donner de l'ascendant sur des Esprits qui lui sont inférieurs.

La moralisation de l'Esprit par les conseils d'une tierce personne influente et expérimentée, si le médium n'est pas en état de le faire, est souvent un moyen très efficace ; nous y reviendrons plus tard.

Personnes électriques

☞ 163. C'est à cette catégorie de médiums que sembleraient appartenir les personnes douées d'une certaine dose d'électricité naturelle, véritables *torpilles humaines*, produisant par le simple contact tous les effets d'attraction et de répulsion. On aurait tort cependant de les regarder comme des *médiums*, car la véritable mé-

phénomènes, est sans contredit celui qui eut lieu, en 1852, dans le Palatinat (Bavière rhénane), à Bergzabern près de Wissembourg. Il est d'autant plus remarquable qu'il réunit à peu près, et chez le même sujet, tous les genres de manifestations spontanées : tapage à ébranler la maison, bouleversement des meubles, objets lancés au loin par une main invisible, visions et apparitions, somnambulisme, extase, catalepsie, attraction électrique, cris et sons aériens, instruments jouant sans contact, communications intelligentes, etc., et, ce qui n'est pas d'une médiocre importance, la constatation de ces faits, pendant près de deux ans, par d'innombrables témoins oculaires dignes de foi par leur savoir et leur position sociale. Le récit authentique en a été publié, à cette époque, dans plusieurs journaux allemands, et notamment dans une brochure aujourd'hui épuisée et très rare. On trouvera la traduction complète de cette brochure dans la *Revue Spirite* de 1858, avec les commentaires et explications nécessaires. C'est, à notre connaissance, la seule publication française qui en ait été faite. Outre l'intérêt saisissant qui se rattache à ces phénomènes, ils sont éminemment instructifs au point de vue de l'étude pratique du spiritisme.

diumnité suppose l'intervention directe d'un Esprit ; or, dans le cas dont nous parlons, des expériences concluantes ont prouvé que l'électricité est l'unique agent de ces phénomènes. Cette faculté bizarre, qu'on pourrait presque appeler une infirmité, peut quelquefois s'allier à la médiumnité, comme on peut le voir dans l'histoire de l'*Esprit frappeur de Bergzabern* ; mais souvent elle est complètement indépendante. Ainsi que nous l'avons dit, la seule preuve de l'intervention des Esprits, c'est le caractère intelligent des manifestations ; toutes les fois que ce caractère n'existe pas, on est fondé à les attribuer à une cause purement physique. La question est de savoir si les *personnes électriques* auraient une aptitude plus grande à devenir *médiums à effets physiques* ; nous le pensons, mais ce serait un résultat d'expérience.

Médiums sensitifs ou impressibles

☞ 164. On désigne ainsi les personnes susceptibles de ressentir la présence des Esprits par une vague impression, une sorte de frôlement sur tous les membres, dont elles ne peuvent se rendre compte. Cette variété n'a pas de caractère bien tranché ; tous les médiums sont nécessairement impressibles, l'impressionnabilité est ainsi plutôt une qualité générale que spéciale : c'est la faculté rudimentaire indispensable au développement de toutes les autres ; elle diffère de l'impressionnabilité purement physique et nerveuse, avec laquelle il ne faut pas la confondre ; car il y a des personnes qui n'ont pas les nerfs délicats et qui ressentent plus ou moins l'effet de la présence des Esprits, de même que d'autres très irritables ne les ressentent pas du tout.

Cette faculté se développe par l'habitude, et peut acquérir une telle subtilité, que celui qui en est doué reconnaît à l'impression qu'il ressent, non seulement la nature bonne ou mauvaise de l'Esprit qui est à ses côtés, mais même son individualité, comme l'aveugle reconnaît à un certain je ne sais quoi l'approche de telle ou telle personne ; il devient, par rapport aux Esprits, un véritable sensitif. Un bon Esprit fait toujours une impression douce et agréable ; celle d'un mauvais Esprit, au contraire, est pénible, anxieuse et désagréable ; il y a comme un flair d'impureté.

Médiums auditifs

☞ 165. Ils entendent la voix des Esprits ; c'est, comme nous l'avons dit en parlant de la pneumatophonie, quelquefois une voix intime qui se fait entendre dans le for intérieur ; d'autres fois c'est une voix extérieure, claire et distincte comme celle d'une personne vivante. Les médiums auditifs peuvent ainsi entrer en conversation avec les Esprits. Lorsqu'ils ont l'habitude de communiquer avec certains Esprits, ils les reconnaissent immédiatement au caractère de la voix. Quand on n'est pas soi-même doué de cette faculté, on peut également communiquer avec un Esprit, par l'intermédiaire d'un médium auditif qui remplit l'office de truchement.

Cette faculté est très agréable quand le médium n'entend que de bons Esprits, ou seulement ceux qu'il appelle ; mais il n'en est pas de même quand un mauvais Esprit s'acharne après lui et lui fait entendre à chaque minute les choses les plus désagréables, et quelquefois les plus inconvenantes. Il faut alors chercher à s'en débarrasser par les moyens que nous indiquerons au chapitre de l'*Obsession*.

Médiums parlants

☞ 166. Les médiums auditifs qui ne font que transmettre ce qu'ils entendent ne sont pas, à proprement parler, des *médiums parlants*; ces derniers, très souvent, n'entendent rien; chez eux l'Esprit agit sur les organes de la parole comme il agit sur la main des médiums écrivains. L'Esprit voulant se communiquer se sert de l'organe qu'il trouve le plus flexible chez le médium; à l'un il emprunte la main, à un autre la parole, à un troisième l'ouïe. Le médium parlant s'exprime généralement sans avoir la conscience de ce qu'il dit, et souvent il dit des choses complètement en dehors de ses idées habituelles, de ses connaissances et même de la portée de son intelligence. Quoi qu'il soit parfaitement éveillé et dans un état normal, il conserve rarement le souvenir de ce qu'il dit; en un mot, la parole est chez lui un instrument dont se sert l'Esprit, et avec lequel une personne étrangère peut entrer en communication, comme il peut le faire par l'entremise du médium auditif.

La passivité du médium parlant n'est pas toujours aussi complète; il en est qui ont l'intuition de ce qu'ils disent au moment même où ils prononcent les mots. Nous reviendrons sur cette variété quand nous traiterons des médiums intuitifs.

Médiums voyants

☞ 167. Les médiums voyants sont doués de la faculté de voir les Esprits. Il en est qui jouissent de cette faculté dans l'état normal, alors qu'ils sont parfaitement éveillés, et en conservent un souvenir exact; d'autres ne l'ont que dans un état somnambulique ou voisin du somnambulisme. Cette faculté est rarement permanente; elle est presque toujours l'effet d'une crise momentanée et passagère. On peut placer dans la catégorie des médiums voyants toutes les personnes douées de la seconde vue. La possibilité de voir les Esprits en rêve résulte sans contredit d'une sorte de médiumnité, mais ne constitue pas, à proprement parler, les médiums voyants. Nous avons expliqué ce phénomène dans le chapitre VI, des *Manifestations visuelles*.

Le médium voyant croit voir par les yeux, comme ceux qui ont la double vue; mais, en réalité, c'est l'âme qui voit, et c'est la raison pour laquelle ils voient tout aussi bien les yeux fermés que les yeux ouverts; d'où il suit qu'un aveugle peut voir les Esprits comme celui qui a la vue intacte. Il y aurait sur ce dernier point une étude intéressante à faire, ce serait de savoir si cette faculté est plus fréquente chez les aveugles. Des Esprits qui avaient été aveugles nous ont dit que, de leur vivant, ils avaient, par l'âme, la perception de certains objets, et qu'ils n'étaient pas plongés dans l'obscurité *noire*.

☞ 168. Il faut distinguer les apparitions accidentelles et spontanées de la faculté proprement dite de voir les Esprits. Les premières sont fréquentes, surtout au moment de la mort des personnes que l'on a aimées ou connues, et qui viennent avertir qu'elles ne sont plus de ce monde. Il y a de nombreux exemples de faits de ce genre, sans parler des visions pendant le sommeil. D'autres fois, ce sont également des parents ou amis qui, quoique morts depuis plus ou moins longtemps, apparaissent, soit pour avertir d'un danger, soit pour donner un conseil ou demander un service. Le service que peut réclamer un Esprit consiste généralement dans l'accomplissement d'une chose qu'il n'a pu faire de son vivant, ou dans le secours des prières. Ces apparitions sont des faits isolés qui ont toujours un caractère individuel et personnel et ne constituent pas une faculté proprement dite. La faculté consiste dans la possibilité, sinon permanente, du moins très fréquente, de voir le premier Esprit venu, même celui qui nous est le plus étranger. C'est cette faculté qui constitue, à proprement parler, les médiums voyants.

Parmi les médiums voyants, il en est qui ne voient que les Esprits que l'on évoque et dont ils peuvent faire la description avec une minutieuse exactitude ; ils décrivent dans les moindres détails leurs gestes, l'expression de leur physionomie, les traits du visage, le costume et jusqu'aux sentiments dont ils paraissent animés. Il en est d'autres chez lesquels cette faculté est encore plus générale ; ils voient toute la population spirite ambiante aller, venir, et l'on pourrait dire vaquer à ses affaires.

☞ 169. Nous assistâmes un soir à la représentation de l'opéra d'*Obéron* avec un très bon médium voyant. Il y avait dans la salle un assez grand nombre de places vacantes, mais dont beaucoup étaient occupées par des Esprits qui avaient l'air de prendre leur part du spectacle ; quelques-uns allaient auprès de certains spectateurs et semblaient écouter leur conversation. Sur le théâtre se passait une autre scène ; derrière les acteurs plusieurs Esprits d'humeur joviale s'amusaient à les contrefaire en imitant leurs gestes d'une manière grotesque ; d'autres, plus sérieux, semblaient inspirer les chanteurs, et faire des efforts pour leur donner de l'énergie. L'un d'eux était constamment auprès d'une des principales cantatrices ; nous lui crûmes des intentions un peu légères ; l'ayant appelé après la chute du rideau, il vint à nous, et nous reprocha avec quelque sévérité notre jugement téméraire. Je ne suis pas ce que vous croyez, dit-il, je suis son guide et son Esprit protecteur ; c'est moi qui suis chargé de la diriger. Après quelques minutes d'un entretien très grave, il nous quitta en disant : Adieu ; elle est dans sa loge ; il faut que j'aille veiller sur elle. Nous évoquâmes ensuite l'Esprit de Weber, l'auteur de l'opéra, et lui demandâmes ce qu'il pensait de l'exécution de son œuvre. « Ce n'est pas trop mal, dit-il, mais c'est mou ; les acteurs chantent, voilà tout ; il n'y a pas d'inspiration. Attendez, ajouta-t-il, je vais essayer de leur donner un peu du feu sacré. » Alors on le vit sur la scène, planant au-dessus des acteurs ; un effluve semblait partir de lui et se répandre sur eux ; à ce moment, il y eut chez eux une recrudescence visible d'énergie.

☞ 170. Voici un autre fait qui prouve l'influence que les Esprits exercent sur les hommes à leur insu. Nous étions, comme ce soir-là, à une représentation théâtrale avec un autre médium voyant. Ayant engagé une conversation avec un *Esprit spectateur*, celui-ci nous dit : Vous voyez bien ces deux dames seules dans cette loge des premières ; eh bien ! je me fais fort de leur faire quitter la salle. Cela dit, on le vit aller se placer dans la loge en question et parler aux deux dames ; tout à coup celles-ci, qui étaient très attentives au spectacle, se regardent, semblent se consulter, puis s'en vont et ne reparaissent plus. L'Esprit nous fit alors un geste comique pour montrer qu'il avait tenu parole ; mais nous ne le revîmes plus pour lui demander de plus amples explications. C'est ainsi que nous avons pu maintes fois être témoin du rôle que jouent les Esprits parmi les vivants ; nous les avons observés dans divers lieux de réunion, au bal, au concert, au sermon, aux funérailles, aux noces, etc., et partout nous en avons trouvé attisant les passions mauvaises, soufflant la discorde, excitant les rixes et se réjouissant de leurs prouesses ; d'autres, au contraire, combattaient cette influence pernicieuse, mais n'étaient que rarement écoutés.

☞ 171. La faculté de voir les Esprits peut sans doute se développer, mais c'est une de celles dont il convient d'attendre le développement naturel sans le provoquer, si l'on ne veut s'exposer à être le jouet de son imagination. Quand le germe d'une faculté existe, elle se manifeste d'elle-même ; en principe, il faut se contenter de celles que Dieu nous a accordées, sans rechercher l'impossible ; car alors, en voulant trop avoir, on risque de perdre ce qu'on a.

Quand nous avons dit que les faits d'apparitions spontanées sont fréquents (n° 107), nous n'avons pas voulu dire qu'ils sont très communs ; quant aux médiums voyants proprement dits, ils sont encore plus rares, et il y a beaucoup à se défier de ceux qui prétendent jouir de cette faculté ; il est prudent de n'y ajouter foi que sur des preuves positives. Nous ne parlons même pas de ceux qui se font la ridicule illusion des Esprits globules, que nous avons décrite n° 108, mais de ceux qui prétendent voir les Esprits d'une manière rationnelle. Certaines personnes peuvent sans doute se tromper de bonne foi, mais d'autres peuvent aussi simuler cette faculté par amour-propre ou par intérêt. Dans ce cas, il faut particulièrement tenir compte du caractère, de la moralité et de la sincérité habituelle ; mais c'est surtout dans les circonstances de détail qu'on peut trouver le contrôle le plus certain, car il en est qui ne peuvent laisser de doute, comme, par exemple, l'exactitude du portrait d'Esprits que le médium n'a jamais connus vivants. Le fait suivant est dans cette catégorie.

Une dame veuve, dont le mari se communique fréquemment à elle, se trouvait un jour avec un médium voyant qui ne la connaissait pas, non plus que sa famille ; le médium lui dit : - Je vois un Esprit près de vous. - Ah ! dit la dame, c'est sans doute mon mari qui ne me quitte presque jamais. - Non, répondit le médium, c'est une femme d'un certain âge ; elle est coiffée d'une manière singulière ; elle a un bandeau blanc sur le front.

À cette particularité et à d'autres détails descriptifs, la dame reconnut sa grand-mère à ne pas s'y méprendre, et à laquelle elle ne songeait nullement dans ce moment. Si le médium avait voulu simuler la faculté, il lui était facile d'abonder dans la pensée de la dame, tandis qu'au lieu du mari dont elle était préoccupée, il voit une femme avec une particularité de coiffure dont rien ne pouvait lui donner l'idée. Ce fait prouve une autre chose, c'est que la vue, chez le médium, n'était le reflet d'aucune pensée étrangère. (Voir n° 102.)

Médiums somnambules

☞ 172. Le somnambulisme peut être considéré comme une variété de la faculté médianimique, ou pour mieux dire, ce sont deux ordres de phénomènes qui se trouvent très souvent réunis. Le somnambule agit sous l'influence de son propre Esprit ; c'est son âme qui, dans les moments d'émancipation, voit, entend et perçoit en dehors de la limite des sens ; ce qu'il exprime, il le puise en lui-même ; ses idées sont en général plus justes que dans l'état normal, ses connaissances plus étendues, parce que son âme est libre ; en un mot, il vit par anticipation de la vie des Esprits. Le médium, au contraire, est l'instrument d'une intelligence étrangère ; il est passif, et ce qu'il dit ne vient point de lui. En résumé, le somnambule exprime sa propre pensée, et le médium exprime celle d'un autre. Mais l'Esprit qui se communique à un médium ordinaire peut tout aussi bien le faire à un somnambule ; souvent même l'état d'émancipation de l'âme, pendant le somnambulisme, rend cette communication plus facile. Beaucoup de somnambules voient parfaitement les Esprits et les décrivent avec autant de précision que les médiums voyants ; ils peuvent s'entretenir avec eux et nous transmettre leur pensée ; ce qu'ils disent en dehors du cercle de leurs connaissances personnelles leur est souvent suggéré par d'autres Esprits. Voici un exemple remarquable où la double action de l'Esprit du somnambule et de l'Esprit étranger se révèle de la manière la moins équivoque.

☞ 173. Un de nos amis avait pour somnambule un jeune garçon de 14 à 15 ans, d'une intelligence très vulgaire et d'une instruction extrêmement bornée. Néanmoins, en somnambulisme, il a donné des preuves d'une lucidité extraordinaire et d'une grande perspicacité. Il excellait surtout dans le traitement des maladies, et a fait un grand nombre de cures regardées comme impossibles. Un jour, il donnait une consultation à un malade dont il décrivit le mal avec une exactitude parfaite. - Ce n'est pas tout, lui dit-on, il s'agit maintenant d'indiquer le remède. - Je ne puis pas, répond-il, *mon ange docteur n'est pas là*. - Qu'entendez-vous par votre ange docteur ? - Celui qui me dicte les remèdes. - Ce n'est donc pas vous qui voyez les remèdes ? - Eh ! non ; puisque je vous dis que c'est mon ange docteur qui me les dicte.
Ainsi, chez ce somnambule, l'action de *voir* le mal était le fait de son propre Esprit qui, pour cela, n'avait besoin d'aucune assistance ; mais l'indication des remèdes lui était donnée par un autre ; cet autre n'étant pas là, il ne pouvait rien dire. Seul, il n'était que *somnambule* ; assisté de ce qu'il appelait son ange docteur, il était *somnambule-médium*.

☞ 174. La lucidité somnambulique est une faculté qui tient à l'organisme et qui est tout à fait indépendante de l'élévation, de l'avancement et même de l'état moral du sujet. Un somnambule peut donc être très lucide et être incapable de résoudre certaines questions si son Esprit est peu avancé. Celui qui parle par lui-même peut donc dire des choses bonnes ou mauvaises, justes ou fausses, mettre plus ou moins de délicatesse et de scrupule dans ses procédés, selon le degré d'élévation ou d'infériorité de son propre Esprit ; c'est alors que l'assistance d'un Esprit étranger peut suppléer à son insuffisance ; mais un somnambule peut être assisté par un Esprit menteur, léger, ou même mauvais, tout aussi bien que les médiums ; c'est ici surtout que les qualités morales ont une grande influence pour attirer les bons Esprits. (Voir *Livre des Esprits*, *Somnambulisme*, n° 425 ; et ci-après le chapitre sur *l'influence morale du médium*.)

Médiums guérisseurs

☞ 175. Nous ne parlerons ici que pour mémoire de cette variété de médiums, parce que ce sujet exigerait des développements trop étendus pour notre cadre ; nous savons d'ailleurs qu'un médecin de nos amis se propose de le traiter dans un ouvrage spécial sur la médecine intuitive. Nous dirons seulement que ce genre de médiumnité consiste principalement dans le don que certaines personnes possèdent de guérir par le simple attouchement, par le regard, par un geste même, sans le secours d'aucune médication. On dira sans doute que ce n'est pas autre chose que du magnétisme. Il est évident que le fluide magnétique joue ici un grand rôle ; mais quand on examine ce phénomène avec soin, on reconnaît sans peine qu'il y a quelque chose de plus. La magnétisation ordinaire est un véritable traitement suivi, régulier et méthodique ; là les choses se passent tout différemment. Tous les magnétiseurs sont à peu près aptes à guérir s'ils savent s'y prendre convenablement, tandis que chez les médiums guérisseurs la faculté est spontanée, et quelques-uns même la possèdent sans avoir jamais entendu parler de magnétisme. L'intervention d'une puissance occulte, qui constitue la médiumnité, devient évidente en certaines circonstances, elle l'est surtout quand on considère que la plupart des personnes que l'on peut avec raison qualifier de médiums guérisseurs ont recours à la prière, qui est une véritable évocation. (Voir ci-dessus, n° 131.)

☞ 176. Voici les réponses qui nous ont été faites aux questions suivantes adressées aux Esprits sur ce sujet.

◇ 1. Peut-on considérer les personnes douées de la puissance magnétique comme formant une variété de médiums ?
« Vous n'en pouvez douter. »

◇ 2. Cependant, le médium est un intermédiaire entre les Esprits et l'homme ; or, le magnétiseur, puisant sa force en lui-même, ne semble être l'intermédiaire d'aucune puissance étrangère ?
« C'est une erreur ; la puissance magnétique réside sans doute en l'homme, mais elle est augmentée par l'action des Esprits qu'il appelle à son aide. Si tu magnétises en vue de guérir, par exemple, et que tu invoques un bon Esprit qui s'intéresse à toi et à ton malade, il augmente ta force et ta volonté, il dirige ton fluide et lui donne les qualités nécessaires. »

◇ 3. Il y a cependant de très bons magnétiseurs qui ne croient pas aux Esprits ?
« Penses-tu donc que les Esprits n'agissent que sur ceux qui croient en eux ? Ceux qui magnétisent pour le bien sont secondés par de bons Esprits. Tout homme qui a le désir du bien les appelle sans s'en douter ; de même que, par le désir du mal et les

mauvaises intentions, il appelle les mauvais. »

❧ 4. Celui qui ayant la puissance croirait à l'intervention des Esprits, agirait-il plus efficacement ?
« Il ferait des choses que vous regarderiez comme des miracles. »

❧ 5. Certaines personnes ont-elles véritablement le don de guérir par le simple attouchement, sans l'emploi des passes magnétiques ?
« Assurément ; n'en avez-vous pas de nombreux exemples ? »

❧ 6. Dans ce cas y a-t-il action magnétique ou seulement influence des Esprits ?
« L'un et l'autre. Ces personnes sont de véritables médiums, puisqu'elles agissent sous l'influence des Esprits ; mais ce n'est pas à dire qu'elles soient médiums guérisseurs comme vous l'entendez. »

❧ 7. Ce pouvoir peut-il se transmettre ?
« Le pouvoir, non ; mais la connaissance des choses nécessaires pour l'exercer si on le possède. Tel ne se douterait pas qu'il a ce pouvoir s'il ne croyait qu'il lui a été transmis. »

❧ 8. Peut-on obtenir des guérisons par la seule prière ?
« Oui, quelquefois si Dieu le permet ; mais peut-être que le bien du malade est de souffrir encore, et alors vous croyez que votre prière n'est pas écoutée. »

❧ 9. Y a-t-il pour cela des formules de prières plus efficaces les unes que les autres ?
« La superstition seule peut attacher une vertu à certaines paroles, et des Esprits ignorants ou menteurs peuvent seuls entretenir de pareilles idées en prescrivant des formules. Cependant, il peut arriver que, pour des personnes peu éclairées et incapables de comprendre les choses purement spirituelles, l'emploi d'une formule contribue à leur donner confiance ; dans ce cas ce n'est pas la formule qui est efficace, mais la foi qui est augmentée par l'idée attachée à l'emploi de la formule. »

Médiums pneumatographes

☞ 177. On donne ce nom aux médiums aptes à obtenir l'écriture directe, ce qui n'est pas donné à tous les médiums écrivains. Cette faculté est jusqu'à présent assez rare ; elle se développe probablement par l'exercice ; mais, comme nous l'avons dit, son utilité pratique se borne à une constatation patente de l'intervention d'une puissance occulte dans les manifestations. L'expérience seule peut faire connaître si on la possède ; on peut donc essayer et d'ailleurs on peut le demander à un Esprit protecteur par les autres moyens de communication. Selon le plus ou le moins de puissance du médium, on obtient de simples traits, des signes, des lettres, des mots, des phrases et même des pages entières. Il suffit ordinairement de poser une feuille de papier pliée dans un endroit quelconque ou désigné par l'Esprit, pendant dix minutes ou un quart d'heure, quelquefois plus. La prière et le recueillement sont des conditions essentielles ; c'est pourquoi on peut regarder comme impossible de rien obtenir dans une réunion de personnes peu sérieuses, ou qui ne seraient pas animées de sentiments sympathiques et bienveillants. (Voir la théorie de l'écriture directe, chapitre VIII, *Laboratoire du monde invisible* (n° 127 et suivants), et chapitre XII, *Pneumatographie.*)

Nous traiterons d'une manière spéciale des médiums écrivains dans les chapitres suivants.

CHAPITRE XV
MÉDIUMS ECRIVAINS OU PSYCHOGRAPHES

☞ 178. De tous les moyens de communication, l'écriture manuelle est le plus simple, le plus commode et surtout le plus complet. C'est vers celui-là que doivent tendre tous les efforts, car il permet d'établir avec les Esprits des relations aussi suivies et aussi régulières que celles qui existent entre nous. On doit s'y attacher d'autant plus que c'est celui par lequel les Esprits révèlent le mieux leur nature et le degré de leur perfection ou de leur infériorité. Par la facilité qu'ils ont à s'exprimer, ils nous font connaître leurs pensées intimes et nous mettent ainsi à même de les juger et de les apprécier à leur valeur. La faculté d'écrire, pour un médium, est en outre celle qui est le plus susceptible de se développer par l'exercice.

Médiums mécaniques

☞ 179. Si l'on examine certains effets qui se produisent dans les mouvements de la table, de la corbeille ou de la planchette qui écrit, on ne peut douter d'une action exercée directement par l'Esprit sur ces objets. La corbeille s'agite parfois avec tant de violence, qu'elle échappe des mains du médium ; quelquefois même elle se dirige vers certaines personnes du cercle pour les frapper ; d'autres fois ses mouvements témoignent d'un sentiment affectueux. La même chose a lieu lorsque le crayon est placé dans la main ; souvent il est lancé au loin avec force, ou bien la main, comme la corbeille, s'agite convulsivement et frappe la table avec colère, alors même que le médium est dans le plus grand calme et s'étonne de n'être pas maître de lui. Disons, en passant, que ces effets dénotent toujours la présence d'Esprits imparfaits ; les Esprits réellement supérieurs sont constamment calmes, dignes et bienveillants ; s'ils ne sont pas écoutés convenablement, ils se retirent, et d'autres prennent leur place. L'Esprit peut donc exprimer directement sa pensée, soit par le mouvement d'un objet dont la main du médium n'est que le point d'appui, soit par son action sur la main elle-même.
Lorsque l'Esprit agit directement sur la main, il donne à celle-ci une impulsion complètement indépendante de la volonté. Elle marche sans interruption et malgré le médium tant que l'Esprit a quelque chose à dire, et s'arrête quand il a fini.
Ce qui caractérise le phénomène dans cette circonstance, c'est que le médium n'a pas la moindre conscience de ce qu'il écrit, l'inconscience absolue, dans ce cas, constitue ce qu'on appelle les *médiums passif*s ou *mécaniques*. Cette faculté est précieuse en ce qu'elle ne peut laisser aucun doute sur l'indépendance de la pensée de celui qui écrit.

Médiums intuitifs

☞ 180. La transmission de la pensée a aussi lieu par l'intermédiaire de l'Esprit du médium, ou mieux de son âme, puisque nous désignons sous ce nom l'Esprit incarné. L'Esprit étranger, dans ce cas, n'agit pas sur la main pour la faire écrire ; il ne la tient pas, il ne la guide pas ; il agit sur l'âme avec laquelle il s'identifie. L'âme, sous cette impulsion, dirige la main, et la main dirige le crayon. Remarquons ici une chose importante à savoir, c'est que l'Esprit étranger ne se substitue point à l'âme, car il ne saurait la déplacer : il la domine à son insu, il lui implique sa volonté. Dans cette circonstance, le rôle de l'âme n'est point absolument passif ; c'est elle qui reçoit la pensée de l'Esprit étranger et qui la transmet. Dans cette situation, le médium a la conscience de ce qu'il écrit, quoique ce ne soit pas sa propre pensée ; il est ce qu'on appelle *médium intuitif*.

S'il en est ainsi, dira-t-on, rien ne prouve que ce soit plutôt un Esprit étranger qui écrit que celui du médium. La distinction est en effet quelquefois assez difficile à faire, mais il peut arriver que cela importe peu. Toutefois, on peut reconnaître la pensée suggérée en ce qu'elle n'est jamais préconçue ; elle naît à mesure que l'on écrit, et souvent elle est contraire à l'idée préalable qu'on s'était formée ; elle peut même être en dehors des connaissances et des capacités du médium.

Le rôle du médium mécanique est celui d'une machine ; le médium intuitif agit comme le ferait un truchement ou interprète. Celui-ci, en effet, pour transmettre la pensée, doit la comprendre, se l'approprier en quelque sorte pour la traduire fidèlement, et pourtant cette pensée n'est pas la sienne : elle ne fait que traverser son cerveau. Tel est exactement le rôle du médium intuitif.

Médiums semi-mécaniques

☞ 181. Dans le médium purement mécanique, le mouvement de la main est indépendant de la volonté ; dans le médium intuitif, le mouvement est volontaire et facultatif. Le médium semi-mécanique participe des deux autres ; il sent une impulsion donnée à sa main malgré lui, mais en même temps, il a la conscience de ce qu'il écrit à mesure que les mots se forment. Chez le premier, la pensée suit l'acte de l'écriture ; chez le second, elle le précède ; chez le troisième, elle l'accompagne. Ces derniers médiums sont les plus nombreux.

Médiums inspirés

☞ 182. Toute personne qui, soit dans l'état normal, soit dans l'état d'extase, reçoit, par la pensée, des communications étrangères à ses idées préconçues, peut être rangée dans la catégorie des médiums inspirés ; c'est, comme on le voit, une variété de la médiumnité intuitive, avec cette différence que l'intervention d'une puissance occulte y est encore bien moins sensible, car, chez l'inspiré, il est encore plus difficile de distinguer la pensée propre de celle qui est suggérée. Ce qui caractérise cette dernière, c'est surtout la spontanéité. L'inspiration nous vient des Esprits qui nous influencent en bien ou en mal, mais elle est plutôt le fait de ceux qui nous veulent du bien et dont nous avons trop souvent le tort de ne pas suivre les conseils ; elle s'applique à toutes les circonstances de la vie dans les résolutions que nous devons prendre ; sous ce rapport on peut dire que tout le monde est médium, car il n'est personne qui n'ait ses Esprits protecteurs et familiers qui font tous leurs efforts pour suggérer à leurs protégés des pensées salutaires. Si l'on était bien pénétré de cette vérité, on aurait plus souvent recours à l'inspiration de son ange gardien dans les moments où l'on ne sait que dire ou que faire. Qu'on l'invoque donc avec *ferveur* et *confiance* en cas de nécessité, et l'on sera le plus souvent étonné des idées qui surgiront comme par enchantement, soit que l'on ait un parti à prendre, soit que l'on ait quelque chose à composer. Si aucune idée ne venait, c'est qu'il faudrait attendre. La preuve que l'idée qui survient est bien une idée étrangère à soi, c'est que si elle eût été en soi, on en eût toujours été maître, et il n'y aurait pas de raison pour qu'elle ne se manifestât pas à volonté. Celui qui n'est pas aveugle n'a qu'à ouvrir les yeux pour voir quand il veut ; de même, celui qui a des idées à lui les a toujours à sa disposition ; si elles ne lui viennent pas à son gré, c'est qu'il est obligé de les puiser ailleurs que dans son propre fonds.

On peut encore rattacher à cette catégorie les personnes qui, sans être douées d'une intelligence hors ligne, et sans sortir de l'état normal, ont des éclairs d'une lucidité intellectuelle qui leur donne momentanément une facilité inaccoutumée de conception et d'élocution, et, dans certains cas, le pressentiment des choses futures. Dans ces moments qu'on appelle justement d'inspiration, les idées abondent, se suivent, s'enchaînent pour ainsi dire d'elles-mêmes et par une impulsion involontaire et presque fébrile ; il nous semble qu'une intelligence supérieure vient nous aider et que notre esprit est débarrassé d'un fardeau.

☞ 183. Les hommes de génie dans tous les genres, artistes, savants, littérateurs, sont sans doute des Esprits avancés, capables par eux-mêmes de comprendre et de concevoir de grandes choses ; or, c'est précisément parce qu'ils sont jugés capables, que les Esprits qui veulent l'accomplissement de certains travaux leur suggèrent les idées nécessaires, et c'est ainsi qu'ils sont le plus souvent *médiums sans le savoir*. Ils ont pourtant une vague intuition d'une assistance étrangère, car celui qui fait appel à l'inspiration ne fait pas autre chose qu'une évocation ; s'il n'espérait pas être entendu, pourquoi s'écrierait-il si souvent : Mon bon génie, viens à mon aide !
Les réponses suivantes confirment cette assertion.

➪ Quelle est la cause première de l'inspiration ?
« Esprit qui se communique par la pensée. »

➪ L'inspiration n'a-t-elle pour objet que la révélation des grandes choses ?
« Non, elle a souvent rapport aux circonstances les plus ordinaires de la vie. Par exemple, tu veux aller quelque part : une voix secrète te dit de ne pas le faire parce qu'il y a du danger pour toi ; ou bien elle te dit de faire une chose à laquelle tu ne pensais pas : c'est de l'inspiration. Il y a bien peu de personnes qui n'aient été plus ou moins inspirées dans certains moments. »

➪ Un auteur, un peintre, un musicien, par exemple, dans les moments d'inspiration, pourraient-ils être considérés comme médiums ?
« Oui, car dans ces moments, leur âme est plus libre et comme dégagée de la ma-

tière ; elle recouvre une partie de ses facultés d'Esprit et reçoit plus facilement les communications des autres Esprits qui l'inspirent. »

Médiums à pressentiments

☞ 184. Le pressentiment est une intuition vague des choses futures. Certaines personnes ont cette faculté plus ou moins développée ; elles peuvent la devoir à une sorte de double vue qui leur permet d'entrevoir les conséquences des choses présentes et la filiation des événements ; mais souvent aussi elle est le fait de communications occultes, et c'est dans ce cas surtout qu'on peut donner à ceux qui en sont doués le nom de *médiums à pressentiments*, qui sont une variété des *médiums inspirés*.

CHAPITRE XVI
MÉDIUMS SPÉCIAUX

Aptitudes spéciales des médiums

☞ 185. Outre les catégories de médiums que nous venons d'énumérer, la médiumnité présente une variété infinie de nuances qui constituent ce qu'on appelle les médiums spéciaux, et qui tiennent à des aptitudes particulières non encore définies, abstraction faite des qualités et des connaissances de l'Esprit qui se manifeste.

La nature des communications est toujours relative à la nature de l'Esprit, et porte le cachet de son élévation ou de son infériorité, de son savoir ou de son ignorance ; mais à mérite égal, au point de vue hiérarchique, il y a incontestablement chez lui une propension à s'occuper d'une chose plutôt que d'une autre ; les Esprits frappeurs, par exemple, ne sortent guère des manifestations physiques ; et parmi ceux qui donnent des manifestations intelligentes il y a des Esprits poètes, musiciens, dessinateurs, moralistes, savants, médecins, etc. Nous parlons des Esprits d'un ordre moyen, car, arrivées à un certain degré, les aptitudes se confondent dans l'unité de la perfection. Mais, à côté de l'aptitude de l'Esprit, il y a celle du médium qui est pour lui un instrument plus ou moins commode, plus ou moins flexible, et dans lequel il découvre des qualités particulières que nous ne pouvons apprécier.

Prenons une comparaison : un musicien très habile a sous la main plusieurs violons qui, pour le vulgaire, seront tous de bons instruments, mais entre lesquels l'artiste consommé fait une grande différence ; il y saisit des nuances d'une extrême délicatesse qui lui feront choisir les uns et rejeter les autres, nuances qu'il comprend par intuition plutôt qu'il ne peut les définir. Il en est de même à l'égard des médiums : à qualités égales dans la puissance médianimique, l'Esprit donnera la préférence à l'un ou à l'autre, selon le genre de communication qu'il veut faire. Ainsi, par exemple, on voit des personnes écrire, comme médiums, d'admirables poésies, quoique, dans les conditions ordinaires, elles n'aient jamais pu ou su faire deux vers ; d'autres, au contraire, qui sont poètes, et qui, comme médiums, n'ont jamais pu écrire que de la prose, malgré leur désir. Il en est de même du dessin, de la musique, etc. Il y en a qui, sans avoir par eux-mêmes des connaissances scientifiques, ont une aptitude plus particulière pour recevoir des communications savantes ; d'autres sont pour les études historiques ; d'autres servent plus aisément d'interprètes aux Esprits moralistes ; en un mot, quelle que soit la flexibilité du médium, les communications qu'il reçoit avec le plus de facilité ont généralement un cachet spécial ; il en est même qui ne sortent pas d'un certain cercle d'idées, et quand ils s'en écartent, ils n'ont que des communications incomplètes, laconiques et souvent fausses. En dehors des causes d'aptitude, les Esprits se communiquent encore plus ou moins volontiers par tel ou tel intermédiaire, selon leurs sympathies ; ainsi, toutes choses égales d'ailleurs, le même Esprit sera beaucoup plus explicite avec certains médiums, uniquement parce qu'ils lui conviennent mieux.

☞ 186. On serait donc dans l'erreur si, par cela seul qu'on a sous la main un bon médium, eût-il même l'écriture la plus facile, on pensait obtenir par lui de bonnes communications en tous genres. La première condition est, sans contredit, de s'assurer de la source d'où elles émanent, c'est-à-dire des qualités de l'Esprit qui les transmet ; mais il n'est pas moins nécessaire d'avoir égard aux qualités de l'instrument que l'on donne à l'Esprit ; il faut donc étudier la nature du médium comme on étudie la nature de l'Esprit, car ce sont là les deux éléments essentiels pour obtenir un résultat satisfaisant. Il en est un troisième qui joue un rôle également important, c'est l'intention, la pensée intime, le sentiment plus ou moins louable de celui qui interroge ; et cela se conçoit : *Pour qu'une communication soit bonne, il faut qu'elle émane d'un Esprit bon ; pour que ce bon Esprit* PUISSE *la transmettre, il lui faut un bon instrument ; pour qu'il* VEUILLE *la transmettre, il faut que le but lui convienne.* L'Esprit, qui lit dans la pensée, juge si la question qu'on lui propose mérite une réponse sérieuse, et si la personne qui la lui adresse est digne de la recevoir ; dans le cas contraire, il ne perd pas son temps à semer de bons grains sur des pierres, et c'est alors que les Esprits légers et moqueurs se donnent carrière, parce que, s'inquiétant peu de la vérité, ils n'y regardent pas de si près, et sont généralement assez peu scrupuleux sur le but et sur les moyens.

Nous résumons ici les principaux genres de médiumnité afin d'en présenter, en quelque sorte, le tableau synoptique, comprenant ceux que nous avons déjà décrits dans les chapitres précédents, en indiquant les numéros où il en est question avec plus de détails.

Nous avons groupé les différentes variétés de médiums par analogie de causes et d'effets, sans que cette classification ait rien d'absolu. Quelques-unes se rencontrent fréquemment ; d'autres, au contraire, sont rares et même exceptionnelles, ce que nous avons soin de mentionner. Ces dernières indications ont toutes été fournies par les Esprits qui, du reste, ont revu ce tableau avec un soin tout particulier et l'ont complété par de nombreuses observations et de nouvelles catégories, de telle sorte qu'il est, pour ainsi dire, entièrement leur ouvrage. Nous avons indiqué par des guillemets leurs observations textuelles lorsque nous avons cru devoir les faire ressortir. Elles sont pour la plupart d'*Eraste* et de *Socrate*.

Tableau synoptique des différentes variétés de médiums

☞ 187. On peut diviser les médiums en deux grandes catégories :

Les médiums à effets physiques ; ceux qui ont le pouvoir de provoquer des effets matériels ou des manifestations ostensibles. (N° 160.)

Les médiums à effets intellectuels ; ceux qui sont plus spécialement propres à recevoir et à transmettre les communications intelligentes. (N° 65 et suivants.)

Toutes les autres variétés se rattachent plus ou moins directement à l'une ou à l'autre de ces deux catégories ; quelques-unes tiennent aux deux. Si l'on analyse les différents phénomènes produits sous l'influence médianimique, on verra que, dans tous, il y a un effet physique, et qu'aux effets physiques se joint le plus souvent un effet intelligent. La limite entre les deux est quelquefois difficile à établir, mais cela ne tire à aucune conséquence. Nous comprenons sous la dénomination de *médiums à effets intellectuels* ceux qui peuvent plus spécialement servir d'intermédiaires pour les communications régulières et suivies. (N° 133.)

☞ 188. *Variétés communes à tous les genres de médiumnité.*

Médiums sensitifs; personnes susceptibles de ressentir la présence des esprits par une impression générale ou locale, vague ou matérielle. La plupart distinguent les Esprits bons ou mauvais à la nature de l'impression. (N° 164.)

« Les médiums délicats et très sensitifs doivent s'abstenir des communications avec les Esprits violents ou dont l'impression est pénible, à cause de la fatigue qui en résulte. »

Médiums naturels ou *inconscients*; ceux qui produisent les phénomènes spontanément, sans aucune participation de leur volonté, et le plus souvent à leur insu. (N° 161.)

Médiums facultatifs ou *volontaires*; ceux qui ont la puissance de provoquer les phénomènes par un acte de leur volonté. (N° 160.)

« Quelle que soit cette volonté, ils ne peuvent rien si les Esprits s'y refusent ; ce qui prouve l'intervention d'une puissance étrangère. »

☞ 189. *Variétés spéciales pour les effets physiques.*

Médiums typteurs; ceux par l'influence desquels se produisent les bruits et les coups frappés. Variété très commune, avec ou sans la volonté.

Médiums moteurs; ceux qui produisent le mouvement des corps inertes. Très communs. (N° 61.)

Médiums à translations et à suspensions; ceux qui produisent la translation aérienne et la suspension des corps inertes dans l'espace sans point d'appui. Il en est qui peuvent s'élever eux-mêmes. Plus ou moins rares, selon le développement du phénomène ; très rares dans le dernier cas. (N° 75 et suivants ; n° 80.)

Médiums à effets musicaux; ils provoquent le jeu de certains instruments sans contact. Très rares. (N° 74 ; question 24.)

Médiums à apparitions; ceux qui peuvent provoquer des apparitions fluidiques ou tangibles, visibles pour les assistants. Très exceptionnels. (N° 100 ; question 27 ; n° 104.)

Médiums à apports; ceux qui peuvent servir d'auxiliaires aux Esprits pour l'apport d'objets matériels. Variété des médiums moteurs et à translations. Exceptionnels. (N° 96.)

Médiums nocturnes; ceux qui n'obtiennent certains effets physiques que dans l'obscurité. Voici la réponse d'un Esprit à la question de savoir si l'on peut considérer ces médiums comme formant une variété.

« On peut certainement en faire une spécialité, mais ce phénomène tient plutôt à des conditions ambiantes qu'à la nature du médium ou des Esprits ; je dois ajouter que quelques-uns échappent à cette influence du milieu, et que la plupart des médiums nocturnes pourraient arriver, par l'exercice, à agir aussi bien à la lumière que dans l'obscurité. Cette variété de médiums est peu nombreuse ; et, il faut bien le dire, à la faveur de cette condition qui laisse toute liberté dans l'emploi des trucs, de la ventriloquie et des tuyaux acoustiques, des charlatans ont trop souvent abusé de la crédulité en se faisant passer pour médiums afin de récolter des écus. Mais qu'importe ? les jongleurs en chambre, comme les jongleurs de place publique, seront cruellement démasqués, et les Esprits leur prouveront qu'il ne fait pas bon s'immiscer dans leurs œuvres. Oui, je le répète, certains charlatans recevront sur les doigts d'une façon assez rude pour les dégoûter du métier de faux médiums. Du reste, tout cela n'aura qu'un temps. »

—ERASTE

Médiums pneumatographes ; ceux qui obtiennent l'écriture directe. Phénomène très rare, et surtout très facile à imiter par la jonglerie. (N° 177.)

Remarque : Les Esprits ont insisté, contre notre opinion, pour placer l'écriture directe parmi les phénomènes de l'ordre physique, par la raison, ont-ils dit, que : « Les effets intelligents sont ceux pour lesquels l'Esprit se sert des matériaux cérébraux du médium, ce qui n'est pas le cas dans l'écriture directe ; l'action du médium est ici toute matérielle, tandis que chez le médium écrivain, même complètement mécanique, le cerveau joue toujours un rôle actif. »

Médiums guérisseurs ; ceux qui ont le pouvoir de guérir ou de soulager par l'imposition des mains ou la prière.

« Cette faculté n'est pas essentiellement médianimique ; elle appartient à tous les vrais croyants, qu'ils soient médiums ou non ; elle n'est souvent qu'une exaltation de la puissance magnétique fortifiée en cas de besoin par le concours de bons Esprits. » (N° 175.)

Médiums excitateurs ; personnes qui ont le pouvoir de développer chez les autres, par leur influence, la faculté d'écrire.

« C'est plutôt ici un effet magnétique qu'un fait de médiumnité proprement dite, car rien ne prouve l'intervention d'un Esprit. Dans tous les cas, il appartient à l'ordre des effets physiques. » (Voir le chapitre de la *Formation des médiums*.)

☞ 190. *Médiums spéciaux pour les effets intellectuels. Aptitudes diverses.*

Médiums auditifs ; ceux qui entendent les Esprits. Assez communs. (N° 165.)

« Il y en a beaucoup qui se figurent entendre ce qui n'est que dans leur imagination. »

Médiums parlants ; ceux qui parlent sous l'influence des Esprits. Assez communs. (N° 166.)

Médiums voyants ; ceux qui voient les Esprits à l'état de veille. La vue accidentelle et fortuite d'un Esprit dans une circonstance particulière est assez fréquente ; mais la vue habituelle ou facultative des Esprits sans distinction est exceptionnelle. (N° 167.)

« C'est une aptitude à laquelle s'oppose l'état actuel des organes ; c'est pourquoi il est utile de ne pas toujours croire sur parole ceux qui disent voir les Esprits.»

Médiums inspirés; ceux auxquels des pensées sont suggérées par les Esprits, le plus souvent à leur insu, soit pour les actes ordinaires de la vie, soit pour les grands travaux de l'intelligence. (N° 182.)

Médiums à pressentiments; personnes qui, dans certaines circonstances, ont une vague intuition des choses futures vulgaires. (N° 184.)

Médiums prophétiques; variété des médiums inspirés ou à pressentiments; ils reçoivent, avec la permission de Dieu, et avec plus de précision que les médiums à pressentiments, la révélation des choses futures d'un intérêt général, et qu'ils sont chargés de faire connaître aux hommes pour leur instruction.
«S'il y a de vrais prophètes, il y en a plus encore de faux, et qui prennent les rêves de leur imagination pour des révélations, quand ce ne sont pas des fourbes qui se font passer pour tels par ambition.» (Voir au *Livre des Esprits*, n° 624, caractères du vrai prophète.)

Médiums somnambules; ceux qui, dans l'état de somnambulisme, sont assistés par des Esprits. (N° 172.)

Médiums extatiques; ceux qui, dans l'état d'extase, reçoivent des révélations de la part des Esprits.
«Beaucoup d'extatiques sont le jouet de leur propre imagination et des Esprits trompeurs qui profitent de leur exaltation. Ceux qui méritent une entière confiance sont très rares.»

Médiums peintres et dessinateurs; ceux qui peignent ou dessinent sous l'influence des Esprits. Nous parlons de ceux qui obtiennent des choses sérieuses, car on ne saurait donner ce nom à certains médiums auxquels des Esprits moqueurs font faire des choses grotesques que désavouerait le dernier écolier.
Les Esprits légers sont imitateurs. À l'époque où parurent les remarquables dessins de Jupiter, il surgit un grand nombre de prétendus médiums dessinateurs, auxquels des Esprits moqueurs s'amusèrent à faire faire les choses les plus ridicules. L'un d'eux, entre autres, voulant éclipser les dessins de Jupiter, au moins par la dimension si ce n'est par la qualité, fit dessiner à un médium un monument occupant un assez grand nombre de feuilles pour atteindre la hauteur de deux étages. Beaucoup d'autres firent faire de soi-disant portraits qui étaient de véritables caricatures. (*Revue spirite*, août 1858.)

Médiums musiciens; ceux qui exécutent, composent ou écrivent de la musique sous l'influence des Esprits. Il y a des médiums musiciens mécaniques, semi-mécaniques, intuitifs, et inspirés comme pour les communications littéraires. (Voir *Médiums à effets musicaux*.)

Variétés des médiums écrivains

☞ 191. 1° *Selon le mode d'exécution.*

Médiums écrivains ou psychographes ; ceux qui ont la faculté d'écrire eux-mêmes sous l'influence des Esprits.

Médiums écrivains mécaniques ; ceux dont la main reçoit une impulsion involontaire et qui n'ont aucune conscience de ce qu'ils écrivent. Très rares. (N° 179.)

Médiums semi-mécaniques ; ceux dont la main marche involontairement, mais qui ont la conscience instantanée des mots ou des phrases à mesure qu'ils écrivent. Les plus communs. (N° 181.)

Médiums intuitifs ; ceux à qui les Esprits se communiquent par la pensée et dont la main est guidée par la volonté. Ils diffèrent des médiums inspirés, en ce que ces derniers n'ont pas besoin d'écrire, tandis que le médium intuitif écrit la pensée qui lui est suggérée instantanément sur un sujet déterminé et provoqué. (N° 180.)
« Ils sont très communs, mais aussi très sujets à l'erreur, parce que souvent ils ne peuvent discerner ce qui provient des Esprits ou de leur propre fait. »

Médiums polygraphes ; ceux dont l'écriture change avec l'Esprit qui se communique, ou qui sont aptes à reproduire l'écriture que l'Esprit avait de son vivant. Le premier cas est très ordinaire ; le second, celui de l'identité de l'écriture, est plus rare. (N° 219.)

Médiums polyglottes ; ceux qui ont la faculté de parler ou d'écrire dans des langues qui leur sont étrangères. Très rares.

Médiums illettrés ; ceux qui écrivent, comme médiums sans savoir ni lire ni écrire dans l'état ordinaire.
« Plus rares que les précédents ; il y a une plus grande difficulté matérielle à vaincre. »

☞ 192.2° *Selon le développement de la faculté.*

Médiums novices ; ceux dont les facultés ne sont point encore complètement développées et qui manquent de l'expérience nécessaire.

Médiums improductifs ; ceux qui ne parviennent à obtenir que des choses insignifiantes, des monosyllabes, des traits ou des lettres sans suite. (Voir le chapitre de la *Formation des médiums*.)

Médiums faits ou formés ; ce sont ceux dont les facultés médianimiques sont complètement développées, qui transmettent les communications qu'ils reçoivent avec facilité, promptitude, sans hésitation. On conçoit que ce résultat ne peut s'obtenir que par l'habitude, tandis que, chez les *médiums novices*, les communications sont lentes et difficiles.

Médiums laconiques ; ceux dont les communications, quoique faciles, sont brèves et sans développement.

Médiums explicites ; les communications qu'ils obtiennent ont toute l'ampleur et toute l'étendue que l'on peut attendre d'un écrivain consommé.
« Cette aptitude tient à l'expansion et à la facilité de combinaison des fluides ; les Esprits les recherchent pour traiter les sujets qui comportent de grands dévelop-

pements.»

Médiums expérimentés. La facilité d'exécution est une affaire d'habitude qui s'acquiert souvent en peu de temps, tandis que l'expérience est le résultat d'une étude sérieuse de toutes les difficultés qui se présentent dans la pratique du spiritisme. L'expérience donne au médium le tact nécessaire pour apprécier la nature des Esprits qui se manifestent, juger leurs qualités bonnes ou mauvaises par les signes les plus minutieux, discerner la fourberie des Esprits trompeurs qui s'abritent sous les apparences de la vérité. On comprend facilement l'importance de cette qualité, sans laquelle toutes les autres sont sans utilité réelle ; le mal est que beaucoup de médiums confondent l'expérience, fruit de l'étude, avec l'aptitude, produit de l'organisation ; ils se croient passés maîtres parce qu'ils écrivent facilement ; ils répudient tous conseils et deviennent la proie des Esprits menteurs et hypocrites qui les captent en flattant leur orgueil. (Voir, ci-après, le chapitre de l'*Obsession*.)

Médiums flexibles ; ceux dont la faculté se prête plus facilement aux divers genres de communications, et par lesquels tous les Esprits, ou à peu près, peuvent se manifester, spontanément ou par évocation.
«Cette variété de médiums se rapproche beaucoup des médiums sensitifs.»

Médiums exclusifs ; ceux par lesquels un Esprit se manifeste de préférence, et même à l'exclusion de tous autres, et répond pour ceux que l'on appelle par l'entremise du médium.
«Cela tient toujours à un défaut de flexibilité ; quand l'Esprit est bon, il peut s'attacher au médium par sympathie et dans un but louable ; quand il est mauvais, c'est toujours en vue de mettre le médium sous sa dépendance. C'est plutôt un défaut qu'une qualité, et très voisin de l'obsession.» (Voir le chapitre de l'*Obsession*.)

Médiums à évocations ; les médiums flexibles sont naturellement les plus propres à ce genre de communication, et aux questions de détail qu'on peut adresser aux Esprits. Il y a sous ce rapport des médiums tout à fait spéciaux.
«Leurs réponses se renferment presque toujours dans un cadre restreint, incompatible avec le développement des sujets généraux.»

Médiums à dictées spontanées ; ils reçoivent de préférence des communications spontanées de la part d'Esprits qui se présentent sans être appelés. Lorsque cette faculté est spéciale chez un médium, il est difficile, quelquefois même impossible, de faire par lui une évocation.
«Cependant, ils sont mieux outillés que ceux de la nuance précédente. Comprenez que l'outillage s'entend ici des matériaux cérébraux, car il faut souvent, je dirai même toujours, une plus grande somme d'intelligence pour les dictées spontanées que pour les évocations. Entendez ici par dictées spontanées celles qui méritent véritablement ce nom, et non pas quelques phrases incomplètes ou quelques pensées banales qui se retrouvent dans tous les casiers humains.»

☞ 193.3° *Selon le genre et la spécialité des communications.*

Médiums versificateurs ; ils obtiennent plus facilement que d'autres des communications versifiées. Assez communs pour les mauvais vers ; très rares pour les bons.

Médiums poétiques ; sans obtenir de vers, les communications qu'ils reçoivent ont quelque chose de vaporeux, de sentimental ; rien n'y sent la rudesse ; ils sont, plus que d'autres, propres à l'expression des sentiments tendres et affectueux. Tout y est vague, et il serait inutile de leur demander rien de précis. Très communs.

Médiums positifs ; leurs communications ont, en général, un caractère de netteté et de précision qui se prête volontiers aux détails circonstanciés, aux renseignements exacts. Assez rares.

Médiums littéraires ; ils n'ont ni le vague des médiums poétiques, ni le terre à terre des médiums positifs ; mais ils dissertent avec sagacité ; leur style est correct, élégant et souvent d'une remarquable éloquence.

Médiums incorrects ; ils peuvent obtenir de très bonnes choses, des pensées d'une moralité irréprochable, mais leur style est diffus, incorrect, surchargé de répétitions et de termes impropres.

« L'incorrection matérielle du style tient généralement au défaut de culture intellectuelle du médium qui n'est pas, pour l'Esprit, un bon instrument sous ce rapport ; l'Esprit y attache peu d'importance ; pour lui la pensée est la chose essentielle, et il vous laisse libre d'y donner la forme convenable. Il n'en est pas de même des idées fausses et illogiques que peut renfermer une communication ; elles sont toujours un indice de l'infériorité de l'Esprit qui se manifeste. »

Médiums historiens ; ceux qui ont une aptitude spéciale pour les développements historiques. Cette faculté, comme toutes les autres, est indépendante des connaissances du médium, car on voit des gens sans instruction, et même des enfants, traiter des sujets bien au-dessus de leur portée. Variété rare des médiums positifs.

Médiums scientifiques ; nous ne disons pas *savants*, car ils peuvent être fort ignorants ; et nonobstant cela ils sont plus spécialement propres aux communications relatives aux sciences.

Médiums médicaux ; leur qualité est de servir plus facilement d'interprètes aux Esprits pour les prescriptions médicales. Il ne faut pas les confondre avec les *médiums guérisseurs*, car ils ne font absolument que transmettre la pensée de l'Esprit, et n'ont par eux-mêmes aucune influence. Assez communs.

Médiums religieux ; ils reçoivent plus spécialement des communications d'un caractère religieux, ou qui traitent les questions de religion, nonobstant leurs croyances ou leurs habitudes.

Médiums philosophes et moralistes ; leurs communications ont généralement pour objet les questions de morale et de haute philosophie. Très communs pour la morale.

« Toutes ces nuances sont des variétés d'aptitudes de bons médiums. Quant à ceux qui ont une aptitude spéciale pour certaines communications scientifiques, historiques, médicales ou autres, au-dessus de leur portée actuelle, soyez persuadés qu'ils ont possédé ces connaissances dans une autre existence, et qu'elles sont restées chez eux à l'état latent ; elles font partie des matériaux cérébraux nécessaires à l'Esprit qui se manifeste ; ce sont les éléments qui lui facilitent la voie pour communiquer ses propres idées, car ces médiums sont pour lui des instruments plus intelligents et plus souples que ne le serait une brute. »

—ERASTE

Médiums à communications triviales et ordurières ; ces mots indiquent le genre de communications que certains médiums reçoivent d'habitude, et la nature des Esprits qui les font. Quiconque a étudié le monde spirite à tous les degrés de l'échelle sait qu'il y en a dont la perversité égale celle des hommes les plus dépravés, et qui se complaisent à exprimer leurs pensées dans les termes les plus grossiers. D'autres, moins abjects, se contentent d'expressions triviales. On comprend que ces médiums doivent avoir le désir d'être délivrés de la préférence que ces Esprits leur accordent, et qu'ils doivent envier ceux qui, dans les communications qu'ils reçoivent, n'ont jamais eu un mot malséant. Il faudrait une étrange aberration d'idées et avoir divorcé avec le bon sens, pour croire qu'un pareil langage puisse être le fait de bons Esprits.

☞ 194. 4° *Selon les qualités physiques du médium.*

Médiums calmes ; ils écrivent toujours avec une certaine lenteur et sans éprouver la moindre agitation.

Médiums véloces ; ils écrivent avec une rapidité plus grande qu'ils ne pourraient le faire volontairement dans l'état ordinaire. Les Esprits se communiquent à eux avec la promptitude de l'éclair ; on dirait qu'il y a en eux une surabondance de fluide qui leur permet de s'identifier instantanément avec l'Esprit. Cette qualité a quelquefois son inconvénient, c'est que la rapidité de l'écriture rend celle-ci très difficile à lire pour tout autre que pour le médium.

« Elle est même très fatigante, parce qu'elle dépense trop de fluide inutilement. »

Médiums convulsifs ; ils sont dans un état de surexcitation presque fébrile ; leur main, et quelquefois toute leur personne est agitée d'un tremblement qu'ils ne peuvent maîtriser. La cause première en est sans doute dans l'organisation, mais elle dépend beaucoup aussi de la nature des Esprits qui se communiquent à eux ; les Esprits bons et bienveillants font toujours une impression douce et agréable ; les mauvais, au contraire, en font une pénible.

« Il faut que ces médiums ne se servent que rarement de leur faculté médianimique, dont l'usage trop fréquent pourrait affecter le système nerveux. » (Chapitre de l'*Identité*, distinction des bons et des mauvais Esprits.)

☞ 195. 5° *Selon les qualités morales du médium.*

Nous les mentionnons sommairement pour mémoire et pour compléter le tableau, attendu qu'elles seront développées ci-après dans les chapitres spéciaux : *De l'Influence morale des médiums, De l'Obsession, De l'Identité des Esprits*, et autres, sur lesquels nous appelons une attention particulière ; on y verra l'influence que les qualités et les travers des médiums peuvent exercer sur la sûreté des communications, et quels sont ceux que l'on peut avec raison considérer comme *médiums imparfaits* ou *bons médiums*.

☞ 196. *Médiums imparfaits*.

Médiums obsédés; ceux qui ne peuvent se débarrasser d'Esprits importuns et trompeurs, mais ne s'abusent pas.

Médiums fascinés; ceux qui sont abusés par des Esprits trompeurs et se font illusion sur la nature des communications qu'ils reçoivent.

Médiums subjugués; ceux qui subissent une domination morale et souvent matérielle de la part de mauvais Esprits.

Médiums légers; ceux qui ne prennent point leur faculté au sérieux, et ne s'en servent que comme amusement ou pour des choses futiles.

Médiums indifférents; ceux qui ne tirent aucun profit moral des instructions qu'ils reçoivent et ne modifient en rien leur conduite et leurs habitudes.

Médiums présomptueux; ceux qui ont la prétention d'être seuls en rapport avec des Esprits supérieurs. Ils croient à leur infaillibilité, et regardent comme inférieur et erroné tout ce qui ne vient pas d'eux.

Médiums orgueilleux; ceux qui tirent vanité des communications qu'ils reçoivent; ils croient n'avoir plus rien à apprendre en spiritisme, et ne prennent pas pour eux les leçons qu'ils reçoivent souvent de la part des Esprits. Ils ne se contentent pas des facultés qu'ils possèdent : ils veulent les avoir toutes.

Médiums susceptibles; variété des médiums orgueilleux; ils se blessent des critiques dont leurs communications peuvent être l'objet; ils se fâchent de la moindre contradiction, et s'ils montrent ce qu'ils obtiennent, c'est pour le faire admirer et non pour demander des avis. Généralement ils prennent en aversion les personnes qui n'y applaudissent pas sans réserve, et désertent les réunions où ils ne peuvent s'imposer et dominer.

« Laissez-les aller se pavaner ailleurs et chercher des oreilles plus complaisantes ou se retirer dans l'isolement; les réunions qu'ils privent de leur présence ne font pas une grande perte. » —ERASTE

Médiums mercenaires; ceux qui exploitent leur faculté.

Médiums ambitieux; ceux qui, sans mettre à prix leur faculté, espèrent en tirer des avantages quelconques.

Médiums de mauvaise foi; ceux qui, ayant des facultés réelles, simulent celles qu'ils n'ont pas pour se donner de l'importance. On ne peut donner le titre de médium aux personnes qui, n'ayant aucune faculté médianimique, ne produisent des effets que par la jonglerie.

Médiums égoïstes; ceux qui ne se servent de leur faculté que pour leur usage personnel, et gardent pour eux les communications qu'ils reçoivent.

Médiums jaloux; ceux qui voient avec dépit d'autres médiums mieux appréciés et qui leur sont supérieurs.

Toutes ces mauvaises qualités ont nécessairement leur contrepartie en bien.

☞ 197. *Bons médiums.*

Médiums sérieux ; ceux qui ne se servent de leur faculté que pour le bien et pour des choses vraiment utiles ; ils croiraient la profaner en la faisant servir à la satisfaction des curieux et des indifférents ou pour des futilités.

Médiums modestes ; ceux qui ne se font aucun mérite des communications qu'ils reçoivent, quelque belles qu'elles soient ; ils s'y regardent comme étrangers, et ne se croient pas à l'abri des mystifications. Loin de fuir les avis désintéressés, ils les sollicitent.

Médiums dévoués ; ceux qui comprennent que le vrai médium a une mission à remplir et doit, quand cela est nécessaire, sacrifier ses goûts, ses habitudes, ses plaisirs, son temps, et même ses intérêts matériels, au bien des autres.

Médiums sûrs ; ceux qui, outre la facilité d'exécution, méritent le plus de confiance, par leur propre caractère, la nature élevée des Esprits dont ils sont assistés, et qui sont le moins exposés à être trompés. Nous verrons plus tard que cette sécurité ne dépend nullement des noms plus ou moins respectables que prennent les Esprits.

« Il est incontestable, vous le sentez bien, qu'en épiloguant ainsi les qualités et les travers des médiums, cela suscitera des contrariétés et même des animosités chez quelques-uns ; mais qu'importe ? la médiumnité se répand de jour en jour davantage, et le médium qui prendrait ces réflexions en mal prouverait une chose, c'est qu'il n'est pas bon médium, c'est-à-dire qu'il est assisté par de mauvais Esprits. Au reste, comme je l'ai dit, tout cela n'aura qu'un temps, et les mauvais médiums, ceux qui abusent ou mésusent de leurs facultés, en subiront de tristes conséquences, comme cela est déjà arrivé pour quelques-uns ; ils apprendront à leurs dépens ce qu'il en coûte de faire tourner au profit de leurs passions terrestres un don que Dieu ne leur avait accordé que pour leur avancement moral. Si vous ne pouvez les ramener dans la bonne voie, plaignez-les, car, je puis le dire, ils sont réprouvés de Dieu. »

—ERASTE

« Ce tableau est d'une grande importance, non seulement pour les médiums sincères qui chercheront de bonne foi, en le lisant, à se préserver des écueils auxquels ils sont exposés, mais aussi pour tous ceux qui se servent de médiums, parce qu'il leur donnera la mesure de ce qu'ils peuvent rationnellement en attendre. Il devrait être constamment sous les yeux de quiconque s'occupe de manifestations, de même que *l'échelle spirite* dont il est le complément ; ces deux tableaux résument tous les principes de la doctrine, et contribueront, plus que vous ne le croyez, à ramener le spiritisme dans sa véritable voie. »

—SOCRATE

☞ 198. Toutes ces variétés de médiums présentent des degrés infinis dans leur intensité ; il en est plusieurs qui ne constituent, à proprement parler, que des nuances, mais qui n'en sont pas moins le fait d'aptitudes spéciales. On conçoit qu'il doit être assez rare que la faculté d'un médium soit rigoureusement circonscrite dans un seul genre ; le même médium peut sans doute avoir plusieurs aptitudes, mais il y en a toujours une qui domine, et c'est celle qu'il doit s'attacher à cultiver si elle est utile. C'est un tort grave que de vouloir pousser quand même au développement d'une faculté qu'on ne possède pas ; il faut cultiver toutes celles dont on reconnaît le germe en soi ; mais poursuivre les autres, c'est d'abord perdre son temps, et en second lieu perdre peut-être, affaiblir pour sûr, celles dont on est doué.

« Lorsque le principe, le germe d'une faculté existe, elle se manifeste toujours par des signes non équivoques. En se renfermant dans sa spécialité, le médium peut exceller et obtenir de grandes et belles choses ; en s'occupant de tout, il n'obtiendra rien de bien. Remarquez en passant que le désir d'étendre indéfiniment le cercle de ses facultés est une prétention orgueilleuse que les Esprits ne laissent jamais impunie ; les bons abandonnent toujours le présomptueux, qui devient ainsi le jouet des Esprits menteurs. Il n'est malheureusement pas rare de voir des médiums ne pas se contenter des dons qu'ils ont reçus, et aspirer, par amour-propre ou ambition, à posséder des facultés exceptionnelles propres à les faire remarquer ; cette prétention leur ôte la qualité la plus précieuse : celle de *médiums sûrs*. »

—SOCRATE

☞ 199. L'étude de la spécialité des médiums est nécessaire, non seulement pour ceux-ci, mais encore pour l'évocateur. Selon la nature de l'Esprit que l'on désire appeler et les questions qu'on veut adresser, il convient de choisir le médium le plus apte à la chose ; s'adresser au premier venu, c'est s'exposer à des réponses incomplètes ou erronées. Prenons une comparaison dans les faits usuels. On ne confiera pas une rédaction, même une simple copie, au premier venu parce qu'il sait écrire. Un musicien veut faire exécuter un morceau de chant de sa composition ; il a à sa disposition plusieurs chanteurs, tous habiles ; cependant, il ne les prendra pas au hasard ; il choisira pour son interprète celui dont la voix, l'expression, toutes les qualités en un mot répondent le mieux à la nature du morceau. Les Esprits font de même à l'égard des médiums et nous devons faire comme les Esprits.

Il est en outre à remarquer que les nuances que présente la médiumnité, et auxquelles on pourrait encore en ajouter d'autres, ne sont pas toujours en rapport avec le caractère du médium ; ainsi, par exemple, un médium naturellement gai et jovial peut avoir habituellement des communications graves, même sévères et *vice versa* : c'est encore une preuve évidente qu'il agit sous l'impulsion d'une influence étrangère. Nous reviendrons sur ce sujet dans le chapitre qui traite de *l'Influence morale du médium*.

CHAPITRE XVII
FORMATION DES MÉDIUMS

Développement de la médiumnité

☞ 200. Nous nous occuperons spécialement ici des médiums écrivains, parce que c'est le genre de médiumnité le plus répandu, et en outre parce que c'est à la fois le plus simple, le plus commode, celui qui donne les résultats les plus satisfaisants et les plus complets ; c'est aussi celui que tout le monde ambitionne. Il n'y a malheureusement jusqu'à présent aucun diagnostic qui puisse indiquer, même approximativement, que l'on possède cette faculté ; les signes physiques auxquels certaines personnes ont cru voir des indices n'ont rien de certain. On la trouve chez les enfants et les vieillards, chez les hommes et les femmes, quels que soient le tempérament, l'état de santé, le degré de développement intellectuel et moral. Il n'y a qu'un seul moyen d'en constater l'existence, c'est d'essayer.

On peut obtenir l'écriture, comme nous l'avons vu, par le moyen des corbeilles et planchettes, ou directement avec la main ; ce dernier mode étant le plus facile, et l'on peut dire le seul employé aujourd'hui, c'est celui auquel nous engageons à s'adonner de préférence. Le procédé est des plus simples ; il consiste tout uniment à prendre un crayon et du papier, et à se mettre dans la position d'une personne qui écrit, sans autre préparation ; mais, pour réussir, plusieurs recommandations sont indispensables.

☞ 201. Comme disposition matérielle, nous recommandons d'éviter tout ce qui peut gêner le libre mouvement de la main ; il est même préférable que celle-ci ne repose pas du tout sur le papier. La pointe du crayon doit appuyer suffisamment pour tracer, mais pas assez pour éprouver de la résistance. Toutes ces précautions deviennent inutiles une fois que l'on est parvenu à écrire couramment, car alors nul obstacle ne saurait arrêter : ce ne sont que les préliminaires de l'écolier.

☞ 202. Il est indifférent de se servir de la plume ou du crayon ; certains médiums préfèrent la plume, mais elle ne peut convenir qu'à ceux qui sont formés et qui écrivent posément ; il y en a qui écrivent avec une telle vélocité, que l'usage de la plume serait presque impossible ou du moins très incommode ; il en est de même quand l'écriture est saccadée et irrégulière, ou quand on a affaire à des Esprits violents qui frappent avec la pointe et la brisent en déchirant le papier.

☞ 203. Le désir de tout aspirant médium est naturellement de pouvoir s'entretenir avec l'Esprit des personnes qui lui sont chères, mais il doit modérer son impatience, car la communication avec un Esprit déterminé offre souvent des difficultés matérielles qui la rendent impossible pour le débutant. Pour qu'un Esprit puisse se communiquer, il faut entre lui et le médium des rapports fluidiques qui ne s'établissent pas toujours instantanément ; ce n'est qu'à mesure que la faculté se développe que le médium acquiert peu à peu l'aptitude nécessaire pour entrer en relation avec le premier Esprit venu. Il se peut donc que celui avec lequel on désire communiquer ne soit pas dans des conditions propices pour le faire *malgré sa présence*, comme il se peut aussi qu'il n'ait ni la possibilité, ni la permission de se rendre à l'appel qui lui est fait. C'est pourquoi il convient, au début, de ne pas s'obstiner à demander un Esprit déterminé à l'exclusion de tout autre, car il arrive souvent que ce n'est pas avec celui-là que les rapports fluidiques s'établissent avec le plus de facilité, quelque sympathie qu'on ait pour lui. Avant donc de songer à obtenir des communications de tel ou tel Esprit, il faut pousser au développement de la faculté, et pour cela il faut faire un appel général et s'adresser surtout à son ange gardien.

Il n'y a point ici de formule sacramentelle ; quiconque prétendrait en donner une peut hardiment être taxé de jonglerie, car pour les Esprits la forme n'est rien. Toutefois l'évocation doit toujours être faite au nom de Dieu ; on peut la faire dans les termes suivants ou tous autres équivalents : *Je prie Dieu tout-puissant de permettre à un bon Esprit de se communiquer à moi et de me faire écrire ; je prie aussi mon ange gardien de vouloir bien m'assister et d'écarter les mauvais Esprits.* On attend alors qu'un Esprit se manifeste en faisant écrire quelque chose. Il se peut que ce soit celui qu'on désire, comme il se peut aussi que ce soit un Esprit inconnu ou l'ange gardien, dans tous les cas il se fait généralement connaître en écrivant son nom ; mais alors se présente la question de l'*identité*, une de celles qui requièrent le plus d'expérience, car il est peu de débutants qui ne soient exposés à être trompés. Nous la traitons ci-après dans un chapitre spécial.

Lorsqu'on veut faire appel à des Esprits déterminés, il est très essentiel, en commençant, de ne s'adresser qu'à ceux que l'on sait être bons et sympathiques et qui peuvent avoir un motif de venir, comme des parents ou des amis. Dans ce cas l'évocation peut être ainsi formulée : *Au nom de Dieu tout-puissant, je prie l'Esprit d'un tel de se communiquer à moi* ; ou bien : *Je prie Dieu tout-puissant de permettre à l'Esprit d'un tel de se communiquer à moi* ; ou toute autre formule répondant à la même pensée. Il n'est pas moins nécessaire que les premières questions soient conçues de telle sorte que la réponse soit simplement *oui* ou *non*, comme par exemple : *Es-tu là ? - Veux-tu me répondre ? Peux-tu me faire écrire ?* etc. Plus tard, cette précaution devient inutile ; il ne s'agit au commencement que d'un rapport à établir ; l'essentiel est que la question ne soit pas futile, qu'elle n'ait point trait à des choses d'intérêt privé, et surtout qu'elle soit l'expression d'un sentiment bienveillant et sympathique pour l'Esprit auquel on s'adresse. (Voir ci-après le chapitre spécial sur les *Évocations*.)

☞ 204. Une chose encore plus importante à observer que le mode d'appel, c'est le calme et le recueillement joints à un désir ardent et à une ferme volonté de réussir ; et par volonté, nous n'entendons pas ici une volonté éphémère qui agit par saccade, et qui est à chaque minute interrompue par d'autres préoccupations ; mais une volonté sérieuse, persévérante, soutenue, *sans impatience ni désir fiévreux*. Le recueillement est favorisé par la solitude, le silence et l'éloignement de tout ce qui peut causer des distractions. Il ne reste plus alors qu'une chose à faire, c'est de renouveler tous les jours ses tentatives pendant dix minutes ou un quart d'heure au plus chaque fois, et cela pendant quinze jour, un mois, deux mois et plus s'il le faut ; nous connaissons des médiums qui ne se sont formés qu'après six mois d'exercice, tandis que d'autres écrivent couramment dès la première fois.

☞ 205. Pour éviter des tentatives inutiles, on peut interroger, par un autre médium, un Esprit sérieux et avancé ; mais il est à remarquer que, lorsqu'on pose aux Esprits la question de savoir si l'on est ou non médium, ils répondent presque toujours affirmativement, ce qui n'empêche pas les essais d'être souvent infructueux. Ceci s'explique naturellement. On fait à l'Esprit une question générale, il répond d'une manière générale ; or, comme on le sait, rien n'est plus élastique que la faculté médianimique, puisqu'elle peut se présenter sous les formes les plus variées et à des degrés très différents. On peut donc être médium sans s'en apercevoir et dans un sens qui n'est pas celui auquel on pense. À cette question vague : Suis-je médium ? l'Esprit peut répondre oui ; à cette autre plus précise : Suis-je médium écrivain ? il peut répondre non. Il faut tenir compte aussi de la nature de l'Esprit que l'on interroge ; il y en a de si légers et de si ignorants, qu'ils répondent à tort et à travers comme de véritables étourdis ; c'est pourquoi nous disons de s'adresser à des Esprits éclairés, qui répondent en général volontiers à ces questions et indiquent la meilleure marche à suivre s'il y a possibilité de réussir.

☞ 206. Un moyen qui réussit assez souvent, consiste à employer comme auxiliaire momentané un bon médium écrivain flexible déjà formé. S'il pose sa main ou ses doigts sur la main qui doit écrire, il est rare que celle-ci ne le fasse pas immédiatement ; on comprend ce qui se passe en cette circonstance : la main qui tient le crayon devient en quelque sorte un appendice de la main du médium, comme le serait une corbeille ou une planchette ; mais cela n'empêche pas cet exercice d'être fort utile quand on peut l'employer, en ce que, souvent et régulièrement répété, il aide à surmonter l'obstacle matériel et provoque le développement de la faculté. Il suffit encore quelquefois de magnétiser fortement dans cette intention le bras et la main de celui qui veut écrire ; souvent même le magnétiseur se borne à poser sa main sur l'épaule, et nous en avons vu écrire promptement sous cette influence. Le même effet peut également se produire sans aucun contact et par le fait seul de la volonté. On conçoit sans peine que la confiance du magnétiseur en sa propre puissance pour produire ce résultat doit jouer ici un grand rôle, et qu'un magnétiseur incrédule aurait peu, sinon point d'action.

Le concours d'un guide expérimenté est en outre quelquefois fort utile pour faire observer au débutant une foule de petites précautions qu'il néglige souvent au détriment de la rapidité des progrès ; il l'est surtout pour l'éclairer sur la nature des premières questions et la manière de les poser. Son rôle est celui d'un professeur dont on se passe quand on est assez habile.

☞ 207. Un autre moyen qui peut aussi puissamment contribuer au développement de la faculté consiste à réunir un certain nombre de personnes, toutes animées du même désir et par la communauté d'intention ; là, que toutes simultanément, dans un silence absolu, et avec un religieux recueillement, essayent d'écrire en faisant chacune appel à son ange gardien ou à un Esprit sympathique quelconque. L'une d'elles peut également faire, sans désignation spéciale et pour tous les membres de la réunion, un appel général à de bons Esprits, en disant, par exemple : *Au nom de Dieu tout-puissant, nous prions de bons Esprits de vouloir bien se communiquer par les personnes ici présentes.* Il est rare que dans le nombre, il n'y en ait pas qui donnent promptement des signes de médiumnité ou même écrivent couramment en peu de temps.

On comprend aisément ce qui se passe en cette circonstance. Les personnes unies par une communauté d'intention forment un tout collectif, dont la puissance et la sensibilité se trouvent accrues par une sorte d'influence magnétique qui aide au développement de la faculté. Parmi les Esprits attirés par ce concours de volontés, il en est qui trouvent dans les assistants l'instrument qui leur convient ; si ce n'est l'un, ce sera l'autre, et ils en profitent.

Ce moyen doit surtout être employé dans les groupes spirites qui manquent de médiums, ou qui n'en ont pas en nombre suffisant.

☞ 208. On a cherché des procédés pour la formation des médiums, comme on a cherché des diagnostics ; mais jusqu'à présent nous n'en connaissons pas de plus efficaces que ceux que nous avons indiqués. Dans la persuasion que l'obstacle au développement de la faculté est une résistance toute matérielle, certaines personnes prétendent la vaincre par une sorte de gymnastique presque disloquante des bras et de la tête. Nous ne décrirons pas ce procédé qui nous vient de l'autre côté de l'Atlantique, non seulement parce que nous n'avons aucune preuve de son efficacité, mais par la conviction où nous sommes qu'il peut offrir du danger pour les complexions délicates par l'ébranlement du système nerveux. Si les rudiments de la faculté n'existent pas, rien ne saurait les donner, pas même l'électrisation, qui a été employée sans succès dans le même but.

☞ 209. La foi chez l'apprenti médium n'est pas une condition de rigueur ; elle seconde les efforts, sans contredit, mais elle n'est pas indispensable ; la pureté d'intention, le désir et la bonne volonté suffisent. On a vu des personnes parfaitement incrédules être tout étonnées d'écrire malgré elles, tandis que des croyants sincères n'y peuvent parvenir ; ce qui prouve que cette faculté tient à une prédisposition organique.

☞ 210. Le premier indice d'une disposition à écrire est une sorte de frémissement dans le bras et dans la main ; peu à peu la main est entraînée par une impulsion qu'elle ne peut maîtriser. Souvent, elle ne trace d'abord que des traits insignifiants ; puis les caractères se dessinent de plus en plus nettement, et l'écriture finit par acquérir la rapidité de l'écriture courante. Dans tous les cas, il faut abandonner la main à son mouvement naturel, et n'apporter ni résistance ni propulsion.

Certains médiums écrivent couramment et avec facilité dès le début, quelquefois même dès la première séance, ce qui est assez rare ; d'autres font, pendant assez longtemps, des barres et de véritables exercices calligraphiques ; les Esprits disent que c'est pour leur délier la main. Si ces exercices se prolongeaient par trop, ou dégénéraient en signes ridicules, il n'y aurait pas à douter que c'est un Esprit qui s'amuse, car les bons Esprits ne font jamais rien faire d'inutile ; dans ce cas, il faudrait redoubler de ferveur pour appeler l'assistance de ceux-ci. Si, malgré cela, il n'y a pas de changement, il faut s'arrêter dès qu'on s'aperçoit qu'on n'obtient rien de sérieux. On peut recommencer la tentative chaque jour, mais il convient de cesser aux premiers signes équivoques pour ne pas donner cette satisfaction aux Esprits moqueurs.

À ces observations un Esprit ajoute : « Il y a des médiums dont la faculté ne peut aller au-delà de ces signes ; quand, au bout de quelques mois, ils n'obtiennent que des choses insignifiantes, des *oui* ou des *non*, ou des lettres sans suite, il est inutile de persister à noircir du papier en pure perte ; ils sont médiums, mais *médiums improductifs*. Du reste, les premières communications obtenues ne doivent être considérées que comme des exercices que l'on confie à des Esprits secondaires ; c'est pourquoi il ne faut y attacher qu'une médiocre importance, en raison des Esprits qui sont pour ainsi dire employés comme maître d'écriture pour dégrossir le médium débutant ; car ne croyez pas que ce soient jamais des Esprits élevés qui fassent faire au médium ces exercices préparatoires ; seulement il arrive que, si le médium n'a pas un but sérieux, ces Esprits restent et s'attachent à lui. Presque tous les médiums ont passé par ce creuset pour se développer ; c'est à eux de faire ce qu'il faut pour se concilier la sympathie des Esprits vraiment supérieurs. »

☞ 211. L'écueil de la plupart des médiums débutants est d'avoir affaire à des Esprits inférieurs, et ils doivent s'estimer heureux quand ce ne sont que des Esprits légers. Toute leur attention doit tendre à ne pas leur laisser prendre pied, car une fois ancrés il n'est pas toujours facile de s'en débarrasser. C'est un point tellement capital, surtout au début, que sans les précautions nécessaires on peut perdre le fruit des plus belles facultés.

Le premier point consiste à se mettre avec une foi sincère sous la protection de Dieu, et à réclamer l'assistance de son ange gardien ; celui-ci est toujours bon, tandis que les Esprits familiers, sympathisant avec les bonnes ou les mauvaises qualités du médium, peuvent être légers ou même mauvais.

Le second point est de s'attacher avec un soin scrupuleux à reconnaître par tous les indices que fournit l'expérience, la nature des premiers Esprits qui se communiquent, et dont il est toujours prudent de se défier. Si ces indices sont suspects, il faut faire un appel fervent à son ange gardien et repousser de toutes ses forces le mauvais Esprit en lui prouvant qu'on n'est pas sa dupe, afin de le décourager. C'est pourquoi l'étude préalable de la théorie est indispensable, si l'on veut éviter les inconvénients inséparables de l'inexpérience ; on trouvera sur ce sujet des instructions très développées dans les chapitres de l'*Obsession* et de l'*Identité des Esprits*. Nous nous bornerons à dire ici qu'en outre du langage, on peut regarder comme des preuves *infaillibles* de l'infériorité des Esprits : tous signes, figures, emblèmes inutiles ou puérils ; toute écriture bizarre, saccadée, torturée à dessein, de dimension exagérée, ou affectant des formes ridicules et inusitées ; l'écriture peut être très mauvaise, peu lisible même, ce qui tient plus au médium qu'à l'Esprit, sans avoir rien d'insolite. Nous avons vu des médiums tellement abusés, qu'ils mesuraient la supériorité des Esprits à la dimension des caractères, et qu'ils attachaient une grande importance à des lettres moulées comme des caractères d'imprimerie, puérilité évidemment incompatible avec une supériorité réelle.

☞ 212. S'il est important de ne pas tomber, sans le vouloir, sous la dépendance des mauvais Esprits, il l'est plus encore de ne pas s'y mettre volontairement, et il ne faut pas qu'un désir immodéré d'écrire fasse croire qu'il est indifférent de s'adresser au premier venu, sauf à s'en débarrasser plus tard s'il ne convient pas, car on ne demande pas impunément assistance, pour quoi que ce soit, à un mauvais Esprit qui peut faire payer cher ses services.

Quelques personnes, impatientes de voir se développer en elles la faculté médianimique, trop lente à leur gré, ont eu l'idée d'appeler à leur aide un Esprit quelconque, *fût-il même mauvais*, comptant bien le congédier ensuite. Plusieurs ont été servies à souhait et ont écrit immédiatement ; mais l'Esprit, ne se souciant pas d'avoir été pris pour pis aller, a été moins docile à s'en aller qu'à venir. Nous en connaissons qui ont été punies de leur présomption à se croire fortes pour les éloigner à leur gré, par des années d'obsessions de toute nature, par les mystifications les plus ridicules, par une fascination tenace, et même par des malheurs *matériels* et les plus cruelles déceptions. L'Esprit se montra d'abord ouvertement méchant, puis hypocrite, afin de faire croire ou à sa conversion, ou à la prétendue puissance de son subjugué pour le chasser à volonté.

☞ 213. L'écriture est quelquefois très lisible, les mots et les lettres parfaitement détachés ; mais avec certains médiums, elle est difficile à déchiffrer pour tout autre que celui qui écrit : il faut en acquérir l'habitude. Elle est assez souvent formée à grands traits ; les Esprits sont peu économes de papier. Lorsqu'un mot ou une phrase est trop peu lisible, on prie l'Esprit de vouloir bien recommencer, ce qu'il fait généralement volontiers. Quand l'écriture est habituellement illisible, même pour le médium, celui-ci parvient presque toujours à en obtenir une plus nette par des exercices fréquents et soutenus, *en y apportant une forte volonté*, et en priant avec ardeur l'Esprit d'être plus correct. Certains Esprits adoptent souvent des signes conventionnels qui passent en usage dans les réunions habituelles. Pour marquer qu'une question leur déplaît, et qu'ils n'y veulent pas répondre, ils feront, par exemple, une longue barre ou quelque chose d'équivalent.

Lorsque l'Esprit a fini ce qu'il avait à dire, ou qu'il ne veut plus répondre, la main reste immobile, et le médium, quelles que soient sa puissance et sa volonté, ne peut obtenir un mot de plus. Au contraire, tant que l'Esprit n'a pas achevé, le crayon marche sans qu'il soit possible à la main de s'arrêter. Veut-il dire spontanément quelque chose, la main saisit convulsivement le crayon et se met à écrire sans pouvoir s'y opposer. Le médium, d'ailleurs, sent presque toujours en lui quelque chose qui lui indique s'il n'y a que suspension, ou si l'Esprit a terminé. Il est rare qu'il ne sente pas quand celui-ci est parti.

Telles sont les explications les plus essentielles que nous ayons à donner touchant le développement de la psychographie ; l'expérience fera connaître, dans la pratique, certains détails qu'il serait inutile de rapporter ici, et pour lesquels on se guidera d'après les principes généraux. Que beaucoup essaient, et l'on trouvera plus de médiums qu'on ne pense.

☞ 214. Tout ce que nous venons de dire s'applique à l'écriture mécanique ; c'est celle que tous les médiums cherchent à obtenir avec raison ; mais le mécanisme pur est fort rare, et il s'y mêle très souvent plus ou moins d'intuition. Le médium ayant la conscience de ce qu'il écrit est naturellement porté à douter de sa faculté ; il ne sait si cela vient de lui ou d'un Esprit étranger. Il n'a nullement à s'en inquiéter et doit poursuivre quand même ; qu'il s'observe avec soin, et il reconnaîtra facilement dans ce qu'il écrit une foule de choses qui n'étaient pas dans sa pensée, qui même y sont contraires ; preuve évidente qu'elles ne viennent pas de lui. Qu'il continue donc, et le doute se dissipera avec l'expérience.

☞ 215. S'il n'est pas donné au médium d'être exclusivement mécanique, tous les essais pour obtenir ce résultat seront infructueux, et pourtant il aurait tort de se croire déshérité pour cela ; s'il n'est doué que de la médiumnité intuitive, il faut bien qu'il s'en contente, et elle ne laissera pas de lui rendre de grands services s'il sait la mettre à profit, et s'il ne la repousse pas.

Si après d'inutiles essais poursuivis pendant quelque temps, aucun indice de mouvement involontaire ne se produit, ou si ces mouvements sont trop faibles pour donner des résultats, il ne doit pas hésiter à écrire la première pensée qui lui est suggérée, sans s'inquiéter si elle vient de lui ou d'une source étrangère : l'expérience lui apprendra à en faire la distinction. Il arrive très souvent d'ailleurs que le mouvement mécanique se développe ultérieurement.

Nous avons dit plus haut qu'il est des cas où il est indifférent de savoir si la pensée vient du médium ou d'un Esprit étranger ; c'est surtout lorsqu'un médium purement intuitif ou inspiré fait un travail d'imagination pour lui-même ; peu importe qu'il s'attribue une pensée qui lui serait suggérée ; s'il lui vient de bonnes idées, qu'il en remercie son bon génie, et il lui en sera suggéré d'autres. Telle est l'inspiration des poètes, des philosophes et des savants.

☞ 216. Supposons maintenant la faculté médianimique complètement développée ; que le médium écrive avec facilité ; qu'il soit en un mot ce qu'on appelle un médium fait, ce serait un grand tort de sa part de se croire dispensé de toute autre instruction ; il n'a vaincu qu'une résistance matérielle, mais c'est alors que commencent pour lui les véritables difficultés, et qu'il a plus que jamais besoin des conseils de la prudence et de l'expérience, s'il ne veut tomber dans les mille pièges qui vont lui être tendus. S'il veut trop tôt voler de ses propres ailes, il ne tardera pas à être la dupe des Esprits menteurs qui chercheront à exploiter sa présomption.

☞ 217. Une fois la faculté développée chez le médium, il est essentiel qu'il n'en fasse pas abus. La satisfaction qu'elle procure à certains commençants excite chez eux un enthousiasme qu'il est important de modérer ; ils doivent songer qu'elle leur est donnée pour le bien et non pour satisfaire une vaine curiosité ; c'est pourquoi il est utile de ne s'en servir que dans les moments opportuns et non à chaque instant ; les

Esprits n'étant pas constamment à leurs ordres, ils courent risque d'être dupes des mystificateurs. Il est bon d'adopter à cet effet des jours et des heures déterminées, parce qu'on y apporte des dispositions plus recueillies, et que les Esprits qui veulent venir se trouvent prévenus et se disposent en conséquence.

☞ 218. Si, malgré toutes les tentatives, la médiumnité ne se révélait d'aucune façon, il faudrait bien y renoncer, comme on renonce à chanter quand on n'a pas de voix. Celui qui ne sait pas une langue se sert d'un traducteur; il faut faire de même, c'est-à-dire avoir recours à un autre médium. À défaut de médium, il ne faut pas se croire privé de l'assistance des Esprits. La médiumnité est pour eux un moyen de s'exprimer, mais non un moyen exclusif d'attraction; ceux qui nous affectionnent sont auprès de nous, que l'on soit ou non médium; un père n'abandonne pas son enfant, parce que celui-ci est sourd et aveugle, et ne peut ni le voir, ni l'entendre; il l'entoure de sa sollicitude comme le font les bons Esprits pour nous; s'ils ne peuvent nous transmettre matériellement leur pensée, ils nous viennent en aide par l'inspiration.

Changement d'écriture

☞ 219. Un phénomène très ordinaire chez les médiums écrivains, c'est le changement d'écriture selon les Esprits qui se communiquent, et ce qu'il y a de plus remarquable, c'est que la même écriture se reproduit constamment avec le même Esprit, et quelquefois elle est identique avec celle qu'il avait de son vivant; nous verrons plus tard les conséquences qu'on en peut tirer quant à l'identité. Le changement d'écriture n'a lieu que chez les médiums mécaniques ou semi-mécaniques, parce que chez eux, le mouvement de la main est involontaire et dirigé par l'Esprit; il n'en est pas de même chez les médiums purement intuitifs, attendu que, dans ce cas, l'Esprit agit uniquement sur la pensée, et que la main est dirigée par la volonté comme dans les circonstances ordinaires; mais l'uniformité de l'écriture, même chez un médium mécanique, ne prouve rien contre sa faculté, le changement n'étant point une condition absolue dans la manifestation des Esprits; il tient à une aptitude spéciale dont les médiums les plus mécaniques ne sont pas toujours doués. Nous désignons ceux qui ont cette aptitude sous le nom de *médiums polygraphes*.

Perte et suspension de la médiumnité

☞ 220. La faculté médianimique est sujette à des intermittences et à des suspensions momentanées, soit pour les manifestations physiques, soit pour l'écriture. Voici les réponses des Esprits à quelques questions faites à ce sujet.

↪ 1. Les médiums peuvent-ils perdre leur faculté?
« Cela arrive souvent, quel que soit le genre de cette faculté; mais souvent aussi ce n'est qu'une interruption momentanée qui cesse avec la cause qui l'a produite. »

↪ 2. La cause de la perte de la médiumnité est-elle dans l'épuisement du fluide?
« De quelque faculté que le médium soit doué, il ne peut rien sans le concours sympathique des Esprits; lorsqu'il n'obtient plus rien, ce n'est pas toujours la faculté qui

lui fait défaut, ce sont souvent les Esprits qui ne veulent plus ou ne peuvent plus se servir de lui. »

↪ 3. Quelle cause peut provoquer chez un médium l'abandon des Esprits ?
« L'usage qu'il fait de sa faculté est la plus puissante sur les bons Esprits. Nous pouvons l'abandonner lorsqu'il s'en sert pour des choses frivoles ou dans des vues ambitieuses ; lorsqu'il refuse de faire part de notre parole ou de nos faits aux incarnés qui l'appellent ou qui ont besoin de voir pour se convaincre. Ce don de Dieu n'est point accordé au médium pour son bon plaisir, et encore moins pour servir son ambition, mais en vue de sa propre amélioration, et pour faire connaître la vérité aux hommes. Si l'Esprit voit que le médium ne répond plus à ses vues et ne profite pas des instructions et des avertissements qu'il lui donne, il se retire pour chercher un protégé plus digne. »

↪ 4. L'Esprit qui se retire ne peut-il être remplacé, et, dans ce cas, on ne comprendrait pas la suspension de la faculté ?
« Il ne manque pas d'Esprits qui ne demandent pas mieux que de se communiquer et sont tout prêts à remplacer ceux qui se retirent ; mais lorsque c'est un bon Esprit qui délaisse le médium, il peut très bien ne le quitter que momentanément et le priver pour un certain temps de toute communication, afin de lui servir de leçon et lui prouver que sa faculté *ne dépend pas de lui* et qu'il n'en doit pas tirer vanité. Cette impuissance momentanée est aussi pour donner au médium la preuve qu'il écrit sous une influence étrangère, autrement il n'y aurait pas d'intermittence.
« Du reste, l'interruption de la faculté n'est pas toujours une punition ; elle témoigne quelquefois de la sollicitude de l'Esprit pour le médium qu'il affectionne ; il veut lui procurer un repos matériel qu'il juge nécessaire, et dans ce cas il ne permet pas à d'autres Esprits de le remplacer. »

↪ 5. On voit cependant des médiums très méritants, moralement parlant, qui n'éprouvent aucun besoin de repos, et sont très contrariés d'interruptions dont ils ne comprennent pas le but.
« C'est afin de mettre leur patience à l'épreuve, et de juger de leur persévérance ; c'est pourquoi les Esprits n'assignent en général aucun terme à cette suspension ; ils veulent voir si le médium se rebutera. C'est souvent aussi pour leur laisser le temps de méditer les instructions qu'ils leur ont données, et c'est à cette méditation de nos enseignements que nous reconnaissons les spirites vraiment sérieux ; nous ne pouvons donner ce nom à ceux qui ne sont en réalité que des amateurs de communications. »

↪ 6. Est-il nécessaire, dans ce cas, que le médium poursuive ses tentatives pour écrire ?
« Si l'Esprit le lui conseille, oui ; s'il lui dit de s'abstenir, il doit le faire. »

↪ 7. Y aurait-il un moyen d'abréger cette épreuve ?
« La résignation et la prière. Du reste, il suffit de faire chaque jour une tentative de quelques minutes, car il serait inutile de perdre son temps en essais infructueux ; la

tentative n'a d'autre but que de s'assurer si la faculté est recouvrée. »

▷ 8. La suspension implique-t-elle l'éloignement des Esprits qui se communiquent d'habitude ?

« Pas le moins du monde ; le médium est alors dans la position d'une personne qui perdrait momentanément la vue, et n'en serait pas moins entourée de ses amis, quoiqu'elle ne puisse pas les voir. Le médium peut donc, et même il le doit, continuer à s'entretenir par la pensée avec ses Esprits familiers, et être persuadé qu'il en est entendu. Si le défaut de médiumnité peut priver des communications matérielles avec certains Esprits, il ne peut priver des communications morales. »

▷ 9. Ainsi l'interruption de la faculté médianimique n'implique pas toujours un blâme de la part des Esprits ?

« Non sans doute, puisqu'elle peut être une preuve de bienveillance. »

▷ 10. À quel signe peut-on reconnaître un blâme dans cette interruption ?

« Que le médium interroge sa conscience et qu'il se demande l'usage qu'il a fait de sa faculté, le bien qui en est résulté pour les autres, *le profit qu'il a retiré des conseils qui lui ont été donnés,* et il aura la réponse. »

▷ 11. Le médium qui ne peut plus écrire ne peut-il avoir recours à un autre médium ?

« Cela dépend de la cause de l'interruption ; celle-ci a souvent pour motif de vous laisser quelque temps sans communications après vous avoir donné des conseils afin que vous ne vous habituiez pas à ne rien faire que par nous ; dans ce cas, il ne sera pas plus satisfait en se servant d'un autre médium ; et cela a encore un but, c'est de vous prouver que les Esprits sont libres et qu'il ne dépend pas de vous de les faire marcher à votre gré. C'est aussi pour cette raison que ceux qui ne sont pas médiums n'ont pas toujours toutes les communications qu'ils désirent. »

Remarque : Il est en effet à observer que celui qui a recours à un tiers pour les communications, nonobstant la qualité du médium, n'obtient souvent rien de satisfaisant, tandis que dans d'autres temps les réponses sont très explicites. Cela dépend tellement de la volonté de l'Esprit qu'on n'est pas plus avancé en changeant de médium ; les Esprits mêmes semblent à cet égard se donner le mot d'ordre car ce que l'on n'obtient pas de l'un, on ne l'obtiendra pas davantage d'un autre. Il faut se garder alors d'insister et de s'impatienter, si l'on ne veut être dupe des Esprits trompeurs qui répondront si on le veut à toute force, et les bons les laisseront faire pour nous punir de notre insistance.

▷ 12. Dans quel but la Providence a-t-elle doué certains individus de la médiumnité d'une manière spéciale ?

« C'est une mission dont ils sont chargés et dont ils sont heureux ; ils sont les interprètes entre les Esprits et les hommes. »

▷ 13. Il y a cependant des médiums qui n'emploient leur faculté qu'avec répugnance ?

« Ce sont des médiums imparfaits ; ils ne connaissent pas le prix de la faveur qui leur est accordée. »

▷ 14. Si c'est une mission, comment se fait-il qu'elle ne soit pas le privilège des hommes de bien, et que cette faculté soit donnée à des gens qui ne méritent aucune estime et qui peuvent en abuser ?

« Elle leur est donnée parce qu'ils en ont besoin pour leur propre amélioration, et afin qu'ils soient à même de recevoir de bons enseignements ; s'ils n'en profitent pas, ils en subiront les conséquences. Jésus ne donnait-il pas de préférence sa parole aux pécheurs, disant qu'il faut donner à celui qui n'a pas ? »

↪ 15. Les personnes qui ont un grand désir d'écrire comme médiums et qui ne peuvent réussir, peuvent-elles en conclure quelque chose contre elles-mêmes touchant la bienveillance des Esprits à leur égard ?

« Non, car Dieu peut leur avoir refusé cette faculté, comme il peut leur avoir refusé le don de la poésie ou de la musique ; mais si elles ne jouissent pas de cette faveur, elles peuvent en avoir d'autres. »

↪ 16. Comment un homme peut-il se perfectionner par l'enseignement des Esprits lorsqu'il n'a, ni par lui-même, ni par d'autres médiums, les moyens de recevoir cet enseignement direct ?

« N'a-t-il pas les livres comme le chrétien a l'Evangile ? Pour pratiquer la morale de Jésus, le chrétien n'a pas besoin d'avoir entendu ses paroles sortir de sa bouche. »

CHAPITRE XVIII
—
INCONVÉNIENTS ET DANGERS DE LA MÉDIUMNITÉ

Influence de l'exercice de la médiumnité sur la santé, sur le cerveau, sur les enfants

☞ 221.1. La faculté médianimique est-elle l'indice d'un état pathologique quelconque ou simplement anomal ?
« Anomal quelquefois, mais non pathologique ; il y a des médiums d'une santé robuste ; ceux qui sont malades le sont pour d'autres causes. »

↪ 2. L'exercice de la faculté médianimique peut-il occasionner la fatigue ?
« L'exercice trop prolongé de toute faculté quelconque amène la fatigue ; la médiumnité est dans le même cas, principalement celle qui s'applique aux effets physiques ; elle occasionne nécessairement une dépense de fluide qui amène la fatigue et se répare par le repos. »

↪ 3. L'exercice de la médiumnité peut-il avoir des inconvénients par lui-même au point de vue hygiénique, abstraction faite de l'abus ?
« Il est des cas où il est prudent, nécessaire même, de s'en abstenir ou tout au moins d'en modérer l'usage ; cela dépend de l'état physique et moral du médium. Le médium le sent d'ailleurs généralement, et lorsqu'il éprouve de la fatigue il doit s'abstenir. »

↪ 4. Y a-t-il des personnes pour lesquelles cet exercice ait plus d'inconvénients que pour d'autres ?
« J'ai dit que cela dépend de l'état physique et moral du médium. Il y a des personnes chez lesquelles il est nécessaire d'éviter toute cause de surexcitation, et celle-ci est du nombre. » (N° 188 et 194.)

↪ 5. La médiumnité pourrait-elle produire la folie ?
« Pas plus que toute autre chose lorsqu'il n'y a pas prédisposition par la faiblesse du cerveau. La médiumnité ne produira pas la folie lorsque le principe n'y est pas ; mais si le principe existe, ce qu'il est facile de reconnaître à l'état moral, le bon sens dit qu'il faut user de ménagements sous tous les rapports, car toute cause d'ébranlement peut être nuisible. »

↪ 6. Y a-t-il de l'inconvénient à développer la médiumnité chez les enfants ?
« Certainement, et je soutiens que c'est très dangereux ; car ces organisations frêles et délicates en seraient trop ébranlées et leur jeune imagination trop surexcitée ; aussi les parents sages les éloigneront de ces idées, ou du moins ne leur en parleront qu'au point de vue des conséquences morales. »

↪ 7. Il y a cependant des enfants qui sont médiums naturellement, soit pour les

effets physiques, soit pour l'écriture et les visions ; cela a-t-il le même inconvénient ?
« Non ; quand la faculté est spontanée chez un enfant, c'est qu'elle est dans sa nature et que sa constitution s'y prête ; il n'en est pas de même quand elle est provoquée et surexcitée. Remarquez que l'enfant qui a des visions en est généralement peu impressionné ; cela lui paraît une chose toute naturelle, à laquelle il prête une assez faible attention et que souvent il oublie ; plus tard le fait lui revient en mémoire, et il se l'explique aisément s'il connaît le spiritisme. »

↳ 8. Quel est l'âge auquel on peut, sans inconvénient, s'occuper de médiumnité ?
« Il n'y a pas d'âge précis, cela dépend entièrement du développement physique et encore plus du développement moral ; il y a des enfants de douze ans qui en seront moins affectés que certaines personnes faites. Je parle de la médiumnité en général, mais celle qui s'applique aux effets physiques est plus fatigante corporellement ; l'écriture a un autre inconvénient qui tient à l'inexpérience de l'enfant, dans le cas où il voudrait s'en occuper seul et en faire un jeu. »

☞ 222. La pratique du spiritisme, comme nous le verrons plus tard, demande beaucoup de tact pour déjouer les ruses des Esprits trompeurs ; si des hommes faits sont leurs dupes, l'enfance et la jeunesse y sont encore plus exposées par leur inexpérience. On sait en outre que le recueillement est une condition sans laquelle on ne peut avoir affaire à des Esprits sérieux ; les évocations faites avec étourderie et en plaisantant sont une véritable profanation qui ouvre un facile accès aux Esprits moqueurs ou malfaisants ; comme on ne peut attendre d'un enfant la gravité nécessaire à un acte pareil, il serait à craindre qu'il n'en fît un jeu s'il était livré à lui-même. Dans les conditions même les plus favorables, il est à désirer qu'un enfant doué de la faculté médianimique ne l'exerce que sous l'œil de personnes expérimentées qui lui apprendront, par leur exemple, le respect que l'on doit aux âmes de ceux qui ont vécu. On voit, d'après cela, que la question d'âge est subordonnée aux circonstances tant du tempérament que du caractère. Toutefois ce qui ressort clairement des réponses ci-dessus, c'est qu'il ne faut pas pousser au développement de cette faculté chez les enfants lorsqu'elle n'est pas spontanée, et que, dans tous les cas, il faut en user avec une grande circonspection ; qu'il ne faut non plus ni l'exciter ni l'encourager chez les personnes débiles. Il faut en détourner, par tous les moyens possibles, celles qui auraient donné les moindres symptômes d'excentricité dans les idées ou d'affaiblissement des facultés mentales, car il y a chez elles prédisposition évidente à la folie que toute cause surexcitante peut développer. Les idées spirites n'ont pas, sous ce rapport, une influence plus grande, mais la folie venant à se déclarer prendrait le caractère de la préoccupation dominante, comme elle prendrait un caractère religieux si la personne s'adonnait avec excès aux pratiques de dévotion, et l'on en rendrait le spiritisme responsable. Ce qu'il y a de mieux à faire avec tout individu qui montre une tendance à l'idée fixe, c'est de diriger ses préoccupations d'un autre côté, afin de procurer du repos aux organes affaiblis.
Nous appelons, sous ce rapport, l'attention de nos lecteurs sur le paragraphe XII de l'introduction du *Livre des Esprits*.

CHAPITRE XIX
RÔLE DU MÉDIUM DANS LES COMMUNICATIONS SPIRITES

Influence de l'Esprit personnel du médium

☞ 223. 1. Le médium, au moment où il exerce sa faculté, est-il dans un état parfaitement normal ?

« Il est quelquefois dans un état de crise plus ou moins prononcé, c'est ce qui le fatigue, et c'est pourquoi il a besoin de repos ; mais le plus souvent son état ne diffère pas sensiblement de l'état normal, surtout chez les médiums écrivains. »

↪ 2. Les communications écrites ou verbales peuvent-elles aussi provenir de l'Esprit même incarné dans le médium ?

« L'âme du médium peut se communiquer comme celle de tout autre ; si elle jouit d'un certain degré de liberté, elle recouvre ses qualités d'Esprit. Vous en avez la preuve dans l'âme des personnes vivantes qui viennent vous visiter, et se communiquent à vous par l'écriture souvent sans que vous les appeliez. Car sachez bien que parmi les Esprits que vous évoquez, il y en a qui sont incarnés sur la terre ; *alors ils vous parlent comme Esprits et non pas comme hommes*. Pourquoi voudriez-vous qu'il n'en fût pas de même du médium ? »

– Cette explication ne semble-t-elle pas confirmer l'opinion de ceux qui croient que toutes les communications émanent de l'Esprit du médium, et non d'Esprits étrangers ?

« Ils n'ont tort que parce qu'ils sont absolus ; car il est certain que l'Esprit du médium peut agir par lui-même ; mais ce n'est pas une raison pour que d'autres n'agissent pas également par son intermédiaire. »

↪ 3. Comment distinguer si l'Esprit qui répond est celui du médium ou d'un Esprit étranger ?

« À la nature des communications. Étudiez les circonstances et le langage, et vous distinguerez. C'est surtout dans l'état de somnambulisme ou d'extase que l'Esprit du médium se manifeste, parce qu'alors il est plus libre ; mais dans l'état normal c'est plus difficile. Il y a d'ailleurs des réponses qu'il est impossible de lui attribuer ; c'est pourquoi je vous dis d'étudier et d'observer. »

Remarque : Lorsqu'une personne nous parle, nous distinguons facilement ce qui vient d'elle, ou ce dont elle n'est que l'écho ; il en est de même des médiums.

↪ 4. Puisque l'Esprit du médium a pu acquérir, dans des existences antérieures, des connaissances qu'il a oubliées sous son enveloppe corporelle, mais dont il se souvient comme Esprit, ne peut-il puiser dans son propre fonds les idées qui semblent dépasser la portée de son instruction ?

« Cela arrive souvent dans l'état de crise somnambulique ou extatique ; mais encore une fois, il est des circonstances qui ne permettent pas de doute : étudiez *longtemps* et méditez. »

↳ 5. Les communications provenant de l'Esprit du médium sont-elles toujours inférieures à celles qui pourraient être faites par des Esprits étrangers ?
« Toujours, non ; car l'Esprit étranger peut être lui-même d'un ordre inférieur à celui du médium, et pour lors parler moins sensément. On le voit dans le somnambulisme ; car là c'est le plus souvent l'Esprit du somnambule qui se manifeste et qui dit pourtant quelquefois de très bonnes choses. »

↳ 6. L'Esprit qui se communique par un médium transmet-il directement sa pensée, ou bien cette pensée a-t-elle pour intermédiaire l'Esprit incarné dans le médium ?
« C'est l'Esprit du médium qui est l'interprète, parce qu'il est lié au corps qui sert à parler, et qu'il faut bien une chaîne entre vous et les Esprits étrangers qui se communiquent, comme il faut un fil électrique pour transmettre une nouvelle au loin, et au bout du fil une personne intelligente qui la reçoit et la transmet. »

↳ 7. L'Esprit incarné dans le médium exerce-t-il une influence sur les communications qu'il doit transmettre et qui proviennent d'Esprits étrangers ?
« Oui, car s'il ne leur est pas sympathique, il peut altérer leurs réponses, et les assimiler à ses propres idées et à ses penchants, *mais il n'influence pas les Esprits eux-mêmes* : ce n'est qu'un mauvais interprète. »

↳ 8. Est-ce la cause de la préférence des Esprits pour certains médiums ?
« Il n'y en a pas d'autre ; ils cherchent l'interprète qui sympathise le mieux avec eux, et qui rend le plus exactement leur pensée. S'il n'y a pas entre eux sympathie, l'Esprit du médium est un antagoniste qui apporte une certaine résistance, et devient un interprète de mauvais vouloir et souvent infidèle. Il en est de même parmi vous quand l'avis d'un sage est transmis par la voix d'un étourdi ou d'un homme de mauvaise foi. »

↳ 9. On conçoit qu'il en soit ainsi pour les médiums intuitifs, mais non pour ceux qui sont mécaniques.
« Vous ne vous rendez pas bien compte du rôle que joue le médium ; il y a là une loi que vous n'avez pas encore saisie. Rappelez-vous que pour opérer le mouvement d'un corps inerte, l'Esprit a besoin d'une portion de fluide animalisé qu'il emprunte au médium pour animer momentanément la table, afin que celle-ci obéisse à sa volonté ; eh bien, comprenez aussi que pour une communication intelligente, il a besoin d'un intermédiaire intelligent et que cet intermédiaire est celui de l'Esprit du médium. »

– Ceci ne paraît pas applicable à ce qu'on appelle les tables parlantes ; car lorsque des objets inertes, comme des tables, planchettes et corbeilles, donnent des réponses intelligentes, il semble que l'Esprit du médium n'y soit pour rien ?
« C'est une erreur ; l'Esprit peut donner au corps inerte une vie factice momentanée, mais non l'intelligence ; jamais un corps inerte n'a été intelligent. C'est donc l'Esprit du médium qui reçoit la pensée à son insu et la transmet de proche en proche à

l'aide de divers intermédiaires. »

✧ 10. Il semble résulter de ces explications que l'Esprit du médium n'est jamais complètement passif ?

« Il est passif quand il ne mêle pas ses propres idées à celles de l'Esprit étranger, mais il n'est jamais absolument nul ; son concours est toujours nécessaire comme intermédiaire, même dans ce que vous appelez médiums mécaniques. »

✧ 11. N'y a-t-il pas plus de garantie d'indépendance dans le médium mécanique que dans le médium intuitif ?

« Sans aucun doute, et pour certaines communications un médium mécanique est préférable ; mais quand on connaît les facultés d'un médium intuitif, cela devient indifférent, selon les circonstances ; je veux dire qu'il y a des communications qui réclament moins de précision. »

Système des médiums inertes

✧ 12. Parmi les différents systèmes qui ont été émis pour expliquer les phénomènes spirites, il en est un qui consiste à croire que la véritable médiumnité est dans un corps complètement inerte, dans la corbeille ou le carton, par exemple, qui sert d'instrument ; que l'Esprit étranger s'identifie avec cet objet et le rend non seulement vivant, mais intelligent ; de là le nom de médiums inertes donnés à ces objets ; qu'en pensez-vous ?

« Il n'y a qu'un mot à dire à cela, c'est que si l'Esprit avait transmis l'intelligence au carton en même temps que la vie, le carton écrirait tout seul sans le concours de médium ; il serait singulier que l'homme intelligent devînt machine, et qu'un objet inerte devînt intelligent. C'est un des nombreux systèmes nés d'une idée préconçue, et qui tombent comme tant d'autres devant l'expérience et l'observation. »

✧ 13. Un phénomène bien connu pourrait accréditer l'opinion qu'il y a dans les corps inertes animés plus que la vie, mais encore l'intelligence, c'est celui des tables, corbeilles, etc., qui expriment par leurs mouvements la colère ou l'affection ?

« Lorsqu'un homme agite un bâton avec colère, ce n'est pas le bâton qui est en colère, ni même la main qui tient le bâton, mais bien la pensée qui dirige la main ; les tables et les corbeilles ne sont pas plus intelligentes que le bâton ; elles n'ont aucun sentiment intelligent, mais obéissent à une intelligence ; en un mot, ce n'est pas l'Esprit qui se transforme en corbeille, ni même qui y élit domicile. »

✧ 14. S'il n'est pas rationnel d'attribuer l'intelligence à ces objets, peut-on les considérer comme une variété de médiums en les désignant sous le nom de médiums inertes ?

« C'est une question de mots qui nous importe peu, pourvu que vous vous entendiez. Vous êtes libres d'appeler homme une marionnette. »

Aptitude de certains médiums pour les choses qu'ils ne connaissent pas les langues, la musique, le dessin

↪ 15. Les Esprits n'ont que le langage de la pensée ; ils n'ont pas de langage articulé ; c'est pourquoi il n'y a pour eux qu'une seule langue ; d'après cela un Esprit pourrait-il s'exprimer par voie médianimique dans une langue qu'il n'a jamais parlée de son vivant ; et dans ce cas, où puise-t-il les mots dont il se sert ?

« Vous venez vous-même de répondre à votre question en disant que les Esprits ont une seule langue qui est celle de la pensée ; cette langue est comprise de tous, aussi bien des hommes que des Esprits. L'Esprit errant, en s'adressant à l'Esprit incarné du médium, ne lui parle ni français, ni anglais, mais la langue universelle qui est celle de la pensée ; pour traduire ses idées dans un langage articulé, transmissible, il puise ses mots dans le vocabulaire du médium. »

↪ 16. S'il en est ainsi, l'Esprit ne devrait pouvoir s'exprimer que dans la langue du médium, tandis qu'on en voit écrire dans des langues inconnues de ce dernier ; n'y a-t-il pas là une contradiction ?

« Remarquez d'abord que tous les médiums ne sont pas également propres à ce genre d'exercice, et ensuite que les Esprits ne s'y prêtent qu'accidentellement, quand ils jugent que cela peut être utile ; mais, pour les communications usuelles et d'une certaine étendue, ils préfèrent se servir d'une langue familière, parce qu'elle leur présente moins de difficulté matérielle à vaincre. »

↪ 17. L'aptitude de certains médiums à écrire dans une langue qui leur est étrangère ne viendrait-elle pas de ce que cette langue leur aurait été familière dans une autre existence, et qu'ils en auraient conservé l'intuition ?

« Cela peut certainement avoir lieu, mais ce n'est pas une règle ; l'Esprit peut, avec quelques efforts, surmonter momentanément la résistance matérielle qu'il rencontre ; c'est ce qui arrive quand le médium écrit, dans sa propre langue, des mots qu'il ne connaît pas. »

↪ 18. Une personne qui ne saurait pas écrire pourrait-elle écrire comme un médium ?

« Oui ; mais on conçoit qu'il y a là encore une grande difficulté mécanique à vaincre, la main n'ayant pas l'habitude du mouvement nécessaire pour former les lettres. Il en est de même chez les médiums dessinateurs qui ne savent pas dessiner. »

↪ 19. Un médium très peu intelligent pourrait-il transmettre des communications d'un ordre élevé ?

« Oui, par la même raison qu'un médium peut écrire dans une langue qu'il ne connaît pas. La médiumnité proprement dite est indépendante de l'intelligence aussi bien que des qualités morales, et à défaut d'un meilleur instrument l'Esprit peut se servir de celui qu'il a sous la main ; mais il est naturel que, pour les communications d'un certain ordre, il préfère le médium qui lui offre le moins d'obstacles matériels. Et puis une autre considération : l'idiot n'est souvent idiot que par l'imperfection de ses organes, mais son Esprit peut être plus avancé que vous ne croyez ;

vous en avez la preuve par certaines évocations d'idiots morts ou vivants.»

Remarque : Ceci est un fait constaté par l'expérience ; nous avons plusieurs fois évoqué des idiots vivants qui ont donné des preuves patentes de leur identité, et répondaient d'une manière très sensée et même supérieure. Cet état est une punition pour l'Esprit qui souffre de la contrainte où il se trouve. Un médium idiot peut donc quelquefois offrir à l'Esprit qui veut se manifester plus de ressources qu'on ne croit. (Voir Revue Spirite, juillet 1860, article sur la Phrénologie et la Physiognomonie.)

20. D'où vient l'aptitude de certains médiums à écrire en vers, malgré leur ignorance en fait de poésie ?

« La poésie est un langage ; ils peuvent écrire en vers, comme ils peuvent écrire dans une langue qu'ils ne connaissent pas ; et puis, ils peuvent avoir été poètes dans une autre existence, et, comme on vous l'a dit, les connaissances acquises ne sont jamais perdues pour l'Esprit qui doit arriver à la perfection en toutes choses. Alors ce qu'ils ont su leur donne, sans qu'ils s'en doutent, une facilité qu'ils n'ont pas dans l'état ordinaire.»

21. En est-il de même de ceux qui ont une aptitude spéciale pour le dessin et la musique ?

« Oui ; le dessin et la musique sont aussi des manières d'exprimer la pensée ; les Esprits se servent des instruments qui leur offrent le plus de facilité.»

22. L'expression de la pensée par la poésie, le dessin ou la musique dépend-elle uniquement de l'aptitude spéciale du médium ou de celle de l'Esprit qui se communique ?

« Quelquefois du médium, quelquefois de l'Esprit. Les Esprits supérieurs ont toutes les aptitudes ; les Esprits inférieurs ont des connaissances bornées.»

23. Pourquoi l'homme qui a un talent transcendant dans une existence ne l'a-t-il plus dans une existence suivante ?

« Il n'en est pas toujours ainsi, car souvent il perfectionne dans une existence ce qu'il a commencé dans une précédente ; mais il peut arriver qu'une faculté transcendante sommeille pendant un certain temps pour en laisser une autre plus libre de se développer ; c'est un germe latent qui se retrouvera plus tard, et dont il reste toujours quelques traces, ou tout au moins une vague intuition.»

224. L'Esprit étranger comprend sans doute toutes les langues, puisque les langues sont l'expression de la pensée, et que l'Esprit comprend par la pensée ; mais pour rendre cette pensée, il faut un instrument : cet instrument est le médium. L'âme du médium qui reçoit la communication étrangère ne peut la transmettre que par les organes de son corps ; or, ces organes ne peuvent avoir pour une langue inconnue la flexibilité qu'ils ont pour celle qui leur est familière. Un médium qui ne sait que le français pourra bien, accidentellement, donner une réponse en anglais, par exemple, s'il plaît à l'Esprit de le faire ; mais les Esprits qui trouvent déjà le langage humain trop lent, eu égard à la rapidité de la pensée, puisqu'ils l'abrègent autant qu'ils peuvent, s'impatientent de la résistance mécanique qu'ils éprouvent ; voilà pourquoi ils ne le font pas toujours. C'est aussi la raison pour laquelle un médium

novice, qui écrit péniblement et avec lenteur, même dans sa propre langue, n'obtient en général que des réponses brèves et sans développement ; aussi les Esprits recommandent-ils de ne faire par son intermédiaire que des questions simples. Pour celles d'une haute portée, il faut un médium formé qui n'offre aucune difficulté mécanique à l'Esprit. Nous ne prendrions pas pour notre lecteur un écolier qui épelle. Un bon ouvrier n'aime pas à se servir de mauvais outils. Ajoutons une autre considération d'une grande gravité en ce qui concerne les langues étrangères. Les essais de ce genre sont toujours faits dans un but de curiosité et d'expérimentation ; or, rien n'est plus antipathique aux Esprits que les épreuves auxquelles on essaie de les soumettre. Les Esprits supérieurs ne s'y prêtent jamais, et quittent dès que l'on veut entrer dans cette voie. Autant ils se complaisent aux choses utiles et sérieuses, autant ils répugnent à s'occuper de choses futiles et sans but. C'est, diront les incrédules, pour nous convaincre, et ce but est utile, puisqu'il peut gagner des adeptes à la cause des Esprits. À cela les Esprits répondent : « Notre cause n'a pas besoin de ceux qui ont assez d'orgueil pour se croire indispensables ; nous appelons à nous *ceux que nous voulons*, et ce sont souvent les plus petits et les plus humbles. Jésus a-t-il fait les miracles que lui demandaient les scribes, et de quels hommes s'est-il servi pour révolutionner le monde ? Si vous voulez vous convaincre, vous avez d'autres moyens que des tours de force ; commencez d'abord par vous soumettre : il n'est pas dans l'ordre que l'écolier impose sa volonté à son maître. »

Il résulte de là qu'à quelques exceptions près, le médium rend la pensée des Esprits par les moyens mécaniques qui sont à sa disposition, et que l'expression de cette pensée peut, et doit même le plus souvent se ressentir de l'imperfection de ces moyens ; ainsi, l'homme inculte, le paysan, pourra dire les plus belles choses, exprimer les pensées les plus élevées, les plus philosophiques, en parlant comme un paysan ; car, on le sait, pour les Esprits la pensée domine tout. Ceci répond à l'objection de certains critiques au sujet des incorrections de style et d'orthographe qu'on peut avoir à reprocher aux Esprits, et qui peuvent venir du médium aussi bien que de l'Esprit. Il y a de la futilité à s'attacher à de pareilles choses. Il n'est pas moins puéril de s'attacher à reproduire ces incorrections avec une minutieuse exactitude, comme nous l'avons vu faire quelquefois. On peut donc les corriger sans aucun scrupule, à moins qu'elles ne soient un type caractéristique de l'Esprit qui se communique, auquel cas il est utile de les conserver comme preuve d'identité. C'est ainsi, par exemple, que nous avons vu un Esprit écrire constamment *Jule* (sans *s*) en parlant à son petit-fils, parce que, de son vivant, il l'écrivait de cette manière, et quoique le petit-fils, qui servait de médium, sût parfaitement écrire son nom.

Dissertation d'un Esprit sur le rôle des médiums

☞ 225. La dissertation suivante, donnée spontanément par un Esprit supérieur qui s'est révélé par des communications de l'ordre le plus élevé, résume de la manière la plus claire et la plus complète la question du rôle des médiums :

« Quelle que soit la nature des médiums écrivains, qu'ils soient mécaniques, semi-mécaniques ou simplement intuitifs, nos procédés de communication avec eux ne varient pas essentiellement. En effet, nous communiquons avec les Esprits incarnés eux-mêmes, comme avec les Esprits proprement dits, par le seul rayonnement de notre pensée.

Nos pensées n'ont pas besoin du vêtement de la parole pour être comprise par les Esprits, et tous les Esprits perçoivent la pensée que nous désirons leur communiquer, par cela seul que nous dirigeons cette pensée vers eux, et ce en raison de leurs facultés intellectuelles; c'est-à-dire que telle pensée peut être comprise par tels et tels, suivant leur avancement, tandis que chez tels autres, cette pensée ne réveillant aucun souvenir, aucune connaissance au fond de leur cœur ou de leur cerveau, n'est pas perceptible pour eux. Dans ce cas, l'Esprit incarné qui nous sert de médium est plus propre à rendre notre pensée pour les autres incarnés, bien qu'il ne la comprenne pas, qu'un Esprit désincarné et peu avancé ne pourrait le faire, si nous étions forcés de recourir à son intermédiaire; car l'être terrestre met son corps, comme instrument, à notre disposition, ce que l'Esprit errant ne peut faire.

Ainsi, quand nous trouvons dans un médium le cerveau meublé de connaissances acquises dans sa vie actuelle, et son Esprit riche de connaissances antérieures latentes, propres à faciliter nos communications, nous nous en servons de préférence, parce qu'avec lui le phénomène de la communication nous est beaucoup plus facile qu'avec un médium dont l'intelligence serait bornée, et dont les connaissances antérieures seraient restées insuffisantes. Nous allons nous faire comprendre par quelques explications nettes et précises.

Avec un médium dont l'intelligence actuelle ou antérieure se trouve développée, notre pensée se communique instantanément d'Esprit à Esprit, par une faculté propre à l'essence de l'Esprit lui-même. Dans ce cas, nous trouvons dans le cerveau du médium les éléments propres à donner à notre pensée le vêtement de la parole correspondant à cette pensée, et cela, que le médium soit intuitif, semi-mécanique ou mécanique pur. C'est pourquoi, quelle que soit la diversité des Esprits qui se communiquent à un médium, les dictées obtenues par lui, tout en procédant d'Esprits divers, portent un cachet de forme et de couleur personnel à ce médium. Oui, bien que la pensée lui soit tout à fait étrangère, bien que le sujet sorte du cadre dans lequel il se meut habituellement lui-même, bien que ce que nous voulons dire ne provienne en aucune façon de lui, il n'en influence pas moins la forme, par les qualités, les propriétés qui sont adéquates à son individu. C'est absolument comme lorsque vous regardez différents points de vue avec des lunettes nuancées, vertes, blanches ou bleues; bien que les points de vue ou objets regardés soient tout à fait opposés et tout à fait indépendants les uns des autres, ils n'en affectent pas moins toujours une teinte qui provient de la couleur des lunettes. Ou mieux, comparons les médiums à ces bocaux pleins de liquides colorés et transparents que l'on voit dans la montre des officines pharmaceutiques; eh bien, nous sommes comme des lumières qui éclairons certains points de vue moraux, philosophiques et internes, à travers des médiums bleus, verts ou rouges, de telle sorte que nos rayons lumineux, obligés de passer à travers des verres plus ou moins bien taillés, plus ou moins transparents, c'est-à-dire par des médiums plus ou moins intelligents, n'arrivent sur les objets que nous voulons éclairer qu'en empruntant la teinte, ou mieux la forme propre et particulière à ces médiums. Enfin, pour terminer par une dernière comparaison, nous, Esprits, sommes comme des compositeurs de musique qui avons composé ou voulons improviser un air, et n'avons sous la main qu'un piano, qu'un violon, qu'une flûte, qu'un basson ou qu'un sifflet de deux sous. Il est incontestable qu'avec le piano, la flûte ou le violon nous exécuterons notre morceau d'une manière très compréhensible pour nos auditeurs ; bien que les sons provenant du piano, du basson ou de la clarinette soient essentiellement différents les uns des autres, notre composition n'en sera pas moins identiquement la même, sauf les nuances du son. Mais si nous n'avons à notre disposition qu'un sifflet de deux sous ou qu'un entonnoir de fontainier, là pour nous gît la difficulté.

En effet, quand nous sommes obligés de nous servir de médiums peu avancés, notre travail devient bien plus long, bien plus pénible, parce que nous sommes obligés d'avoir recours à des formes incomplètes, ce qui est une complication pour nous ; car alors, nous sommes forcés de décomposer nos pensées et de procéder, mots par mots, lettres par lettres, ce qui est un ennui et une fatigue pour nous, et une entrave réelle à la promptitude et au développement de nos manifestations.

C'est pourquoi nous sommes heureux de trouver des médiums bien appropriés, bien outillés, munis de matériaux prêts à fonctionner, bons instruments en un mot, parce qu'alors notre périsprit, agissant sur le périsprit de celui que nous *médianimisons*, n'a plus qu'à donner l'impulsion à la main qui nous sert de porte-plume ou de porte-crayon ; tandis qu'avec les médiums insuffisants, nous sommes obligés de faire un travail analogue à celui que nous faisons quand nous nous communiquons par des coups frappés, c'est-à-dire en désignant lettre par lettre, mot par mot, chacune des phrases qui forment la traduction des pensées que nous voulons communiquer.

C'est pour ces raisons que nous nous sommes adressés de préférence aux classes éclairées et instruites, pour la divulgation du Spiritisme et le développement des facultés médianimiques scriptives, bien que ce soit parmi ces classes que se rencontrent les individus les plus incrédules, les plus rebelles et les plus immoraux. C'est que de même que nous laissons aujourd'hui, aux Esprits jongleurs et peu avancés l'exercice des communications tangibles de coups et d'apports, de même les hommes peu sérieux parmi vous préfèrent-ils la vue des phénomènes qui frappent leurs yeux ou leurs oreilles, aux phénomènes purement spirituels, purement psychologiques.

Quand nous voulons procéder par dictées spontanées, nous agissons sur le cerveau, sur les casiers du médium, et nous assemblons nos matériaux avec les éléments qu'il nous fournit, et cela tout à fait à son insu ; c'est comme si nous prenions dans sa bourse les sommes qu'il peut y avoir, et que nous en arrangions les différentes monnaies suivant l'ordre qui nous paraîtrait le plus utile.

Mais quand le médium veut lui-même nous interroger de telle ou telle façon, il est bon qu'il y réfléchisse sérieusement afin de nous questionner d'une façon méthodique, en nous facilitant ainsi notre travail de réponse. Car, comme il vous a été dit dans une précédente instruction, votre cerveau est souvent dans un désordre

inextricable, et il nous est aussi pénible que difficile de nous mouvoir dans le dédale de vos pensées. Quand des questions doivent être posées par des tiers, il est bon, il est utile que la série des questions soit communiquée, par avance, au médium, pour que celui-ci s'identifie avec l'Esprit de l'évocateur, et s'en imprègne pour ainsi dire ; parce que nous-mêmes avons alors bien plus de facilité pour répondre, par l'affinité qui existe entre notre périsprit et celui du médium qui nous sert d'interprète.
Certainement, nous pouvons parler mathématiques au moyen d'un médium qui y a l'air tout à fait étranger ; mais souvent l'Esprit de ce médium possède cette connaissance à l'état latent, c'est-à-dire personnel à l'être fluidique et non à l'être incarné, parce que son corps actuel est un instrument rebelle ou contraire à cette connaissance. Il en est de même de l'astronomie, de la poésie, de la médecine, et des langues diverses ainsi que de toutes les autres connaissances particulières à l'espèce humaine. Enfin, nous avons encore le moyen de l'élaboration pénible en usage avec les médiums complètement étrangers au sujet traité, en assemblant les lettres et les mots comme en typographie.
Comme nous l'avons dit, les Esprits n'ont pas besoin de revêtir leur pensée ; ils perçoivent et communiquent la pensée, par ce fait seul qu'elle existe en eux. Les êtres corporels, au contraire, ne peuvent percevoir la pensée que revêtue. Tandis que la lettre le mot, le substantif, le verbe, la phrase en un mot, vous sont nécessaires pour percevoir même mentalement, aucune forme visible ou tangible n'est nécessaire pour nous. »

—ERASTE et TIMOTHÉE

Remarque : Cette analyse du rôle des médiums, et des procédés à l'aide desquels les Esprits se communiquent, est aussi claire que logique. Il en découle ce principe, que l'Esprit puise, non ses idées, mais les matériaux nécessaires pour les exprimer dans le cerveau du médium, et que plus ce cerveau est riche en matériaux, plus la communication est facile. Lorsque l'Esprit s'exprime dans la langue familière au médium, il trouve en lui les mots tout formés pour revêtir l'idée ; si c'est dans une langue qui lui est étrangère, il n'y trouve pas les mots, mais simplement les lettres ; c'est pourquoi l'Esprit est obligé de dicter, pour ainsi dire, lettre à lettre, exactement comme si nous voulions faire écrire de l'allemand à celui qui n'en sait pas le premier mot. Si le médium ne sait ni lire ni écrire, il ne possède pas même les lettres ; il faut donc lui conduire la main comme à un écolier ; et là est une difficulté matérielle encore plus grande à vaincre. Ces phénomènes sont donc possibles, et l'on en a de nombreux exemples ; mais on comprend que cette manière de procéder s'accorde peu avec l'étendue et la rapidité des communications, et que les Esprits doivent préférer les instruments les plus faciles, ou, comme ils le disent, les médiums bien outillés à leur point de vue.

Si ceux qui demandent ces phénomènes comme moyen de conviction avaient préalablement étudié la théorie, ils sauraient dans quelles conditions exceptionnelles ils se produisent.

CHAPITRE XX
INFLUENCE MORALE DU MÉDIUM

Questions diverses

☞ 226. 1. Le développement de la médiumnité est-il en raison du développement moral du médium ?
« Non ; la faculté proprement dite tient à l'organisme ; elle est indépendante du moral ; il n'en est pas de même de l'usage, qui peut être plus ou moins bon, suivant les qualités du médium. »

↪ 2. Il a toujours été dit que la médiumnité est un don de Dieu, une grâce, une faveur ; pourquoi donc n'est-elle pas le privilège des hommes de bien, et pourquoi voit-on des gens indignes qui en sont doués au plus haut degré et qui en mésusent ?
« Toutes les facultés sont des faveurs dont on doit rendre grâce à Dieu, puisqu'il y a des hommes qui en sont privés. Vous pourriez aussi demander pourquoi Dieu accorde une bonne vue à des malfaiteurs, de l'adresse aux filous, l'éloquence à ceux qui s'en servent pour dire de mauvaises choses. Il en est de même de la médiumnité ; des gens indignes en sont doués, parce qu'ils en ont plus besoin que les autres pour s'améliorer ; pensez-vous que Dieu refuse les moyens de salut aux coupables ? Il les multiplie sous leurs pas ; *il les leur met dans les mains*, c'est à eux d'en profiter. Judas le traître n'a-t-il pas fait des miracles et guéri des malades comme apôtre ? Dieu a permis qu'il eût ce don pour rendre sa trahison plus odieuse. »

↪ 3. Les médiums qui font un mauvais usage de leur faculté, qui ne s'en servent pas en vue du bien, ou qui n'en profitent pas pour leur instruction, en subiront-ils les conséquences ?
« S'ils en usent mal, ils en seront doublement punis, parce qu'ils ont un moyen de plus de s'éclairer et qu'ils ne le mettent pas à profit. Celui qui voit clair et qui trébuche est plus blâmable que l'aveugle qui tombe dans le fossé. »

↪ 4. Il y a des médiums à qui il est fait spontanément, et presque constamment, des communications sur un même sujet, sur certaines questions morales, par exemple, sur certains défauts déterminés ; cela a-t-il un but ?
« Oui, et ce but est de les éclairer sur un sujet souvent répété, ou de les corriger de certains défauts ; c'est pourquoi à l'un ils parleront sans cesse de l'orgueil, à un autre de la charité ; ce n'est que la satiété qui peut leur ouvrir enfin les yeux. Il n'y a pas de médium mésusant de sa faculté, par ambition ou par intérêt, ou la compromettant par un défaut capital, comme l'orgueil, l'égoïsme, la légèreté, etc., qui ne reçoive de temps en temps quelques avertissements de la part des Esprits ; le mal est que la plupart du temps ils ne prennent pas cela pour eux. »
Remarque : Les Esprits mettent souvent des ménagements dans leurs leçons ; ils les donnent d'une manière indirecte pour laisser plus de mérite à celui qui sait se

les appliquer et en profiter ; mais l'aveuglement et l'orgueil sont tels chez certaines personnes qu'elles ne se reconnaissent pas au tableau qu'on leur met sous les yeux ; bien plus, si l'Esprit leur donne à entendre que c'est d'elles dont il s'agit, elles se fâchent et traitent l'Esprit de menteur ou de mauvais plaisant. Cela seul prouve que l'Esprit a raison.

➪ 5. Dans les leçons qui sont dictées au médium d'une manière générale et sans application personnelle, celui-ci n'agit-il pas comme instrument passif pour servir à l'instruction d'autrui ?

« Souvent ces avis et ces conseils ne sont pas dictés pour lui personnellement, mais bien pour les autres auxquels nous ne pouvons nous adresser que par l'intermédiaire de ce médium, mais qui doit en prendre sa part, s'il n'est pas aveuglé par l'amour-propre. Ne croyez pas que la faculté médianimique ait été donnée pour corriger seulement une ou deux personnes ; non ; le but est plus grand : il s'agit de l'humanité. Un médium est un instrument trop peu important comme individu ; c'est pourquoi, lorsque nous donnons des instructions qui doivent profiter à la généralité, nous nous servons de ceux qui possèdent les facilités nécessaires ; mais admettez pour certain qu'il viendra un temps où les bons médiums seront assez communs, pour que les bons Esprits n'aient pas besoin de se servir de mauvais instruments. »

➪ 6. Puisque les qualités morales du médium éloignent les Esprits imparfaits, comment se fait-il qu'un médium doué de bonnes qualités transmette des réponses fausses ou grossières ?

« Connais-tu tous les replis de son âme ? D'ailleurs, sans être vicieux il peut être léger et frivole ; et puis quelquefois aussi il a besoin d'une leçon, afin qu'il se tienne en garde. »

➪ 7. Pourquoi les Esprits supérieurs permettent-ils que des personnes douées d'une grande puissance comme médiums, et qui pourraient faire beaucoup de bien, soient les instruments de l'erreur ?

« Ils tâchent de les influencer ; mais quand elles se laissent entraîner dans une mauvaise voie, ils les laissent aller. C'est pourquoi ils s'en servent avec répugnance, car *la vérité ne peut être interprétée par le mensonge.* »

➪ 8. Est-il absolument impossible d'avoir de bonnes communications par un médium imparfait ?

« Un médium imparfait peut quelquefois obtenir de bonnes choses, parce que, s'il a une belle faculté, de bons Esprits peuvent s'en servir à défaut d'un autre dans une circonstance particulière ; mais ce n'est toujours que momentanément, car dès qu'ils en trouvent un qui leur convient mieux, ils lui donnent la préférence. »

Remarque : Il est à observer que lorsque les bons Esprits jugent qu'un médium cesse d'être bien assisté, et devient, par ses imperfections, la proie des Esprits trompeurs, ils provoquent presque toujours des circonstances qui dévoilent ses travers, et l'éloignent des gens sérieux et bien intentionnés dont la bonne foi pourrait être abusée. Dans ce cas, quelles que soient ses facultés, il n'est pas à regretter.

➪ 9. Quel serait le médium que l'on pourrait appeler parfait ?

« Parfait, hélas ! vous savez bien que la perfection n'est pas sur la terre, sans cela vous n'y seriez pas ; dites donc bon médium, et c'est déjà beaucoup, car ils sont rares. Le médium parfait serait celui sur lequel les mauvais Esprits n'auraient jamais *osé* faire une tentative pour le tromper ; le meilleur est celui qui, ne sympathisant qu'avec de bons Esprits, a été trompé le moins souvent. »

⇨ 10. S'il ne sympathise qu'avec de bons Esprits, comment peuvent-ils permettre qu'il soit trompé ?

« Les bons Esprits le permettent quelquefois avec les meilleurs médiums pour exercer leur jugement et leur apprendre à discerner le vrai du faux ; et puis, quelque bon que soit un médium, il n'est jamais si parfait qu'il ne puisse donner prise sur lui par quelque côté faible ; cela doit lui servir de leçon. Les fausses communications qu'il reçoit de temps en temps sont des avertissements pour qu'il ne se croie pas infaillible et ne s'enorgueillisse pas ; car le médium qui obtient les choses les plus remarquables n'a pas plus à s'en glorifier que le joueur d'orgue qui produit de beaux airs en tournant la manivelle de son instrument. »

⇨ 11. Quelles sont les conditions nécessaires pour que la parole des Esprits supérieurs nous arrive pure de toute altération ?

« Vouloir le bien ; chasser l'*égoïsme* et l'*orgueil* : l'un et l'autre sont nécessaires. »

⇨ 12. Si la parole des Esprits supérieurs ne nous arrive pure que dans des conditions difficiles à rencontrer, n'est-ce pas un obstacle à la propagation de la vérité ?

« Non, car la lumière arrive toujours à celui qui veut la recevoir. Quiconque veut s'éclairer doit fuir les ténèbres, et les ténèbres sont dans l'impureté du cœur.

Les Esprits que vous regardez comme la personnification du bien ne se rendent point volontiers à l'appel de ceux dont le cœur est souillé par l'orgueil, la cupidité et le manque de charité.

Que ceux-là donc qui veulent s'éclairer dépouillent toute vanité humaine et humilient leur raison devant la puissance infinie du Créateur, ce sera la meilleure preuve de leur sincérité ; et cette condition, chacun peut la remplir. »

☞ 227. Si le médium, au point de vue de l'exécution, n'est qu'un instrument, il exerce sous le rapport moral une très grande influence. Puisque, pour se communiquer, l'Esprit étranger s'identifie avec l'Esprit du médium, cette identification ne peut avoir lieu qu'autant qu'il y a entre eux sympathie, et si l'on peut dire affinité. L'âme exerce sur l'Esprit étranger une sorte d'attraction ou de répulsion, selon le degré de leur similitude ou de leur dissemblance ; or, les bons ont de l'affinité pour les bons, et les mauvais pour les mauvais ; d'où il suit que les qualités morales du médium ont une influence capitale sur la nature des Esprits qui se communiquent par son intermédiaire. S'il est vicieux, les Esprits inférieurs viennent se grouper autour de lui et sont toujours prêts à prendre la place des bons Esprits que l'on a appelés. Les qualités qui attirent de préférence les bons Esprits sont : la bonté, la bienveillance, la simplicité du cœur, l'amour du prochain, le détachement des choses matérielles ; les défauts qui les repoussent sont : l'orgueil, l'égoïsme, l'envie, la jalousie, la haine, la cupidité, la sensualité, et toutes les passions par lesquelles l'homme s'attache à la matière.

☞ 228. Toutes les imperfections morales sont autant de portes ouvertes qui donnent accès aux mauvais Esprits ; mais celle qu'ils exploitent avec le plus d'habileté, c'est l'orgueil, parce que c'est celle qu'on s'avoue le moins à soi-même ; l'orgueil a perdu de nombreux médiums doués des plus belles facultés, et qui, sans cela, eussent pu devenir des sujets remarquables et très utiles ; tandis que, devenus la proie d'Esprits menteurs, leurs facultés se sont d'abord perverties, puis annihilées, et plus d'un s'est vu humilié par les plus amères déceptions.

L'orgueil se traduit chez les médiums par des signes non équivoques sur lesquels il est d'autant plus nécessaire d'appeler l'attention, que c'est un des travers qui doivent le plus inspirer de défiance sur la véracité de leurs communications. C'est d'abord une confiance aveugle dans la supériorité de ces mêmes communications, et dans l'infaillibilité de l'Esprit qui les leur donne ; de là un certain dédain pour tout ce qui ne vient pas d'eux, car ils se croient le privilège de la vérité. Le prestige des grands noms dont se parent les Esprits qui sont censés les protéger les éblouit, et comme leur amour-propre souffrirait d'avouer qu'ils sont dupes, ils repoussent toute espèce de conseils ; ils les évitent même en s'éloignant de leurs amis et de quiconque pourrait ouvrir leurs yeux ; s'ils ont la condescendance de les écouter, ils ne tiennent aucun compte de leurs avis, car douter de la supériorité de leur Esprit, c'est presque une profanation. Ils s'offusquent de la moindre contradiction, d'une simple observation critique, et vont quelquefois jusqu'à prendre en haine les personnes mêmes qui leur ont rendu service. À la faveur de cet isolement provoqué par les Esprits qui ne veulent pas avoir de contradicteurs, ceux-ci ont beau jeu pour les entretenir dans leurs illusions, aussi leur font-ils aisément prendre les plus grosses absurdités pour des choses sublimes. Ainsi, confiance absolue dans la supériorité de ce qu'ils obtiennent, mépris de ce qui ne vient pas d'eux, importance irréfléchie attachée aux grands noms, rejet des conseils, prise en mauvaise part de toute critique, éloignement de ceux qui peuvent donner des avis désintéressés, croyance à leur habileté malgré leur défaut d'expérience : tels sont les caractères des médiums orgueilleux.

Il faut convenir aussi que l'orgueil est souvent excité chez le médium par son entourage. S'il a des facultés un peu transcendantes, il est recherché et prôné ; il se croit indispensable et bientôt affecte des airs de suffisance et de dédain quand il prête son concours. Nous avons eu plus d'une fois lieu de regretter les éloges que nous avions donnés à certains médiums, dans le but de les encourager.

☞ 229. À côté de cela, mettons en regard le tableau du médium vraiment bon, celui en qui l'on peut avoir confiance. Nous supposons d'abord une facilité d'exécution assez grande pour permettre aux Esprits de se communiquer librement et sans être entravés par aucune difficulté matérielle. Ceci étant donné, ce qu'il importe le plus de considérer, c'est la nature des Esprits qui l'assistent d'habitude, et pour cela ce n'est pas au nom qu'il faut s'en rapporter, mais au langage. Il ne doit jamais perdre de vue que les sympathies qu'il se conciliera parmi les bons Esprits seront en raison de ce qu'il fera pour éloigner les mauvais. Persuadé que sa faculté est un don qui lui est accordé pour le bien, il ne cherche nullement à s'en prévaloir, il ne s'en fait aucun mérite. Il accepte les bonnes communications qui lui sont faites comme une grâce dont il doit s'efforcer de se rendre digne par sa bonté, par sa bienveillance et sa modestie. Le premier s'enorgueillit de ses rapports avec les Esprits supérieurs; celui-ci s'en humilie, parce qu'il se croit toujours au-dessous de cette faveur.

Dissertation d'un Esprit sur l'influence morale

☞ 230. L'instruction suivante nous a été donnée sur ce sujet par un Esprit dont nous avons déjà rapporté plusieurs communications:
« Nous l'avons déjà dit: les médiums, en tant que médiums, n'ont qu'une influence secondaire dans les communications des Esprits; leur tâche est celle d'une machine électrique, qui transmet les dépêches télégraphiques d'un point éloigné à un autre point éloigné de la terre. Ainsi, quand nous voulons dicter une communication, nous agissons sur le médium comme l'employé du télégraphe sur son appareil; c'est-à-dire de même que le *tac-tac* du télégraphe dessine à des milliers de lieues, sur une bande de papier, les signes reproducteurs de la dépêche, de même nous communiquons à travers les distances incommensurables qui séparent le monde visible du monde invisible, le monde immatériel du monde incarné, ce que nous voulons vous enseigner au moyen de l'appareil médianimique. Mais aussi, de même que les influences atmosphériques agissent et troublent souvent les transmissions du télégraphe électrique, l'influence morale du médium agit et trouble quelquefois la transmission de nos dépêches d'outre-tombe, parce que nous sommes obligés de les faire passer par un milieu qui leur est contraire. Cependant, le plus souvent cette influence est annulée par notre énergie et notre volonté, et aucun acte perturbateur ne se manifeste. En effet, des dictées d'une haute portée philosophique, des communications d'une parfaite moralité sont transmises quelquefois par des médiums peu propres à ces enseignements supérieurs; tandis que, d'un autre côté, des communications peu édifiantes arrivent aussi quelquefois par des médiums tout honteux de leur avoir servi de conducteur.
En thèse générale, on peut affirmer que les Esprits similaires appellent les Esprits similaires, et que rarement les Esprits des pléiades élevées se communiquent par des appareils mauvais conducteurs, quand ils ont sous la main de bons appareils médianimiques, de bons médiums en un mot.
Les médiums légers et peu sérieux appellent donc des Esprits de même nature; c'est pourquoi leurs communications sont empreintes de banalités, de frivolités, d'idées sans suite et souvent fort hétérodoxes, spiritement parlant. Certes, ils peuvent dire et disent quelquefois de bonnes choses; mais c'est dans ce cas surtout qu'il faut apporter un examen sévère et scrupuleux; car, au lieu de ces bonnes choses, certains Esprits hypocrites insinuent avec habileté et avec une perfidie calculée des faits controuvés, des assertions mensongères, afin de duper la bonne foi de leurs auditeurs. On doit alors élaguer sans pitié tout mot, toute phrase équivoques, et ne conserver de la dictée que ce que la logique accepte, ou ce que la doctrine a déjà enseigné. Les communications de cette nature ne sont à redouter que pour les Spirites isolés, les groupes récents ou peu éclairés; car, dans les réunions où les adeptes sont plus avancés et ont acquis de l'expérience, le geai a beau se parer des plumes du

paon, il est toujours impitoyablement éconduit.

Je ne parlerai pas des médiums qui se plaisent à solliciter et à écouter des communications ordurières ; laissons-les se complaire dans la société des Esprits cyniques. D'ailleurs, les communications de cet ordre recherchent d'elles-mêmes la solitude et l'isolement ; elles ne pourraient, en tout cas, que soulever le dédain et le dégoût parmi les membres des groupes philosophiques et sérieux. Mais où l'influence morale du médium se fait réellement sentir, c'est quand celui-ci substitue ses idées personnelles à celles que les Esprits s'efforcent de lui suggérer ; c'est encore lorsqu'il puise dans son imagination des théories fantastiques qu'il croit lui-même, de bonne foi, résulter d'une communication intuitive. Il y a souvent alors mille à parier contre un que ceci n'est que le reflet de l'Esprit personnel du médium ; et il arrive même ce fait curieux, c'est que la main du médium se meut quelquefois presque mécaniquement, poussée qu'elle est par un Esprit secondaire et moqueur. C'est contre cette pierre de touche que viennent se briser les imaginations ardentes ; car, emportés par la fougue de leurs propres idées, par le clinquant de leurs connaissances littéraires, les médiums méconnaissent la modeste dictée d'un sage Esprit, et, abandonnant la proie pour l'ombre, y substituent une paraphrase ampoulée. C'est contre cet écueil redoutable que viennent également échouer les personnalités ambitieuses qui, à défaut des communications que les bons Esprits leur refusent, présentent leurs propres œuvres comme l'œuvre de ces Esprits eux-mêmes. Voilà pourquoi il faut que les chefs des groupes spirites soient pourvus d'un tact exquis et d'une rare sagacité pour discerner les communications authentiques de celles qui ne le sont pas, et pour ne pas blesser ceux qui se font illusion à eux-mêmes.

Dans le doute, abstiens-toi, dit un de vos anciens proverbes ; n'admettez donc que ce qui est pour vous d'une évidence certaine. Dès qu'une opinion nouvelle se fait jour, pour peu qu'elle vous semble douteuse, passez-la au laminoir de la raison et de la logique ; ce que la raison et le bon sens réprouvent, rejetez-le hardiment ; mieux vaut repousser dix vérités qu'admettre un seul mensonge, une seule fausse théorie. En effet, sur cette théorie vous pourriez édifier tout un système qui croulerait au premier souffle de la vérité comme un monument bâti sur un sable mouvant, tandis que, si vous rejetez aujourd'hui certaines vérités parce qu'elles ne vous sont pas démontrées logiquement et clairement, bientôt un fait brutal ou une démonstration irréfutable viendra vous en affirmer l'authenticité.

Rappelez-vous, néanmoins, ô spirites ! qu'il n'y a d'impossible pour Dieu et pour les bons Esprits que l'injustice et l'iniquité.

Le spiritisme est assez répandu maintenant parmi les hommes, et a suffisamment moralisé les adeptes sincères de sa sainte doctrine, pour que les Esprits ne soient plus réduits à employer de mauvais outils, des médiums imparfaits. Si donc maintenant un médium, quel qu'il soit, donne, par sa conduite ou ses mœurs, par son orgueil, par son manque d'amour et de charité, un légitime sujet de suspicion, repoussez, repoussez ses communications, car il y a un serpent caché dans l'herbe. Voilà ma conclusion sur l'influence morale des médiums. »

—ERASTE

CHAPITRE XXI
INFLUENCE DU MILIEU

☞ 231. 1. Le milieu dans lequel se trouve le médium exerce-t-il une influence sur les manifestations ?

« Tous les Esprits qui entourent le médium l'aident dans le bien comme dans le mal. »

↳ 2. Les Esprits supérieurs ne peuvent-ils triompher du mauvais vouloir de l'Esprit incarné qui leur sert d'interprète et de ceux qui l'entourent ?

« Oui, quand ils le jugent utile, et selon l'intention de la personne qui s'adresse à eux. Nous l'avons déjà dit : les Esprits les plus élevés peuvent quelquefois se communiquer par une faveur spéciale, malgré l'imperfection du médium et du milieu, mais alors ceux-ci y demeurent complètement étrangers. »

↳ 3. Les Esprits supérieurs cherchent-ils à ramener les réunions futiles à des idées plus sérieuses ?

« Les Esprits supérieurs ne vont pas dans les réunions où ils savent que leur présence est inutile. Dans les milieux peu instruits, mais où il y a de la sincérité, nous allons volontiers quand même nous n'y trouverions que de médiocres instruments ; mais dans les milieux instruits où l'ironie domine, nous n'allons pas. Là, il faut parler aux yeux et aux oreilles : c'est le rôle des Esprits frappeurs et moqueurs. Il est bon que les gens qui se targuent de leur science soient humiliés par les Esprits les moins savants et les moins avancés. »

↳ 4. L'accès des réunions sérieuses est-il interdit aux Esprits inférieurs ?

« Non, ils y restent quelquefois afin de profiter des enseignements qui vous sont donnés ; mais ils se taisent *comme des étourdis dans l'assemblée des sages.* »

☞ 232. Ce serait une erreur de croire qu'il faut être médium pour attirer à soi les êtres du monde invisible. L'espace en est peuplé ; nous en avons sans cesse autour de nous, à nos côtés, qui nous voient, nous observent, se mêlent à nos réunions, qui nous suivent ou nous fuient selon que nous les attirons ou les repoussons. La faculté médianimique n'est rien pour cela : elle n'est qu'un moyen de communication. D'après ce que nous avons vu sur les causes de sympathie ou d'antipathie des Esprits, on comprendra aisément que nous devons être entourés de ceux qui ont de l'affinité pour notre propre Esprit, selon qu'il est élevé ou dégradé. Considérons maintenant l'état moral de notre globe, et l'on comprendra quel est le genre d'Esprits qui doit dominer parmi les Esprits errants. Si nous prenons chaque peuple en particulier, nous pourrons juger, par le caractère dominant des habitants, par leurs préoccupations, leurs sentiments plus ou moins moraux et *humanitaires*, des ordres d'Esprits qui s'y donnent de préférence rendez-vous.

Partant de ce principe, supposons une réunion d'hommes légers, inconséquents, occupés de leurs plaisirs ; quels seront les Esprits qui s'y trouveront de préférence ?

Ce ne seront pas assurément des Esprits supérieurs, pas plus que nos savants et nos philosophes n'iraient y passer leur temps. Ainsi, toutes les fois que des hommes s'assemblent, ils ont avec eux une assemblée occulte qui sympathise avec leurs qualités ou leurs travers, et cela *abstraction faite de toute pensée d'évocation*. Admettons maintenant qu'ils aient la possibilité de s'entretenir avec les êtres du monde invisible par un interprète, c'est-à-dire par un médium ; quels sont ceux qui vont répondre à leur appel ? Evidemment ceux qui sont là, tout prêts, et qui ne cherchent qu'une occasion de se communiquer. Si, dans une assemblée futile, on appelle un Esprit supérieur, il pourra venir, et même faire entendre quelques paroles raisonnables, comme un bon pasteur vient au milieu de ses brebis égarées ; mais du moment qu'il ne se voit ni compris ni écouté, il s'en va, comme vous le feriez vous-même à sa place, et les autres ont leurs coudées franches.

☞ 233. Il ne suffit pas toujours qu'une assemblée soit sérieuse pour avoir des communications d'un ordre élevé ; il y a des gens qui ne rient jamais, et dont le cœur n'en est pas plus pur ; or, c'est le cœur surtout qui attire les bons Esprits. Aucune condition morale n'exclut les communications spirites ; mais si l'on est dans de mauvaises conditions, on cause avec ses pareils, qui ne se font pas faute de nous tromper, et souvent caressent nos préjugés.

On voit par là l'énorme influence du milieu sur la nature des manifestations intelligentes ; mais cette influence ne s'exerce point comme l'ont prétendu quelques personnes, alors qu'on ne connaissait pas encore le monde des Esprits comme on le connaît aujourd'hui, et avant que des expériences plus concluantes soient venues éclaircir les doutes. Lorsque des communications concordent avec l'opinion des assistants, ce n'est point parce que cette opinion se réfléchit dans l'Esprit du médium comme dans un miroir, c'est parce que vous avez avec vous des Esprits qui vous sont sympathiques pour le bien comme pour le mal, et qui abondent dans votre sens ; et ce qui le prouve, c'est que si vous avez la force d'attirer à vous d'autres Esprits que ceux qui vous entourent, ce même médium va vous tenir un langage tout différent, et vous dire les choses les plus éloignées de votre pensée et de vos convictions. En résumé, les conditions du milieu seront d'autant meilleures qu'il y aura plus d'homogénéité pour le bien, plus de sentiments purs et élevés, plus de désir sincère de s'instruire sans arrière-pensée.

CHAPITRE XXII
DE LA MÉDIANIMITÉ CHEZ LES ANIMAUX

Dissertation d'un esprit sur cette question

☞ 234. Les animaux peuvent-ils être médiums ? On s'est souvent posé cette question, et certains faits sembleraient y répondre affirmativement. Ce qui a pu surtout accréditer cette opinion, ce sont les signes remarquables d'intelligence de quelques oiseaux dressés qui paraissent deviner la pensée et tirent d'un paquet de cartes celles qui peuvent amener la réponse exacte à une question proposée. Nous avons observé ces expériences avec un soin tout particulier, et ce que nous avons le plus admiré, c'est l'art qu'il a fallu déployer pour l'instruction de ces oiseaux. On ne peut sans doute leur refuser une certaine dose d'intelligence relative, mais il faudrait convenir que, dans cette circonstance, leur perspicacité dépasserait de beaucoup celle de l'homme, car il n'est personne qui puisse se flatter de faire ce qu'ils font ; il faudrait même, pour certaines expériences, leur supposer un don de seconde vue supérieur à celui des somnambules les plus clairvoyants. En effet, on sait que la lucidité est essentiellement variable, et qu'elle est sujette à de fréquentes intermittences, tandis que chez ces oiseaux elle serait permanente et fonctionnerait à point nommé avec une régularité et une précision que l'on ne voit chez aucun somnambule ; en un mot, elle ne leur ferait jamais défaut. La plupart des expériences que nous avons vues sont de la nature de celles que font les prestidigitateurs, et ne pouvaient nous laisser de doute sur l'emploi de quelques-uns de leurs moyens, notamment celui des cartes forcées. L'art de la prestidigitation consiste à dissimuler ces moyens, sans quoi l'effet n'aurait plus de charme. Le phénomène, même réduit à cette proportion, n'en est pas moins très intéressant, et il reste toujours à admirer le talent de l'instructeur aussi bien que l'intelligence de l'élève, car la difficulté à vaincre est bien plus grande que si l'oiseau n'agissait qu'en vertu de ses propres facultés ; or, en faisant faire à celui-ci des choses qui dépassent la limite du possible pour l'intelligence humaine, c'est prouver, par cela seul, l'emploi d'un procédé secret. Il est d'ailleurs un fait constant, c'est que ces oiseaux n'arrivent à ce degré d'habileté qu'au bout d'un certain temps, et à l'aide de soins particuliers et persévérants, ce qui ne serait point nécessaire si leur intelligence en faisait seule les frais. Il n'est pas plus extraordinaire de les dresser à tirer des cartes que de les habituer à répéter des airs ou des paroles. Il en a été de même quand la prestidigitation a voulu imiter la seconde vue ; on faisait faire au sujet beaucoup trop pour que l'illusion fût de longue durée. Dès la première fois que nous assistâmes à une séance de ce genre, nous n'y vîmes qu'une imitation très imparfaite du somnambulisme, révélant l'ignorance des conditions les plus essentielles de cette faculté.

☞ 235. Quoi qu'il en soit des expériences ci-dessus, la question principale n'en reste pas moins entière à un autre point de vue ; car de même que l'imitation du somnambulisme n'empêche pas la faculté d'exister, l'imitation de la médiumnité par le moyen des oiseaux ne prouverait rien contre la possibilité d'une faculté analogue chez eux ou chez d'autres animaux. Il s'agit donc de savoir si les animaux sont aptes, comme les hommes, à servir d'intermédiaires aux Esprits pour leurs communications intelligentes. Il semble même assez logique de supposer qu'un être vivant, doué d'une certaine dose d'intelligence, soit plus propre à cet effet qu'un corps inerte, sans vitalité, comme une table, par exemple ; c'est pourtant ce qui n'a pas lieu.

☞ 236. La question de la médiumnité des animaux se trouve complètement résolue dans la dissertation suivante donnée par un Esprit dont on a pu apprécier la profondeur et la sagacité par les citations que nous avons déjà eu l'occasion de faire. Pour bien saisir la valeur de sa démonstration, il est essentiel de se reporter à l'explication qu'il a donnée du rôle du médium dans les communications, et que nous avons reproduite ci-dessus. (N° 225.)

Cette communication a été donnée à la suite d'une discussion qui avait eu lieu, sur ce sujet, dans la Société parisienne des études spirites.

« J'aborde aujourd'hui la question de la médianimité des animaux soulevée et soutenue par un de vos plus fervents adeptes. Il prétend, en vertu de cet axiome : *Qui peut le plus peut le moins*, que nous pouvons médianimiser les oiseaux et les autres animaux, et nous en servir dans nos communications avec l'espèce humaine. C'est ce que vous appelez en philosophie, ou plutôt en logique, purement et simplement un sophisme. « Vous animez, dit-il, la matière inerte, c'est-à-dire une table, une chaise, un piano ; *a fortiori* devez-vous animer la matière déjà animée et notamment des oiseaux. » Eh bien ! dans l'état normal du spiritisme, cela n'est pas, cela ne peut pas être.

D'abord, convenons bien de nos faits. Qu'est-ce qu'un médium ? C'est l'être, c'est l'individu qui sert de trait d'union aux Esprits, pour que ceux-ci puissent se communiquer avec facilité aux hommes : Esprits incarnés. Par conséquent, sans médium, point de communications tangibles, mentales, scriptives, physiques, ni de quelque sorte que ce soit.

Il est un principe qui, j'en suis sûr, est admis par tous les spirites : c'est que les semblables agissent avec leurs semblables et comme leurs semblables. Or, quels sont les semblables des Esprits, sinon les Esprits incarnés ou non. Faut-il vous le répéter sans cesse ? Eh bien ! je vous le répéterai encore : votre périsprit et le nôtre sont puisés dans le même milieu, sont d'une nature identique, sont semblables, en un mot ; ils possèdent une propriété d'assimilation plus ou moins développée, d'aimantation plus ou moins vigoureuse, qui nous permet, Esprits et incarnés, de nous mettre très promptement et très facilement en rapport. Enfin, ce qui appartient en propre aux médiums, ce qui est de l'essence même de leur individualité, c'est une affinité spéciale, et en même temps une force d'expansion particulière qui anéantissent en eux toute réfractibilité, et établissent entre eux et nous une sorte de courant, une espèce de fusion qui facilite nos communications. C'est, du reste, cette réfractibilité de la matière qui s'oppose au développement de la médianimité chez la plupart de ceux qui ne sont pas médiums.

Les hommes sont toujours portés à tout exagérer ; les uns, je ne parle pas ici des matérialistes, refusent une âme aux animaux, et d'autres veulent leur en donner une, pour ainsi dire, pareille à la nôtre. Pourquoi vouloir ainsi confondre le perfectible avec l'imperfectible ? Non, non, soyez-en convaincus, le feu qui anime les bêtes, le souffle qui les fait agir, mouvoir et parler en leur langage, n'a, quant à présent, aucune aptitude à se mêler, à s'unir, à se fondre avec le souffle divin, l'âme éthérée, l'Esprit en un mot, qui anime l'être essentiellement perfectible : l'homme, ce roi de la création. Or, n'est-ce pas ce qui fait la supériorité de l'espèce humaine sur les autres espèces terrestres que cette condition essentielle de perfectibilité ? Eh bien ! reconnaissez donc qu'on ne peut assimiler à l'homme, seul perfectible en lui-même et dans ses œuvres, aucun individu des autres races vivantes sur la terre.

Le chien, que son intelligence supérieure parmi les animaux a rendu l'ami et le commensal de l'homme, est-il perfectible de son chef et de son initiative personnelle ? Nul n'oserait le soutenir ; car le chien ne fait pas progresser le chien ; et celui d'entre eux qui est le mieux dressé est toujours dressé par son maître. Depuis que le monde est monde, la loutre bâtit toujours sa hutte sur les eaux, d'après les mêmes proportions et suivant une règle invariable ; les rossignols et les hirondelles n'ont jamais construit leurs nids autrement que leurs pères ne l'avaient fait. Un nid de moineaux d'avant le déluge, comme un nid de moineaux de l'époque moderne, est toujours un nid de moineaux, édifié dans les mêmes conditions et avec le même système d'entrelacement de brins d'herbes et de débris, recueillis au printemps à l'époque des amours. Les abeilles et les fourmis, ces petites républiques ménagères, n'ont jamais varié dans leurs habitudes d'approvisionnement, dans leurs allures, dans leurs mœurs, dans leurs productions. Enfin, l'araignée tisse toujours sa toile de la même manière.

D'un autre côté, si vous cherchez les cabanes de feuillage et les tentes des premiers âges de la terre, vous rencontrerez à leur place les palais et les châteaux de la civilisation moderne ; aux vêtements de peaux brutes ont succédé les tissus d'or et de soie ; enfin, à chaque pas vous trouvez la preuve de cette marche incessante de l'humanité vers le progrès.

De ce progrès constant, invincible, irrécusable de l'espèce humaine, et de ce stationnement indéfini des autres espèces animées, concluez avec moi que s'il existe des principes communs à ce qui vit et ce qui se meut sur la terre : le souffle et la matière, il n'en est pas moins vrai que vous seuls, Esprits incarnés, êtes soumis à cette inévitable loi du progrès qui vous pousse fatalement en avant, et toujours en avant. Dieu a mis les animaux à côté de vous comme des auxiliaires pour vous nourrir, vous vêtir, vous seconder. Il leur a donné une certaine dose d'intelligence, parce que, pour vous aider, il leur fallait comprendre, et il a proportionné leur intelligence aux services qu'ils sont appelés à rendre ; mais dans sa sagesse il n'a pas voulu qu'ils fussent soumis à la même loi du progrès ; tels ils ont été créés, tels ils sont restés et resteront jusqu'à l'extinction de leurs races.

On a dit : les Esprits médianimisent et font mouvoir la matière inerte, des chaises, des tables, des pianos ; font mouvoir, oui, mais médianimisent, non ! Car, encore une fois, sans médium, aucun de ces phénomènes ne peut se produire. Qu'y a-t-il d'extraordinaire qu'à l'aide d'un ou de plusieurs médiums nous fassions mouvoir la matière inerte, passive, qui justement en raison de sa passivité, de son inertie, est propre à subir les mouvements et les impulsions que nous désirons lui imprimer ? Pour cela, nous avons besoin de médiums, c'est positif ; mais il n'est pas nécessaire que le médium soit présent ou *conscient*, car nous pouvons agir avec les éléments qu'il nous fournit, à son insu et hors de sa présence, surtout dans les faits de tangibilité et d'apports. Notre enveloppe fluidique, plus impondérable et plus subtile que le plus subtil et le plus impondérable de vos gaz, s'unissant, se mariant, se combinant avec l'enveloppe fluidique mais *animalisée* du médium, et dont la propriété d'expansion et de pénétrabilité est insaisissable pour vos sens grossiers, et presque inexplicable pour vous, nous permet de mouvoir les meubles et même de les briser dans des pièces inhabitées.

Certainement, les Esprits peuvent se rendre visibles et tangibles pour les animaux, et souvent telle frayeur subite qu'ils prennent, et qui ne vous semble pas motivée, est causée par la vue d'un ou de plusieurs de ces Esprits mal intentionnés pour les individus présents ou pour ceux à qui appartiennent ces animaux. Très souvent, vous apercevez des chevaux qui ne veulent ni avancer, ni reculer, ou qui se cabrent devant un obstacle imaginaire ; eh bien ! tenez pour certain que l'obstacle imaginaire est souvent un Esprit ou un groupe d'Esprit qui se plaît à les empêcher d'avancer. Rappelez-vous l'ânesse de Balaam, qui, voyant un ange devant elle et redoutant son épée flamboyante, s'obstinait à ne pas bouger ; c'est qu'avant de se manifester visiblement à Balaam, l'ange avait voulu se rendre visible pour l'animal seul ; mais, je le répète, nous ne médianimisons directement ni les animaux ni la matière inerte ; il nous faut toujours le concours *conscient* ou *inconscient* d'un médium humain, parce qu'il nous faut l'union de fluides similaires, ce que nous ne trouvons ni dans les animaux, ni dans la matière brute.

M. T... a, dit-il, magnétisé son chien ; à quoi est-il arrivé ? Il l'a tué ; car ce malheureux animal est mort après être tombé dans une espèce d'atonie, de langueur, conséquence de sa magnétisation. En effet, en l'inondant d'un fluide puisé dans une essence supérieure à l'essence spéciale à sa nature, il l'a écrasé et a agi sur lui, quoique plus lentement, à la manière de la foudre. Donc, comme il n'y a nulle assimilation possible entre notre périsprit et l'enveloppe fluidique des animaux proprement dits, nous les écraserions instantanément en les médianimisant.

Ceci établi, je reconnais parfaitement que chez les animaux il existe des aptitudes diverses ; que certains sentiments, certaines passions identiques aux passions et aux sentiments humains se développent en eux ; qu'ils sont sensibles et reconnaissants, vindicatifs et haineux, suivant que l'on agit bien ou mal avec eux. C'est que Dieu, qui ne fait rien d'incomplet, a donné aux animaux, compagnons ou serviteurs de l'homme, des qualités de sociabilité qui manquent entièrement aux animaux sauvages qui habitent les solitudes. Mais de là à pouvoir servir d'intermédiaires pour la transmission de la pensée des Esprits, il y a un abîme : la différence des natures. Vous savez que nous puisons dans le cerveau du médium les éléments nécessaires pour donner à notre pensée une forme sensible et saisissable par vous ; c'est à l'aide des matériaux qu'il possède que le médium traduit notre pensée dans le langage vulgaire ; eh bien ! quels éléments trouverions-nous dans le cerveau d'un animal ? Y a-t-il des mots, des nombres, des lettres, des signes quelconques similaires à ceux qui existent chez l'homme, même le moins intelligent ? Cependant, direz-vous, les animaux comprennent la pensée de l'homme ; ils la devinent même ; oui, les animaux dressés comprennent certaines pensées, mais en avez-vous jamais vu les reproduire ? Non ; concluez-en donc que les animaux ne peuvent nous servir d'interprètes.

Pour me résumer : les faits médianimiques ne peuvent se manifester sans le concours conscient ou inconscient des médiums ; et ce n'est que parmi les incarnés, Esprits comme nous, que nous pouvons rencontrer ceux qui peuvent nous servir de médiums. Quant à dresser des chiens, des oiseaux, ou autres animaux, pour faire tels ou tels exercices, c'est votre affaire et non la nôtre. »

—ERASTE

Nota. On trouvera dans la *Revue Spirite* de septembre 1861 le détail d'un procédé employé par les dresseurs d'oiseaux savants, pour leur faire tirer d'un paquet les cartes voulues.

CHAPITRE XXIII
DE L'OBSESSION

☞ 237. Au nombre des écueils que présente la pratique du spiritisme, il faut mettre en première ligne *l'obsession*, c'est-à-dire l'empire que quelques Esprits savent prendre sur certaines personnes. Elle n'a jamais lieu que par les Esprits inférieurs qui cherchent à dominer ; les bons Esprits ne font éprouver aucune contrainte ; ils conseillent, combattent l'influence des mauvais, et si on ne les écoute pas, ils se retirent. Les mauvais, au contraire, s'attachent à ceux sur lesquels ils trouvent prise ; s'ils parviennent à prendre de l'empire sur quelqu'un, ils s'identifient avec son propre Esprit et le conduisent comme un véritable enfant.

L'obsession présente des caractères divers qu'il est très nécessaire de distinguer, et qui résultent du degré de la contrainte et de la nature des effets qu'elle produit. Le mot *obsession* est, en quelque sorte, un terme générique par lequel on désigne ce genre de phénomène dont les principales variétés sont : *l'obsession simple*, la *fascination* et la *subjugation*.

Obsession simple

☞ 238. *L'obsession simple* a lieu quand un Esprit malfaisant s'impose à un médium, s'immisce malgré lui dans les communications qu'il reçoit, l'empêche de communiquer avec d'autres Esprits et se substitue à ceux que l'on évoque.

On n'est pas obsédé par cela seul qu'on est trompé par un Esprit menteur ; le meilleur médium y est exposé, surtout au début, alors qu'il manque encore de l'expérience nécessaire, de même que, parmi nous, les plus honnêtes gens peuvent être dupes des fripons. On peut donc être trompé sans être obsédé ; l'obsession est dans la ténacité de l'Esprit dont on ne peut se débarrasser.

Dans l'obsession simple le médium sait très bien qu'il a affaire à un Esprit trompeur, et celui-ci ne s'en cache pas ; il ne dissimule nullement ses mauvaises intentions et son désir de contrarier. Le médium reconnaît sans peine la fourberie, et comme il se tient sur ses gardes, il est rarement trompé. Ce genre d'obsession est donc simplement désagréable, et n'a d'autre inconvénient que d'opposer un obstacle aux communications que l'on voudrait avoir avec des Esprits sérieux ou ceux que l'on affectionne.

On peut ranger dans cette catégorie les cas d'*obsession physique*, c'est-à-dire celle qui consiste dans les manifestations bruyantes et obstinées de certains Esprits qui font entendre spontanément des coups ou autres bruits. Nous renvoyons pour ce phénomène au chapitre des *Manifestations physiques spontanées*. (N° 82.)

Fascination

☞ 239. La *fascination* a des conséquences beaucoup plus graves. C'est une illusion produite par l'action directe de l'Esprit sur la pensée du médium, et qui paralyse en quelque sorte son jugement à l'égard des communications. Le médium fasciné ne croit pas être trompé ; l'Esprit a l'art de lui inspirer une confiance aveugle qui l'empêche de voir la supercherie et de comprendre l'absurdité de ce qu'il écrit, alors même qu'elle saute aux yeux de tout le monde ; l'illusion peut même aller jusqu'à lui faire voir du sublime dans le langage le plus ridicule. On serait dans l'erreur si l'on croyait que ce genre d'obsession ne peut atteindre que les personnes simples, ignorantes et dépourvues de jugement ; les hommes les plus spirituels, les plus instruits et les plus intelligents sous d'autres rapports n'en sont pas exempts, ce qui prouve que cette aberration est l'effet d'une cause étrangère dont ils subissent l'influence.

Nous avons dit que les suites de la fascination sont beaucoup plus graves ; en effet, à la faveur de cette illusion qui en est la conséquence, l'Esprit conduit celui qu'il est parvenu à maîtriser comme il le ferait d'un aveugle, et peut lui faire accepter les doctrines les plus bizarres, les théories les plus fausses comme étant l'unique expression de la vérité ; bien plus, il peut l'exciter à des démarches ridicules, compromettantes et même dangereuses.

On comprend facilement toute la différence qui existe entre l'obsession simple et la fascination ; on comprend aussi que les Esprits qui produisent ces deux effets doivent différer de caractère. Dans la première, l'Esprit qui s'attache à vous n'est qu'un être importun par sa ténacité, et dont on est impatient de se débarrasser. Dans la seconde, c'est tout autre chose ; pour arriver à de telles fins, il faut un Esprit adroit, rusé et profondément hypocrite, car il ne peut donner le change et se faire accepter qu'à l'aide du masque qu'il sait prendre et d'un faux-semblant de vertu ; les grands mots de charité, d'humilité et d'amour de Dieu sont pour lui comme des lettres de créance ; mais à travers tout cela il laisse percer des signes d'infériorité qu'il faut être *fasciné* pour ne pas apercevoir ; aussi redoute-t-il par-dessus tout les gens qui voient trop clair ; c'est pourquoi sa tactique est presque toujours d'inspirer à son interprète de l'éloignement pour quiconque pourrait lui ouvrir les yeux ; par ce moyen, évitant toute contradiction, il est certain d'avoir toujours raison.

Subjugation

☞ 240. La *subjugation* est une étreinte qui paralyse la volonté de celui qui la subit, et le fait agir malgré lui. Il est, en un mot, sous un véritable *joug*.

La subjugation peut être *morale* ou *corporelle*. Dans le premier cas, le subjugué est sollicité à prendre des déterminations souvent absurdes et compromettantes que, par une sorte d'illusion, il croit sensées : c'est une sorte de fascination. Dans le second cas, l'Esprit agit sur les organes matériels, et provoque des mouvements involontaires. Elle se traduit chez le médium écrivain par un besoin incessant d'écrire, même dans les moments les plus inopportuns. Nous en avons vu qui, à défaut de plume ou de crayon, faisaient le simulacre d'écrire avec le doigt, partout où ils se trouvaient, même dans les rues, sur les portes et les murailles.

La subjugation corporelle va quelquefois plus loin ; elle peut pousser aux actes les plus ridicules. Nous avons connu un homme qui n'était ni jeune ni beau, sous l'empire d'une obsession de cette nature, se trouver contraint, par une force irrésistible, de se mettre à genoux devant une jeune fille sur laquelle il n'avait aucune vue, et la demander en mariage. D'autres fois, il sentait sur le dos et les jarrets une pression énergique qui le forçait, malgré la volonté qu'il y opposait, à se mettre à genoux et à baiser la terre dans les endroits publics et en présence de la foule. Cet homme passait pour fou parmi ses connaissances ; mais nous, nous sommes convaincu qu'il ne l'était pas du tout, car il avait la pleine conscience du ridicule de ce qu'il faisait contre son gré, et en souffrait horriblement.

☞ 241. On donnait jadis le nom de *possession* à l'empire exercé par de mauvais Esprits, lorsque leur influence allait jusqu'à l'aberration des facultés. La possession serait, pour nous, synonyme de la subjugation. Si nous n'adoptons pas ce terme, c'est par deux motifs : le premier, qu'il implique la croyance à des êtres créés pour le mal et perpétuellement voués au mal, tandis qu'il n'y a que des êtres plus ou moins imparfaits, qui tous peuvent s'améliorer. Le second, qu'il implique également l'idée de prise de possession du corps par un Esprit étranger, d'une sorte de cohabitation, tandis qu'il n'y a que contrainte. Le mot *subjugation* rend parfaitement la pensée. Ainsi, pour nous, il n'y a pas de *possédés*, dans le sens vulgaire du mot, il n'y a que des *obsédés*, des *subjugués* et des *fascinés*.

Causes de l'obsession

☞ 242. L'obsession, comme nous l'avons dit, est un des plus grands écueils de la médiumnité ; c'est aussi un des plus fréquents ; aussi ne saurait-on apporter trop de soins à la combattre, car, outre les inconvénients personnels qui peuvent en résulter, c'est un obstacle absolu à la bonté et à la véracité des communications. L'obsession, à quelque degré qu'elle soit, étant toujours l'effet d'une contrainte, et cette contrainte ne pouvant jamais être exercée par un bon Esprit, il en résulte que toute communication donnée par un médium obsédé est d'origine suspecte et ne mérite aucune confiance. Si, parfois, il s'y trouve du bon, il faut le prendre et rejeter tout ce qui est simplement douteux.

☞ 243. On reconnaît l'obsession aux caractères suivants :
1. Persistance d'un Esprit à se communiquer bon gré mal gré, par l'écriture, l'audition, la typtologie, etc., en s'opposant à ce que d'autres Esprits puissent le faire.
2. Illusion qui, nonobstant l'intelligence du médium, l'empêche de reconnaître la fausseté et le ridicule des communications qu'il reçoit.
3. Croyance à l'infaillibilité et à l'identité absolue des Esprits qui se communiquent, et qui, sous des noms respectables et vénérés, disent des choses fausses ou absurdes.
4. Confiance du médium dans les éloges que lui donnent les Esprits qui se communiquent à lui.
5. Disposition à s'éloigner des personnes qui peuvent donner d'utiles avis.
6. Prise en mauvaise part de la critique au sujet des communications que l'on reçoit.

7. Besoin incessant et inopportun d'écrire.
8. Contrainte physique quelconque dominant la volonté, et forçant d'agir ou de parler malgré soi.
9. Bruits et bouleversements persistants, autour de soi, et dont on est la cause ou l'objet.

☞ 244. En présence du danger de l'obsession, on se demande si ce n'est pas une chose fâcheuse d'être médium ; n'est-ce pas cette faculté qui la provoque ; en un mot, n'est-ce pas là une preuve de l'inconvénient des communications spirites ? Notre réponse est facile, et nous prions de la méditer avec soin.

Ce ne sont ni les médiums ni les spirites qui ont créé les Esprits, mais bien les Esprits qui ont fait qu'il y a des spirites et des médiums ; les Esprits n'étant que les âmes des hommes, il y a donc des Esprits depuis qu'il y a des hommes, et par conséquent ils ont de tout temps exercé leur influence salutaire ou pernicieuse sur l'humanité. La faculté médianimique n'est pour eux qu'un moyen de se manifester ; à défaut de cette faculté, ils le font de mille autres manières plus ou moins occultes. Ce serait donc une erreur de croire que les Esprits n'exercent leur influence que par des communications écrites ou verbales ; cette influence est de tous les instants, et ceux qui ne s'occupent pas des Esprits, ou même n'y croient pas, y sont exposés comme les autres, et même plus que les autres parce qu'ils n'ont pas de contrepoids. La médiumnité est pour l'Esprit un moyen de se faire connaître ; s'il est mauvais, il se trahit toujours, quelque hypocrite qu'il soit ; on peut donc dire que la médiumnité permet de voir son ennemi face à face, si l'on peut s'exprimer ainsi, et de le combattre avec ses propres armes ; sans cette faculté, il agit dans l'ombre, et, à la faveur de son invisibilité, il peut faire et il fait en réalité beaucoup de mal. À combien d'actes n'est-on pas poussé pour son malheur, et que l'on eût évités si l'on avait eu un moyen de s'éclairer ! Les incrédules ne croient pas dire si vrai quand ils disent d'un homme qui se fourvoie avec obstination : « C'est son mauvais génie qui le pousse à sa perte ». Ainsi la connaissance du spiritisme, loin de donner de l'empire aux mauvais Esprits, doit avoir pour résultat, dans un temps plus ou moins prochain, et quand elle sera propagée, de *détruire cet empire* en donnant à chacun les moyens de se mettre en garde contre leurs suggestions, et celui qui succombera ne pourra s'en prendre qu'à lui-même.

Règle générale : quiconque a de mauvaises communications spirites, écrites ou verbales, est sous une mauvaise influence ; cette influence s'exerce sur lui, qu'il écrive ou qu'il n'écrive pas, c'est à dire qu'il soit ou non médium, qu'il croie ou qu'il ne croie pas. L'écriture donne un moyen de s'assurer de la nature des Esprits qui agissent sur lui, et de les combattre s'ils sont mauvais, ce que l'on fait encore avec plus de succès quand on parvient à connaître le motif qui les fait agir. S'il est assez aveuglé pour ne pas le comprendre, d'autres peuvent lui ouvrir les yeux.

En résumé, le danger n'est pas dans le spiritisme en lui-même, puisqu'il peut, au contraire, servir de contrôle et préserver de celui que nous courons sans cesse à notre insu ; il est dans l'orgueilleuse propension de certains médiums à se croire trop légèrement les instruments exclusifs d'Esprits supérieurs, et dans l'espèce de fascination qui ne leur permet pas de comprendre les sottises dont ils sont les interprètes. Ceux même qui ne sont pas médiums peuvent s'y laisser prendre. Citons une comparaison. Un homme a un ennemi secret qu'il ne connaît pas et qui répand contre lui, par-dessous main, la calomnie et tout ce que la plus noire méchanceté peut inventer ; il voit sa fortune se perdre, ses amis s'éloigner, son bonheur intérieur troublé ; ne pouvant découvrir la main qui le frappe, il ne peut se défendre et succombe ; mais un jour cet ennemi secret lui écrit, et malgré sa ruse se trahit. Voilà donc son ennemi découvert, il peut le confondre et se relever. Tel est le rôle des mauvais Esprits que le spiritisme nous donne la possibilité de connaître et de déjouer.

☞ 245. Les motifs de l'obsession varient selon le caractère de l'Esprit ; c'est quelquefois une vengeance qu'il exerce sur un individu dont il a eu à se plaindre pendant sa vie ou dans une autre existence ; souvent aussi il n'a d'autre raison que le désir de faire le mal ; comme il souffre, il veut faire souffrir les autres ; il trouve une sorte de jouissance à les tourmenter, à les vexer ; aussi l'impatience qu'on en témoigne l'excite, parce que tel est son but, tandis qu'on le lasse par la patience ; en s'irritant, en montrant du dépit, on fait précisément ce qu'il veut. Ces Esprits agissent parfois en haine et par jalousie du bien ; c'est pourquoi ils jettent leurs vues malfaisantes sur les plus honnêtes gens. L'un d'eux s'est attaché comme une teigne à une honorable famille de notre connaissance, qu'il n'a, du reste, pas la satisfaction de prendre pour dupe ; interrogé sur le motif pour lequel il s'était attaqué à de braves gens plutôt qu'à des hommes mauvais comme lui, il répondit : *Ceux-ci ne me font pas envie.* D'autres sont guidés par un sentiment de lâcheté qui les porte à profiter de la faiblesse morale de certains individus qu'ils savent incapables de leur résister. Un de ces derniers qui subjuguait un jeune homme d'une intelligence très bornée, interrogé sur les motifs de ce choix, nous répondit : *J'ai un besoin très grand de tourmenter quelqu'un ; une personne raisonnable me repousserait, je m'attache à un idiot qui ne m'oppose aucune vertu.*

☞ 246. Il y a des Esprits obsesseurs sans méchanceté, qui ont même du bon, mais qui ont l'orgueil du faux savoir ; ils ont leurs idées, leurs systèmes sur les sciences, l'économie sociale, la morale, la religion, la philosophie ; ils veulent faire prévaloir leur opinion et cherchent à cet effet des médiums assez crédules pour les accepter les yeux fermés, et qu'ils fascinent pour les empêcher de discerner le vrai du faux. Ce sont les plus dangereux, parce que les sophismes ne leur coûtent rien et qu'ils peuvent accréditer les utopies les plus ridicules ; comme ils connaissent le prestige des grands noms, ils ne se font aucun scrupule de se parer de ceux devant lesquels on s'incline, et ne reculent même pas devant le sacrilège de se dire Jésus, la Vierge Marie ou un saint vénéré. Ils cherchent à éblouir par un langage pompeux, plus prétentieux que profond, hérissé de termes techniques, et orné des grands mots de charité et de morale ; ils se garderont de donner un mauvais conseil, parce qu'ils savent bien qu'ils seraient éconduits ; aussi ceux qu'ils abusent les défendent-ils à outrance en disant : Vous voyez bien qu'ils ne disent rien de mauvais. Mais la morale n'est pour eux qu'un passeport, c'est le moindre de leurs soucis ; ce qu'ils veulent avant tout, c'est dominer et imposer leurs idées, quelque déraisonnables qu'elles soient.

☞ 247. Les Esprits à systèmes sont assez généralement écrivassiers ; c'est pourquoi ils recherchent les médiums qui écrivent avec facilité et dont ils tâchent de se faire des instruments dociles et surtout enthousiastes en les fascinant. Ils sont presque toujours verbeux, très prolixes, cherchant à compenser la qualité par la quantité. Ils se plaisent à dicter à leurs interprètes de volumineux écrits indigestes et souvent peu intelligibles, qui ont heureusement pour antidote l'impossibilité matérielle d'être lus par les masses. Les Esprits vraiment supérieurs sont sobres de paroles ; ils disent beaucoup de choses en peu de mots ; aussi cette fécondité prodigieuse doit-elle toujours être suspecte.

On ne saurait être trop circonspect quand il s'agit de publier de semblables écrits ; les utopies et les excentricités dont ils abondent souvent, et qui choquent le bon sens, produisent une très fâcheuse impression sur les personnes novices en leur donnant une idée fausse du spiritisme, sans compter que ce sont des armes dont ses ennemis se servent pour le tourner en ridicule. Parmi ces publications, il en est qui, sans être mauvaises, et sans provenir d'une obsession, peuvent être regardées comme imprudentes, *intempestives*, ou maladroites.

☞ 248. Il arrive assez souvent qu'un médium ne peut communiquer qu'avec un seul Esprit, qui s'attache à lui et répond pour ceux que l'on appelle par son entremise. Ce n'est pas toujours une obsession, car cela peut tenir à défaut de flexibilité du médium, et à une affinité spéciale de sa part pour tel ou tel Esprit. Il n'y a obsession proprement dite que lorsque l'Esprit s'impose et éloigne les autres par sa volonté, ce qui n'est jamais le fait d'un bon Esprit. Généralement, l'Esprit qui s'empare du médium en vue de le dominer ne souffre pas l'examen critique de ses communications ; quand il voit qu'elles ne sont pas acceptées et qu'elles sont discutées, il ne se retire pas, mais il inspire au médium la pensée de s'isoler, et souvent même il le lui commande. Tout médium qui se blesse de la critique des communications qu'il obtient est l'écho de l'Esprit qui le domine, et cet Esprit ne peut être bon du moment qu'il lui inspire une pensée illogique, celle de se refuser à l'examen. L'isolement du médium est toujours une chose fâcheuse pour lui, parce qu'il n'a aucun contrôle pour ses communications. Non seulement il doit s'éclairer par l'avis des tiers, mais il lui est nécessaire d'étudier tous les genres de communications pour les comparer ; en se renfermant dans celles qu'il obtient, quelque bonnes qu'elles lui paraissent, il s'expose à se faire illusion sur leur valeur, sans compter qu'il ne peut tout connaître, et qu'elles roulent à peu près toujours dans le même cercle. (N° 192 ; *Médiums exclusifs.*)

Moyens de la combattre

☞ 249. Les moyens de combattre l'obsession varient selon le caractère qu'elle revêt. Le danger n'existe réellement pas pour tout médium bien convaincu d'avoir affaire à un Esprit menteur, comme cela a lieu dans l'obsession simple ; ce n'est pour lui qu'une chose désagréable. Mais précisément parce que cela lui est désagréable, c'est une raison de plus pour l'Esprit de s'acharner après lui pour le vexer. Deux choses essentielles sont à faire en ce cas : Prouver à l'Esprit qu'on n'est pas sa dupe, et qu'il lui est *impossible* de nous abuser ; secondement, lasser sa patience en se montrant plus patient que lui ; s'il est bien convaincu qu'il perd son temps, il finira par se retirer, comme le font les importuns qu'on n'écoute pas.

Mais cela ne suffit pas toujours, et ce peut être long, car il y en a qui sont tenaces, et pour eux des mois et des années sont peu de chose. Le médium doit, en outre, faire un appel fervent à son bon ange, ainsi qu'aux bons Esprits qui lui sont sympathiques, et les prier de l'assister. À l'égard de l'Esprit obsesseur, quelque mauvais qu'il soit, il faut le traiter avec sévérité, mais avec bienveillance, et le vaincre par les bons procédés en priant pour lui. S'il est réellement pervers, il s'en moquera d'abord ; mais en le moralisant avec persévérance il finira par s'amender : c'est une conversion à entreprendre, tâche souvent pénible, ingrate, rebutante même, mais dont le mérite est dans la difficulté, et qui, si elle est bien accomplie, donne toujours la satisfaction d'avoir rempli un devoir de charité, et souvent d'avoir ramené dans le bon chemin une âme perdue.

Il convient également d'interrompre toute communication écrite dès qu'on reconnaît qu'elle vient d'un mauvais Esprit qui ne veut pas entendre raison, afin de ne pas lui donner le plaisir d'être écouté. Dans certains cas même, il peut être utile de cesser d'écrire pour un temps ; on se règle selon les circonstances. Mais si le médium écrivain peut éviter ces entretiens en s'abstenant d'écrire, il n'en est pas de même du médium auditif que l'Esprit obsesseur poursuit quelquefois à tout instant de ses propos grossiers et obscènes, et qui n'a pas même la ressource de se boucher les oreilles. Du reste, il faut reconnaître que certaines personnes s'amusent du langage trivial de ces sortes d'Esprits, qu'elles encouragent et provoquent en riant de leurs sottises, au lieu de leur imposer silence et de les moraliser. Nos conseils ne peuvent s'appliquer à ceux qui veulent se noyer.

☞ 250. Il n'y a donc que désagrément et non danger pour tout médium qui ne se laisse pas abuser, parce qu'il ne peut être trompé ; il en est tout autrement de la *fascination*, car alors l'empire que prend l'Esprit sur celui dont il s'empare n'a pas de bornes. La seule chose à faire avec lui, c'est de tâcher de le convaincre qu'il est abusé, et de ramener son obsession au cas de l'obsession simple ; mais ce n'est pas toujours facile, si ce n'est même quelquefois impossible. L'ascendant de l'Esprit peut être tel, qu'il rende le fasciné sourd à toute espèce de raisonnement, et peut aller jusqu'à le faire douter, quand l'Esprit commet quelque grosse hérésie scientifique, si la science ne se trompe pas. Comme nous l'avons dit, il accueille généralement très mal les conseils ; la critique le froisse, l'irrite, et lui fait prendre en grippe ceux qui ne partagent pas son admiration. Suspecter son Esprit est presque une profanation à ses yeux, et c'est tout ce que demande l'Esprit ; car ce qu'il veut, c'est qu'on se mette à genoux devant sa parole. L'un d'eux exerçait sur une personne de notre connaissance une fascination extraordinaire ; nous l'évoquâmes, et après quelques forfanteries, voyant qu'il ne pouvait nous donner le change sur son identité, il finit par avouer qu'il n'était pas celui dont il prenait le nom. Lui ayant demandé pourquoi il abusait ainsi cette personne, il répondit ces mots qui peignent nettement le caractère de ces sortes d'Esprits : *Je cherchais un homme que je pusse mener ; je l'ai trouvé et j'y reste.* – Mais si on lui fait voir clair, il vous chassera. – *C'est ce que nous verrons !* Comme il n'y a pas de pire aveugle que celui qui ne veut pas voir, quand on reconnaît l'inutilité de toute tentative pour dessiller les yeux du fasciné, ce qu'il y a de mieux à faire, c'est de le laisser à ses illusions. On ne peut guérir un malade qui s'obstine à garder son mal et s'y complaît.

☞ 251. La subjugation corporelle ôte souvent à l'obsédé l'énergie nécessaire pour dominer le mauvais Esprit, c'est pourquoi il faut l'intervention d'une tierce personne, agissant soit par le magnétisme, soit par l'empire de sa volonté. À défaut du concours de l'obsédé, cette personne doit prendre l'ascendant sur l'Esprit ; mais comme cet ascendant ne peut être que moral, il n'est donné qu'à un être *moralement supérieur* à l'Esprit de l'exercer, et son pouvoir sera d'autant plus grand que sa supériorité morale sera plus grande, parce qu'il impose à l'Esprit qui est forcé de s'incliner devant lui ; c'est pourquoi Jésus avait une si grande puissance pour chasser ce que l'on appelait alors les démons, c'est-à-dire les mauvais Esprits obsesseurs. Nous ne pouvons donner ici que des conseils généraux, car il n'y a aucun procédé matériel, aucune formule surtout, ni aucune parole sacramentelle qui ait le pouvoir de chasser les Esprits obsesseurs. Ce qui manque quelquefois à l'obsédé, c'est une force fluidique suffisante ; dans ce cas, l'action magnétique d'un bon magnétiseur peut lui venir utilement en aide. Au reste, il est toujours bon de prendre, par un médium sûr, les conseils d'un Esprit supérieur ou de son ange gardien.

☞ 252. Les imperfections morales de l'obsédé sont souvent un obstacle à sa délivrance. En voici un exemple remarquable qui peut servir à l'instruction de tous :
Plusieurs sœurs étaient depuis un certain nombre d'années victimes de déprédations fort désagréables. Leurs vêtements étaient sans cesse dispersés dans tous les coins de la maison, et jusque sur les toits, coupés, déchirés et criblés de trous, quelque soin qu'elles prissent de les mettre sous clé. Ces dames, reléguées dans une petite localité de province, n'avaient jamais entendu parler du spiritisme. Leur première pensée fut naturellement de croire qu'elles étaient en butte à de mauvais plaisants, mais cette persistance et les précautions qu'elles prenaient leur ôtèrent cette idée. Ce ne fut que longtemps après que, sur quelques indications, elles crurent devoir s'adresser à nous pour connaître la cause de ces dégâts et les moyens d'y porter remède si c'était possible. La cause n'était pas douteuse ; le remède était plus difficile. L'Esprit qui se manifestait par de tels actes, était évidemment malveillant. Il se montra, dans l'évocation, d'une grande perversité et inaccessible à tout bon sentiment. La prière parut néanmoins exercer une influence salutaire ; mais, après quelque temps de répit, les déprédations recommencèrent. Voici à ce sujet le conseil que donna un Esprit supérieur.
« Ce que ces dames ont de mieux à faire, c'est de prier leurs Esprits protecteurs de ne pas les abandonner ; et je n'ai pas de meilleur conseil à leur donner que de descendre dans leur conscience pour s'y confesser à elles-mêmes, et examiner si

elles ont toujours pratiqué l'amour du prochain et la charité ; je ne dis pas la charité qui donne et distribue, mais la charité de la langue ; car malheureusement elles ne savent pas retenir la leur, et ne justifient pas, par leurs actes pieux, le désir qu'elles ont d'être délivrées de celui qui les tourmente. Elles aiment beaucoup trop à médire de leur prochain, et l'Esprit qui les obsède prend sa revanche, car il a été leur souffre-douleur de son vivant. Elles n'ont qu'à chercher dans leur mémoire, et elles verront bientôt à qui elles ont affaire.

Cependant, si elles arrivent à s'améliorer, leurs anges gardiens se rapprocheront d'elles, et leur seule présence suffira pour chasser l'Esprit mauvais qui n'a pris à partie l'une d'elles surtout que parce que son ange gardien a dû s'éloigner devant des actes répréhensibles ou des pensées mauvaises. Ce qu'il leur faut, ce sont de ferventes prières pour ceux qui souffrent, et surtout la pratique des vertus imposées par Dieu à chacun suivant sa condition.»

Sur l'observation que ces paroles nous semblaient un peu sévères, et qu'il faudrait peut-être les adoucir pour les transmettre, l'Esprit ajouta :

«Je dois dire ce que je dis, et comme je le dis, parce que les personnes en question ont l'habitude de croire qu'elles ne font pas de mal avec la langue, tandis qu'elles en font beaucoup. Voilà pourquoi il faut frapper leur esprit de manière que ce soit pour elles un avertissement sérieux.»

Il ressort de là un enseignement d'une grande portée, c'est que les imperfections morales donnent prise aux Esprits obsesseurs, et que le plus sûr moyen de s'en débarrasser, c'est d'attirer les bons par la pratique du bien. Les bons Esprits ont sans doute plus de puissance que les mauvais, et leur volonté suffit pour éloigner ces derniers ; mais ils n'assistent que ceux qui les secondent par les efforts qu'ils font pour s'améliorer, autrement ils s'éloignent et laissent le champ libre aux mauvais Esprits qui deviennent ainsi, dans certains cas, des instruments de punition, car les bons les laissent agir dans ce but.

☞ 253. Il faut, du reste, se garder d'attribuer à l'action directe des Esprits tous les désagréments qui peuvent arriver ; ces désagréments sont souvent la conséquence de l'incurie ou de l'imprévoyance. Un cultivateur nous fit écrire un jour que depuis douze ans il lui arrivait toutes sortes de malheurs à l'endroit de ses bestiaux ; tantôt c'étaient ses vaches qui mouraient ou ne donnaient plus de lait ; tantôt c'étaient ses chevaux, ses moutons ou ses porcs. Il fit force neuvaines qui ne remédièrent pas au mal, non plus que les messes qu'il fit dire, ni les exorcismes qu'il fit pratiquer. Alors, selon le préjugé des campagnes, il se persuada qu'on avait jeté un sort sur ses animaux. Nous croyant sans doute doués d'un pouvoir conjurateur plus grand que celui du curé de son village, il nous fit demander notre avis. Voici la réponse que nous obtînmes :

«La mortalité ou les maladies des bestiaux de cet homme proviennent de ce que ses écuries sont infectées, et qu'il ne les fait pas réparer, parce que *ça coûte*.»

☞ 254. Nous terminerons ce chapitre par les réponses données par les Esprits à quelques questions, et venant à l'appui de ce que nous avons dit.

◇ 1. Pourquoi certains médiums ne peuvent-ils se débarrasser d'Esprits mauvais qui s'attachent à eux, et comment les bons Esprits qu'ils appellent ne sont-ils pas assez puissants pour éloigner les autres et se communiquer directement ?

« Ce n'est pas la puissance qui manque au bon Esprit, c'est souvent le médium qui n'est pas assez fort pour le seconder ; sa nature se prête mieux à certains rapports ; son fluide s'identifie plutôt avec un Esprit qu'avec un autre ; c'est ce qui donne un si grand empire à ceux qui veulent en abuser. »

◇ 2. Il nous semble cependant qu'il y a des personnes très méritantes, d'une moralité irréprochable, et qui pourtant sont empêchées de communiquer avec les bons Esprits ?

« Ceci est une épreuve ; et qui vous dit, d'ailleurs que le cœur n'est pas entaché d'un peu de mal ? que l'orgueil ne domine pas un peu l'apparence de bonté ? Ces épreuves, en montrant à l'obsédé sa faiblesse, doivent le faire tourner vers l'humilité. Y a-t-il quelqu'un sur la terre qui puisse se dire parfait ? et tel qui a toutes les apparences de la vertu peut avoir encore bien des défauts cachés, un vieux levain d'imperfection. Ainsi, par exemple, vous dites de celui qui ne fait point de mal, qui est loyal dans ses rapports sociaux : C'est un brave et digne homme ; mais savez-vous si ses bonnes qualités ne sont pas ternies par l'orgueil ; s'il n'y a pas chez lui un fond d'égoïsme ; s'il n'est pas avare, jaloux, rancunier, médisant et cent autres choses que vous n'apercevez pas, parce que vos rapports avec lui ne vous ont pas mis dans ce cas ? Le moyen le plus puissant de combattre l'influence des mauvais Esprits est de se rapprocher le plus possible de la nature des bons. »

◇ 3. L'obsession qui s'oppose à ce qu'un médium obtienne les communications qu'il désire est-elle toujours un signe d'indignité de sa part ?

« Je n'ai pas dit que ce fût un signe d'indignité, mais qu'un obstacle peut s'opposer à certaines communications ; c'est à enlever l'obstacle qui est en lui qu'il doit s'attacher ; sans cela, ses prières, ses supplications ne feront rien. Il ne suffit pas à un malade de dire à son médecin : Donnez-moi la santé, je veux me bien porter ; le médecin ne peut rien si le malade ne fait pas ce qui est nécessaire. »

◇ 4. La privation de communiquer avec certains Esprits serait ainsi une sorte de punition ?

« Dans certains cas, ce peut être une véritable punition, comme la possibilité de communiquer avec eux est une récompense que vous devez vous efforcer de mériter. » (Voir *Perte et suspension de la médiumnité*, n° 220.)

◇ 5. Ne peut-on aussi combattre l'influence des mauvais Esprits en les moralisant ?

« Oui, c'est ce qu'on ne fait pas, et c'est ce qu'il ne faut pas négliger de faire ; car souvent c'est une tâche qui vous est donnée, et que vous devez accomplir charitablement et religieusement. Par de sages conseils, on peut les exciter au repentir et hâter leur avancement. »

– Comment un homme peut-il avoir sous ce rapport plus d'influence que n'en ont les Esprits eux-mêmes ?

« Les Esprits pervers se rapprochent plutôt des hommes qu'ils cherchent à tourmenter que des Esprits dont ils s'éloignent le plus possible. Dans ce rapprochement avec les humains, quand ils en trouvent qui les moralisent, ils ne les écoutent pas d'abord, ils en rient ; puis, si on sait les prendre, ils finissent par se laisser toucher. Les Esprits élevés ne peuvent leur parler qu'au nom de Dieu, et cela les effraye. L'homme n'a certainement pas plus de pouvoir que les Esprits supérieurs, mais son langage s'identifie mieux avec leur nature, et en voyant l'ascendant qu'il peut exercer sur les Esprits inférieurs, il comprend mieux la solidarité qui existe entre le ciel et la terre.

Du reste, l'ascendant que l'homme peut exercer sur les Esprits est en raison de sa supériorité morale. Il ne maîtrise pas les Esprits supérieurs, ni même ceux qui, sans être supérieurs, sont bons et bienveillants, mais il peut maîtriser les Esprits qui lui sont inférieurs en moralité. » (Voir n° 279.)

➪ 6. La subjugation corporelle, poussée à un certain degré, pourrait-elle avoir pour conséquence la folie ?

« Oui, une espèce de folie dont la cause est inconnue du monde, mais qui n'a pas de rapport avec la folie ordinaire. Parmi ceux que l'on traite de fous, il y en a beaucoup qui ne sont que subjugués ; il leur faudrait un traitement moral, tandis qu'on les rend fous véritables avec les traitements corporels. Lorsque les médecins connaîtront bien le spiritisme, ils sauront faire cette distinction et guériront plus de malades qu'avec les douches. » (221.)

➪ 7. Que doit-on penser de ceux qui, voyant un danger quelconque dans le spiritisme, croient que le moyen de le prévenir serait d'interdire les communications spirites ?

« S'ils peuvent interdire à certaines personnes de communiquer avec les Esprits, ils ne peuvent empêcher les manifestations spontanées faites à ces mêmes personnes, car ils ne peuvent supprimer les Esprits ni empêcher leur influence occulte. Cela ressemble à ces enfants qui se bouchent les yeux et croient qu'on ne les voit pas. Ce serait folie de vouloir supprimer une chose qui offre de grands avantages, parce que des imprudents peuvent en abuser ; le moyen de prévenir ces inconvénients, c'est au contraire de faire connaître à fond cette chose. »

CHAPITRE XXIV
IDENTITÉ DES ESPRITS

Preuves possibles d'identité

☞ 255. La question de l'identité des Esprits est une des plus controversées, même parmi les adeptes du spiritisme ; c'est qu'en effet les Esprits ne nous apportent pas un acte de notoriété, et l'on sait avec quelle facilité certains d'entre eux prennent des noms d'emprunt ; aussi, après l'obsession, est-ce une des plus grandes difficultés du spiritisme pratique ; du reste, dans beaucoup de cas, l'identité absolue est une question secondaire et sans importance réelle.

L'identité de l'Esprit des personnages anciens est la plus difficile à constater, souvent même elle est impossible, et l'on en est réduit à une appréciation purement morale. On juge les Esprits, comme les hommes, à leur langage ; si un Esprit se présente sous le nom de Fénelon, par exemple, et qu'il dise des trivialités ou des puérilités, il est bien certain que ce ne peut être lui ; mais s'il ne dit que des choses dignes du caractère de Fénelon et que celui-ci ne désavouerait pas, il y a, sinon preuve matérielle, du moins toute probabilité morale que ce doit être lui. C'est dans ce cas surtout que l'identité réelle est une question accessoire ; du moment que l'Esprit ne dit que de bonnes choses, peu importe le nom sous lequel elles sont données. On objectera sans doute que l'Esprit qui prendrait un nom supposé, même pour ne dire que du bien, n'en commettrait pas moins une fraude, et dès lors ne peut être un bon Esprit. C'est ici qu'il y a des délicatesses de nuances assez difficiles à saisir, et que nous allons essayer de développer.

☞ 256. À mesure que les Esprits se purifient et s'élèvent dans la hiérarchie, les caractères distinctifs de leur personnalité s'effacent en quelque sorte dans l'uniformité de perfection, et cependant ils n'en conservent pas moins leur individualité ; c'est ce qui a lieu pour les Esprits supérieurs et les purs Esprits. Dans cette position, le nom qu'ils avaient sur la terre, dans une des mille existences corporelles *éphémères* par lesquelles ils ont passé, est une chose tout à fait insignifiante. Remarquons encore que les Esprits sont attirés les uns vers les autres par la similitude de leurs qualités, et qu'ils forment ainsi des groupes ou familles sympathiques. D'un autre côté, si l'on considère le nombre immense d'Esprits qui, depuis l'origine des temps, doivent être arrivés dans les premiers rangs, et si on le compare avec le nombre si restreint des hommes qui ont laissé un grand nom sur la terre, on comprendra que, parmi les Esprits supérieurs qui peuvent se communiquer, la plupart ne doivent pas avoir de noms pour nous ; mais comme il nous faut des noms pour fixer nos idées, ils peuvent prendre celui du personnage connu dont la nature s'identifie le mieux avec la leur ; c'est ainsi que nos anges gardiens se font connaître le plus souvent sous le nom d'un des saints que nous vénérons, et généralement sous le nom de celui pour lequel nous avons le plus de sympathie. Il suit de là que si l'ange gardien d'une personne se donne pour saint Pierre, par exemple, il n'y a aucune preuve matérielle que ce soit précisément l'apôtre de ce nom ; ce peut être lui comme ce peut être un Esprit tout à fait inconnu, appartenant à la famille d'Esprits dont saint Pierre fait partie ; il s'ensuit encore que, quel que soit le nom sous lequel on invoque son ange gardien, il viendra à l'appel qui lui est fait, parce qu'il est attiré par la pensée, et que le nom lui est indifférent.

Il en est de même toutes les fois qu'un Esprit supérieur se communique spontanément sous le nom d'un personnage connu ; rien ne prouve que ce soit précisément l'Esprit de ce personnage ; mais s'il ne dit rien qui démente l'élévation du caractère de ce dernier, il y a *présomption* que c'est lui, et dans tous les cas on peut se dire que, si ce n'est pas lui, ce doit être un Esprit du même degré, ou peut-être même envoyé par lui. En résumé, la question de nom est secondaire, le nom pouvant être considéré comme un simple indice du rang qu'occupe l'Esprit dans l'échelle spirite. La position est tout autre lorsqu'un Esprit d'un ordre inférieur se pare d'un nom respectable pour donner du crédit à ses paroles, et ce cas est tellement fréquent qu'on ne saurait trop se tenir en garde contre ces sortes de substitutions ; c'est à la faveur de ces noms d'emprunt et avec l'aide surtout de la fascination, que certains Esprits systématiques, plus orgueilleux que savants, cherchent à accréditer les idées les plus ridicules.

La question de l'identité est donc, comme nous l'avons dit, à peu près indifférente quand il s'agit d'instructions générales, puisque les meilleurs Esprits peuvent se substituer les uns aux autres sans que cela tire à conséquence. Les Esprits supérieurs forment, pour ainsi dire, un tout collectif, dont les individualités nous sont, à peu d'exceptions près, complètement inconnues. Ce qui nous intéresse, ce n'est pas leur personne, mais leur enseignement ; or, du moment que cet enseignement est bon, peu importe que celui qui le donne s'appelle Pierre ou Paul ; on le juge à sa qualité et non à son enseigne. Si un vin est mauvais, ce n'est pas l'étiquette qui le rendra meilleur. Il en est autrement dans les communications intimes, parce que c'est l'individu, sa personne même qui nous intéresse, et c'est avec raison que, dans cette circonstance, on tient à s'assurer si l'Esprit qui vient à notre appel est bien réellement celui qu'on désire.

☞ 257. L'identité est beaucoup plus facile à constater quand il s'agit d'Esprits contemporains dont on connaît le caractère et les habitudes, car ce sont précisément ces habitudes, dont ils n'ont pas encore eu le temps de se dépouiller, par lesquelles ils se font reconnaître, et disons tout de suite que c'est même là un des signes les plus certains d'identité. L'Esprit peut sans doute en donner des preuves sur la demande qui lui en est faite, mais il ne le fait toujours que si cela lui convient, et généralement cette demande le blesse ; c'est pourquoi on doit l'éviter. En quittant son corps, l'Esprit n'a pas dépouillé sa susceptibilité ; il se froisse de toute question ayant pour but de le mettre à l'épreuve. *Il est telle question qu'on n'oserait lui faire s'il se présentait vivant*, de peur de manquer aux convenances ; pourquoi donc aurait-on moins d'égards pour lui après sa mort ? Qu'un homme se présente dans un salon en déclinant son nom, ira-t-on lui dire à brûle-pourpoint de prouver qu'il est bien un tel en exhibant ses titres, sous le prétexte qu'il y a des imposteurs ? Cet homme assurément aurait le droit de rappeler l'interrogateur aux règles du savoir-vivre. C'est ce que font les Esprits en ne répondant pas ou en se retirant. Prenons un exemple pour comparaison. Supposons que l'astronome Arago, de son vivant, se fût présenté dans une maison où sa personne n'aurait pas été connue, et qu'on l'eût apostrophé ainsi : Vous dites que vous êtes Arago, mais comme nous ne vous connaissons pas, veuillez nous le prouver en répondant à nos questions ; résolvez tel problème d'astronomie ; dites-nous vos noms, prénoms, ceux de vos enfants, ce que vous faisiez tel jour, à telle heure, etc. ; qu'aurait-il répondu ? Eh bien ! comme Esprit, il fera ce qu'il aurait fait de son vivant, et les autres Esprits font de même.

☞ 258. Tandis que les Esprits se refusent à répondre aux questions puériles et saugrenues qu'on se serait fait scrupule d'adresser à leur personne vivante, ils donnent souvent d'eux-mêmes et spontanément des preuves irrécusables de leur identité, par leur caractère qui se révèle dans leur langage, par l'emploi de mots qui leur étaient familiers, par la citation de certains faits, de particularités de leur vie quelquefois inconnues des assistants, et dont l'exactitude a pu être vérifiée. Les preuves d'identité ressortent en outre d'une foule de circonstances imprévues qui ne se présentent pas toujours d'un premier coup, mais dans la suite des entretiens. Il convient donc de les attendre, sans les provoquer, en observant avec soin toutes celles qui peuvent découler de la nature des communications. (Voir le fait rapporté n° 70.)

☞ 259. Un moyen que l'on emploie quelquefois avec succès pour s'assurer de l'identité, lorsque l'Esprit qui se communique est suspect, consiste à lui faire affirmer, *au nom de Dieu tout-puissant*, qu'il est bien celui qu'il dit être. Il arrive souvent que celui qui prend un nom usurpé recule devant un sacrilège, et qu'après avoir commencé à écrire : *J'affirme au nom de...*, il s'arrête et trace avec colère des raies insignifiantes, ou brise le crayon ; s'il est plus hypocrite, il élude la question par une restriction mentale, en écrivant, par exemple : *Je vous certifie que je dis la vérité* ; ou bien encore : *J'atteste, au nom de Dieu, que c'est bien moi qui vous parle*, etc. Mais il y en a qui ne sont pas si scrupuleux, et qui jurent tout ce qu'on veut. L'un d'eux s'était communiqué à un médium en se disant être *Dieu*, et le médium, très honoré d'une si haute faveur, n'avait pas hésité à le croire. Évoqué par nous, il n'osa soutenir son imposture, et dit : Je ne suis pas Dieu, mais je suis son fils. - Vous êtes donc Jésus ? cela n'est pas probable, car Jésus est trop haut placé pour employer un subterfuge. Osez donc affirmer, au nom de Dieu, que vous êtes le Christ ? - Je ne dis pas que je sois Jésus ; je dis que je suis le fils de Dieu, parce que je suis une de ses créatures. On doit conclure de là que le refus de la part d'un Esprit d'affirmer son identité au nom de Dieu, est toujours une preuve manifeste que le nom qu'il a pris est une imposture, mais que l'affirmation n'est qu'une présomption et non une preuve certaine.

☞ 260. On peut aussi ranger parmi les preuves d'identité la similitude de l'écriture et de la signature, mais, outre qu'il n'est pas donné à tous les médiums d'obtenir ce résultat, ce n'est pas toujours une garantie suffisante ; il y a des faussaires dans le monde des Esprits comme dans celui-ci ; ce n'est donc qu'une présomption d'identité qui n'acquiert de valeur que par les circonstances qui l'accompagnent. Il en est de même de tous les signes matériels que quelques-uns donnent comme des talismans inimitables par les Esprits menteurs. Pour ceux qui osent se parjurer au nom de Dieu, ou contrefaire une signature, un signe matériel quelconque ne peut leur offrir un obstacle plus grand. La meilleure de toutes les preuves d'identité est dans le langage et dans les circonstances fortuites.

☞ 261. On dira sans doute que si un Esprit peut imiter une signature, il peut tout aussi bien imiter le langage. Cela est vrai ; nous en avons vu qui prenaient effrontément le nom du Christ, et, pour donner le change, simulaient le style évangélique et prodiguaient à tort et à travers ces mots bien connus : *En vérité, en vérité, je vous le dis* ; mais quand on étudiait l'ensemble *sans prévention* ; quand on scrutait le fond des pensées, la portée des expressions ; quant à côté de belles maximes de charité on voyait des recommandations puériles et ridicules, il aurait fallu être *fasciné* pour s'y méprendre. Oui, certaines parties de la forme matérielle du langage peuvent être imitées, mais non la pensée ; jamais l'ignorance n'imitera le vrai savoir, et jamais le vice n'imitera la vraie vertu ; toujours quelque part percera le bout de l'oreille ; c'est alors que le médium ainsi que l'évocateur ont besoin de toute leur perspicacité et de tout leur jugement pour démêler la vérité du mensonge. Ils doivent se persuader que les Esprits pervers sont capables de toutes les ruses, et que plus le nom sous lequel un Esprit s'annonce est élevé, plus il doit inspirer de défiance. Que de médiums ont eu des communications apocryphes signées Jésus, Marie ou d'un saint vénéré !

Distinction des bons et des mauvais Esprits

☞ 262. Si l'identité absolue des Esprits est, dans beaucoup de cas, une question accessoire et sans importance, il n'en est pas de même de la distinction des bons et des mauvais Esprits ; leur individualité peut nous être indifférente, leur qualité ne l'est jamais. Dans toutes les communications instructives, c'est donc sur ce point que doit se concentrer toute l'attention, parce que seul il peut nous donner la mesure de la confiance que nous pouvons accorder à l'Esprit qui se manifeste, quel que soit le nom sous lequel il le fasse. L'Esprit qui se manifeste est-il bon ou mauvais ? À quel degré de l'échelle spirite appartient-il ? là est la question capitale. (Voir *Échelle spirite*, Livre des Esprits, n° 100.)

☞ 263. On juge les Esprits, avons-nous dit, comme on juge les hommes, à leur langage. Supposons qu'un homme reçoive vingt lettres de personnes qui lui sont inconnues ; au style, aux pensées, à une foule de signes enfin il jugera celles qui sont instruites ou ignorantes, polies ou mal élevées, superficielles, profondes, frivoles, orgueilleuses, sérieuses, légères, sentimentales, etc. Il en est de même des Esprits ; on doit les considérer comme des correspondants qu'on n'a jamais vus, et se demander ce que l'on penserait du savoir et du caractère d'un homme qui dirait ou écrirait de pareilles choses. On peut poser comme règle invariable et sans exception, que *le langage des Esprits est toujours en raison du degré de leur élévation*. Non seulement les

Esprits réellement supérieurs ne disent que de bonnes choses, mais ils les disent en termes qui excluent de la manière la plus absolue toute trivialité ; quelques bonnes que soient ces choses, si elles sont ternies par une seule expression qui sente la bassesse, c'est un signe indubitable d'infériorité, à plus forte raison si l'ensemble de la communication blesse les convenances par sa grossièreté. Le langage décèle toujours son origine, soit par la pensée qu'il traduit, soit par sa forme, et alors même qu'un Esprit voudrait nous donner le change sur sa prétendue supériorité, il suffit de converser quelque temps avec lui pour l'apprécier.

☞ 264. La bonté et la bienveillance sont encore des attributs essentiels des Esprits épurés ; ils n'ont de haine ni pour les hommes ni pour les autres Esprits ; ils plaignent les faiblesses, ils critiquent les erreurs, mais toujours avec modération, sans fiel et sans animosité. Si l'on admet que les Esprits vraiment bons ne peuvent vouloir que le bien et ne dire que de bonnes choses, on en conclura que tout ce qui, dans le langage des Esprits, décèle un manque de bonté et de bienveillance, ne peut émaner d'un bon Esprit.

☞ 265. L'intelligence est loin d'être un signe certain de supériorité, car l'intelligence et le moral ne marchent pas toujours de front. Un Esprit peut être bon, bienveillant, et avoir des connaissances bornées, tandis qu'un Esprit intelligent et instruit peut être très inférieur en moralité.

On croit assez généralement qu'en interrogeant l'Esprit d'un homme qui a été savant dans une spécialité sur la terre, on obtiendra plus sûrement la vérité ; cela est logique, et portant n'est pas toujours vrai. L'expérience démontre que les savants, aussi bien que les autres hommes, ceux surtout qui ont quitté la terre depuis peu, sont encore sous l'empire des préjugés de la vie corporelle ; ils ne se défont pas immédiatement de l'esprit de système. Il peut donc se faire que, sous l'influence des idées qu'ils ont caressées de leur vivant, et dont ils se sont fait un titre de gloire, ils voient moins clair que nous ne pensons. Nous ne donnons point ce principe comme une règle, tant s'en faut ; nous disons seulement que cela se voit, et que, par conséquent, leur science humaine n'est pas toujours une preuve de leur infaillibilité comme Esprits.

☞ 266. En soumettant toutes les communications à un examen scrupuleux, en scrutant et en analysant la pensée et les expressions comme on le fait quand il s'agit de juger un ouvrage littéraire, en rejetant *sans hésiter* tout ce qui pèche par la logique et le bon sens, tout ce qui dément le caractère de l'Esprit qui est censé se manifester, on décourage les Esprits trompeurs qui finissent par se retirer, une fois bien convaincus qu'ils ne peuvent nous abuser. Nous le répétons, ce moyen est le seul, mais il est infaillible, parce qu'il n'y a pas de mauvaise communication qui puisse résister à une critique rigoureuse. Les bons Esprits ne s'en offensent jamais, puisque eux-mêmes le conseillent, et parce qu'ils n'ont rien à craindre de l'examen ; les mauvais seuls s'en formalisent et en dissuadent, parce qu'ils ont tout à perdre, et par cela même prouvent ce qu'ils sont.

Voici, à ce sujet, le conseil donné par saint Louis :

« Quelle que soit la confiance légitime que vous inspirent les Esprits qui président à vos travaux, il est une recommandation que nous ne saurions trop répéter, et que vous devriez toujours avoir présente à la pensée quand vous vous livrez à vos études, c'est de peser et de mûrir, c'est de soumettre au contrôle de la raison la plus sévère toutes les communications que vous recevez ; de ne pas négliger, dès qu'un point vous paraît suspect, douteux ou obscur, de demander les explications nécessaires pour vous fixer. »

☞ 267. On peut résumer les moyens de reconnaître la qualité des Esprits dans les principes suivants :
1. Il n'y a pas d'autre critérium pour discerner la valeur des Esprits que le bon sens. Toute formule donnée à cet effet par les Esprits eux-mêmes est absurde, et ne peut émaner d'Esprits supérieurs.
2. On juge les Esprits à leur langage et à leurs actions. Les actions des Esprits sont les sentiments qu'ils inspirent et les conseils qu'ils donnent.
3. Etant admis que les bons Esprits ne peuvent dire et faire que le bien, tout ce qui est mal ne peut venir d'un bon Esprit.
4. Les Esprits supérieurs ont un langage toujours digne, noble, élevé, sans mélange d'aucune trivialité ; ils disent tout avec simplicité et modestie, ne se vantent jamais, ne font jamais parade de leur savoir ni de leur position parmi les autres. Celui des Esprits inférieurs ou vulgaires a toujours quelque reflet des passions humaines ; toute expression qui sent la bassesse, la suffisance, l'arrogance, la forfanterie, l'acrimonie, est un indice caractéristique d'infériorité ou de supercherie si l'Esprit se présente sous un nom respectable et vénéré.
5. Il ne faut pas juger les Esprits sur la forme matérielle et la correction de leur style, mais en sonder le sens intime, scruter leurs paroles, les peser froidement, mûrement et sans prévention. Tout écart de logique, de raison et de sagesse, ne peut laisser de doute sur leur origine, quel que soit le nom dont s'affuble l'Esprit. (N° 224.)
6. Le langage des Esprits élevés est toujours identique, sinon pour la forme, du moins pour le fond. Les pensées sont les mêmes, quels que soient le temps et le lieu ; elles peuvent être plus ou moins développées, selon les circonstances, les besoins et les facilités de communiquer, mais elles ne seront pas contradictoires. Si deux communications portant le même nom sont en opposition l'une avec l'autre, l'une des deux est évidemment apocryphe, et la véritable sera celle où RIEN ne dément le caractère connu du personnage. Entre deux communications signées, par exemple, de saint Vincent de Paul, dont l'une prêcherait l'union et la charité, et l'autre tendrait à semer la discorde, il n'est personne de sensé qui pût se méprendre.
7. Les bons Esprits ne disent que ce qu'ils savent ; ils se taisent ou confessent leur ignorance sur ce qu'ils ne savent pas. Les mauvais parlent de tout avec assurance, sans se soucier de la vérité. Toute hérésie scientifique notoire, tout principe qui choque le bon sens, montre la fraude si l'Esprit se donne pour un Esprit éclairé.

8. On reconnaît encore les Esprits légers à la facilité avec laquelle ils prédisent l'avenir, et précisent des faits matériels qu'il ne nous est pas donné de connaître. Les bons Esprits peuvent faire pressentir les choses futures lorsque cette connaissance peut être utile, mais ne précisent jamais de dates; toute annonce d'événement à époque fixe est l'indice d'une mystification.
9. Les Esprits supérieurs s'expriment simplement, sans prolixité; leur style est concis, sans exclure la poésie des idées et des expressions, clair, intelligible pour tous, et ne demande pas d'efforts pour être compris; ils ont l'art de dire beaucoup de choses en peu de mots, parce que chaque parole a sa portée. Les Esprits inférieurs, ou faux savants, cachent sous l'enflure et l'emphase le vide des pensées. Leur langage est souvent prétentieux, ridicule ou obscur à force de vouloir paraître profond.
10. Les bons Esprits ne commandent jamais : ils ne s'imposent pas, ils conseillent, et, si on ne les écoute pas, ils se retirent. Les mauvais sont impérieux; ils donnent des ordres, veulent être obéis et restent quand même. Tout Esprit qui s'impose trahit son origine. Ils sont exclusifs et absolus dans leurs opinions, et prétendent avoir seuls le privilège de la vérité. Ils exigent une croyance aveugle, et ne font point appel à la raison, parce qu'ils savent que la raison les démasquerait.
11. Les bons Esprits ne flattent point; ils approuvent quand on fait bien, mais toujours avec réserve; les mauvais donnent des éloges exagérés, stimulent l'orgueil et la vanité tout en prêchant l'humilité, et cherchent à *exalter l'importance personnelle* de ceux qu'ils veulent capter.
12. Les Esprits supérieurs sont au-dessus des puérilités de la forme *en toutes choses*. Les Esprits vulgaires seuls peuvent attacher de l'importance à des détails mesquins, incompatibles avec des idées véritablement élevées. *Toute prescription méticuleuse* est un signe certain d'infériorité et de supercherie de la part d'un Esprit qui prend un nom imposant.
13. Il faut se défier des noms bizarres et ridicules que prennent certains Esprits qui veulent en imposer à la crédulité; il serait souverainement absurde de prendre ces noms au sérieux.
14. Il faut également se défier des Esprits qui se présentent trop facilement sous des noms extrêmement vénérés, et n'accepter leurs paroles qu'avec la plus grande réserve; c'est là surtout qu'un contrôle sévère est indispensable, car c'est souvent un masque qu'ils prennent pour faire croire à de prétendues relations intimes avec les Esprits hors ligne. Par ce moyen, ils flattent la vanité du médium et en profitent pour l'induire souvent à des démarches regrettables ou ridicules.
15. Les bons Esprits sont très scrupuleux sur les démarches qu'ils peuvent conseiller; elles n'ont jamais, dans tous les cas, qu'un but *sérieux et éminemment utile*. On doit donc regarder comme suspectes toutes celles qui n'auraient pas ce caractère, ou seraient condamnées par la raison, et mûrement réfléchir avant de les entreprendre, car on s'exposerait à des mystifications désagréables.

16. On reconnaît aussi les bons Esprits à leur prudente réserve sur toutes les choses qui peuvent compromettre ; ils répugnent à dévoiler le mal ; les Esprits légers ou malveillants se plaisent à le faire ressortir. Tandis que les bons cherchent à adoucir les torts et prêchent l'indulgence, les mauvais les exagèrent et soufflent la zizanie par des insinuations perfides.
17. Les bons Esprits ne prescrivent que le bien. Toute maxime, tout conseil qui n'est pas *strictement conforme à la pure charité évangélique* ne peut être l'œuvre de bons Esprits.
18. Les bons Esprits ne conseillent jamais que des choses parfaitement rationnelles ; toute recommandation qui s'écarterait de la *droite ligne du bon sens ou des lois immuables de la nature* accuse un Esprit borné, et par conséquent peu digne de confiance.
19. Les Esprits mauvais ou simplement imparfaits se trahissent encore par des signes matériels auxquels on ne saurait se méprendre. Leur action sur le médium est quelquefois violente, et provoque chez celui-ci des mouvements brusques et saccadés, une agitation fébrile et convulsive qui tranche avec le calme et la douceur des bons Esprits.
20. Les Esprits imparfaits profitent souvent des moyens de communication dont ils disposent pour donner de perfides conseils ; ils excitent la défiance et l'animosité contre ceux qui leur sont antipathiques ; ceux qui peuvent démasquer leurs impostures sont surtout l'objet de leur animadversion. Les hommes faibles sont leur point de mire pour les induire au mal. Employant tour à tour les sophismes, les sarcasmes, les injures et jusqu'aux signes matériels de leur puissance occulte pour mieux convaincre, ils tâchent de les détourner du sentier de la vérité.
21. L'Esprit des hommes qui ont eu sur la terre une préoccupation unique, matérielle ou morale, s'ils ne sont pas dégagés de l'influence de la matière, sont encore sous l'empire des idées terrestres, et portent avec eux une partie des préjugés, des prédilections *et même des manies* qu'ils avaient ici-bas. C'est ce qu'il est aisé de reconnaître à leur langage.
22. Les connaissances dont certains Esprits se parent souvent avec une sorte d'ostentation ne sont pas un signe de leur supériorité. L'inaltérable pureté des sentiments moraux est à cet égard la véritable pierre de touche.
23. Il ne suffit pas d'interroger un Esprit pour connaître la vérité. Il faut avant tout savoir à qui l'on s'adresse ; car les Esprits inférieurs, ignorants eux-mêmes, traitent avec frivolité les questions les plus sérieuses. Il ne suffit pas non plus qu'un Esprit ait été un grand homme sur la terre pour avoir dans le monde spirite la souveraine science. La vertu seule peut, en le purifiant, le rapprocher de Dieu et étendre ses connaissances.
24. De la part des Esprits supérieurs, la plaisanterie est souvent fine et piquante, mais n'est jamais triviale. Chez les Esprits railleurs qui ne sont pas grossiers, la satire mordante est souvent pleine d'à-propos.
25. En étudiant avec soin le caractère des Esprits qui se présentent, surtout au

point de vue moral, on reconnaîtra leur nature et le degré de confiance qu'on peut leur accorder. Le bon sens ne saurait tromper.

26. Pour juger les Esprits, comme pour juger les hommes, il faut d'abord savoir se juger soi-même. Il y a malheureusement beaucoup de gens qui prennent leur opinion personnelle pour mesure exclusive du bon et du mauvais, du vrai et du faux ; tout ce qui contredit leur manière de voir, leurs idées, le système qu'ils ont conçu ou adopté, est mauvais à leurs yeux. De telles gens manquent évidemment de la première qualité pour une saine appréciation : la rectitude du jugement ; mais ils ne s'en doutent pas ; c'est le défaut sur lequel on se fait le plus illusion.

Toutes ces instructions découlent de l'expérience et de l'enseignement donné par les Esprits ; nous les complétons par les réponses mêmes données par eux sur les points les plus importants.

Questions sur la nature et l'identité des Esprits

☞ 268.1. À quels signes peut-on reconnaître la supériorité ou l'infériorité des Esprits ?
« À leur langage, comme vous distinguez un étourdi d'un homme sensé. Nous l'avons déjà dit, les Esprits supérieurs ne se contredisent jamais et ne disent que de bonnes choses ; ils ne veulent que le bien : c'est leur préoccupation.
Les Esprits inférieurs sont encore sous l'empire des idées matérielles ; leurs discours se ressentent de leur ignorance et de leur imperfection. Il n'est donné qu'aux Esprits supérieurs de connaître toutes choses et de les juger sans passion. »

↪ 2. La science, chez un Esprit, est-elle toujours un signe certain de son élévation ?
« Non, car s'il est encore sous l'influence de la matière, il peut avoir vos vices et vos préjugés. Il y a des gens qui sont dans ce monde excessivement jaloux et orgueilleux ; croyez-vous que dès qu'ils le quittent ils perdent ces défauts ? Il reste, après le départ d'ici, surtout à ceux qui ont eu des passions bien tranchées, une sorte d'atmosphère qui les enveloppe et leur laisse toutes ces mauvaises choses.
Ces Esprits mi-imparfaits sont plus à redouter que les mauvais Esprits, parce que la plupart réunissent l'astuce et l'orgueil à l'intelligence. Par leur prétendu savoir, ils en imposent aux gens simples et aux ignorants qui acceptent sans contrôle leurs théories absurdes et mensongères ; quoique ces théories ne puissent prévaloir contre la vérité, elles n'en font pas moins un mal momentané, car elles entravent la marche du spiritisme, et les médiums s'aveuglent volontiers sur le mérite de ce qui leur est communiqué. C'est là ce qui demande une très grande étude de la part des spirites éclairés et des médiums ; c'est à distinguer le vrai du faux qu'il faut apporter toute son attention. »

↪ 3. Beaucoup d'Esprits protecteurs se désignent sous des noms de saints ou de personnages connus ; que doit-on croire à ce sujet ?
« Tous les noms des saints et des personnages connus ne suffiraient pas pour fournir un protecteur à chaque homme ; parmi les Esprits, il y en a peu qui aient un

nom connu sur la terre : c'est pourquoi très souvent ils ne s'en donnent pas ; mais la plupart du temps vous voulez un nom ; alors, pour vous satisfaire, ils prennent celui d'un homme que vous connaissez et que vous respectez. »

⇨ 4. Ce nom d'emprunt ne peut-il être considéré comme une fraude ?
« Ce serait une fraude de la part d'un mauvais Esprit qui voudrait abuser ; mais quand c'est pour le bien, Dieu permet qu'il en soit ainsi entre Esprits du même ordre, parce qu'il y a entre eux solidarité et similitude de pensées. »

⇨ 5. Ainsi, quand un Esprit protecteur se dit être saint Paul, par exemple, il n'est pas certain que ce soit l'Esprit même ou l'âme de l'apôtre de ce nom ?
« Nullement, car vous trouvez des milliers de personnes à qui il a été dit que leur ange gardien est saint Paul, ou tout autre ; mais que vous importe, si l'Esprit qui vous protège est aussi élevé que saint Paul ? Je vous l'ai dit, il vous faut un nom, ils en prennent un pour se faire appeler et reconnaître, comme vous prenez des noms de baptême pour vous distinguer des autres membres de votre famille. Ils peuvent tout aussi bien prendre ceux des archanges Raphaël, saint Michel, etc., sans que cela tire à conséquence.

Du reste, plus un esprit est élevé, plus son rayonnement est multiple ; croyez donc qu'un Esprit protecteur d'un ordre supérieur peut avoir sous sa tutelle des centaines d'incarnés. Chez vous, sur la terre, vous avez des notaires qui se chargent des affaires de cent et deux cents familles ; pourquoi voudriez-vous que nous fussions, spirituellement parlant, moins aptes à la direction morale des hommes que ceux-là à la direction matérielle de leurs intérêts ? »

⇨ 6. Pourquoi les Esprits qui se communiquent prennent-ils si souvent le nom des saints ?
« Ils s'identifient avec les habitudes de ceux à qui ils parlent, et prennent les noms qui sont de nature à faire sur l'homme le plus d'impression en raison de ses croyances. »

⇨ 7. Certains Esprits supérieurs que l'on évoque viennent-ils toujours en personne, ou bien, comme le croient quelques-uns, ne viennent-ils que par mandataires chargés de transmettre leur pensée ?
« Pourquoi ne viendraient-ils pas en personne, s'ils le peuvent ? mais si l'Esprit ne peut venir, ce sera forcément un mandataire. »

⇨ 8. Le mandataire est-il toujours suffisamment éclairé pour répondre comme le ferait l'Esprit qui l'envoie ?
« Les Esprits supérieurs savent à qui ils confient le soin de les remplacer. D'ailleurs, plus les Esprits sont élevés, plus ils se confondent dans une pensée commune, de telle sorte que, pour eux, la personnalité est une chose indifférente, et il doit en être de même pour vous ; croyez-vous donc qu'il n'y ait dans le monde des Esprits supérieurs que ceux que vous avez connus sur la terre capables de vous instruire ? Vous êtes tellement portés à vous prendre pour les types de l'univers, que vous croyez toujours que hors de votre monde il n'y a plus rien. Vous ressemblez vraiment à ces sauvages qui ne sont pas sortis de leur île et croient que le monde ne va pas au delà. »

◊ 9. Nous comprenons qu'il en soit ainsi quand il s'agit d'un enseignement sérieux ; mais comment des Esprits élevés permettent-ils à des Esprits de bas étage de se parer de noms respectables pour induire en erreur par des maximes souvent perverses ?

« Ce n'est point avec leur permission qu'ils le font ; cela n'arrive-t-il pas aussi parmi vous ? Ceux qui trompent ainsi en seront punis, croyez-le bien, et leur punition sera proportionnée à la gravité de l'imposture. D'ailleurs, si vous n'étiez pas imparfaits, vous n'auriez autour de vous que de bons Esprits, et si vous êtes trompés, vous ne devez vous en prendre qu'à vous mêmes. Dieu permet qu'il en soit ainsi pour éprouver votre persévérance et votre jugement, et vous apprendre à distinguer la vérité de l'erreur ; si vous ne le faites pas, c'est que vous n'êtes pas assez élevés, et vous avez encore besoin des leçons de l'expérience. »

◊ 10. Des Esprits peu avancés, mais animés de bonnes intentions et du désir de progresser, ne sont-ils pas quelquefois délégués pour remplacer un Esprit supérieur, afin de leur fournir l'occasion de s'exercer à l'enseignement ?

« Jamais dans les grands centres ; je veux dire les centres sérieux et pour un enseignement général ; ceux qui s'y présentent le font toujours de leur propre chef, et, comme vous le dites, pour s'exercer ; c'est pourquoi leurs communications, quoique bonnes, portent toujours des traces de leur infériorité. Quand ils sont délégués, ce n'est que pour les communications peu importantes, et celles qu'on peut appeler personnelles. »

◊ 11. Les communications spirites ridicules sont quelquefois entremêlées de très bonnes maximes ; comment concilier cette anomalie qui semblerait indiquer la présence simultanée de bons et de mauvais Esprits ?

« Les Esprits mauvais ou légers se mêlent aussi de faire des sentences sans trop en voir la portée ou la signification. Tous ceux qui en font parmi vous sont-ils des hommes supérieurs ? Non ; les bons et les mauvais Esprits ne frayent pas ensemble, c'est à l'uniformité constante des bonnes communications que vous reconnaîtrez la présence des bons Esprits. »

◊ 12. Les Esprits qui induisent en erreur le font-ils toujours sciemment ?

« Non ; il y a des Esprits bons, mais ignorants et qui peuvent se tromper de bonne foi ; quand ils ont la conscience de leur insuffisance, ils en conviennent, et ne disent que ce qu'ils savent. »

◊ 13. Lorsqu'un Esprit fait une fausse communication, la fait-il toujours avec une intention malveillante ?

« Non ; si c'est un Esprit léger, il s'amuse à mystifier et n'a pas d'autre but. »

◊ 14. Puisque certains Esprits peuvent tromper par leur langage, peuvent-ils aussi, aux yeux d'un médium voyant, prendre une fausse apparence ?

« Cela se fait, mais plus difficilement. Dans tous les cas, cela n'a jamais lieu que dans un but que les mauvais Esprits ne connaissent pas eux-mêmes. Ils servent d'instrument pour donner une leçon. Le médium voyant peut voir des Esprits légers et menteurs comme d'autres les entendent ou écrivent sous leur influence. Les Esprits légers peuvent profiter de cette disposition pour l'abuser par des apparences trompeuses ; cela dépend des qualités de son Esprit à lui. »

❧ 15. Pour n'être pas abusé, suffit-il d'être animé de bonnes intentions, et les hommes parfaitement sérieux, qui ne mêlent à leurs études aucun sentiment de vaine curiosité, sont-ils aussi exposés à être trompés ?
« Moins que d'autres évidemment ; mais l'homme a toujours quelques travers qui attirent les Esprits moqueurs ; il se croit fort, et souvent il ne l'est pas ; il doit donc se défier de la faiblesse qui naît de l'orgueil et des préjugés. On ne tient pas assez compte de ces deux causes dont les Esprits profitent ; en flattant les manies, ils sont sûrs de réussir. »

❧ 16. Pourquoi Dieu permet-il que de mauvais Esprits se communiquent et disent de mauvaises choses ?
« Même dans ce qui est le plus mal, il y a un enseignement ; c'est à vous de savoir l'en tirer. Il faut bien qu'il y ait des communications de toutes sortes pour vous apprendre à distinguer les bons Esprits des mauvais, et vous servir de miroir à vous-mêmes. »

❧ 17. Les Esprits peuvent-ils, au moyen de communications écrites, inspirer d'injustes défiances contre certaines personnes, et brouiller des amis ?
« Des Esprits pervers et jaloux peuvent faire en mal tout ce que font les hommes ; c'est pourquoi il faut y prendre garde. Les Esprits supérieurs sont toujours prudents et réservés quand ils ont à blâmer ; ils ne disent pas de mal : ils avertissent avec ménagement. S'ils veulent que, dans leur intérêt, deux personnes cessent de se voir, ils feront naître des incidents qui les sépareront d'une manière naturelle. Un langage propre à semer le trouble et la défiance est toujours le fait d'un mauvais Esprit, quel que soit le nom dont il se pare. Ainsi n'accueillez qu'avec circonspection le mal qu'un Esprit peut dire de l'un de vous, surtout quand un bon Esprit vous en a dit du bien ; et défiez-vous aussi de vous-même et de vos propres préventions. Dans les communications des Esprits, ne prenez que ce qu'il y a de bon, de grand, de rationnel, et ce que votre conscience approuve. »

❧ 18. Par la facilité avec laquelle les mauvais Esprits se mêlent aux communications, il parait qu'on n'est jamais certains d'avoir la vérité ?
« Si, puisque vous avez un jugement pour les apprécier. À la lecture d'une lettre, vous savez bien reconnaître si c'est un goujat ou un homme bien élevé, un sot ou un savant, qui vous écrit ; pourquoi ne pourriez-vous le faire quand ce sont des Esprits qui vous écrivent ? Si vous recevez une lettre d'un ami éloigné, qui vous prouve qu'elle est bien de lui ? Son écriture, direz-vous ; mais n'y a-t-il pas des faussaires qui imitent toutes les écritures ; des fripons qui peuvent connaître vos affaires ? Cependant il est des signes auxquels vous ne vous méprendrez pas ; il en est de même des Esprits. Figurez-vous donc que c'est un ami qui vous écrit, ou que vous lisez l'ouvrage d'un écrivain, et jugez par les mêmes moyens. »

◆ 19. Les Esprits supérieurs pourraient-ils empêcher les mauvais Esprits de prendre de faux noms ?

« Certainement ils le peuvent ; mais plus les Esprits sont mauvais, plus ils sont entêtés, et souvent ils résistent aux injonctions. Il faut bien aussi que vous sachiez qu'il est des personnes auxquelles les Esprits supérieurs s'intéressent plus qu'à d'autres, et quand ils le jugent nécessaire, ils savent les préserver de l'atteinte du mensonge ; contre ces personnes, les Esprits trompeurs sont impuissants. »

◆ 20. Quel est le motif de cette partialité ?

« Ce n'est point de la partialité, c'est de la justice ; les bons Esprits s'intéressent à ceux qui mettent leurs avis à profit, et travaillent sérieusement à leur propre amélioration ; ceux-là sont leurs préférés et ils les secondent ; mais ils s'inquiètent peu de ceux avec lesquels ils perdent leur temps en belles paroles. »

◆ 21. Pourquoi Dieu permet-il aux Esprits de commettre le sacrilège de prendre faussement des noms vénérés ?

« Vous pourriez demander aussi pourquoi Dieu permet aux hommes de mentir et de blasphémer. Les Esprits, ainsi que les hommes, ont leur libre arbitre dans le bien comme dans le mal ; mais ni aux uns ni aux autres la justice de Dieu ne fera défaut. »

◆ 22. Y a-t-il des formules efficaces pour chasser les Esprits trompeurs ?

« Formule est matière ; bonne pensée vers Dieu vaut mieux. »

◆ 23. Certains Esprits ont dit avoir des signes graphiques inimitables, sortes d'emblèmes qui peuvent les faire reconnaître et constater leur identité ; cela est-il vrai ?

« Les Esprits supérieurs n'ont d'autres signes pour se faire reconnaître que la supériorité de leurs idées et de leur langage. Tous les Esprits peuvent imiter un signe matériel. Quant aux Esprits inférieurs, ils se trahissent de tant de manières qu'il faut être aveugle pour se laisser abuser. »

◆ 24. Les Esprits trompeurs ne peuvent-ils aussi contrefaire la pensée ?

« Ils contrefont la pensée comme les décors de théâtre contrefont la nature. »

◆ 25. Il paraît qu'il est ainsi toujours facile de découvrir la fraude par une étude attentive ?

« N'en doutez pas ; les Esprits ne trompent que ceux qui se laissent tromper. Mais il faut avoir des yeux de marchand de diamants pour distinguer la vraie pierre de la fausse ; or, celui qui ne sait pas distinguer la pierre fine de la fausse s'adresse au lapidaire. »

◆ 26. Il y a des gens qui se laissent séduire par un langage emphatique ; qui se payent de mots plus que d'idées ; qui prennent même des idées fausses et vulgaires pour des idées sublimes ; comment ces gens-là, qui ne sont pas même aptes à juger les œuvres des hommes, peuvent-ils juger celles des Esprits ?

« Quand ces personnes ont assez de modestie pour reconnaître leur insuffisance, elles ne s'en rapportent pas à elles-mêmes ; quand par orgueil elles se croient plus capables qu'elles ne le sont, elles portent la peine de leur sotte vanité. Les Esprits trompeurs savent bien à qui ils s'adressent ; il y a des gens simples et peu instruits plus difficiles à abuser que d'autres qui ont de l'esprit et du savoir. En flattant les passions, ils font de l'homme tout ce qu'ils veulent. »

↷ 27. Dans l'écriture, les mauvais Esprits se trahissent-ils quelquefois par des signes matériels involontaires ?
« Les habiles ne le font pas ; les maladroits se fourvoient. Tout signe inutile et puéril est un indice certain d'infériorité ; les Esprits élevés ne font rien d'inutile. »

↷ 28. Beaucoup de médiums reconnaissent les bons et les mauvais Esprits à l'impression agréable ou pénible qu'ils ressentent à leur approche. Nous demandons si l'impression désagréable, l'agitation convulsive, le malaise, en un mot, sont toujours des indices de la mauvaise nature des Esprits qui se manifestent.
« Le médium éprouve les sensations de l'état dans lequel se trouve l'Esprit qui vient à lui. Quand l'Esprit est heureux, il est tranquille, léger, posé ; quand il est malheureux, il est agité, fébrile, et cette agitation passe naturellement dans le système nerveux du médium. Du reste, c'est ainsi qu'est l'homme sur la terre : celui qui est bon est calme et tranquille ; celui qui est méchant est sans cesse agité. »

Remarque : Il y a des médiums d'une impressionnabilité nerveuse plus ou moins grande, c'est pourquoi l'agitation ne saurait être regardée comme une règle absolue ; il faut ici, comme en toutes choses, tenir compte des circonstances. Le caractère pénible et désagréable de l'impression est un effet de contraste, car si l'Esprit du médium sympathise avec le mauvais Esprit qui se manifeste, il en sera peu ou point affecté. Du reste, il ne faut pas confondre la rapidité de l'écriture, qui tient à l'extrême flexibilité de certains médiums, avec l'agitation convulsive que les médiums les plus lents peuvent éprouver au contact des Esprits imparfaits.

CHAPITRE XXV
DES ÉVOCATIONS

Considérations générales

☞ 269. Les Esprits peuvent se communiquer spontanément ou venir à notre appel, c'est-à-dire sur évocation. Quelques personnes pensent que l'on doit s'abstenir d'évoquer tel ou tel Esprit, et qu'il est préférable d'attendre celui qui veut bien se communiquer. Elles se fondent sur cette opinion, qu'en appelant un Esprit déterminé, on n'est pas certain que ce soit lui qui se présente, tandis que celui qui vient spontanément et de son propre mouvement prouve mieux son identité, puisqu'il annonce ainsi le désir qu'il a de s'entretenir avec nous. À notre avis, c'est là une erreur : premièrement, parce qu'il y a toujours autour de nous des Esprits, le plus souvent de bas étage, qui ne demandent pas mieux que de se communiquer ; en second lieu, et par cette dernière raison même, en n'en appelant aucun en particulier, c'est ouvrir la porte à tous ceux qui veulent entrer. Dans une assemblée, ne donner la parole à personne, c'est la laisser à tout le monde, et l'on sait ce qui en résulte. L'appel direct fait à un Esprit déterminé est un lien entre lui et nous : nous l'appelons par notre désir, et nous opposons ainsi une sorte de barrière aux intrus. Sans un appel direct, un Esprit n'aurait souvent aucun motif de venir à nous, si ce n'est notre Esprit familier.

Ces deux manières d'opérer ont chacune leurs avantages, et l'inconvénient ne serait que dans l'exclusion absolue de l'une des deux. Les communications spontanées n'ont aucun inconvénient quand on est maître des Esprits, et qu'on est certain de ne laisser prendre aucun empire aux mauvais ; alors il est souvent utile d'attendre le bon plaisir de ceux qui veulent bien se manifester, parce que leur pensée ne subit aucune contrainte, et l'on peut obtenir de cette manière des choses admirables ; tandis qu'il n'est pas dit que l'Esprit que vous appelez soit disposé à parler, ou capable de le faire dans le sens qu'on désire. L'examen scrupuleux que nous avons conseillé est d'ailleurs une garantie contre les mauvaises communications. Dans les réunions régulières, dans celles surtout où l'on s'occupe d'un travail suivi, il y a toujours des Esprits habitués qui se trouvent au rendez-vous sans qu'on les appelle, par cela même qu'en raison de la régularité des séances, ils sont prévenus : ils prennent souvent spontanément la parole pour traiter un sujet quelconque, développer une proposition ou prescrire ce que l'on doit faire, et alors on les reconnaît aisément, soit à la forme de leur langage qui est toujours identique, soit à leur écriture, soit à certaines habitudes qui leur sont familières.

☞ 270. Lorsqu'on désire communiquer avec un Esprit *déterminé*, il faut de toute nécessité l'évoquer. (N° 203.) S'il peut venir, on obtient généralement pour réponse : *Oui* ; ou : *Je suis là* ; ou bien encore : *Que me voulez-vous ?* Quelquefois il entre directement en matière en répondant par anticipation aux questions qu'on se propose de lui adresser.

Lorsqu'un Esprit est évoqué pour la première fois, il convient de le désigner avec quelque précision. Dans les questions qui lui sont adressées, il faut éviter les formes sèches et impératives, qui seraient pour lui un motif d'éloignement. Ces formes doivent être affectueuses ou respectueuses selon l'Esprit, et dans tous les cas témoigner de la bienveillance de l'évocateur.

☞ 271. On est souvent surpris de la promptitude avec laquelle un Esprit évoqué se présente, même pour la première fois : on dirait qu'il a été prévenu ; c'est, en effet, ce qui a lieu lorsqu'on se préoccupe d'avance de son évocation. Cette préoccupation est une sorte d'évocation anticipée, et comme nous avons toujours nos Esprits familiers qui s'identifient avec notre pensée, ils préparent les voies, de telle sorte que si rien ne s'y oppose, l'Esprit que l'on veut appeler est déjà présent. Dans le cas contraire, c'est l'esprit familier du médium, ou celui de l'interrogateur, ou l'un des habitués qui va le chercher, et pour cela il ne lui faut pas beaucoup de temps. Si l'Esprit évoqué ne peut venir instantanément, le messager (les Païens auraient dit *Mercure*) assigne un délai, quelquefois de cinq minutes, un quart d'heure, une heure et même plusieurs jours ; lorsqu'il est arrivé, il dit : *Il est là* ; et alors on peut commencer les questions qu'on veut lui adresser.

Le messager n'est pas toujours un intermédiaire nécessaire, car l'appel de l'évocateur peut être entendu directement de l'Esprit, ainsi qu'il est dit ci-après, n° 282, question 5, sur le mode de transmission de la pensée.

Quand nous disons de faire l'évocation au nom de Dieu, nous entendons que notre recommandation doit être prise au sérieux et non à la légère ; ceux qui n'y verraient qu'une formule sans conséquence feraient mieux de s'abstenir.

☞ 272. Les évocations offrent souvent plus de difficultés aux médiums que les dictées spontanées, surtout quand il s'agit d'obtenir des réponses précises à des questions circonstanciées. Il faut pour cela des médiums spéciaux, à la fois *flexibles* et *positifs*, et l'on a vu (n° 193) que ces derniers sont assez rares, car, ainsi que nous l'avons dit, les rapports fluidiques ne s'établissent pas toujours instantanément avec le premier Esprit venu. C'est pourquoi il est utile que les médiums ne se livrent aux évocations détaillées qu'après s'être assurés du développement de leur faculté, et de la nature des Esprits qui les assistent, car chez ceux qui sont mal entourés, les évocations ne peuvent avoir aucun caractère d'authenticité.

☞ 273. Les médiums sont généralement beaucoup plus recherchés pour les évocations d'un intérêt privé que pour les communications d'un intérêt général ; cela s'explique par le désir bien naturel que l'on a de s'entretenir avec les êtres qui nous sont chers. Nous croyons devoir faire à ce sujet plusieurs recommandations importantes aux médiums. C'est d'abord de n'accéder à ce désir qu'avec réserve vis-à-vis des personnes sur la sincérité desquelles ils ne sont pas complètement édifiés, et de se mettre en garde contre les pièges que pourraient leur tendre des gens malveillants. Secondement, de ne s'y prêter, sous aucun prétexte, s'ils entrevoient un but de curiosité et d'intérêt, et non une intention sérieuse de la part de l'évocateur ; de se refuser à toute question oiseuse ou qui sortirait du cercle de celles qu'on peut rationnellement adresser aux Esprits. Les questions doivent être posées avec clarté, netteté et sans arrière-pensée, si l'on veut des réponses catégoriques. Il faut donc repousser toutes celles qui auraient un caractère insidieux, car on sait que les Esprits n'aiment pas celles qui ont pour but de les mettre à l'épreuve ; insister sur des questions de cette nature, c'est vouloir être trompé. L'évocateur doit aller franchement et ouvertement au but, sans subterfuge et sans moyens détournés ; s'il craint de s'expliquer, il ferait mieux de s'abstenir.

Il convient encore de ne faire qu'avec beaucoup de prudence des évocations en l'absence des personnes qui en font la demande, et souvent même il est préférable de s'en abstenir tout à fait, ces personnes étant seules aptes à contrôler les réponses, à juger de l'identité, à provoquer des éclaircissements s'il y a lieu, et à faire les questions incidentes amenées par les circonstances. En outre, leur présence est un lien qui attire l'Esprit, souvent peu disposé à se communiquer à des étrangers pour lesquels il n'a aucune sympathie. Le médium, en un mot, doit éviter tout ce qui pourrait le transformer en agent de consultation, ce qui, aux yeux de beaucoup de gens, est synonyme de diseur de bonne aventure.

Esprits que l'on peut évoquer

☞ 274. On peut évoquer tous les Esprits à quelque degré de l'échelle qu'ils appartiennent : les bons comme les mauvais, ceux qui ont quitté la vie depuis peu, comme ceux qui ont vécu dans les temps les plus reculés, les hommes illustres comme les plus obscurs, nos parents, nos amis, comme ceux qui nous sont indifférents ; mais il n'est pas dit qu'ils veuillent ou puissent toujours se rendre à notre appel ; indépendamment de leur propre volonté, ou de la permission qui peut leur être refusée par une puissance supérieure, ils peuvent en être empêchés par des motifs qu'il ne nous est pas toujours donné de pénétrer. Nous voulons dire qu'il n'y a pas d'empêchement absolu qui s'oppose aux communications, sauf ce qui sera dit ci-après ; les obstacles qui peuvent empêcher un Esprit de se manifester sont presque toujours individuels, et tiennent souvent aux circonstances.

☞ 275. Parmi les causes qui peuvent s'opposer à la manifestation d'un esprit, les unes lui sont personnelles et les autres lui sont étrangères. Il faut placer parmi les premières ses occupations ou les missions qu'il accomplit, et dont il ne peut pas se détourner pour céder à nos désirs ; dans ce cas, sa visite n'est qu'ajournée.

Il y a encore sa propre situation. Bien que l'état d'incarnation ne soit pas un obstacle absolu, ce peut être un empêchement à certains moments donnés, surtout quand elle a lieu dans les mondes inférieurs et quand l'Esprit lui-même est peu dématérialisé. Dans les mondes supérieurs, dans ceux où les liens de l'Esprit et de la matière sont très faibles, la manifestation est presque aussi facile que dans l'état errant, et dans tous les cas plus facile que dans ceux où la matière corporelle est plus compacte.

Les causes étrangères tiennent principalement à la nature du médium, à celle de la personne qui évoque, au milieu dans lequel se fait l'évocation, et enfin au but que l'on se propose. Certains médiums reçoivent plus particulièrement des communications de leurs Esprits familiers, qui peuvent être plus ou moins élevés ; d'autres sont aptes à servir d'intermédiaires à tous les Esprits ; cela dépend de la sympathie ou de l'antipathie, de l'attraction ou de la répulsion que l'Esprit personnel du médium exerce sur l'Esprit étranger, qui peut le prendre pour interprète avec plaisir ou avec répugnance. Cela dépend encore, abstraction faite des qualités intimes du médium, du développement de la faculté médianimique. Les Esprits viennent plus volontiers, et surtout sont plus explicites avec un médium qui ne leur offre aucun obstacle matériel. Toutes choses égales d'ailleurs quant aux conditions morales, plus un médium a de la facilité pour écrire ou pour s'exprimer, plus ses relations avec le monde spirite se généralisent.

☞ 276. Il faut encore tenir compte de la facilité que doit donner l'habitude de communiquer avec tel ou tel Esprit ; avec le temps, l'Esprit étranger s'identifie avec celui du médium, et aussi avec celui qui l'appelle. La question de sympathie à part, il s'établit entre eux des rapports fluidiques qui rendent les communications plus promptes ; c'est pourquoi un premier entretien n'est pas toujours aussi satisfaisant qu'on pourrait le désirer, et c'est aussi pourquoi les Esprits eux-mêmes demandent souvent à être rappelés. L'Esprit qui vient d'habitude est comme chez lui : il est familiarisé avec ses auditeurs et ses interprètes ; il parle et agit plus librement.

☞ 277. En résumé, de ce que nous venons de dire il résulte : que la faculté d'évoquer tout Esprit quelconque n'implique pas pour l'Esprit l'obligation d'être à nos ordres ; qu'il peut venir à un moment et non à un autre, avec tel médium ou tel évocateur qui lui plaît et non avec tel autre ; dire ce qu'il veut sans pouvoir être contraint de dire ce qu'il ne veut pas ; s'en aller quand cela lui convient ; enfin que, par des causes dépendantes ou non de sa volonté, après s'être montré assidu pendant quelque temps, il peut tout à coup cesser de venir.
C'est par tous ces motifs que, lorsqu'on désire appeler un Esprit nouveau, il est nécessaire de demander à son guide protecteur si l'évocation est possible ; dans le cas où elle ne le serait pas, il en donne assez généralement les motifs, et alors il est inutile d'insister.

☞ 278. Une importante question se présente ici, celle de savoir s'il y a ou non de l'inconvénient à évoquer de mauvais Esprits. Cela dépend du but qu'on se propose et de l'ascendant qu'on peut avoir sur eux. L'inconvénient est nul quand on les appelle dans un but sérieux, instructif et en vue de les améliorer ; il est très grand, au contraire, si c'est par pure curiosité ou plaisanterie, ou si on se met sous leur dépendance en leur demandant un service quelconque. Les bons Esprits, dans ce cas, peuvent très bien leur donner le pouvoir de faire ce qu'on leur demande, sauf à punir sévèrement plus tard le téméraire qui aurait osé invoquer leur secours et leur croire plus de puissance qu'à Dieu. C'est en vain qu'on se promettrait d'en faire un bon usage par la suite, et de congédier le serviteur une fois le service rendu ; ce service même que l'on a sollicité, quelque minime qu'il soit, est un véritable pacte conclu avec le mauvais Esprit, et celui-ci ne lâche pas prise aisément. (Voir n° 212.)

☞ 279. L'ascendant ne s'exerce sur les Esprits inférieurs que par la *supériorité morale*. Les Esprits pervers sentent leurs maîtres dans les hommes de bien ; vis-à-vis de celui qui ne leur oppose que l'énergie de la volonté, sorte de force brutale, ils luttent, et souvent sont les plus forts. Quelqu'un cherchait ainsi à dompter un Esprit rebelle, par sa volonté, l'Esprit lui répondit : *Laisse-moi donc tranquille avec tes airs de matamore, toi qui ne vaux pas mieux que moi ; ne dirait-on pas un voleur qui fait de la morale à un voleur ?*

On s'étonne que le nom de Dieu que l'on invoque contre eux soit souvent impuissant ; saint Louis en a donné la raison dans la réponse suivante :

« Le nom de Dieu n'a d'influence sur les Esprits imparfaits que dans la bouche de celui qui peut s'en servir avec autorité par ses vertus ; dans la bouche de l'homme qui n'aurait sur l'Esprit aucune supériorité morale, c'est un mot comme un autre. Il en est de même des choses saintes qu'on leur oppose. L'arme la plus terrible est inoffensive dans les mains inhabiles à s'en servir ou incapables de la porter. »

Langage à tenir avec les Esprits

☞ 280. Le degré de supériorité ou d'infériorité des Esprits indique naturellement le ton qu'il convient de prendre avec eux. Il est évident que plus ils sont élevés, plus ils ont de droit à notre respect, à nos égards et à notre soumission. Nous ne devons pas leur témoigner moins de déférence que nous ne l'eussions fait de leur vivant, mais par d'autres motifs : sur la terre nous eussions considéré leur rang et leur position sociale ; dans le monde des Esprits, notre respect ne s'adresse qu'à la supériorité morale. Leur élévation même les met au-dessus des puérilités de nos formes adulatrices. Ce n'est pas par des mots qu'on peut capter leur bienveillance, c'est par la sincérité des sentiments. Il serait donc ridicule de leur donner les titres que nos usages consacrent à la distinction des rangs, et qui, de leur vivant, eussent pu flatter leur vanité ; s'ils sont réellement supérieurs, non seulement ils n'y tiennent pas, mais cela leur déplaît. Une bonne pensée leur est plus agréable que les épithètes les plus louangeuses ; s'il en était autrement, ils ne seraient pas au-dessus de l'humanité. L'Esprit d'un vénérable ecclésiastique qui fut sur la terre un prince de l'Église, homme de bien, pratiquant la loi de Jésus, répondit un jour à quelqu'un qui l'évoquait en lui donnant le titre de Monseigneur : « Tu devrais dire au moins ex-Monseigneur, car ici il n'y a de Seigneur que Dieu ; sache bien que j'en vois qui, sur la terre, se mettaient à mes genoux, et devant lesquels je m'incline moi-même. » Quant aux Esprits inférieurs, leur caractère nous trace le langage qu'il convient de tenir avec eux. Dans le nombre il y en a qui, quoique inoffensifs et même bienveillants, sont légers, ignorants, étourdis ; les traiter à l'égal des Esprits sérieux, ainsi que le font certaines personnes, autant vaudrait s'incliner devant un écolier ou devant un âne affublé d'un bonnet de docteur. Le ton de la familiarité ne saurait être déplacé avec eux, et ils ne s'en formalisent pas ; ils s'y prêtent au contraire volontiers. Parmi les Esprits inférieurs il y en a qui sont malheureux. Quelles que puissent être les fautes qu'ils expient, leurs souffrances sont des titres d'autant plus grands à notre commisération, que personne ne peut se flatter d'échapper à cette parole du Christ : « Que celui qui est sans péché lui jette la première pierre ». La bienveillance que nous leur témoignons est un soulagement pour eux ; à défaut de sympathie, ils doivent trouver l'indulgence que nous voudrions que l'on eût pour nous.

Les Esprits qui révèlent leur infériorité par le cynisme de leur langage, leurs mensonges, la bassesse de leurs sentiments, la perfidie de leurs conseils, sont assurément moins dignes de notre intérêt que ceux dont les paroles attestent le repentir ; nous leur devons au moins la pitié que nous accordons aux plus grands criminels, et le moyen de les réduire au silence, c'est de se montrer supérieur à eux : ils ne s'abandonnent qu'avec les gens dont ils croient n'avoir rien à craindre ; car les Esprits pervers sentent leurs maîtres dans les hommes de bien, comme dans les Esprits supérieurs.

En résumé, autant il serait irrévérencieux de traiter d'égal à égal avec les Esprits supérieurs, autant il serait ridicule d'avoir une même déférence pour tous sans exception. Ayons de la vénération pour ceux qui le méritent, de la reconnaissance pour ceux qui nous protègent et nous assistent, pour tous les autres une bienveillance dont nous aurons peut-être un jour besoin nous-mêmes. En pénétrant dans le monde incorporel, nous apprenons à le connaître, et cette connaissance doit nous régler dans nos rapports avec ceux qui l'habitent. Les Anciens, dans leur ignorance, leur ont élevé des autels ; pour nous, ce ne sont que des créatures plus ou moins parfaites, et nous n'élevons des autels qu'à Dieu.

Utilité des évocations particulières

☞ 281. Les communications que l'on obtient des Esprits très supérieurs, ou de ceux qui ont animé les grands personnages de l'antiquité, sont précieuses par le haut enseignement qu'elles renferment. Ces Esprits ont acquis un degré de perfection qui leur permet d'embrasser une sphère d'idées plus étendue, de pénétrer des mystères qui dépassent la portée vulgaire de l'humanité, et par conséquent de nous initier mieux que d'autres à certaines choses. Il ne suit pas de là que les communications des Esprits d'un ordre moins élevé soient sans utilité : l'observateur y puise plus d'une instruction. Pour connaître les mœurs d'un peuple, il faut l'étudier à tous les degrés de l'échelle. Quiconque ne l'aurait vu que sous une face le connaîtrait mal. L'histoire d'un peuple n'est pas celle de ses rois et des sommités sociales ; pour le juger, il faut le voir dans la vie intime, dans ses habitudes privées. Or, les Esprits supérieurs sont les sommités du monde spirite ; leur élévation même les place tellement au-dessus de nous que nous sommes effrayés de la distance qui nous en sépare. Des Esprits plus bourgeois (qu'on nous passe cette expression), nous rendent plus palpables les circonstances de leur nouvelle existence. Chez eux, la liaison entre la vie corporelle et la vie spirite est plus intime, nous la comprenons mieux, parce qu'elle nous touche de plus près. En apprenant par eux-mêmes ce que sont devenus, ce que pensent, ce qu'éprouvent les hommes de toutes conditions et de tous les caractères, les hommes de bien comme les vicieux, les grands et les petits, les heureux et les malheureux du siècle, en un mot les hommes qui ont vécu parmi nous, que nous avons vus et connus, dont nous connaissons la vie réelle, les vertus et les travers, nous comprenons leurs joies et leurs souffrances, nous nous y associons et nous y puisons un enseignement moral d'autant plus profitable que les rapports entre eux et nous sont plus intimes. Nous nous mettons plus facilement à la place de celui qui a été notre égal que de celui que nous ne voyons qu'à travers le mirage d'une gloire céleste. Les Esprits vulgaires nous montrent l'application pratique des grandes et sublimes vérités dont les Esprits supérieurs nous enseignent la théorie. D'ailleurs, dans l'étude d'une science rien n'est inutile : Newton a trouvé la loi des forces de l'univers dans le phénomène le plus simple.

L'évocation des Esprits vulgaires a en outre l'avantage de nous mettre en rapport avec des Esprits souffrants, que l'on peut soulager et dont on peut faciliter l'avancement par d'utiles conseils. On peut donc se rendre utile tout en s'instruisant soi-même ; il y a de l'égoïsme à ne chercher que sa propre satisfaction dans l'entretien des Esprits, et celui qui dédaigne de tendre une main secourable à ceux qui sont malheureux fait en même temps preuve d'orgueil. À quoi lui sert d'obtenir de belles recommandations des Esprits d'élite, si cela ne le rend pas meilleur pour lui-même, plus charitable et plus bienveillant pour ses frères de ce monde et de l'autre ? Que deviendraient les pauvres malades si les médecins refusaient de toucher leurs plaies ?

Questions sur les évocations

☞ 282. 1. Peut-on évoquer les Esprits sans être médium ?
« Tout le monde peut évoquer les Esprits, et si ceux que vous appelez ne peuvent se manifester matériellement, ils n'en sont pas moins auprès de vous et vous écoutent. »

➭ 2. L'Esprit évoqué se rend-il toujours à l'appel qui lui est fait ?
« Cela dépend des conditions dans lesquelles il se trouve, car il est des circonstances où il ne le peut pas. »

➭ 3. Quelles sont les causes qui peuvent empêcher un Esprit de venir à notre appel ?
« Sa volonté, d'abord ; puis son état corporel s'il est réincarné, les missions dont il peut être chargé, ou bien encore la permission qui peut lui être refusée.
Il y a des Esprits qui ne peuvent jamais se communiquer ; ce sont ceux qui, par leur nature, appartiennent encore aux mondes inférieurs à la terre. Ceux qui sont dans les sphères de punition ne le peuvent pas non plus, à moins d'une permission supérieure qui n'est accordée que dans un but d'utilité générale. Pour qu'un Esprit puisse se communiquer, il faut qu'il ait atteint le degré d'avancement du monde où il est appelé, autrement il est étranger aux idées de ce monde et n'a aucun point de comparaison. Il n'en est pas de même de ceux qui sont envoyés en mission ou en expiation dans les mondes inférieurs : ils ont les idées nécessaires pour répondre. »

➭ 4. Par quels motifs la permission de se communiquer peut-elle être refusée à un Esprit ?
« Ce peut être une épreuve ou une punition pour lui ou pour celui qui l'appelle. »

▷ 5. Comment des Esprits dispersés dans l'espace ou dans les différents mondes peuvent-ils entendre de tous les points de l'univers les évocations qui sont faites ?

« Souvent, ils en sont prévenus par les Esprits familiers qui vous entourent et qui vont les chercher ; mais il se passe ici un phénomène qu'il est difficile de vous expliquer, parce que vous ne pouvez encore comprendre le mode de transmission de la pensée parmi les Esprits. Ce que je puis vous dire, c'est que l'Esprit que vous évoquez, quelque éloigné qu'il soit, reçoit, pour ainsi dire, le contrecoup de la pensée comme une sorte de commotion électrique qui appelle son attention du côté d'où vient la pensée qui s'adresse à lui. On peut dire qu'il entend la pensée, comme sur la terre vous entendez la voix. »

– Le fluide universel est-il le véhicule de la pensée, comme l'air est celui du son ?

« Oui, avec cette différence que le son ne peut se faire entendre que dans un rayon très borné, tandis que la pensée atteint l'infini. L'Esprit, dans l'espace, est comme le voyageur au milieu d'une vaste plaine, et qui entendant tout à coup prononcer son nom, se dirige du côté où on l'appelle. »

▷ 6. Nous savons que les distances sont peu de chose pour les Esprits, cependant on s'étonne de les voir quelquefois répondre aussi promptement à l'appel, comme s'ils eussent été tout prêts.

« C'est qu'en effet ils le sont quelquefois. Si l'évocation est préméditée, l'Esprit est averti d'avance, et se trouve souvent là avant le moment où on l'appelle. »

▷ 7. La pensée de l'évocateur est-elle plus ou moins facilement entendue selon certaines circonstances ?

« Sans aucun doute ; l'Esprit appelé par un sentiment sympathique et bienveillant est plus vivement touché : c'est comme une voix amie qu'il reconnaît ; sans cela il arrive souvent que l'évocation ne *porte pas*. La pensée qui jaillit de l'évocation frappe l'Esprit ; si elle est mal dirigée, elle frappe dans le vide. Il en est des Esprits comme des hommes ; si celui qui les appelle leur est indifférent ou antipathique, ils peuvent l'entendre, mais souvent ils ne l'écoutent pas. »

▷ 8. L'Esprit évoqué vient-il volontairement, ou bien y est-il contraint ?

« Il obéit à la volonté de Dieu, c'est-à-dire à la loi générale qui régit l'univers ; et pourtant contraint n'est pas le mot, car il juge s'il est utile de venir : et là est encore pour lui le libre arbitre. L'Esprit supérieur vient toujours quand il est appelé dans un but utile ; il ne se refuse à répondre que dans les milieux de gens peu sérieux et traitant la chose en plaisanterie. »

▷ 9. L'Esprit évoqué peut-il se refuser à venir à l'appel qui lui est fait ?

« Parfaitement ; où serait son libre arbitre sans cela ? Croyez-vous que tous les êtres de l'univers soient à vos ordres ? Et vous-mêmes, croyez-vous obligés de répondre à tous ceux qui prononcent votre nom ? Quand je dis qu'il peut s'y refuser, j'entends sur la demande de l'évocateur, car un Esprit inférieur peut être contraint de venir par un Esprit supérieur. »

▷ 10. Y a-t-il pour l'évocateur un moyen de contraindre un Esprit à venir malgré lui ?

« Aucun, si cet Esprit est votre égal ou votre supérieur en moralité - je dis en *moralité*, et non en intelligence, - parce que vous n'avez sur lui aucune autorité ; s'il est votre inférieur, vous le pouvez si c'est pour son bien, car alors d'autres Esprits vous seconderont. » (N° 279.)

⇨ 11. Y a-t-il de l'inconvénient à évoquer des Esprits inférieurs, et peut-on craindre, en les appelant, de se mettre sous leur domination ?

« Ils ne dominent que ceux qui se laissent dominer. Celui qui est assisté par de bons Esprits n'a rien à craindre ; il s'impose aux Esprits inférieurs, et ceux-ci ne s'imposent pas à lui. Dans l'isolement les médiums, surtout ceux qui commencent, doivent s'abstenir de ces sortes d'évocations. » (N° 278.)

⇨ 12. Est-il nécessaire d'apporter quelques dispositions particulières dans les évocations ?

« La plus essentielle de toutes les dispositions, c'est le recueillement quand on veut avoir affaire à des Esprits sérieux. Avec la foi et le désir du bien, on est plus puissant pour évoquer les Esprits supérieurs. En élevant son âme par quelques instants de recueillement au moment de l'évocation, on s'identifie avec les bons Esprits et on les dispose à venir. »

⇨ 13. La foi est-elle nécessaire pour les évocations ?

« La foi en Dieu, oui ; la foi viendra pour le reste si vous voulez le bien et si vous avez le désir de vous instruire. »

⇨ 14. Les hommes réunis dans une communauté de pensée et d'intentions ont-ils plus de puissance pour évoquer les Esprits ?

« Quand tous sont réunis par la charité et pour le bien, ils obtiennent de grandes choses. Rien n'est plus nuisible au résultat des évocations que la divergence de pensées. »

⇨ 15. La précaution de faire la chaîne en se donnant la main pendant quelques minutes au commencement des réunions est-elle utile ?

« La chaîne est un moyen matériel qui ne met pas l'union entre vous si elle n'existe pas dans la pensée ; ce qui est plus utile que tout cela, c'est de s'unir dans une pensée commune en appelant chacun de son côté de bons Esprits. Vous ne savez pas tout ce que pourrait obtenir une réunion sérieuse d'où serait banni tout sentiment d'orgueil et de personnalité, et où régnerait un parfait sentiment de mutuelle cordialité. »

⇨ 16. Les évocations à jours et heures fixes sont-elles préférables ?

« Oui, et si c'est possible dans le même lieu : les Esprits y viennent plus volontiers ; c'est le désir constant que vous avez qui aide les Esprits à venir se mettre en communication avec vous. Les Esprits ont leurs occupations qu'ils ne peuvent quitter *à l'improviste* pour votre satisfaction personnelle. Je dis dans le même lieu, mais ne croyez pas que ce soit une obligation absolue, car les Esprits viennent partout ; je veux dire qu'un lieu consacré à cela est préférable, parce que le recueillement y est plus parfait. »

◈ 17. Certains objets, tels que médailles et talismans, ont-ils la propriété d'attirer ou de repousser les Esprits, ainsi que quelques-uns le prétendent ?
« Cette question est inutile, car vous savez bien que la matière n'a aucune action sur les Esprits. Soyez bien certains que jamais un bon Esprit ne conseille de pareilles absurdités ; la vertu des talismans, de quelque nature qu'ils soient, n'a jamais existé que dans l'imagination des gens crédules. »

◈ 18. Que penser des Esprits qui assignent des rendez-vous dans des lieux lugubres et à des heures indues ?
« Ces Esprits s'amusent aux dépens de ceux qui les écoutent. Il est toujours inutile et souvent dangereux de céder à de telles suggestions : inutile, parce qu'on n'y gagne absolument rien que d'être mystifié ; dangereux, non par le mal que peuvent faire les Esprits, mais par l'influence que cela peut exercer sur des cerveaux faibles. »

◈ 19. Y a-t-il des jours et des heures plus propices aux évocations ?
« Pour les Esprits, cela est complètement indifférent, comme tout ce qui est matériel, et ce serait une superstition de croire à l'influence des jours et des heures. Les moments les plus propices sont ceux où l'évocateur peut être le moins distrait par ses occupations habituelles ; où son corps et son esprit sont le plus calmes. »

◈ 20. L'évocation est-elle pour les Esprits une chose agréable ou pénible ? Viennent-ils volontiers quand on les appelle ?
« Cela dépend de leur caractère et du motif qui les fait appeler. Quand le but est louable, et quand le milieu leur est sympathique, c'est pour eux une chose agréable et même attrayante ; les Esprits sont toujours heureux de l'affection qu'on leur témoigne. Il y en a pour qui c'est un grand bonheur de se communiquer aux hommes et qui souffrent de l'abandon où on les laisse. Mais, comme je l'ai dit, cela dépend également de leur caractère ; parmi les Esprits il y a aussi des misanthropes qui n'aiment pas à être dérangés, et dont les réponses se ressentent de leur mauvaise humeur, surtout quand ils sont appelés par des gens indifférents auxquels ils ne s'intéressent pas. Un Esprit n'a souvent aucun motif pour venir à l'appel d'un inconnu qui lui est indifférent, et qui est presque toujours mû par la curiosité ; s'il vient, il ne fait en général que de courtes apparitions, à moins qu'il n'y ait un but sérieux et instructif dans l'évocation. »

Remarque : On voit des gens qui n'évoquent leurs parents que pour leur demander les choses les plus vulgaires de la vie matérielle, par exemple l'un pour savoir s'il louera ou vendra sa maison, un autre pour connaître le profit qu'il tirera de sa marchandise, l'endroit où de l'argent a été déposé, si telle affaire sera ou non avantageuse. Nos parents d'outre-tombe ne s'intéressent à nous qu'en raison de l'affection que nous avons pour eux. Si toute notre pensée se borne à les croire sorciers, si nous ne pensons à eux que pour leur demander des renseignements, ils ne peuvent avoir pour nous une grande sympathie, et l'on ne doit pas s'étonner du peu de bienveillance qu'ils témoignent.

◈ 21. Y a-t-il une différence entre les bons et les mauvais Esprits sous le rapport de leur empressement à se rendre à notre appel ?

« Il y en a une très grande ; les mauvais Esprits ne viennent volontiers qu'autant qu'ils espèrent dominer et faire des dupes ; mais ils éprouvent une vive contrariété quand ils sont forcés de venir pour avouer leurs fautes, et ils ne demandent qu'à s'en aller, comme un écolier qu'on appelle pour le corriger. Ils peuvent y être contraints par des Esprits supérieurs, comme châtiment, et pour l'instruction des incarnés. L'évocation est pénible pour les bons Esprits quand ils sont appelés inutilement pour des futilités ; alors ils ne viennent pas, ou bien ils se retirent.

Vous pouvez dire qu'en principe les Esprits, quels qu'ils soient, n'aiment, pas plus que vous, à servir de distraction pour les curieux. Souvent vous n'avez d'autre but en évoquant un Esprit que de voir ce qu'il vous dira, ou de l'interroger sur des particularités de sa vie qu'il ne tient pas à vous faire connaître, parce qu'il n'a aucun motif pour vous faire connaître ses confidences, et vous croyez qu'il va se placer sur la sellette pour votre bon plaisir ? Détrompez-vous ; ce qu'il n'aurait pas fait de son vivant, il ne le fera pas davantage comme Esprit. »

Remarque : L'expérience prouve, en effet, que l'évocation est toujours agréable aux Esprits quand elle est faite dans un but sérieux et utile ; les bons viennent avec plaisir nous instruire ; ceux qui souffrent trouvent du soulagement dans la sympathie qu'on leur témoigne ; ceux que nous avons connus sont satisfaits de notre souvenir. Les Esprits légers aiment à être évoqués par les personnes frivoles, parce que cela leur fournit une occasion de s'égayer à leurs dépens ; ils sont mal à leur aise avec des personnes graves.

↪ 22. Les Esprits, pour se manifester, ont-ils toujours besoin d'être évoqués ?

« Non, ils se présentent très souvent sans être appelés, et cela prouve qu'ils viennent volontiers. »

↪ 23. Lorsqu'un Esprit se présente de lui-même, est-on plus certain de son identité ?

« En aucune façon, car les Esprits trompeurs emploient souvent ce moyen pour mieux donner le change. »

↪ 24. Lorsqu'on invoque par la pensée l'Esprit d'une personne, cet Esprit vient-il à nous, alors même qu'il n'y a pas de manifestation par l'écriture ou autrement ?

« L'écriture est un moyen matériel pour l'Esprit d'attester sa présence, mais c'est la pensée qui l'attire, et non le fait de l'écriture. »

↪ 25. Lorsqu'un Esprit inférieur se manifeste, peut-on l'obliger à se retirer ?

« Oui, en ne l'écoutant pas. Mais comment voulez-vous qu'il se retire quand vous vous amusez de ses turpitudes ? Les Esprits inférieurs s'attachent à ceux qui les écoutent avec complaisance, comme les sots parmi vous. »

↪ 26. L'évocation faite au nom de Dieu est-elle une garantie contre l'immixtion des mauvais Esprits ?

« Le nom de Dieu n'est pas un frein pour tous les Esprits pervers, mais il en retient beaucoup ; par ce moyen vous en éloignez toujours quelques-uns, et vous en éloigneriez bien davantage si elle était faite du fond du cœur et non comme une formule banale. »

➪ 27. Pourrait-on évoquer nominativement plusieurs Esprits à la fois ?
« Il n'y a à cela aucune difficulté, et si vous aviez trois ou quatre mains pour écrire, trois ou quatre Esprits vous répondraient en même temps ; c'est ce qui arrive quand on a plusieurs médiums. »

➪ 28. Lorsque plusieurs Esprits sont évoqués simultanément, et qu'il n'y a qu'un seul médium, quel est celui qui répond ?
« L'un d'eux répond pour tous, et il exprime la pensée collective. »

➪ 29. Le même Esprit pourrait-il se communiquer à la fois, et séance tenante, par deux médiums différents ?
« Tout aussi facilement que vous avez des hommes qui dictent plusieurs lettres à la fois. »

Remarque : Nous avons vu un Esprit répondre en même temps par deux médiums aux questions qu'on lui adressait, à l'un en anglais et à l'autre en français, et les réponses étaient identiques pour le sens ; quelques-unes même étaient la traduction littérale l'une de l'autre.

Deux Esprits évoqués simultanément par deux médiums peuvent établir entre eux une conversation ; ce mode de communication n'étant pas nécessaire pour eux, puisqu'ils lisent réciproquement leur pensée, ils s'y prêtent quelquefois pour notre instruction. Si ce sont des esprits inférieurs, comme ils sont encore imbus des passions terrestres et des idées corporelles, il peut leur arriver de se disputer et de s'apostropher par de gros mots, de se reprocher mutuellement leurs torts, et même de lancer les crayons, corbeilles, planchettes, etc., l'un contre l'autre.

➪ 30. L'Esprit évoqué en même temps sur plusieurs points, peut-il répondre simultanément aux questions qui lui sont adressées ?
« Oui, si c'est un Esprit élevé. »

– Dans ce cas, l'Esprit se divise-t-il, ou bien a-t-il le don d'ubiquité ?
« Le soleil est un, et pourtant il rayonne tout alentour en portant au loin ses rayons sans se subdiviser ; il en est de même des Esprits. La pensée de l'Esprit est comme une étincelle qui projette au loin sa clarté et peut être aperçu de tous les points de l'horizon. Plus l'Esprit est pur, plus sa pensée *rayonne* et s'étend comme la lumière. Les Esprits inférieurs sont trop matériels ; ils ne peuvent répondre qu'à une seule personne à la fois, et ne peuvent venir s'ils sont appelés ailleurs.
Un esprit supérieur appelé en même temps sur deux points différents répondra aux deux évocations si elles sont aussi sérieuses et aussi ferventes l'une que l'autre ; dans le cas contraire, il donne la préférence à la plus sérieuse. »

Remarque : Il en est ainsi d'un homme qui, sans changer de place, peut transmettre sa pensée par des signaux vus de différents côtés.

Dans une séance de la Société parisienne des études spirites où la question d'ubiquité avait été discutée, un Esprit dicta spontanément la communication suivante :

« Vous demandiez ce soir quelle était la hiérarchie des Esprits pour l'ubiquité. Comparez-vous à un aérostat qui s'élève peu à peu dans les airs. Quand il rase la terre, un très petit cercle peut l'apercevoir ; à mesure qu'il s'élève, le cercle s'élargit pour lui, et quand il est parvenu à une certaine hauteur, il apparaît à un nombre infini de personnes. Ainsi de nous ; un mauvais Esprit qui est encore attaché à la terre reste dans un cercle rétréci au milieu des personnes qui le voient. Monte-t-il en grâce, s'améliore-t-il, il peut causer avec plusieurs personnes ; et quand il est devenu Esprit supérieur, il peut rayonner comme la lumière du soleil, se montrer à plusieurs personnes et dans plusieurs lieux à la fois. »

—CHANNING

↳ 31. Peut-on évoquer les purs Esprits, ceux qui ont terminé la série de leurs incarnations ?

« Oui, mais bien rarement ; ils ne se communiquent qu'aux cœurs purs et sincères, et non *aux orgueilleux et aux égoïstes* ; aussi faut-il se défier des Esprits inférieurs qui prennent cette qualité pour se donner plus d'importance à vos yeux. »

↳ 32. Comment se fait-il que l'Esprit des hommes les plus illustres vienne aussi facilement et aussi familièrement à l'appel des hommes les plus obscurs ?

« Les hommes jugent les Esprits d'après eux, et c'est une erreur ; après la mort du corps, les rangs terrestres n'existent plus ; il n'y a de distinction entre eux que la bonté, et ceux qui sont bons vont partout où il y a du bien à faire. »

↳ 33. Combien de temps après la mort peut-on évoquer un Esprit ?

« On peut le faire à l'instant même de la mort ; mais comme à ce moment l'Esprit est encore dans le trouble, il ne répond qu'imparfaitement. »

Remarque : La durée du trouble étant très variable, il ne peut y avoir de délai fixe pour faire l'évocation ; il est rare cependant qu'au bout de huit jours l'Esprit ne se reconnaisse pas assez pour pouvoir répondre ; il le peut quelquefois très bien deux ou trois jours après la mort ; on peut, dans tous les cas, essayer avec ménagement.

↳ 34. L'évocation, à l'instant de la mort, est-elle plus pénible pour l'Esprit qu'elle ne l'est plus tard ?

« Quelquefois ; c'est comme si l'on vous arrachait au sommeil avant que vous ne soyez complètement éveillés. Il y en a cependant qui n'en sont nullement contrariés, et même que cela aide à sortir du trouble. »

↳ 35. Comment l'Esprit d'un enfant, mort en bas âge, peut-il répondre avec connaissance de cause, alors que, de son vivant, il n'avait pas encore la conscience de lui-même ?

« L'âme de l'enfant est un Esprit *encore enveloppé dans les langes de la matière* ; mais, dégagé de la matière, il jouit de ses facultés d'Esprit, car les Esprits n'ont pas d'âge ; ce qui prouve que l'Esprit de l'enfant a déjà vécu. Cependant, jusqu'à ce qu'il soit complètement dégagé, il peut conserver dans son langage quelques traces du caractère de l'enfance. »

Remarque : L'influence corporelle qui se fait sentir plus ou moins longtemps sur l'Esprit de l'enfant se fait également quelquefois remarquer sur l'Esprit de ceux qui sont morts en état de folie. L'Esprit, par lui-même, n'est point fou, mais on sait que certains Esprits croient pendant quelque temps être encore de ce monde ; il n'est donc pas étonnant que chez le fou l'Esprit se ressente encore des entraves qui, pendant la vie, s'opposaient à sa libre manifestation jusqu'à ce qu'il soit complètement dégagé. Cet effet varie selon les causes de la folie, car il y a des fous qui recouvrent toute la lucidité de leurs idées immédiatement après leur mort.

Évocation des animaux

☞ 283. 36. Peut-on évoquer l'Esprit d'un animal ?

« Après la mort de l'animal, le principe intelligent qui était en lui est dans un état latent ; il est aussitôt utilisé par certains Esprits chargés de ce soin pour animer de nouveaux êtres dans lesquels il continue l'œuvre de son élaboration. Ainsi, dans le monde des Esprits, il n'y a pas d'Esprits d'animaux errants, mais seulement des Esprits humains. Ceci répond à votre question. »

– Comment se fait-il alors que certaines personnes ayant évoqué des animaux ont obtenu des réponses ?

« Évoquez un rocher, et il vous répondra. Il y a toujours une foule d'Esprits prêts à prendre la parole pour tout. »

Remarque : C'est par la même raison que si l'on évoque un mythe ou un personnage allégorique, il répondra ; c'est-à-dire qu'on répondra pour lui, et l'Esprit qui se présentera en prendra le caractère et les allures. Quelqu'un eut un jour l'idée d'évoquer Tartufe, et Tartufe vint aussitôt ; bien plus, il parla d'Orgon, d'Elmire, de Damis et de Valère dont il donna des nouvelles ; quant à lui il contrefit l'hypocrite avec autant d'art que si Tartufe eût été un personnage réel. Il dit plus tard être l'Esprit d'un acteur qui avait joué ce rôle. Les Esprits légers profitent toujours de l'inexpérience des interrogateurs ; mais ils n'ont garde de s'adresser à ceux qu'ils savent éclairés pour découvrir leurs impostures, et qui n'ajouteraient pas foi à leurs contes. Il en est de même parmi les hommes.

Un monsieur avait dans son jardin un nid de chardonnerets auxquels il s'intéressait beaucoup ; un jour le nid disparut ; s'étant assuré que personne de chez lui n'était coupable du délit, comme il est lui-même médium, il eut l'idée d'évoquer la mère des petits ; elle vint, et lui dit en très bon français : « N'accuse personne, et rassure-toi sur le sort de mes petits ; c'est le chat qui en sautant a renversé le nid ; tu le trouveras sous l'herbe ainsi que les petits qui n'ont pas été mangés. » Vérification faite, la chose fut trouvée exacte. Faut-il en conclure que c'est l'oiseau qui a répondu ? Non, assurément ; mais simplement qu'un Esprit connaissait l'histoire. Cela prouve combien il faut se défier des apparences, et combien est juste la réponse ci-dessus : évoquez un rocher, et il vous répondra. (Voir plus haut le chapitre de la *Médianimité chez les animaux* : n° 234.)

Évocation des personnes vivantes

☞ 284. 37. L'incarnation de l'Esprit est-elle un obstacle absolu à son évocation ?

« Non, mais il faut que l'état du corps permette à l'Esprit de se dégager à ce moment. L'Esprit incarné vient d'autant plus facilement que le monde où il se trouve est d'un ordre plus élevé, parce que les corps y sont moins matériels. »

↪ 38. Peut-on évoquer l'Esprit d'une personne vivante ?

« Oui, puisqu'on peut évoquer un Esprit incarné. L'Esprit d'un vivant peut aussi, dans ses moments de liberté, se présenter *sans être évoqué* ; cela dépend de sa sympathie pour les personnes auxquelles il se communique. » (Voir n° 116, l'*Histoire de l'homme à la tabatière*.)

◇ 39. Dans quel état est le corps de la personne dont l'Esprit est évoqué ?
« Il dort ou sommeille ; c'est alors que l'Esprit est libre. »

– Le corps pourrait-il se réveiller pendant que l'Esprit est absent ?
« Non ; l'Esprit est forcé de *rentrer chez lui* ; si, à ce moment, il s'entretient avec vous, il vous quitte, et souvent il vous en dit le motif. »

◇ 40. Comment l'Esprit absent du corps est-il averti de la nécessité de sa présence ?
« L'Esprit d'un corps vivant n'en est jamais complètement séparé ; à quelque distance qu'il se transporte, il y tient par un lien fluidique qui sert à l'y rappeler quand cela est nécessaire ; ce lien n'est rompu qu'à la mort. »

Remarque : Ce lien fluidique a souvent été aperçu par des médiums voyants. C'est une sorte de traînée phosphorescente qui se perd dans l'espace et dans la direction du corps. Certains Esprits ont dit que c'est à cela qu'ils reconnaissent ceux qui tiennent encore au monde corporel.

◇ 41. Qu'arriverait-il si, pendant le sommeil et en l'absence de l'Esprit, le corps était frappé mortellement ?
« L'Esprit serait averti, et rentrerait avant que la mort fût consommée. »

– Ainsi il ne pourrait pas arriver que le corps mourût en l'absence de l'Esprit, et que celui-ci, à son tour, ne pût rentrer ?
« Non ; ce serait contraire à la loi qui régit l'union de l'âme et du corps. »

– Mais si le coup était frappé subitement et à l'improviste ?
« L'Esprit serait prévenu avant que le coup mortel fût donné. »

Remarque : L'Esprit d'un vivant interrogé sur ce fait répondit : « Si le corps pouvait mourir en l'absence de l'Esprit, ce serait un moyen trop commode de commettre des suicides hypocrites. »

◇ 42. L'Esprit d'une personne évoquée pendant le sommeil est-il aussi libre de se communiquer que celui d'une personne morte ?
« Non ; la matière l'influence toujours plus ou moins. »

Remarque : Une personne en cet état, à qui l'on adressait cette question, répondit : Je suis toujours enchaînée au boulet que je traîne après moi.

– Dans cet état, l'Esprit pourrait-il être empêché de venir, parce qu'il est ailleurs ?
« Oui, il peut arriver que l'Esprit soit dans un lieu où il se plaît à rester, et alors, il ne vient pas à l'évocation, surtout quand elle est faite par quelqu'un qui ne l'intéresse pas. »

◇ 43. Est-il absolument impossible d'évoquer l'Esprit d'une personne éveillée ?
« Quoique difficile, cela n'est pas absolument impossible, car si l'évocation *porte*, il se peut que la personne s'endorme ; mais l'Esprit ne peut se communiquer, comme Esprit, que dans les moments où sa présence n'est pas nécessaire à l'activité intelli-

gente du corps.»

Remarque : L'expérience prouve que l'évocation faite pendant l'état de veille peut provoquer le sommeil, ou tout au moins une absorption voisine du sommeil, mais cet effet ne peut avoir lieu que par une volonté très énergique et s'il existe des liens de sympathie entre les deux personnes ; autrement l'évocation ne porte pas. Dans le cas même où l'évocation pourrait provoquer le sommeil, si le moment est inopportun, la personne ne voulant pas dormir opposera de la résistance, et, si elle succombe, son Esprit en sera troublé et répondra difficilement. Il en résulte que le moment le plus favorable pour l'évocation d'une personne vivante est celui de son sommeil naturel, parce que son Esprit étant libre peut venir vers celui qui l'appelle, tout aussi bien qu'il pourrait aller ailleurs.

Lorsque l'évocation est faite du consentement de la personne, et que celle-ci cherche à s'endormir à cet effet, il peut arriver que cette préoccupation retarde le sommeil et trouble l'Esprit ; c'est pourquoi le sommeil non forcé est encore préférable.

✧ 44. Une personne vivante évoquée en a-t-elle conscience à son réveil ?

« Non, vous l'êtes vous-mêmes plus souvent que vous ne pensez. Son Esprit seul le sait et peut quelquefois lui en laisser une vague impression comme d'un songe.»

– Qui est-ce qui peut nous évoquer si nous sommes des êtres obscurs ?

« Dans d'autres existences, vous pouvez avoir été des personnes connues dans ce monde ou dans d'autres ; et puis vos parents et vos amis également dans ce monde ou dans d'autres. Supposons que ton Esprit ait animé le corps du père d'une autre personne ; eh bien ! quand cette personne évoquera son père, c'est ton Esprit qui sera évoqué et qui répondra.»

✧ 45. L'Esprit évoqué d'une personne vivante répond-il comme Esprit ou avec les idées de l'état de veille ?

« Cela dépend de son élévation, mais il juge plus sainement et a moins de préjugés, absolument comme les somnambules ; c'est un état à peu près semblable.»

✧ 46. Si l'Esprit d'un somnambule en état de sommeil magnétique était évoqué, serait-il plus lucide que celui de toute autre personne ?

« Il répondrait sans doute plus facilement, parce qu'il est plus dégagé ; tout dépend du degré d'indépendance de l'Esprit et du corps.»

– L'Esprit d'un somnambule pourrait-il répondre à une personne qui l'évoquerait à distance en même temps qu'il répondrait verbalement à une autre personne ?

« La faculté de se communiquer simultanément sur deux points différents n'appartient qu'aux Esprits complètement dégagés de la matière.»

✧ 47. Pourrait-on modifier les idées d'une personne à l'état de veille en agissant sur son Esprit pendant le sommeil ?

« Oui, quelquefois ; l'Esprit ne tient plus à la matière par des liens aussi intimes, c'est pourquoi il est plus accessible aux impressions morales, et ces impressions peuvent influer sur sa manière de voir dans l'état ordinaire. Malheureusement il arrive souvent qu'au réveil la nature corporelle l'emporte et lui fait oublier les bonnes résolutions qu'il a pu prendre.»

🔸 48. L'Esprit d'une personne vivante est-il libre de dire ou de ne pas dire ce qu'il veut ?
«Il a ses facultés d'Esprit, et par conséquent son libre arbitre, et comme il a plus de perspicacité, il est même plus circonspect que dans l'état de veille.»

🔸 49. Pourrait-on contraindre une personne, en l'évoquant, à dire ce qu'elle voudrait taire ?
«J'ai dit que l'Esprit a son libre arbitre ; mais il se peut que, comme Esprit, elle attache moins d'importance à certaines choses que dans l'état ordinaire ; sa conscience peut parler plus librement. D'ailleurs, si elle ne veut pas parler, elle peut toujours échapper aux importunités en s'en allant, car on ne peut retenir son Esprit comme on retiendrait son corps.»

🔸 50. L'Esprit d'une personne vivante ne pourrait-il être contraint, par un autre Esprit, de venir et de parler, ainsi que cela a lieu pour les Esprits errants ?
«Parmi les Esprits, qu'ils soient morts ou vivants, il n'y a de suprématie que par la supériorité morale, et vous devez bien croire qu'un Esprit supérieur ne prêterait jamais son appui à une lâche indiscrétion.»

Remarque : Cet abus de confiance serait en effet une mauvaise action, mais qui ne saurait avoir de résultat, puisqu'on ne peut arracher un secret que l'Esprit voudrait taire, à moins que, dominé par un sentiment de justice, il n'avouât ce qu'il tairait en d'autres circonstances.

Une personne voulut savoir, par ce moyen, d'un de ses parents si le testament de ce dernier était en sa faveur. L'Esprit répondit : «Oui, ma chère nièce, et vous en aurez bientôt la preuve.» La chose était réelle en effet ; mais peu de jours après le parent détruisit son testament et eut la malice de le faire savoir à la personne, sans cependant qu'il sût avoir été évoqué. Un sentiment instinctif le porta sans doute à exécuter la résolution que son Esprit avait prise d'après la question qui lui avait été faite. Il y a de la lâcheté à demander à l'Esprit d'un mort ou d'un vivant ce qu'on n'oserait demander à sa personne, et cette lâcheté n'a pas même pour compensation le résultat qu'on s'en promet.

🔸 51. Peut-on évoquer un Esprit dont le corps est encore dans le sein de la mère ?
«Non ; vous savez bien qu'à ce moment l'Esprit est dans un trouble complet.»

Remarque : L'incarnation n'a définitivement lieu qu'au moment où l'enfant respire ; mais dès la conception, l'Esprit désigné pour l'animer est saisi d'un trouble qui augmente aux approches de la naissance, et lui ôte la conscience de lui-même, et par conséquent la faculté de répondre. (Voir Livre des Esprits : Retour à la vie corporelle ; Union de l'âme et du corps, n° 344.)

🔸 52. Un Esprit trompeur pourrait-il prendre la place de celui d'une personne vivante que l'on évoquerait ?
«Cela n'est pas douteux, et cela arrive très souvent, surtout quand l'intention de l'évocateur n'est pas pure. Du reste, l'évocation des personnes vivantes n'a d'intérêt que comme étude psychologique ; il convient de s'en abstenir toutes les fois qu'elle

ne peut avoir un résultat instructif.»

Remarque : Si l'évocation des Esprits errants ne porte pas toujours, pour nous servir de leur expression, cela est bien plus fréquent pour ceux qui sont incarnés ; c'est alors surtout que des Esprits trompeurs prennent leur place.

◊ 53. L'évocation d'une personne vivante a-t-elle des inconvénients ?
« Elle n'est pas toujours sans danger ; cela dépend de la position de la personne, car si elle est malade, on peut augmenter ses souffrances.»

◊ 54. Dans quel cas l'évocation d'une personne vivante peut-elle avoir le plus d'inconvénients ?
« On doit s'abstenir d'évoquer les enfants en très bas âge, et les personnes gravement malades, les vieillards infirmes ; en un mot elle peut avoir des inconvénients toutes les fois que le corps est très affaibli.»

Remarque : La brusque suspension des qualités intellectuelles pendant l'état de veille pourrait aussi offrir du danger si la personne se trouvait en ce moment avoir besoin de toute sa présence d'Esprit.

◊ 55. Pendant l'évocation d'une personne vivante, son corps éprouve-t-il de la fatigue par suite du travail auquel se livre l'Esprit quoique absent ?
Une personne en cet état, et qui prétendait que son corps se fatiguait, répondit à cette question :
« Mon Esprit est comme un ballon captif attaché à un poteau ; mon corps est le poteau qui est ébranlé par les secousses du ballon.»

◊ 56. Puisque l'évocation des personnes vivantes peut avoir des inconvénients lorsqu'on la fait sans précaution, le danger n'existe-t-il pas quand on évoque un Esprit que l'on ne sait pas être incarné, et qui pourrait ne pas se trouver dans des conditions favorables ?
« Non, les circonstances ne sont pas les mêmes ; il ne viendra que s'il est en position de le faire ; et d'ailleurs ne vous ai-je pas dit de demander, avant de faire une évocation, si elle est possible ? »

◊ 57. Lorsque nous éprouvons, dans les moments les plus inopportuns, une irrésistible envie de dormir, cela proviendrait-il de ce que nous sommes évoqués quelque part ?
« Cela peut sans doute avoir lieu, mais le plus souvent c'est un effet purement physique, soit que le corps ait besoin de repos, soit que l'Esprit ait besoin de sa liberté.»

Remarque : Une dame de notre connaissance, médium, eut un jour l'idée d'évoquer l'Esprit de son petit-fils qui dormait dans la même chambre. L'identité fut constatée par le langage, les expressions familières de l'enfant, et par le récit très exact de plusieurs choses qui lui étaient arrivées à sa pension ; mais une circonstance vint la confirmer. Tout à coup la main du médium s'arrête au milieu d'une phrase, sans qu'il soit possible de rien obtenir de plus ; à ce moment, l'enfant à demi-réveillé fit plusieurs mouvements dans son lit ; quelques instants après s'étant rendormi, la main marcha de nouveau, continuant l'entretien interrompu. L'évocation des personnes vivantes, faite dans de bonnes conditions, prouve de la manière la moins contestable l'action distincte de l'Esprit et du corps, et par conséquent l'existence d'un principe intelligent indépendant de la matière. (Voir dans la Revue spirite de 1860, pages 11 et 81, plusieurs exemples remarquables d'évocation de personnes vivantes.)

Télégraphie humaine

☞ 285.58. Deux personnes, en s'évoquant réciproquement, pourraient-elles se transmettre leurs pensées et correspondre ?

« Oui, et *cette télégraphie humaine sera un jour un moyen universel de correspondance.* »

– Pourquoi ne serait-elle pas pratiquée dès à présent ?

« Elle l'est pour certaines personnes, mais pas pour tout le monde ; il faut que les hommes *s'épurent* pour que leur Esprit se dégage de la matière, et c'est encore une raison pour faire l'évocation au nom de Dieu. Jusque-là elle est circonscrite *aux âmes d'élite* et dématérialisées, ce qui se rencontre rarement dans l'état actuel des habitants de la terre. »

CHAPITRE XXVI
—
QUESTIONS QUE L'ON PEUT ADRESSER AUX ESPRITS

Observations préliminaires

☞ 286. On ne saurait attacher trop d'importance à la manière de poser les questions, et plus encore à la nature des questions. Deux choses sont à considérer dans celles qu'on adresse aux Esprits : la forme et le fond. Sous le rapport de la forme, elles doivent être rédigées avec clarté et précision en évitant les questions complexes. Mais il est un autre point non moins important, c'est l'ordre qui doit présider à leur arrangement. Lorsqu'un sujet requiert une série de questions, il est essentiel qu'elles s'enchaînent avec méthode de manière à découler naturellement les unes des autres ; les Esprits y répondent beaucoup plus facilement et plus clairement que lorsqu'elles sont posées au hasard, en passant sans transition d'un objet à un autre. C'est pour cette raison qu'il est toujours très utile de les préparer d'avance, sauf à intercaler, séance tenante, celles qui sont amenées par les circonstances. Outre la rédaction qui doit être meilleure étant faite à tête reposée, ce travail préparatoire est, comme nous l'avons déjà dit, une sorte d'évocation anticipée à laquelle l'Esprit peut avoir assisté, et s'être disposé à répondre. On remarquera que très souvent l'Esprit répond par anticipation à certaines demandes, ce qui prouve qu'il les connaissait d'avance.

Le fond de la question requiert une attention encore plus sérieuse, car c'est souvent la nature de la demande qui provoque une réponse juste ou fausse ; il en est sur lesquelles les Esprits ne peuvent pas ou ne doivent pas répondre pour des motifs qui nous sont inconnus : il est donc inutile d'insister ; mais ce que l'on doit éviter par-dessus tout, ce sont les questions faites dans le but de mettre leur perspicacité à l'épreuve. Quand une chose existe, dit-on, ils doivent la savoir ; or, c'est précisément parce que la chose est connue de vous, ou que vous avez les moyens de la vérifier vous-mêmes, qu'ils ne se donnent pas la peine de répondre ; cette suspicion les froisse, et l'on n'obtient rien de satisfaisant. N'en avons-nous pas tous les jours des exemples parmi nous ? Des hommes supérieurs, et qui ont conscience de leur valeur, s'amuseraient-ils à répondre à toutes les sottes questions qui tendraient à les soumettre à un examen comme des écoliers ? Le désir de faire un adepte de telle ou telle personne, n'est point pour les Esprits un motif de satisfaire une vaine curiosité ; ils savent que la conviction arrivera tôt ou tard, et les moyens qu'ils emploient pour l'amener ne sont pas toujours ceux que nous pensons.

Supposez un homme grave occupé de choses utiles et sérieuses, incessamment harcelé par les puériles demandes d'un enfant, et vous aurez une idée de ce que doivent penser les Esprits supérieurs de toutes les niaiseries qu'on leur débite. Il ne s'ensuit point qu'on ne puisse obtenir de la part des Esprits d'utiles renseignements et surtout de très bons conseils, mais ils répondent plus ou moins bien, selon les connaissances qu'ils possèdent eux-mêmes, l'intérêt que nous méritons de leur part et l'affection qu'ils nous portent, et enfin selon le but qu'on se propose et l'utilité qu'ils voient à la chose ; mais si toute notre pensée se borne à les croire plus aptes que d'autres à nous renseigner utilement sur les choses de ce monde, ils ne peuvent avoir pour nous une profonde sympathie ; dès lors, ils ne font que des apparitions très courtes et souvent, suivant le degré de leur imperfection, témoignent leur mauvaise humeur d'avoir été dérangés inutilement.

☞ 287. Certaines personnes pensent qu'il est préférable de s'abstenir de poser des questions, et qu'il convient d'attendre l'enseignement des Esprits sans le provoquer ; c'est là une erreur. Les Esprits donnent sans contredit des instructions spontanées d'une très haute portée, et que l'on aurait tort de négliger ; mais il est des explications que l'on attendrait souvent fort longtemps si on ne les sollicitait pas. Sans les questions que nous avons proposées, le *Livre des Esprits* et le *Livre des médiums* seraient encore à faire, ou tout au moins seraient bien moins complets, et une foule de problèmes d'une grande importance seraient encore à résoudre. Les questions, loin d'avoir le moindre inconvénient, sont d'une très grande utilité au point de vue de l'instruction, quand on sait les renfermer dans les limites voulues. Elles ont un autre avantage, c'est d'aider à démasquer les Esprits trompeurs qui, étant plus vains que savants, subissent rarement à leur avantage l'épreuve de questions d'une logique serrée par lesquelles on les pousse dans leurs derniers retranchements. Comme les Esprits véritablement supérieurs n'ont rien à redouter d'un pareil contrôle, ils sont les premiers à provoquer des explications sur les points obscurs ; les autres, au contraire, craignant d'avoir affaire à plus forte partie, ont grand soin de les éviter ; aussi recommandent-ils en général aux médiums qu'ils veulent dominer, et auxquels ils veulent faire accepter leurs utopies, de s'abstenir de toute controverse à l'endroit de leurs enseignements.

Si l'on a bien compris ce que nous avons dit jusqu'à présent dans cet ouvrage, on peut déjà se faire une idée du cercle dans lequel il convient de renfermer les questions que l'on peut adresser aux Esprits ; toutefois, pour plus de certitude, nous donnons ci-après les réponses qui ont été faites sur les principaux sujets sur lesquels les personnes peu expérimentées sont généralement disposées à les interroger.

Questions sympathiques ou antipathiques aux Esprits

☞ 288.1. Les Esprits répondent-ils volontiers aux questions qui leur sont adressées ?

« C'est suivant les questions. Les Esprits sérieux répondent toujours avec plaisir à celles qui ont pour but le bien et les moyens de vous faire avancer. Ils n'écoutent pas les questions futiles. »

↪ 2. Suffit-il qu'une question soit sérieuse pour obtenir une réponse sérieuse ?
« Non, cela dépend de l'Esprit qui répond. »

– Mais une question sérieuse n'éloigne-t-elle pas les Esprits légers ?
« Ce n'est pas la question qui éloigne les Esprits légers, *c'est le caractère de celui qui*

la fait. »

↳ 3. Quelles sont les questions particulièrement antipathiques aux bons Esprits ?
« Toutes celles qui sont inutiles ou qui sont faites dans un but de curiosité et d'épreuve ; alors ils n'y répondent pas et s'éloignent. »

– Y a-t-il des questions qui soient antipathiques aux Esprits imparfaits ?
« Il n'y a que celles qui peuvent faire découvrir leur ignorance ou leur supercherie quand ils cherchent à tromper ; autrement ils répondent à tout, sans se soucier de la vérité. »

↳ 4. Que penser des personnes qui ne voient dans les communications spirites qu'une distraction et un passe-temps, ou un moyen d'obtenir des révélations sur ce qui les intéresse ?
« Ces personnes plaisent beaucoup aux Esprits inférieurs qui, comme elles, veulent s'amuser, et sont contents quand ils les ont mystifiées. »

↳ 5. Lorsque les Esprits ne répondent pas à certaines questions, est-ce par un effet de leur volonté, ou bien parce qu'une puissance supérieure s'oppose à certaines révélations ?
« L'un et l'autre ; il est des choses qui ne peuvent être révélées, et d'autres que l'Esprit lui-même ne connaît pas. »

– En insistant fortement, l'Esprit finirait-il par répondre ?
« Non ; l'Esprit qui ne veut pas répondre a toujours la facilité de s'en aller. C'est pourquoi il est nécessaire d'attendre quand on vous dit de le faire, et surtout ne pas vous opiniâtrer à vouloir nous faire répondre. Insister pour avoir une réponse qu'on ne veut pas vous donner, c'est un moyen certain d'être trompé. »

↳ 6. Tous les Esprits sont-ils aptes à comprendre les questions qu'on leur pose ?
« Bien loin de là ; les Esprits inférieurs sont incapables de comprendre certaines questions, ce qui ne les empêche pas de répondre bien ou mal, comme cela a lieu parmi vous. »

Remarque : Dans certains cas, et lorsque la chose est utile, il arrive fréquemment qu'un Esprit plus éclairé vient en aide à l'Esprit ignorant, et lui souffle ce qu'il doit dire. On le reconnaît aisément au contraste de certaines réponses, et en outre, parce que l'Esprit en convient souvent lui-même. Ceci n'a lieu que pour les Esprits de bonne foi ignorants, mais jamais pour ceux qui font parade d'un faux savoir.

Questions sur l'avenir

☞ 289. 7. Les Esprits peuvent-ils nous faire connaître l'avenir ?
« Si l'homme connaissait l'avenir, il négligerait le présent.
Et c'est encore là un point sur lequel vous insistez toujours pour avoir une réponse précise ; c'est un grand tort, car la manifestation des Esprits n'est pas un moyen de divination. Si vous voulez absolument une réponse, elle vous sera donnée par un Esprit follet : nous vous le disons à chaque instant. » (Voir *Livre des Esprits*, connaissance de l'avenir, n° 868.)

▷ 8. N'y a-t-il pas cependant quelquefois des événements futurs qui sont annoncés spontanément, et avec vérité, par les Esprits ?

« Il peut arriver que l'Esprit prévoie des choses qu'il juge utile de faire connaître, ou qu'il a mission de vous faire connaître ; mais il y a encore plus à se défier des Esprits trompeurs qui s'amusent à faire des prédictions. Ce n'est que l'ensemble des circonstances qui peut faire apprécier le degré de confiance qu'elles méritent. »

▷ 9. Quel est le genre de prédictions dont on doit le plus se défier ?

« Toutes celles qui n'ont pas un but d'utilité *générale*. Les prédictions personnelles peuvent presque toujours être considérées comme apocryphes. »

▷ 10. Quel est le but des Esprits qui annoncent spontanément des événements qui n'ont pas lieu ?

« Le plus souvent, c'est pour s'amuser de la crédulité, de la frayeur ou de la joie qu'ils causent, puis ils rient du désappointement. Ces prédictions mensongères ont cependant quelquefois un but sérieux, c'est de mettre à l'épreuve celui à qui elles sont faites, afin de voir la manière dont il prend la chose, et la nature des sentiments bons ou mauvais qu'elle fait naître en lui. »

Remarque : Telle serait, par exemple, l'annonce de ce qui peut flatter la cupidité ou l'ambition, comme la mort d'une personne, la perspective d'un héritage, etc.

▷ 11. Pourquoi les Esprits sérieux, lorsqu'ils font pressentir un événement, n'en fixent-ils point ordinairement la date ; est-ce impuissance ou volonté de leur part ?

« L'un et l'autre ; ils peuvent, dans certains cas, faire *pressentir* un événement : c'est alors un avertissement qu'ils vous donnent. Quant à en préciser l'époque, souvent ils ne doivent pas ; souvent aussi ils ne le peuvent pas, parce qu'ils ne le savent pas eux-mêmes. L'Esprit peut prévoir qu'une chose aura lieu, mais le moment précis peut dépendre d'événements qui ne sont pas encore accomplis, et que Dieu seul connaît. Les Esprits légers, qui ne se font aucun scrupule de vous tromper, vous indiquent les jours et les heures sans s'inquiéter de la réussite. C'est pourquoi toute prédiction *circonstanciée* doit vous être suspecte.

Encore une fois, notre mission est de vous faire progresser ; nous vous aidons autant que nous pouvons. Celui qui demande aux Esprits supérieurs la sagesse ne sera jamais trompé ; mais ne croyez pas que nous perdions notre temps à écouter toutes vos niaiseries et à vous dire la bonne aventure ; nous laissons cela aux Esprits légers qui s'en amusent, comme des enfants espiègles.

La Providence a posé des bornes aux révélations qui peuvent être faites à l'homme. Les Esprits sérieux gardent le silence sur tout ce qu'il leur est interdit de faire connaître. En insistant pour avoir une réponse, on s'expose aux fourberies des Esprits inférieurs, toujours prêts à saisir les occasions de tendre des pièges à votre crédulité. »

Remarque : Les Esprits voient, ou pressentent par induction les événements futurs ; ils les voient s'accomplir dans un temps qu'ils ne mesurent pas comme nous ; pour en préciser l'époque, il leur faudrait s'identifier avec notre manière de supputer la durée, ce qu'ils ne jugent pas toujours nécessaire ; de là souvent une cause d'erreurs apparentes.

◇ 12. N'y a-t-il pas des hommes doués d'une faculté spéciale qui leur fait entrevoir l'avenir ?
« Oui, ceux dont l'âme se dégage de la matière ; alors c'est l'Esprit qui voit ; et lorsque cela est utile, Dieu leur permet de révéler certaines choses pour le bien ; mais il y a encore plus d'imposteurs et de charlatans. Cette faculté sera plus commune dans l'avenir. »

◇ 13. Que penser des Esprits qui se plaisent à prédire à quelqu'un sa mort à jour ou heure fixe ?
« Ce sont des Esprits mauvais plaisants, et très mauvais plaisants, qui n'ont d'autre but que de jouir de la peur qu'ils causent. Il n'y a jamais à s'en préoccuper. »

◇ 14. Comment se fait-il que certaines personnes soient averties par pressentiment de l'époque de leur mort ?
« C'est, le plus souvent, leur propre Esprit qui le sait dans ses moments de liberté et qui en conserve une intuition au réveil. C'est pourquoi ces personnes y étant préparées ne s'en effraient ni ne s'en émeuvent. Elles ne voient dans cette séparation du corps et de l'âme qu'un changement de situation, ou si vous aimez mieux, et pour être plus vulgaire, l'abandon d'un habit de drap grossier pour un habit de soie. La crainte de la mort diminuera à mesure que s'étendront les croyances spirites. »

Questions sur les existences passées et futures

☞ 290. 15. Les Esprits peuvent-ils nous faire connaître nos existences passées ?
« Dieu permet quelquefois qu'elles soient révélées suivant le but ; si c'est pour votre édification et votre instruction, elles seront vraies, et, dans ce cas, la révélation est presque toujours faite spontanément et d'une manière tout à fait imprévue ; mais il ne le permet jamais pour satisfaire une vaine curiosité. »

– Pourquoi certains Esprits ne se refusent-ils jamais à ces sortes de révélations ?
« Ce sont des Esprits railleurs qui s'amusent à vos dépens. En général, vous devez regarder comme fausses, ou tout au moins suspectes, toutes les révélations de cette nature qui n'ont pas un but éminemment sérieux et utile. Les Esprits moqueurs se plaisent à flatter l'amour-propre par de prétendues origines. Il y a des médiums et des croyants qui acceptent pour argent comptant ce qui leur est dit sur ce point et qui ne voient pas que l'état actuel de leur Esprit ne justifie en rien le rang qu'ils prétendent avoir occupé ; petite vanité dont s'amusent les Esprits railleurs aussi bien que les hommes. Il serait plus logique et plus conforme à la marche progressive des êtres qu'ils eussent monté que d'avoir descendu, ce qui serait plus honorable pour eux. Pour que l'on pût ajouter foi à ces sortes de révélations, il faudrait qu'elles fussent faites spontanément par divers médiums étrangers les uns aux autres, et à ce qui aurait été révélé antérieurement ; alors, là, il y aurait raison évidente de croire. »

– Si l'on ne peut connaître son individualité antérieure, en est-il de même du genre d'existence que l'on a eue, de la position sociale que l'on a occupée, des qualités et des défauts qui ont prédominé en nous ?

« Non, cela peut être révélé, parce que vous pouvez en tirer profit pour votre amélioration ; mais, d'ailleurs, en étudiant votre présent, vous pouvez vous-même déduire votre passé. » (Voir *Livre des Esprits* : Oubli du passé, n° 392.)

↪ 16. Peut-il nous être révélé quelque chose sur nos existences futures ?
« Non ; tout ce que vous diront certains Esprits à ce sujet n'est qu'une plaisanterie ; et cela se comprend : votre existence future ne peut être arrêtée d'avance, puisqu'elle sera ce que vous l'aurez faite vous-même par votre conduite sur la terre, et par les résolutions que vous aurez prises quand vous serez Esprit. Moins vous aurez à expier, plus elle sera heureuse ; mais savoir où et comment sera cette existence, encore une fois c'est impossible, sauf le cas spécial et rare des Esprits qui ne sont sur la terre que pour y accomplir une mission importante, parce qu'alors leur route est en quelque sorte tracée d'avance. »

Questions sur les intérêts moraux et matériels

☞ 291. 17. Peut-on demander des conseils aux Esprits ?
« Oui, certainement ; les bons Esprits ne refusent jamais d'aider ceux qui les invoquent avec confiance, principalement en ce qui touche l'âme ; mais ils repoussent les hypocrites, *ceux qui ont l'air de demander la lumière et se complaisent dans les ténèbres.* »

↪ 18. Les Esprits peuvent-ils donner des conseils sur les choses d'intérêt privé ?
« Quelquefois, suivant le motif. Cela dépend aussi de ceux à qui l'on s'adresse. Les avis concernant la vie privée sont donnés avec plus d'exactitude par les Esprits familiers, parce qu'ils s'attachent à une personne et s'intéressent à ce qui la concerne : c'est l'ami, le confident de vos plus secrètes pensées ; mais souvent vous les fatiguez de questions si saugrenues, qu'ils vous laissent là. Il serait aussi absurde de demander des choses intimes à des Esprits qui vous sont étrangers, que de vous adresser pour cela au premier individu que vous rencontreriez sur votre chemin. Vous ne devriez jamais oublier que la puérilité des demandes est incompatible avec la supériorité des Esprits. Il faut aussi tenir compte des qualités de l'Esprit familier, qui peut être bon ou mauvais, selon ses sympathies pour la personne à laquelle il s'attache. L'Esprit familier d'un méchant homme est un méchant Esprit, dont les conseils peuvent être pernicieux, mais qui s'éloigne et cède la place à un Esprit meilleur, si l'homme lui-même s'améliore. Aux semblables les semblables. »

↪ 19. Les Esprits familiers peuvent-ils favoriser les intérêts matériels par les révélations ?
« Ils le peuvent, et le font quelquefois selon les circonstances, mais soyez assurés que jamais les bons Esprits ne se prêtent à servir la cupidité. Les mauvais font miroiter à vos yeux mille appas pour l'aiguillonner, et vous mystifier ensuite par la déception. Sachez bien aussi que si votre épreuve est de subir telle ou telle vicissitude, vos Esprits protecteurs peuvent vous aider à la supporter avec plus de résignation, l'adoucir quelquefois ; mais, dans l'intérêt même de votre avenir, il ne leur est pas permis de vous en affranchir. C'est ainsi qu'un bon père n'accorde pas à son enfant

tout ce qu'il désire. »

Remarque : Nos Esprits protecteurs peuvent, en maintes circonstances, nous indiquer la meilleure voie, sans cependant nous conduire à la laisse, autrement nous perdrions toute initiative et n'oserions faire un pas sans avoir recours à eux, et cela au préjudice de notre perfectionnement. Pour progresser, l'homme a souvent besoin d'acquérir l'expérience à ses dépens ; c'est pourquoi les Esprits sages, tout en nous conseillant, nous livrent souvent à nos propres forces, comme le fait un instituteur habile pour ses élèves. Dans les circonstances ordinaires de la vie, ils nous conseillent par l'inspiration et nous laissent ainsi tout le mérite du bien, comme ils nous laissent toute la responsabilité du mauvais choix.

Ce serait abuser de la condescendance des Esprits familiers et se méprendre sur leur mission, que de les interroger à chaque instant sur les choses les plus vulgaires, comme le font certains médiums. Il en est qui, pour un oui ou pour un non, prennent le crayon et demandent avis pour l'action la plus simple. Cette manie dénote de la petitesse dans les idées ; en même temps il y a de la présomption à croire qu'on a toujours un Esprit servant à ses ordres, n'ayant autre chose à faire qu'à s'occuper de nous et de nos petits intérêts. C'est en outre annihiler son propre jugement et se réduire à un rôle passif sans profit pour la vie présente, et à coup sûr préjudiciable à l'avancement futur. S'il y a de la puérilité à interroger les Esprits pour des choses futiles, il n'y en a pas moins de la part des Esprits qui s'occupent spontanément de ce qu'on peut appeler les détails de ménage ; ils peuvent être bons, mais assurément ils sont encore bien terrestres.

↔ 20. Si une personne laisse en mourant des affaires embarrassées, peut-on demander à son Esprit d'aider à les débrouiller, et peut-on aussi l'interroger sur l'avoir réel qu'il a laissé, dans le cas où cet avoir ne serait pas connu, si c'est dans l'intérêt de la justice ?

« Vous oubliez que la mort est une délivrance des soucis de la Terre ; croyez-vous donc que l'Esprit qui est heureux de sa liberté vienne volontiers reprendre sa chaîne, et s'occuper de choses qui ne le regardent plus, pour satisfaire la cupidité de ses héritiers qui peut-être se sont réjouis de sa mort dans l'espoir qu'elle leur serait profitable ? Vous parlez de justice ; mais la justice est dans la déception de leur convoitise ; c'est le commencement des punitions que Dieu réserve à leur avidité des biens de la Terre. D'ailleurs, les embarras dans lesquels laisse quelquefois la mort d'une personne font partie des épreuves de la vie, et il n'est au pouvoir d'aucun Esprit de vous en affranchir, parce qu'elles sont dans les décrets de Dieu. »

Remarque : La réponse ci-dessus désappointera sans doute ceux qui se figurent que les Esprits n'ont rien de mieux à faire que de nous servir d'auxiliaires clairvoyants pour nous guider, non vers le ciel, mais sur la Terre. Une autre considération vient à l'appui de cette réponse. Si un homme a laissé pendant sa vie ses affaires en désordre par incurie, il n'est pas vraisemblable qu'après sa mort il en prenne plus de soucis, car il doit être heureux d'être délivré des tracas qu'elles lui causaient, et pour peu qu'il soit élevé, il y attachera encore moins d'importance comme Esprit que comme homme. Quant aux biens inconnus qu'il a pu laisser, il n'a aucune raison de s'intéresser à d'avides héritiers qui ne penseraient probablement plus à lui s'ils n'espéraient en tirer quelque chose, et s'il est encore imbu des passions humaines, il peut se faire un malin plaisir de leur désappointement.

Si, dans l'intérêt de la justice et des personnes qu'il affectionne, un Esprit juge utile de faire des révélations de ce genre, il le fait spontanément, et l'on n'a pas pour cela besoin d'être médium, ni d'avoir recours à un médium ; il amène la connaissance des choses par des circonstances fortuites, mais ce n'est jamais sur la demande qu'on lui en fait, attendu que cette demande ne peut changer la nature des épreuves que l'on doit subir ; elle serait plutôt propre à les aggraver, parce qu'elle est presque toujours un indice de cupidité, et prouve à l'Esprit qu'on s'occupe de lui par intérêt. (Voir n° 295.)

Questions sur le sort des Esprits

☞ 292.21. Peut-on demander aux Esprits des renseignements sur leur situation dans le monde des Esprits ?
« Oui, et ils en donnent volontiers quand la demande est dictée par la sympathie ou le désir d'être utile, et non par la curiosité. »

↬ 22. Les Esprits peuvent-ils décrire la nature de leurs souffrances ou de leur bonheur ?
« Parfaitement, et ces sortes de révélations sont un grand enseignement pour vous, car elles vous initient à la véritable nature des peines et des récompenses futures ; en détruisant les idées fausses que vous vous faites à ce sujet, elles tendent à ranimer la foi et votre confiance en la bonté de Dieu. Les bons Esprits sont heureux de vous décrire la félicité des élus ; les mauvais peuvent être contraints de décrire leurs souffrances, afin de provoquer le repentir chez eux ; ils y trouvent même quelquefois une sorte de soulagement : c'est le malheureux qui exhale sa plainte par l'espoir de la compassion.

N'oubliez pas que le but essentiel, exclusif, du spiritisme, est votre amélioration, et c'est pour l'atteindre qu'il est permis aux Esprits de vous initier à la vie future, en vous offrant des exemples dont vous pouvez profiter. Plus vous vous identifierez avec le monde qui vous attend, moins vous regretterez celui où vous êtes maintenant. Ceci est en somme le but actuel de la révélation. »

↬ 23. En évoquant une personne dont le sort est inconnu, peut-on savoir d'elle-même si elle existe encore ?
« Oui, si l'incertitude de sa mort n'est pas une *nécessité* ou une épreuve pour ceux qui ont intérêt à le savoir. »

– Si elle est morte, peut-elle faire connaître les circonstances de sa mort, de manière à pouvoir la vérifier ?
« Si elle y attache quelque importance, elle le fera ; autrement elle s'en soucie peu. »

Remarque : L'expérience prouve que, dans ce cas, l'Esprit n'est nullement excité par les motifs d'intérêt que l'on peut avoir de connaître les circonstances de sa mort ; s'il tient à les révéler, il le fait de lui-même, soit par voie médianimique, soit par celle des visions ou apparitions, et peut alors donner les indications les plus précises ; dans le cas contraire, un Esprit trompeur peut parfaitement donner le change et s'amusera à faire faire des recherches inutiles.

Il arrive fréquemment que la disparition d'une personne dont la mort ne peut être officiellement constatée, apporte des entraves aux affaires de familles. Ce n'est que dans des cas très rares et très exceptionnels que nous avons vu les Esprits mettre sur la voie de la vérité d'après la demande qui leur en est faite ; s'ils voulaient le faire, ils le pourraient sans doute, mais souvent cela ne leur est pas permis si ces embarras sont des épreuves pour ceux qui seraient intéressés à s'en affranchir.

C'est donc se leurrer d'un espoir chimérique que de poursuivre par ce moyen des recouvrements d'héritages dont le plus positif est l'argent que l'on dépense à cet effet.

Il ne manque pas d'Esprits disposés à flatter de pareilles espérances, et qui ne se font aucun scrupule d'induire à des démarches dont on est souvent très heureux d'être quitte pour un peu de ridicule.

Questions sur la santé

☞ 293. 24. Les Esprits peuvent-ils donner des conseils pour la santé ?
« La santé est une condition nécessaire pour le travail que l'on doit accomplir sur la terre, c'est pourquoi ils s'en occupent volontiers ; mais comme il y a des ignorants et des savants parmi eux, il ne convient pas plus pour cela que pour autre chose de s'adresser au premier venu. »

↪ 25. En s'adressant à l'Esprit d'une célébrité médicale, est-on plus certain d'obtenir un bon conseil ?
« Les célébrités terrestres ne sont pas infaillibles et ont souvent des idées systématiques qui ne sont pas toujours justes, et dont la mort ne les délivre pas tout de suite. La science terrestre est bien peu de chose auprès de la science céleste ; les Esprits supérieurs seuls ont cette dernière science ; sans avoir des noms connus de vous, ils peuvent en savoir beaucoup plus que vos savants sur toutes choses. La science ne fait pas seule les Esprits supérieurs, et vous seriez très étonnés du rang que certains savants occupent parmi nous. L'Esprit d'un savant peut donc n'en savoir pas plus que lorsqu'il était sur la Terre, s'il n'a pas progressé comme Esprit. »

↪ 26. Le savant, devenu Esprit, reconnaît-il ses erreurs scientifiques ?
« S'il est arrivé à un degré assez élevé pour être débarrassé de sa vanité et comprendre que son développement n'est pas complet, il les reconnaît et les avoue sans honte ; mais s'il n'est point assez dématérialisé, il peut conserver quelques-uns des préjugés dont il était imbu sur la terre. »

↪ 27. Un médecin pourrait-il, en évoquant ceux de ses malades qui sont morts, en obtenir des éclaircissements sur la cause de leur mort, les fautes qu'il a pu commettre dans le traitement, et acquérir ainsi un surcroît d'expérience ?
« Il le peut, et cela lui serait très utile, surtout s'il se faisait assister par des Esprits éclairés qui suppléeraient au défaut de connaissances de certains malades. Mais pour cela, il faudrait qu'il fît cette étude d'une manière sérieuse, assidue, dans un but humanitaire, et non comme moyen d'acquérir sans peine savoir et fortune. »

Questions sur les inventions et les découvertes

☞ **294. 28.** Les Esprits peuvent-ils guider dans les recherches scientifiques et les découvertes ?

« La science est l'œuvre du génie ; elle ne doit s'acquérir que par le travail, car c'est par le travail seul que l'homme avance dans sa voie. Quel mérite aurait-il s'il n'avait qu'à interroger les Esprits pour tout savoir ? Tout imbécile pourrait devenir savant à ce prix. Il en est de même des inventions et des découvertes de l'industrie. Puis une autre considération, c'est que chaque chose doit venir en son temps et quand les idées sont mûres pour la recevoir ; si l'homme avait ce pouvoir, il bouleverserait l'ordre des choses en faisant pousser les fruits avant la saison.

Dieu a dit à l'homme : Tu tireras ta nourriture de la terre à la sueur de ton front ; admirable figure qui peint la condition dans laquelle il est ici-bas ; il doit progresser en tout par l'effort du travail ; si on lui donnait les choses toutes faites, à quoi lui servirait son intelligence ? Il serait comme l'écolier dont un autre ferait le devoir. »

↪ **29.** Le savant et l'inventeur ne sont-ils jamais assistés par les Esprits dans leurs recherches ?

« Oh ! ceci est bien différent. Lorsque le temps d'une découverte est arrivé, les Esprits chargés d'en diriger la marche cherchent l'homme capable de la mener à bonne fin, et lui inspirent les idées nécessaires, de manière à lui en laisser tout le mérite, car, ces idées, il faut qu'il les élabore et les mette en œuvre. Il en est ainsi de tous les grands travaux de l'intelligence humaine. Les Esprits laissent chaque homme dans sa sphère ; de celui qui n'est propre qu'à bêcher la terre ils ne feront pas le dépositaire des secrets de Dieu ; mais ils sauront tirer de l'obscurité l'homme capable de seconder ses desseins. Ne vous laissez donc point entraîner par curiosité ou ambition dans une voie qui n'est pas le but du spiritisme, et qui aboutirait pour vous aux plus ridicules mystifications. »

Remarque : La connaissance plus éclairée du spiritisme a calmé la fièvre des découvertes que, dans le principe, on s'était flatté de faire par ce moyen. On avait été jusqu'à demander aux Esprits des recettes pour teindre et faire repousser les cheveux, guérir les cors aux pieds, etc. Nous avons vu bien des gens qui ont cru leur fortune faite, et n'ont recueilli que des procédés plus ou moins ridicules. Il en est de même lorsqu'on veut, à l'aide des Esprits, pénétrer les mystères de l'origine des choses ; certains Esprits ont, sur ces matières, leur système qui ne vaut souvent pas mieux que celui des hommes et qu'il est prudent de n'accueillir qu'avec la plus grande réserve.

Questions sur les trésors cachés

☞ **295. 30.** Les Esprits peuvent-ils faire découvrir les trésors cachés ?

« Les Esprits supérieurs ne s'occupent pas de ces choses ; mais des Esprits moqueurs indiquent souvent des trésors qui n'existent pas, ou peuvent aussi en faire voir un dans un endroit, tandis qu'il est à l'opposé ; et cela a son utilité pour montrer que la véritable fortune est dans le travail. Si la Providence destine des richesses cachées à quelqu'un, il les trouvera naturellement ; autrement non. »

↳ 31. Que penser de la croyance aux Esprits gardiens des trésors cachés ?

« Les Esprits qui ne sont pas dématérialisés s'attachent aux choses. Des avares qui ont caché leurs trésors peuvent encore les surveiller et les garder après leur mort, et la perplexité où ils sont de les voir enlever est un de leurs châtiments, jusqu'à ce qu'ils en comprennent l'inutilité pour eux. Il y a aussi les Esprits de la Terre chargés d'en diriger les transformations intérieures, et dont, par allégorie, on a fait les gardiens des richesses naturelles. »

Remarque : La question des trésors cachés est dans la même catégorie que celle des héritages inconnus ; bien fou serait celui qui compterait sur les prétendues révélations qui peuvent lui être faites par les plaisants du monde invisible. Nous avons dit que, lorsque les Esprits veulent ou peuvent faire de semblables révélations, ils le font spontanément, et n'ont pas besoin de médiums pour cela. En voici un exemple :

Une dame venait de perdre son mari après trente ans de ménage, et se trouvait à la veille d'être expulsée de son domicile, sans aucune ressource, par ses beaux-fils, auxquels elle avait tenu lieu de mère. Son désespoir était au comble, lorsqu'un soir son mari lui apparaît, lui dit de le suivre dans son cabinet ; là il lui montre son secrétaire qui était encore sous les scellés, et par un effet de seconde vue, il lui en fait voir l'intérieur ; il lui indique un tiroir à secret qu'elle ne connaissait pas, et dont il lui explique le mécanisme ; il ajoute : J'ai prévu ce qui arrive et j'ai voulu assurer votre sort ; dans ce tiroir sont mes dernières dispositions ; je vous cède la jouissance de cette maison, et une rente de ... ; puis il disparut. Le jour de la levée des scellés, personne ne put ouvrir le tiroir ; la dame alors raconta ce qui lui était arrivé. Elle l'ouvrit en suivant les indications de son mari, et l'on y trouva le testament conforme à ce qui lui avait été annoncé.

Questions sur les autres mondes

☞ 296. 32. Quel degré de confiance peut-on avoir dans les descriptions que les Esprits font des différents mondes ?

« Cela dépend du degré d'avancement *réel* des Esprits qui donnent ces descriptions ; car vous comprenez que des Esprits vulgaires sont aussi incapables de vous renseigner à cet égard qu'un ignorant l'est chez vous de décrire tous les pays de la Terre. Vous adressez souvent sur ces mondes des questions scientifiques que ces Esprits ne peuvent résoudre ; s'ils sont de bonne foi, ils en parlent selon leurs idées personnelles ; si ce sont des Esprits légers, ils s'amusent à vous donner des descriptions bizarres et fantastiques ; d'autant mieux que ces Esprits, qui ne sont pas plus dépourvus d'imagination dans l'erraticité que sur la Terre, puisent dans cette faculté le récit de bien des choses qui n'ont rien de réel. Cependant, ne croyez pas à l'impossibilité absolue d'avoir sur ces mondes quelques éclaircissements ; les bons Esprits se plaisent même à vous décrire ceux qu'ils habitent, afin de vous servir d'enseignement pour vous améliorer, et vous engager à suivre la voie qui peut vous y conduire ; c'est un moyen de fixer vos idées sur l'avenir, et de ne pas vous laisser dans le vague. »

– Quel contrôle peut-on avoir de l'exactitude de ces descriptions ?

« Le meilleur contrôle est la concordance qu'il peut y avoir entre elles ; mais rappelez-vous qu'elles ont pour but votre amélioration morale, et que, par conséquent, c'est sur l'état moral des habitants que vous pouvez être le mieux renseigné, et non sur l'état physique ou géologique de ces globes. Avec vos connaissances actuelles, vous ne pourriez même pas les comprendre; cette étude ne servirait point à vos progrès ici-bas, et vous aurez toute possibilité de la faire quand vous y serez.»

Remarque: Les questions sur la constitution physique et les éléments astronomiques des mondes, rentrent dans l'ordre des recherches scientifiques dont les Esprits ne doivent pas nous épargner la peine; sans cela un astronome trouverait très commode de leur faire faire ses calculs, ce dont, sans doute, il se garderait bien de convenir. Si les Esprits pouvaient, par la révélation, épargner le travail d'une découverte, il est probable qu'ils le feraient en faveur du savant assez modeste pour en reconnaître ouvertement la source, plutôt qu'au profit des orgueilleux qui les renient, et auxquels ils ménagent souvent au contraire des déceptions d'amour-propre.

CHAPITRE XXVII
DES CONTRADICTIONS ET DES MYSTIFICATIONS

Des contradictions

☞ 297. Les adversaires du spiritisme ne manquent pas d'objecter que les adeptes ne sont pas d'accord entre eux ; que tous ne partagent pas les mêmes croyances ; en un mot, qu'ils se contredisent. Si, disent-ils, l'enseignement vous est donné par les Esprits, comment se fait-il qu'il ne soit pas identique ? Une étude sérieuse et approfondie de la science peut seule réduire cet argument à sa juste valeur.
Hâtons-nous de dire d'abord que ces contradictions, dont certaines personnes font un grand étalage, sont en général plus apparentes que réelles ; qu'elles tiennent souvent plus à la superficie qu'au fond de la chose, et que, par conséquent, elles sont sans importance. Les contradictions proviennent de deux sources : les hommes et les Esprits.

☞ 298. Les contradictions d'origine humaine ont été suffisamment expliquées dans le chapitre *des systèmes*, n° 36, auquel nous renvoyons. Chacun comprendra qu'au début, alors que les observations étaient encore incomplètes, il ait surgi des opinions divergentes sur les causes et les conséquences des phénomènes spirites, opinions dont les trois quarts sont déjà tombées devant une étude plus sérieuse et plus approfondie. À bien peu d'exceptions près, et à part quelques personnes qui ne se départissent pas facilement des idées qu'elles ont caressées ou enfantées, on peut dire qu'aujourd'hui il y a unité chez l'immense majorité des spirites, au moins quant aux principes généraux, si ce n'est peut-être dans quelques détails insignifiants.

☞ 299. Pour comprendre la cause et la valeur des contradictions d'origine spirite, il faut s'être identifié avec la nature du monde invisible, et l'avoir étudié sous toutes ses faces. Au premier abord, il peut sembler étonnant que les Esprits ne pensent pas tous de même, mais cela ne peut surprendre quiconque s'est rendu compte du nombre infini de degrés qu'ils doivent parcourir avant d'atteindre le haut de l'échelle. Leur supposer une égale appréciation des choses, serait les supposer tous au même niveau ; penser qu'ils doivent tous voir juste, serait admettre qu'ils sont tous arrivés à la perfection, ce qui n'est pas, et ce qui ne peut pas être, si l'on considère qu'ils ne sont autre chose que l'humanité dépouillée de l'enveloppe corporelle. Les Esprits de tous les rangs pouvant se manifester, il en résulte que leurs communications portent le cachet de leur ignorance ou de leur savoir, de leur infériorité ou de leur supériorité morale. C'est à distinguer le vrai du faux, le bon du mauvais, que doivent conduire les instructions que nous avons données.
Il ne faut pas oublier que parmi les Esprits il y a, comme parmi les hommes, des faux et des demis-savants, des orgueilleux, des présomptueux et des systématiques. Comme il n'est donné qu'aux Esprits parfaits de tout connaître, il y a pour les autres, comme pour nous, des mystères qu'ils expliquent à leur manière, selon leurs

idées, et sur lesquels ils peuvent se faire des opinions plus ou moins justes, qu'ils mettent de l'amour-propre à faire prévaloir, et qu'ils aiment à reproduire dans leurs communications. Le tort est à quelques-uns de leurs interprètes d'avoir épousé trop légèrement des opinions contraires au bon sens, et de s'en être fait les éditeurs responsables. Ainsi, les contradictions d'origine spirite n'ont pas d'autre cause que la diversité dans l'intelligence, les connaissances, le jugement et la moralité de certains Esprits qui ne sont pas encore aptes à tout connaître et à tout comprendre (Voir *Livre des Esprits*, *Introduction*, §XIII ; *Conclusion*, § IX.)

☞ 300. À quoi sert l'enseignement des Esprits, diront quelques personnes, s'il ne nous offre pas plus de certitude que l'enseignement humain ? À cela, la réponse est facile. Nous n'acceptons pas avec une égale confiance l'enseignement de tous les hommes, et entre deux doctrines nous donnons la préférence à celle dont l'auteur nous paraît le plus éclairé, le plus capable, le plus judicieux, le moins accessible aux passions ; il faut agir de même avec les Esprits. Si dans le nombre il y en a qui ne sont pas au-dessus de l'humanité, il y en a beaucoup qui l'ont dépassée, et ceux-là peuvent nous donner des instructions que nous chercherions en vain chez les hommes les plus instruits. C'est à les distinguer de la tourbe des Esprits inférieurs qu'il faut s'attacher, si l'on veut s'éclairer, et c'est à cette distinction que conduit la connaissance approfondie du spiritisme. Mais ces instructions mêmes ont une limite, et s'il n'est pas donné aux Esprits de tout savoir, à plus forte raison doit-il en être de même des hommes. Il est donc des choses sur lesquelles on les interrogerait en vain, soit parce qu'il leur est défendu de les révéler, soit parce qu'ils les ignorent eux-mêmes, et sur lesquelles ils ne peuvent que nous donner leur opinion personnelle ; or, ce sont ces opinions personnelles que les Esprits orgueilleux donnent comme des vérités absolues. C'est surtout sur ce qui doit rester caché, comme l'avenir et le principe des choses, qu'ils insistent le plus, afin de se donner l'air d'être en possession des secrets de Dieu ; aussi est-ce sur ces points qu'il y a le plus de contradictions. (Voir le chapitre précédent.)

☞ 301. Voici les réponses données par les Esprits aux questions suivantes relatives aux contradictions :

↪ 1. Le même Esprit se communiquant à deux centres différents, peut-il leur transmettre sur le même sujet des réponses contradictoires ?

« Si les deux centres diffèrent entre eux d'opinions et de pensées, la réponse pourra leur arriver travestie, parce qu'ils sont sous l'influence de différentes colonnes d'Esprits : ce n'est pas la réponse qui est contradictoire, c'est la manière dont elle est rendue. »

↪ 2. On conçoit qu'une réponse puisse être altérée ; mais lorsque les qualités du médium excluent toute idée de mauvaise influence, comment se fait-il que des Esprits supérieurs tiennent un langage différent et contradictoire sur le même sujet à des personnes parfaitement sérieuses ?

« Les Esprits réellement supérieurs ne se contredisent jamais, et leur langage est toujours le même *avec les mêmes personnes*. Il peut être différent selon les personnes et les lieux ; mais il faut y faire attention, la contradiction n'est souvent qu'apparente ; elle est plus dans les mots que dans la pensée ; car en réfléchissant on trouve que l'idée fondamentale est la même. Et puis le même Esprit peut répondre différemment sur la même question, suivant le degré de perfection de ceux qui l'évoquent, car il n'est pas toujours bon que tous aient la même réponse, puisqu'ils ne sont pas aussi avancés. C'est exactement comme si un enfant et un savant te faisaient la même question ; certes, tu répondrais à l'un et à l'autre de manière à être compris et à les satisfaire ; la réponse, quoique différente, aurait d'ailleurs le même fond. »

↪ 3. Dans quel but les Esprits sérieux semblent-ils accréditer auprès de certaines personnes des idées et même des préjugés qu'ils combattent auprès d'autres ?

« Il faut que nous nous rendions compréhensibles. Si quelqu'un a une conviction bien arrêtée sur une doctrine, même fausse, il faut que nous le détournions de cette conviction, mais peu à peu ; c'est pourquoi nous nous servons souvent de *ses termes*, et nous avons l'air d'abonder dans ses idées, afin qu'il ne s'offusque pas tout à coup, et qu'il ne cesse pas de s'instruire près de nous.

D'ailleurs, il n'est pas bon de heurter trop brusquement les préjugés ; ce serait le moyen de n'être pas écouté ; voilà pourquoi les Esprits parlent souvent dans le sens de l'opinion de ceux qui les écoutent, afin de les amener peu à peu à la vérité. Ils approprient leur langage aux personnes, comme tu le fais toi-même si tu es un orateur un peu habile ; c'est pourquoi ils ne parleront pas à un Chinois ou à un mahométan comme ils parleront à un Français ou à un chrétien, car ils seraient bien sûrs d'être repoussés.

Il ne faut pas prendre pour une contradiction ce qui n'est souvent qu'une partie de l'élaboration de la vérité. Tous les Esprits ont leur tâche marquée par Dieu ; ils l'accomplissent dans les conditions qu'ils jugent convenables pour le bien de ceux qui reçoivent leurs communications. »

↪ 4. Les contradictions, même apparentes, peuvent jeter des doutes dans l'Esprit de certaines personnes ; quel contrôle peut-on avoir pour connaître la vérité ?

« Pour discerner l'erreur de la vérité, il faut approfondir ces réponses et les méditer longtemps sérieusement ; c'est toute une étude à faire. Il faut le temps pour cela comme pour étudier toutes choses.

Étudiez, comparez, approfondissez ; nous vous le disons sans cesse, la connaissance de la vérité est à ce prix. Et comment voulez-vous arriver à la vérité, quand vous interprétez tout d'après vos idées étroites, que vous prenez pour de grandes idées ? Mais le jour n'est pas loin où l'enseignement des Esprits sera partout uniforme dans les détails comme dans les choses principales. Leur mission est de détruire l'erreur, mais cela ne peut venir que successivement. »

↪ 5. Il y a des personnes qui n'ont ni le temps, ni l'aptitude nécessaires pour une étude sérieuse et approfondie, et qui acceptent ce qu'on leur enseigne sans examen. N'y a-t-il pas pour elles de l'inconvénient à accréditer des erreurs ?

« Qu'elles pratiquent le bien et ne fassent point de mal, c'est l'essentiel ; pour cela il n'y a pas deux doctrines. Le bien est toujours le bien, que vous le fassiez au nom d'Allah ou de Jéhovah, car il n'y a qu'un même Dieu pour l'Univers.»

❧ 6. Comment des Esprits, qui paraissent développés en intelligence, peuvent-ils avoir des idées évidemment fausses sur certaines choses ?
« Ils ont leur doctrine. Ceux qui ne sont pas assez avancés, et qui croient l'être, prennent leurs idées pour la vérité. C'est comme parmi vous.»

❧ 7. Que penser des doctrines d'après lesquelles un seul Esprit pourrait se communiquer, et que cet Esprit serait Dieu ou Jésus ?
« L'Esprit qui enseigne cela est un Esprit qui veut dominer, c'est pourquoi il veut faire croire qu'il est seul ; mais le malheureux qui ose prendre le nom de Dieu expiera chèrement son orgueil. Quant à ces doctrines, elles se réfutent d'elles-mêmes, parce qu'elles sont en contradiction avec les faits les plus avérés ; elles ne méritent pas d'examen sérieux, car elles n'ont pas de racines.
La raison vous dit que le bien procède d'une bonne source et le mal d'une mauvaise ; pourquoi voudriez-vous qu'un bon arbre donnât de mauvais fruits ? Avez-vous jamais cueilli du raisin sur un pommier ? La diversité des communications est la preuve la plus patente de la diversité de leur origine. D'ailleurs, les Esprits qui prétendent seuls se communiquer, oublient de dire pourquoi les autres ne pourraient pas le faire. Leur prétention est la négation de ce que le spiritisme a de plus beau et de plus consolant : les rapports du monde visible et du monde invisible, des hommes avec les êtres qui leur sont chers et qui seraient ainsi perdus pour eux sans retour. Ce sont ces rapports qui identifient l'homme avec son avenir, qui le détachent du monde matériel ; supprimer ces rapports, c'est le replonger dans le doute qui fait son tourment ; c'est donner un aliment à son égoïsme. En examinant avec soin la doctrine de ces Esprits, on y reconnaît à chaque pas des contradictions injustifiables, les traces de leur ignorance sur les choses les plus évidentes, et par conséquent les signes certains de leur infériorité.»

—L'ESPRIT DE VÉRITÉ

❧ 8. De toutes les contradictions que l'on remarque dans les communications des Esprits, une des plus frappantes est celle qui est relative à la réincarnation. Si la réincarnation est une nécessité de la vie spirite, comment se fait-il que tous les Esprits ne l'enseignent pas ?
« Ne savez-vous pas qu'il y a des Esprits dont les idées sont bornées au présent, comme chez beaucoup d'hommes de la Terre ? Ils croient que ce qui est pour eux doit durer toujours ; ils ne voient pas au-delà du cercle de leurs perceptions, et ne s'inquiètent ni d'où ils viennent ni où ils vont, et pourtant ils doivent subir la loi de la nécessité. La réincarnation est pour eux une nécessité à laquelle ils ne songent que lorsqu'elle arrive ; ils savent que l'Esprit progresse, mais de quelle manière ? c'est pour eux un problème. Alors, si vous le leur demandez, ils vous parleront des sept cieux superposés comme des étages ; il y en a même qui vous parleront de la sphère du feu, de la sphère des étoiles, puis de la cité des fleurs, de celle des élus.»

❧ 9. Nous concevons que les Esprits peu avancés puissent ne pas comprendre cette question ; mais alors comment se fait-il que des Esprits d'une infériorité morale et intellectuelle notoire parlent spontanément de leurs différentes existences, et de leur désir de se réincarner pour racheter leur passé ?

« Il se passe dans le monde des Esprits des choses qu'il vous est bien difficile de comprendre. N'avez-vous pas, parmi vous, des gens très ignorants sur certaines choses, et qui sont éclairés sur d'autres ; des gens qui ont plus de jugement que d'instruction, et d'autres qui ont plus d'esprit que de jugement ? Ne savez-vous pas aussi que certains Esprits se plaisent à maintenir les hommes dans l'ignorance tout en ayant l'air de les instruire, et qui profitent de la facilité avec laquelle on ajoute foi à leurs paroles ? Ils peuvent séduire ceux qui ne vont pas au fond des choses, mais quand on les pousse à bout par le raisonnement, ils ne soutiennent pas longtemps leur rôle.

Il faut en outre tenir compte de la prudence que mettent en général les Esprits dans la promulgation de la vérité : une lumière trop vive et trop subite éblouit et n'éclaire pas. Ils peuvent donc, dans certains cas, juger utile de ne la répandre que graduellement, selon les temps, les lieux et les personnes. Moïse n'a pas enseigné tout ce qu'a enseigné le Christ, et le Christ lui-même a dit beaucoup de choses dont l'intelligence était réservée aux générations futures. Vous parlez de la réincarnation, et vous vous étonnez que ce principe n'ait pas été enseigné dans certaines contrées ; mais songez donc que dans un pays où le préjugé de la couleur règne en souverain, où l'esclavage est enraciné dans les mœurs, on eût repoussé le spiritisme par cela seul qu'il eût proclamé la réincarnation, car l'idée que celui qui est maître puisse devenir esclave, et réciproquement, eût paru monstrueuse. Ne valait-il pas mieux faire accepter d'abord le principe général, sauf à en tirer plus tard les conséquences ? O hommes ! que votre vue est courte pour juger les desseins de Dieu ! Sachez donc que rien ne se fait sans sa permission et sans un but que souvent vous ne pouvez pénétrer. Je vous ai dit que l'unité se ferait dans la croyance spirite ; tenez pour certain qu'elle se fera, et que les dissidences, déjà moins profondes, s'effaceront peu à peu à mesure que les hommes s'éclaireront, et qu'elles disparaîtront complètement, car telle est la volonté de Dieu, contre laquelle l'erreur ne peut prévaloir. »

—L'ESPRIT DE VÉRITÉ

⇨ 10. Les doctrines erronées, qui peuvent être enseignées par certains Esprits, n'ont-elles pas pour effet de retarder le progrès de la science véritable ?

« Vous voudriez tout avoir sans peine ; sachez donc qu'il n'est pas de champ où il ne croisse de mauvaise herbe que le laboureur doit extirper. Ces doctrines erronées sont une conséquence de l'infériorité de votre monde ; si les hommes étaient parfaits, ils n'accepteraient que le vrai ; les erreurs sont comme les pierres fausses, qu'un oeil exercé peut seul distinguer ; il vous faut donc un apprentissage pour distinguer le vrai du faux ; eh bien ! les fausses doctrines ont pour utilité de vous exercer à distinguer la vérité de l'erreur. »

—Ceux qui adoptent l'erreur ne sont-ils pas retardés dans leur avancement ?

« S'ils adoptent l'erreur, c'est qu'ils ne sont pas assez avancés pour comprendre la vérité. »

☞ 302. En attendant que l'unité se fasse, chacun croit avoir la vérité pour soi, et soutient être seul dans le vrai ; illusion que ne manquent pas d'entretenir les Esprits trompeurs ; sur quoi l'homme impartial et désintéressé peut-il se baser pour porter un jugement ?

« La lumière la plus pure n'est obscurcie par aucun nuage ; le diamant sans tache est celui qui a le plus de valeur ; jugez donc les Esprits à la pureté de leur enseignement. L'unité se fera du côté où le bien n'aura jamais été mélangé de mal ; c'est de ce côté que les hommes se rallieront par la force des choses, car ils jugeront que là est la vérité. Remarquez d'ailleurs que les principes fondamentaux sont partout les mêmes, et doivent vous unir dans une pensée commune : l'amour de Dieu et la pratique du bien. Quel que soit le mode de progression que l'on suppose pour les âmes, le but final est le même, et le moyen de l'atteindre est aussi le même : faire le bien ; or, il n'y a pas deux manières de le faire. S'il s'élève des dissidences capitales, quant au principe même de la doctrine, vous avez une règle certaine pour les apprécier ; cette règle est celle-ci : La meilleure doctrine est celle qui satisfait le mieux le cœur et la raison, et qui a le plus d'éléments pour conduire les hommes au bien ; c'est, je vous certifie, celle qui prévaudra. »

—L'ESPRIT DE VÉRITÉ

Remarque : Les contradictions qui se présentent dans les communications spirites peuvent tenir aux causes suivantes : à l'ignorance de certains Esprits ; à la supercherie des Esprits inférieurs qui, par malice ou méchanceté, disent le contraire de ce qu'a dit ailleurs l'Esprit dont ils usurpent le nom ; à la volonté de l'Esprit même qui parle selon les temps, lieux et les personnes, et peut juger utile de ne pas tout dire à tout le monde ; à l'insuffisance du langage humain pour exprimer les choses du monde incorporel ; à l'insuffisance des moyens de communication qui ne permettent pas toujours à l'Esprit de rendre toute sa pensée ; enfin à l'interprétation que chacun peut donner d'un mot ou d'une explication, selon ses idées, ses préjugés ou le point de vue sous lequel il envisage la chose. L'étude, l'observation, l'expérience et l'abnégation de tout sentiment d'amour-propre, peuvent seules apprendre à distinguer ces diverses nuances.

Des mystifications

☞ 303. S'il est désagréable d'être trompé, il l'est encore plus d'être mystifié ; c'est du reste un des inconvénients dont il est le plus facile de se préserver. Les moyens de déjouer les ruses des Esprits trompeurs ressortent de toutes les instructions précédentes ; c'est pourquoi nous n'en dirons que peu de chose. Voici les réponses des Esprits à ce sujet :

↪ 1. Les mystifications sont un des écueils les plus désagréables du spiritisme pratique ; y a-t-il un moyen de s'en préserver ?

« Il me semble que vous pouvez trouver la réponse dans tout ce qui vous a été enseigné. Oui, certes, il y a pour cela un moyen simple, c'est de ne demander au spiritisme que ce qu'il peut et doit vous donner ; son but est l'amélioration morale de l'humanité; tant que vous ne vous en écarterez pas, vous ne serez jamais trompés, parce qu'il n'y a pas deux manières de comprendre la vraie morale, celle que peut admettre tout homme de bon sens.

Les Esprits viennent vous instruire et vous guider dans la route du bien, et non dans celle des honneurs et de la fortune, ou pour servir vos mesquines passions. Si on ne leur demandait jamais rien de futile ou qui soit en dehors de leurs attributions, on ne donnerait aucune prise aux Esprits trompeurs; d'où vous devez conclure que celui qui est mystifié n'a que ce qu'il mérite.

Le rôle des Esprits n'est pas de vous renseigner sur les choses de ce monde, mais de vous guider sûrement dans ce qui peut vous être utile pour l'autre. Quand ils vous parlent des choses d'ici-bas, c'est qu'ils le jugent nécessaire, mais ce n'est pas sur votre demande. Si vous voyez dans les Esprits les suppléants des devins et des sorciers, c'est alors que vous serez trompés.

Si les hommes n'avaient qu'à s'adresser aux Esprits pour tout savoir, ils n'auraient plus leur libre arbitre, et sortiraient de la voie tracée par Dieu pour l'humanité. L'homme doit agir par lui-même; Dieu n'envoie pas les Esprits pour leur aplanir la route matérielle de la vie, mais pour préparer celle de l'avenir.»

— Mais il y a des personnes qui ne demandent rien, et qui sont indignement trompées par des Esprits qui viennent spontanément sans qu'on les appelle?

«Si elles ne demandent rien, elles se laissent dire, ce qui revient au même. Si elles accueillaient avec réserve et défiance tout ce qui s'écarte de l'objet essentiel du spiritisme, les Esprits légers ne les prendraient pas aussi facilement pour dupes.»

⇨ 2. Pourquoi Dieu permet-il que des personnes sincères, et qui acceptent le spiritisme de bonne foi, soient mystifiées; cela ne pourrait-il pas avoir pour inconvénient d'ébranler leur croyance?

«Si cela ébranlait leur croyance, c'est que leur foi ne serait pas très solide; celles qui renonceraient au spiritisme pour un simple désappointement, prouveraient qu'elles ne le comprennent pas, et qu'elles ne s'attachent pas à la partie sérieuse. Dieu permet les mystifications pour éprouver la persévérance des vrais adeptes, et punir ceux qui en font un objet d'amusement.»

—L'ESPRIT DE VÉRITÉ

Remarque: La rouerie des Esprits mystificateurs dépasse quelquefois tout ce qu'on peut imaginer; l'art avec lequel ils dressent leurs batteries et combinent les moyens de persuader, serait une chose curieuse s'il ne s'agissait toujours que d'innocentes plaisanteries, mais ces mystifications peuvent avoir des conséquences désagréables pour ceux qui ne se tiennent pas sur leurs gardes; nous sommes assez heureux pour avoir pu ouvrir à temps les yeux à plusieurs personnes qui ont bien voulu nous demander notre avis, et leur avoir épargné des actions ridicules et compromettantes. Parmi les moyens qu'emploient ces Esprits, il faut placer en première ligne, comme étant les plus fréquents, ceux qui ont pour but de tenter la cupidité, comme la révélation de prétendus trésors cachés, l'annonce d'héritages ou autres sources de fortune. On doit en outre regarder comme suspectes au premier chef les prédictions à époques fixes, ainsi que toutes les indications précises touchant les intérêts matériels ; se garder de toute démarche prescrite ou conseillée par les Esprits, lorsque le but n'en est pas éminemment rationnel ; ne jamais se laisser éblouir par les noms que prennent les Esprits pour donner une apparence de vérité à leurs paroles ; se défier des théories et systèmes scientifiques hasardés ; enfin de tout ce qui s'écarte du but moral des manifestations. Nous remplirions un volume des plus curieux avec l'histoire de toutes les mystifications qui sont venues à notre connaissance.

CHAPITRE XXVIII
CHARLATANISME ET JONGLERIE

Médiums intéressés

☞ 304. Comme tout peut devenir un sujet d'exploitation, il n'y aurait rien d'étonnant à ce qu'on voulût aussi exploiter les Esprits ; reste à savoir comment ils prendraient la chose, si jamais une telle spéculation tentait de s'introduire. Nous dirons d'abord que rien ne prêterait plus au charlatanisme et à la jonglerie qu'un pareil métier. Si l'on voit de faux somnambules, on verrait bien plus encore de faux médiums, et cette raison seule serait un sujet fondé de défiance. Le désintéressement, au contraire, est la réponse la plus péremptoire que l'on puisse opposer à ceux qui ne voient dans les faits qu'une habile manœuvre. Il n'y a pas de charlatanisme désintéressé ; quel serait donc le but de personnes qui useraient de supercherie sans profit, à plus forte raison quand leur honorabilité notoire les met au-dessus du soupçon ? Si le gain qu'un médium retirerait de sa faculté peut être un sujet de suspicion, ce ne serait point une preuve que cette suspicion soit fondée ; il pourrait donc avoir une aptitude réelle et agir de très bonne foi, tout en se faisant rétribuer ; voyons si, dans ce cas, on peut raisonnablement en attendre un résultat satisfaisant.

☞ 305. Si l'on a bien compris ce que nous avons dit des conditions nécessaires pour servir d'interprètes aux bons Esprits, des causes nombreuses qui peuvent les éloigner, des circonstances indépendantes de leur volonté qui sont souvent un obstacle à leur venue, enfin de toutes les conditions *morales* qui peuvent exercer une influence sur la nature des communications, comment pourrait-on supposer qu'un Esprit tant soit peu élevé fût, à chaque heure du jour, aux ordres d'un entrepreneur de séances et soumis à ses exigences pour satisfaire la curiosité du premier venu ? On sait l'aversion des Esprits pour tout ce qui sent la cupidité et l'égoïsme, le peu de cas qu'ils font des choses matérielles, et l'on voudrait qu'ils aidassent à trafiquer de leur présence ! Cela répugne à la pensée, et il faudrait bien peu connaître la nature du monde spirite pour croire qu'il en pût être ainsi. Mais comme les Esprits légers sont moins scrupuleux, et ne cherchent que les occasions de s'amuser à nos dépens, il en résulte que si l'on n'est pas mystifié par un faux médium, on a toute chance de l'être par quelques-uns d'entre eux. Ces seules réflexions donnent la mesure du degré de confiance que l'on devrait accorder à des communications de ce genre. Du reste, à quoi serviraient aujourd'hui des médiums payés, puisque, si l'on n'a pas soi-même cette faculté, on peut la trouver dans sa famille, parmi ses amis ou ses connaissances ?

☞ 306. Les médiums intéressés ne sont pas uniquement ceux qui pourraient exiger une rétribution fixe ; l'intérêt ne se traduit pas toujours par l'espoir d'un gain matériel, mais aussi par les vues ambitieuses de toute nature sur lesquelles on peut fonder des espérances personnelles ; c'est encore là un travers que savent très bien saisir les Esprits moqueurs et dont ils profitent avec une adresse, une rouerie vraiment remarquable, en berçant de trompeuses illusions ceux qui se mettent ainsi sous leur dépendance. En résumé, la médiumnité est une faculté donnée pour le bien, et les bons Esprits s'éloignent de quiconque prétendrait s'en faire un marchepied pour arriver à quoi que ce soit qui ne répondrait pas aux vues de la Providence. L'égoïsme est la plaie de la société ; les bons Esprits le combattent, on ne peut supposer qu'ils viennent le servir. Cela est si rationnel qu'il serait inutile d'insister davantage sur ce point.

☞ 307. Les médiums à effets physiques ne sont pas dans la même catégorie ; ces effets sont généralement produits par des Esprits inférieurs moins scrupuleux. Nous ne disons pas que ces Esprits soient nécessairement mauvais pour cela : on peut être portefaix et très honnête homme ; un médium de cette catégorie, qui voudrait exploiter sa faculté, pourrait donc en avoir qui l'assisteraient sans trop de répugnance ; mais là encore se présente un autre inconvénient. Le médium à effets physiques, pas plus que celui à communications intelligentes, n'a reçu sa faculté pour son plaisir : elle lui a été donnée à la condition d'en faire un bon usage, et, s'il en abuse, elle peut lui être retirée, ou bien tourner à son détriment, parce qu'en définitive les Esprits inférieurs sont aux ordres des Esprits supérieurs.

Les Esprits inférieurs aiment bien à mystifier, mais ils n'aiment pas à être mystifiés ; s'ils se prêtent volontiers à la plaisanterie, aux choses de curiosité, parce qu'ils aiment à s'amuser, ils n'aiment pas plus que les autres à être exploités, ni à servir de comparses pour faire aller la recette, et ils prouvent à chaque instant qu'ils ont leur volonté, qu'ils agissent quand et comme bon leur semble, ce qui fait que le médium à effets physiques est encore moins sûr de la régularité des manifestations que le médium écrivain. Prétendre les produire à jours et heures fixes, serait faire preuve de la plus profonde ignorance. Que faire alors pour gagner son argent ? Simuler les phénomènes ; c'est ce qui peut arriver non seulement à ceux qui en feraient un métier avoué, mais même à des gens simples en apparence qui trouvent ce moyen plus facile et plus commode que de travailler. Si l'Esprit ne donne pas, on y supplée : l'imagination est si féconde quand il s'agit de gagner de l'argent ! L'intérêt étant un légitime motif de suspicion, il donne un droit d'examen rigoureux dont on ne saurait s'offenser sans justifier les soupçons. Mais autant la suspicion est légitime dans ce cas, autant elle est offensante vis-à-vis de personnes honorables et désintéressées.

☞ 308. La faculté médianimique, même restreinte dans la limite des manifestations physiques, n'a point été donnée pour en faire parade sur les tréteaux, et quiconque prétendrait avoir à ses ordres des Esprits pour les exhiber en public, peut à bon droit être suspecté de charlatanisme ou de prestidigitation plus ou moins habile. Qu'on se le tienne pour dit toutes les fois qu'on verra des annonces de prétendues séances de *spiritisme* ou de *spiritualisme* à tant la place, et qu'on se souvienne du droit qu'on achète en entrant.

De tout ce qui précède, nous concluons que le désintéressement le plus absolu est la meilleure garantie contre le charlatanisme ; s'il n'assure pas toujours la bonté des communications intelligentes, il enlève aux mauvais Esprits un puissant moyen d'action, et ferme la bouche à certains détracteurs.

☞ 309. Resterait ce qu'on pourrait appeler la jonglerie d'amateur, c'est-à-dire les fraudes innocentes de quelques mauvais plaisants. On pourrait sans doute la pratiquer par manière de passe-temps dans des réunions légères et frivoles, mais non dans des assemblées sérieuses où l'on n'admet que des personnes sérieuses. On peut bien d'ailleurs se donner le plaisir d'une mystification momentanée ; mais il faudrait être doué d'une singulière patience pour jouer ce rôle pendant des mois et des années, et chaque fois pendant plusieurs heures consécutives. Un intérêt quelconque peut seul donner cette persévérance, et l'intérêt, nous le répétons, peut tout faire suspecter.

☞ 310. On dira peut-être qu'un médium qui donne son temps au public dans l'intérêt de la chose ne peut le donner pour rien, parce qu'il faut vivre. Mais est-ce dans l'intérêt de la chose ou dans *le sien* qu'il le donne, et n'est-ce pas plutôt parce qu'il y entrevoit un métier lucratif ? On trouvera toujours des gens dévoués à ce prix-là. N'a-t-il donc que cette industrie à sa disposition ? N'oublions pas que les Esprits, quelle que soit leur supériorité ou leur infériorité, sont les âmes des morts, et quand la morale et la religion font un devoir de respecter leurs restes, l'obligation de respecter leur Esprit est encore plus grande.

Que dirait-on de celui qui tirerait un corps du tombeau et l'exhiberait pour de l'argent, parce que ce corps serait de nature à piquer la curiosité ? Est-il moins irrespectueux d'exhiber l'Esprit que le corps sous le prétexte qu'il est curieux de voir agir un Esprit ? Et remarquez bien que le prix des places sera en raison des tours qu'il pourra faire et de l'attrait du spectacle. Certes, de son vivant, eût-il été comédien, il ne se doutait guère qu'après sa mort il trouverait un directeur qui lui ferait jouer la comédie gratis à son profit.

Il ne faut pas oublier que les manifestations physiques, aussi bien que les manifestations intelligentes, ne sont permises par Dieu que pour notre instruction.

☞ 311. Ces considérations morales à part, nous ne contestons nullement qu'il puisse y avoir des médiums intéressés honorables et consciencieux, parce qu'il y a d'honnêtes gens dans tous les métiers ; nous ne parlons que de l'abus ; mais on conviendra, par les motifs que nous avons exposés, que l'abus a plus de raison d'être chez les médiums rétribués que chez ceux qui, regardant leur faculté comme une faveur, ne l'emploient que pour rendre service.

Le degré de confiance ou de défiance que l'on peut accorder à un médium rétribué, dépend avant toute chose de l'estime que commandent son caractère et sa moralité, et en outre des circonstances. Le médium qui, dans un but éminemment sérieux et profitable, serait empêché d'utiliser son temps d'une autre manière, et pour cette raison *exonéré*, ne peut être confondu avec le médium *spéculateur*, celui qui, de dessein prémédité, se ferait une industrie de la médiumnité. Selon *le motif et le but*, les Esprits peuvent donc condamner, absoudre ou même favoriser ; ils jugent l'intention plutôt que le fait matériel.

☞ 312. Les somnambules qui utilisent leur faculté d'une manière lucrative, ne sont pas dans le même cas. Quoique cette exploitation soit sujette à des abus, et que le désintéressement soit une plus grande garantie de sincérité, la position est différente, attendu que c'est leur propre Esprit qui agit ; il est par conséquent toujours à leur disposition, et en réalité ils n'exploitent qu'eux-mêmes, parce qu'ils sont libres de disposer de leur personne comme ils l'entendent, tandis que les médiums spéculateurs exploitent les âmes des trépassés. (Voir n° 172, *Médiums somnambules*.)

☞ 313. Nous n'ignorons pas que notre sévérité à l'égard des médiums intéressés ameute contre nous tous ceux qui exploitent ou seraient tentés d'exploiter cette nouvelle industrie, et nous en fait des ennemis acharnés, ainsi que de leurs amis qui prennent naturellement fait et cause pour eux ; nous nous en consolons en pensant que les marchands chassés du temple par Jésus ne devaient pas non plus le voir d'un bon oeil. Nous avons aussi contre nous les gens qui n'envisagent pas la chose avec la même gravité ; cependant, nous nous croyons le droit d'avoir une opinion et de l'émettre ; nous ne forçons personne de l'adopter. Si une immense majorité s'y est ralliée, c'est qu'apparemment on la trouve juste ; car nous ne voyons pas, en effet, comment on pourrait prouver qu'il n'y a pas plus de chance de trouver la fraude et les abus dans la spéculation que dans le désintéressement. Quant à nous, si nos écrits ont contribué à jeter en France et dans d'autres contrées du discrédit sur la médiumnité intéressée, nous croyons que ce ne sera pas un des moindres services qu'ils auront rendus au spiritisme *sérieux*.

Fraudes spirites

☞ 314. Ceux qui n'admettent pas la réalité des manifestations physiques attribuent généralement à la fraude les effets produits. Ils se fondent sur ce que les prestidigitateurs habiles font des choses qui paraissent des prodiges quand on ne connaît pas leurs secrets ; d'où ils concluent que les médiums ne sont autres que des escamoteurs. Nous avons déjà réfuté cet argument, ou plutôt cette opinion, notamment dans nos articles sur M. Home et dans les numéros de la *Revue* de janvier et février 1858 ; nous n'en dirons donc que quelques mots avant de parler d'une chose plus sérieuse.

Il est, du reste, une considération qui n'échappera pas à quiconque réfléchit un peu. Il y a sans doute des prestidigitateurs d'une habileté prodigieuse, mais ils sont rares. Si tous les médiums pratiquaient l'escamotage, il faudrait convenir que cet art aurait fait en peu de temps des progrès inouïs, et serait devenu subitement bien commun, puisqu'il se trouverait à l'état inné chez des gens qui ne s'en doutaient guère, même chez des enfants.

De ce qu'il y a des charlatans qui débitent des drogues sur les places publiques, de ce qu'il y a même des médecins qui, sans aller sur la place publique, trompent la confiance, s'ensuit-il que tous les médecins sont des charlatans, et le corps médical en est-il atteint dans sa considération ? De ce qu'il y a des gens qui vendent de la teinture pour du vin, s'ensuit-il que tous les marchands de vin sont des frelateurs et qu'il n'y a point de vin pur ? On abuse de tout, même des choses les plus respectables, et l'on peut dire que la fraude a aussi son génie. Mais la fraude a toujours un but, un intérêt matériel quelconque ; là où il n'y a rien à gagner, il n'y a nul intérêt à tromper. Aussi avons-nous dit, à propos des médiums mercenaires, que la meilleure de toutes les garanties est un désintéressement absolu.

☞ 315. De tous les phénomènes spirites, ceux qui prêtent le plus à la fraude sont les phénomènes physiques, par des motifs qu'il est utile de prendre en considération. D'abord, parce que s'adressant aux yeux plus qu'à l'intelligence, ce sont ceux que la prestidigitation peut le plus facilement imiter. Secondement que, piquant plus que les autres la curiosité, ils sont plus propres à attirer la foule et par conséquent plus productifs. À ce double point de vue, les charlatans ont donc tout intérêt à simuler ces sortes de manifestations ; les spectateurs, pour la plupart étrangers à la science, y vont généralement chercher une distraction bien plus qu'une instruction sérieuse, et l'on sait qu'on paye toujours mieux ce qui amuse que ce qui instruit. Mais, à part cela, il y a un autre motif non moins péremptoire. Si la prestidigitation peut imiter des effets matériels, pour lesquels il ne lui faut que de l'adresse, nous ne lui connaissons pas, jusqu'à présent, le don d'improvisation qui requiert une dose d'intelligence peu commune, ni celui de produire ces belles et sublimes dictées, souvent si pleines d'à-propos, que donnent les Esprits dans leurs communications. Ceci nous rappelle le fait suivant.

Un homme de lettres assez connu vint un jour nous voir et nous dit qu'il était très bon médium écrivain *intuitif*, et qu'il se mettait à la disposition de la société spirite. Comme nous avons pour habitude de n'admettre à la société que des médiums dont les facultés nous sont connues, nous le priâmes de vouloir bien venir auparavant faire ses preuves dans une réunion particulière. Il s'y rendit en effet ; plusieurs médiums expérimentés y donnèrent soit des dissertations, soit des réponses d'une remarquable précision sur des questions proposées et des sujets inconnus pour eux. Quand vint le tour de ce monsieur, il écrivit quelques mots insignifiants, dit qu'il était mal disposé ce jour-là, et depuis nous ne l'avons plus revu ; il a trouvé sans doute que le rôle de médium à effets intelligents était plus difficile à jouer qu'il ne l'avait cru.

☞ 316. En toutes choses, les gens les plus faciles à tromper sont ceux qui ne sont pas du métier ; il en est de même du spiritisme ; ceux qui ne le connaissent pas sont aisément abusés par les apparences ; tandis qu'une étude préalable attentive les initie, non seulement à la cause des phénomènes, mais aux conditions normales dans lesquelles ils peuvent se produire, et leur fournit ainsi les moyens de reconnaître la fraude, si elle existe.

☞ 317. Les médiums trompeurs sont stigmatisés, comme ils le méritent, dans la lettre suivante que nous avons reproduite dans la *Revue* du mois d'août 1861.

—Paris, 21 juillet 1861

« MONSIEUR,

On peut être en désaccord sur certains points, et être en parfait accord sur d'autres. Je viens de lire, à la page 213 du dernier numéro de votre journal, des réflexions sur la fraude en matière d'expériences spiritualistes (ou spirites) auxquelles je suis heureux de m'associer de toutes mes forces. Là, toute dissidence en matière de théories et de doctrines disparaît comme par enchantement.

Je ne suis peut-être pas aussi sévère que vous à l'égard des médiums qui, sous une forme digne et convenable, acceptent une rémunération comme indemnité du temps qu'ils consacrent à des expériences souvent longues et fatigantes ; mais je le suis tout autant, - et on ne saurait trop l'être, - à l'égard de ceux qui, en pareil cas, suppléent, dans l'occasion, par la tricherie et par la fraude à l'absence ou à l'insuffisance des résultats promis et attendus. (Voir n° 311.)

Mêler le faux au vrai, quand il s'agit de phénomènes obtenus par l'intervention des Esprits, c'est tout bonnement une infamie, et il y aurait oblitération du sens moral chez le médium qui croirait pouvoir le faire sans scrupule. Ainsi que vous le faites parfaitement observer, *c'est jeter le discrédit sur la chose dans l'esprit des indécis, dès que la fraude est reconnue.* J'ajouterai que c'est compromettre de la manière la plus déplorable les hommes honorables qui prêtent aux médiums l'appui désintéressé de leurs connaissances et de leurs lumières, qui se portent garants de leur bonne foi, et les patronnent en quelque sorte ; c'est commettre envers eux une véritable forfaiture.

Tout médium qui serait convaincu de manœuvres frauduleuses ; qui serait pris, pour me servir d'une expression un peu triviale, la main dans le sac, mériterait d'être mis au ban de tous les spiritualistes ou spirites du monde, pour qui ce serait un devoir rigoureux de les démasquer ou de les flétrir.

S'il vous convient, monsieur, d'insérer ces quelques lignes dans votre journal, elles sont à votre service.

Agréez, etc.

MATHIEU. »

☞ 318. Tous les phénomènes spirites ne sont pas également faciles à imiter, et il y en a qui défient évidemment toute l'habileté de la prestidigitation : tels sont notamment le mouvement des objets sans contact, la suspension des corps graves dans l'espace, les coups frappés de différents côtés, les apparitions, etc., sauf l'emploi des trucs et du compérage ; c'est pourquoi nous disons que ce qu'il faut faire en pareil cas, c'est observer attentivement les circonstances, et surtout tenir compte du caractère et de la position des personnes, du but et de l'intérêt qu'elles pourraient avoir à tromper : c'est là le meilleur de tous les contrôles, car il est telles circonstances qui enlèvent tout motif à la suspicion. Nous pensons donc en principe qu'il faut se défier de quiconque ferait de ces phénomènes un spectacle ou un objet de curiosité ou d'amusement, et prétendrait les produire à volonté et à point nommé, ainsi que nous l'avons déjà expliqué. Nous ne saurions trop le répéter, les intelligences occultes qui se manifestent ont leurs susceptibilités, et veulent nous prouver qu'elles ont aussi leur libre arbitre, et ne se soumettent pas à nos caprices. (N° 38.)

Il nous suffira de signaler quelques subterfuges employés, ou qu'il est possible d'employer dans certains cas, pour prémunir contre la fraude les observateurs de bonne foi. Quant aux gens qui s'obstinent à juger sans approfondir, ce serait peine perdue que de chercher à les désabuser.

☞ 319. Un des phénomènes les plus ordinaires est celui des coups intimes frappés dans la substance même du bois, avec ou sans mouvement de la table ou autre objet dont on se sert. Cet effet est un des plus faciles à imiter, soit par le contact des pieds, soit en provoquant de petits craquements dans le meuble ; mais il est une petite ruse spéciale qu'il est utile de dévoiler. Il suffit de poser ses deux mains à plat sur la table et assez rapprochées pour que les ongles des pouces appuient fortement l'un contre l'autre ; alors, par un mouvement musculaire tout à fait imperceptible, on leur fait éprouver un frottement qui donne un petit bruit sec, ayant une grande analogie avec ceux de la typtologie intime. Ce bruit se répercute dans le bois, et produit une illusion complète. Rien n'est plus facile que de faire entendre autant de coups qu'on en demande, une batterie de tambour, etc., de répondre à certaines questions par oui ou par non, par des nombres, ou même par l'indication des lettres de l'alphabet. Une fois prévenu, le moyen de reconnaître la fraude est bien simple. Elle n'est pas possible, si les mains sont écartées l'une de l'autre, et si l'on est assuré qu'aucun autre contact ne peut produire le bruit. Les coups réels offrent d'ailleurs cela de caractéristique, qu'ils changent de place et de timbre à volonté, ce qui ne peut avoir lieu quand il est dû à la cause que nous signalons ou à toute autre analogue ; qu'il sort de la table pour se porter sur un meuble quelconque que personne ne touche, sur les murs, le plafond, etc., qu'il répond enfin à des questions non prévues. (Voir N° 41.)

☞ 320. L'écriture directe est encore plus facile à imiter ; sans parler des agents chimiques bien connus pour faire apparaître de l'écriture dans un temps donné sur du papier blanc, ce que l'on peut déjouer avec les précautions les plus vulgaires, il pourrait arriver que, par un escamotage habile, on substituât un papier à un autre. Il se pourrait aussi que celui qui voudrait frauder eût l'art de détourner l'attention pendant qu'il écrirait adroitement quelques mots. On nous a dit encore avoir vu écrire ainsi avec un morceau de mine de plomb dissimulé sous l'ongle.

☞ 321. Le phénomène des apports ne se prête pas moins à la jonglerie, et l'on peut aisément être dupe d'un escamoteur plus ou moins adroit, sans qu'il soit besoin d'avoir affaire à un prestidigitateur de profession. Dans l'article spécial que nous avons publié ci-dessus (n° 96), les Esprits ont eux-mêmes déterminé les conditions exceptionnelles dans lesquelles il peut se produire, d'où l'on peut conclure que l'obtention *facile* et *facultative* peut tout au moins être tenue pour suspecte. L'écriture directe est dans le même cas.

☞ 322. Dans le chapitre des *Médiums spéciaux*, nous avons mentionné, d'après les Esprits, les aptitudes médianimiques communes, et celles qui sont rares. Il convient donc de se défier des médiums qui prétendent avoir ces dernières trop facilement, ou qui ambitionnent la multiplicité des facultés, prétention qui n'est que bien rarement justifiée.

☞ 323. Les manifestations intelligentes sont, selon les circonstances, celles qui offrent le plus de garantie, et cependant elles ne sont pas à l'abri de l'imitation, du moins en ce qui concerne les communications banales et vulgaires. On croit avoir plus de sécurité avec les médiums mécaniques, non seulement pour l'indépendance des idées, mais aussi contre les supercheries ; c'est pour cette raison que certaines personnes préfèrent les intermédiaires matériels. Eh bien ! c'est une erreur. La fraude se glisse partout, et nous savons qu'avec de l'habileté on peut diriger à volonté même une corbeille ou une planchette qui écrit, et lui donner toutes les apparences des mouvements spontanés. Ce qui lève tous les doutes, ce sont les pensées exprimées, qu'elles viennent d'un médium mécanique, intuitif, auditif, parlant ou voyant. Il y a des communications qui sont tellement en dehors des idées, des connaissances et même de la portée intellectuelle du médium, qu'il faudrait s'abuser étrangement pour lui en faire honneur. Nous reconnaissons au charlatanisme une grande habileté et de fécondes ressources, mais nous ne lui connaissons pas encore le don de donner du savoir à un ignorant, ou de l'esprit à celui qui n'en a pas. En résumé, nous le répétons, la meilleure garantie est dans la moralité notoire des médiums et dans l'absence de toutes causes d'intérêt matériel ou d'amour-propre qui pourraient stimuler en lui l'exercice des facultés médianimiques qu'il possède ; car ces mêmes causes peuvent l'engager à simuler celles qu'il n'a pas.

CHAPITRE XXIX
RÉUNIONS ET SOCIÉTÉS SPIRITES

Des réunions en général

☞ 324. Les réunions spirites peuvent avoir de très grands avantages, en ce qu'elles permettent de s'éclairer par l'échange réciproque des pensées, par les questions et les remarques que chacun peut faire, et dont tout le monde profite ; mais pour en retirer tous les fruits désirables, elles requièrent des conditions spéciales que nous allons examiner, car on aurait tort de les assimiler aux sociétés ordinaires. Du reste, les réunions étant des touts collectifs, ce qui les concerne est la conséquence naturelle des instructions précédentes ; elles ont à prendre les mêmes précautions, et à se préserver des mêmes écueils que les individus ; c'est pourquoi nous avons placé ce chapitre en dernier.
Les réunions spirites ont des caractères très différents suivant le but qu'on s'y propose, et leur condition d'être doit, par cela même, différer aussi. Selon leur nature, elles peuvent être *frivoles*, *expérimentales* ou *instructives*.

☞ 325. Les *réunions frivoles* se composent de personnes qui ne voient que le côté plaisant des manifestations, qui s'amusent des facéties des Esprits légers, très amateurs de ces sortes d'assemblées où ils ont toute liberté de se produire, et ils ne s'en font pas faute. C'est là qu'on demande toutes sortes de banalités, qu'on se fait dire la bonne aventure par les Esprits, qu'on met leur perspicacité à l'épreuve pour deviner l'âge, ce qu'on a dans la poche, dévoiler de petits secrets, et mille autres choses de cette importance.
Ces réunions sont sans conséquence ; mais comme les Esprits légers sont parfois très intelligents, et qu'ils sont en général d'humeur facile et joviale, il s'y produit souvent des choses fort curieuses dont l'observateur peut faire son profit ; celui qui n'aurait vu que cela, et jugerait le monde des Esprits d'après cet échantillon, s'en ferait une idée aussi fausse que celui qui jugerait toute la société d'une grande ville par celle de certains quartiers. Le simple bon sens dit que les Esprits élevés ne peuvent venir dans de telles réunions, où les spectateurs ne sont pas plus sérieux que les acteurs. Si l'on veut s'occuper de choses futiles, il faut franchement appeler des Esprits légers, comme on appellerait des baladins pour amuser une société, mais il y aurait profanation à y convier des noms vénérés, à mêler le sacré et le profane.

☞ 326. Les *réunions expérimentales* ont plus spécialement pour objet la production des manifestations physiques. Pour beaucoup de personnes, c'est un spectacle plus curieux qu'instructif ; les incrédules en sortent plus étonnés que convaincus quand ils n'ont pas vu autre chose, et toute leur pensée est tournée vers la recherche des ficelles, car ne se rendant compte de rien ils supposent volontiers des subterfuges. Il en est tout autrement de ceux qui ont étudié ; ils comprennent d'avance la possibilité, et des faits positifs déterminent ensuite ou achèvent leur conviction ; s'il y avait subterfuge, ils seraient à même de le découvrir.

Nonobstant cela, ces sortes d'expérimentations ont une utilité que personne ne saurait méconnaître, car ce sont elles qui ont fait découvrir les lois qui régissent le monde invisible, et, pour beaucoup de gens, elles sont, sans contredit, un puissant motif de conviction ; mais nous maintenons que seules elles ne peuvent pas plus initier à la science spirite, que la vue d'un ingénieux mécanisme ne peut faire connaître la mécanique si l'on n'en connaît pas les lois ; toutefois, si elles étaient dirigées avec méthode et prudence, on en obtiendrait de bien meilleurs résultats. Nous reviendrons tout à l'heure sur ce sujet.

☞ 327. Les *réunions instructives* ont un tout autre caractère, et comme ce sont celles où l'on peut puiser le véritable enseignement, nous insisterons davantage sur les conditions qu'elles doivent remplir.

La première de toutes, c'est de rester sérieuses dans toute l'acception du mot. Il faut bien se persuader que les Esprits auxquels on veut s'adresser sont d'une nature toute spéciale ; que le sublime ne pouvant s'allier au trivial, ni le bien au mal, si l'on veut obtenir de bonnes choses, il faut s'adresser à de bons Esprits ; mais il ne suffit pas de demander de bons Esprits ; il faut, de condition expresse, être dans des conditions propices pour qu'ils *veuillent bien venir* ; or, des Esprits supérieurs ne viendront pas plus dans les assemblées d'hommes légers et superficiels, qu'ils n'y seraient venus de leur vivant.

Une société n'est vraiment sérieuse qu'à la condition de s'occuper de choses utiles à l'exclusion de toutes autres ; si elle aspire à obtenir des phénomènes extraordinaires par curiosité ou par passe-temps, les Esprits qui les produisent pourront venir, mais les autres s'en iront. En un mot, quel que soit le caractère d'une réunion, elle trouvera toujours des Esprits disposés à seconder ses tendances. Une réunion sérieuse s'écarte donc de son but si elle quitte l'enseignement pour l'amusement. Les manifestations physiques, comme nous l'avons dit, ont leur utilité ; que ceux qui veulent voir aillent dans les réunions expérimentales ; que ceux qui veulent comprendre aillent dans les réunions d'étude ; c'est ainsi que les uns et les autres pourront compléter leur instruction spirite, comme dans l'étude de la médecine, les uns vont aux cours et les autres à la clinique.

☞ 328. L'instruction spirite ne comprend pas seulement l'enseignement moral donné par les Esprits, mais bien encore l'étude des faits ; c'est à elle qu'incombe la théorie de tous les phénomènes, la recherche des causes, et comme conséquence, la constatation de ce qui est possible et de ce qui ne l'est pas ; en un mot, l'observation de tout ce qui peut faire avancer la science. Or, ce serait se méprendre de croire que les faits soient limités aux phénomènes extraordinaires ; que ceux qui frappent le plus les sens soient seuls dignes d'attention ; on en rencontre à chaque pas dans les communications intelligentes et que des hommes réunis pour l'étude ne sauraient négliger ; ces faits, qu'il serait impossible d'énumérer, surgissent d'une foule de circonstances fortuites ; quoique moins saillants, ils n'en sont pas moins du plus haut intérêt pour l'observateur qui y trouve ou la confirmation d'un principe connu, ou la révélation d'un principe nouveau qui le fait pénétrer plus avant dans les mystères du monde invisible ; c'est aussi là de la philosophie.

☞ 329. Les réunions d'étude sont en outre d'une immense utilité pour les médiums à manifestations intelligentes, pour ceux surtout qui ont un désir sérieux de se perfectionner, et qui n'y viennent pas avec une sotte présomption d'infaillibilité. Un des grands écueils de la médiumnité, c'est comme nous l'avons dit, l'obsession et la fascination ; ils peuvent donc se faire illusion de très bonne foi sur le mérite de ce qu'ils obtiennent, et l'on conçoit que les Esprits trompeurs ont leurs coudées franches quand ils n'ont affaire qu'à un aveugle ; c'est pour cela qu'ils éloignent leur médium de tout contrôle ; qu'au besoin même ils lui font prendre en aversion quiconque pourrait l'éclairer ; à la faveur de l'isolement et de la fascination, ils peuvent aisément lui faire accepter tout ce qu'ils veulent.

Nous ne saurions trop le répéter, là est non seulement l'écueil, mais le danger ; oui, nous le disons, un véritable danger. Le seul moyen d'y échapper, c'est le contrôle de personnes désintéressées et bienveillantes qui, jugeant les communications avec sang-froid et impartialité, peuvent lui ouvrir les yeux et lui faire apercevoir ce qu'il ne peut voir lui-même. Or, tout médium qui redoute ce jugement est déjà sur la voie de l'obsession ; celui qui croit que la lumière n'est faite que pour lui est complètement sous le joug ; s'il prend en mauvaise part les observations, s'il les repousse, s'il s'en irrite, il ne peut y avoir de doute sur la mauvaise nature de l'Esprit qui l'assiste. Nous l'avons dit, un médium peut manquer des connaissances nécessaires pour comprendre les erreurs ; il peut se laisser abuser par de grands mots et un langage prétentieux, être séduit par des sophismes, et cela de la meilleure foi du monde ; c'est pourquoi, à défaut de ses propres lumières, il doit modestement avoir recours à celles des autres, selon ces deux adages que quatre yeux voient mieux que deux, et qu'on n'est jamais bon juge dans sa propre cause. C'est à ce point de vue que les réunions sont pour le médium d'une très grande utilité, s'il est assez sensé pour écouter les avis, parce que là se trouveront des personnes plus clairvoyantes que lui, qui saisiront les nuances souvent si délicates par où l'Esprit trahit son infériorité.

Tout médium qui désire sincèrement n'être pas le jouet du mensonge, doit donc chercher à se produire dans les réunions sérieuses, et y apporter ce qu'il obtient en particulier ; accepter avec reconnaissance, solliciter même l'examen critique des communications qu'il reçoit ; s'il est en butte à des Esprits trompeurs, c'est le plus sûr moyen de s'en débarrasser en leur prouvant qu'ils ne peuvent l'abuser. Le médium, d'ailleurs, qui s'irrite de la critique est d'autant plus mal fondé que son amour-propre n'est nullement engagé, puisque ce qu'il dit n'est pas de lui, et qu'il n'en est pas plus responsable que s'il lisait les vers d'un mauvais poète.

Nous avons insisté sur ce point, parce que, si c'est là un écueil pour les médiums, c'en est un aussi pour les réunions auxquelles il importe de ne pas accorder légèrement confiance à tous les interprètes des Esprits. Le concours de tout médium obsédé ou fasciné leur serait plus nuisible qu'utile ; elles doivent donc ne pas l'accepter. Nous pensons être entré dans des développements suffisants pour qu'il leur soit impossible de se méprendre sur les caractères de l'obsession, si le médium ne peut la reconnaître lui-même ; un des plus saillants est sans contredit la prétention d'avoir seul raison contre tout le monde. Les médiums obsédés qui ne veulent pas en convenir ressemblent à ces malades qui se font illusion sur leur santé, et se perdent faute de se soumettre à un régime salutaire.

☞ 330. Ce qu'une réunion sérieuse doit se proposer, c'est d'écarter les Esprits menteurs ; elle serait dans l'erreur si elle se croyait à l'abri par son but et par la qualité de ses médiums ; elle n'y parviendra qu'autant qu'elle sera elle-même dans des conditions favorables.

Pour bien comprendre ce qui se passe en cette circonstance, nous prions de vouloir bien se reporter à ce que nous avons dit plus haut, n° 231, sur l'*Influence du milieu*. Il faut se représenter chaque individu comme entouré d'un certain nombre d'acolytes invisibles qui s'identifient avec son caractère, ses goûts et ses penchants ; donc toute personne qui entre dans une réunion amène avec elle des Esprits qui lui sont sympathiques. Selon leur nombre et leur nature, ces acolytes peuvent exercer sur l'assemblée et sur les communications une influence bonne ou mauvaise. Une réunion parfaite serait celle dont tous les membres, animés d'un égal amour du bien, n'amèneraient avec eux que de bons Esprits ; à défaut de la perfection, la meilleure sera celle où le bien l'emportera sur le mal. Ceci est trop logique pour qu'il soit nécessaire d'insister.

☞ 331. Une réunion est un être collectif dont les qualités et les propriétés sont la résultante de toutes celles de ses membres, et forment comme un faisceau ; or, ce faisceau aura d'autant plus de force qu'il sera plus homogène. Si l'on a bien compris ce qui a été dit (n° 282, question 5) sur la manière dont les Esprits sont avertis de notre appel, on comprendra facilement la puissance de l'association de la pensée des assistants. Si l'Esprit est en quelque sorte frappé par la pensée comme nous le sommes par la voix, vingt personnes s'unissant dans une même intention auront nécessairement plus de force qu'une seule ; mais pour que toutes ces pensées concourent vers le même but, il faut qu'elles vibrent à l'unisson ; qu'elles se confondent, pour ainsi dire, en une seule, ce qui ne peut avoir lieu sans le recueillement.

D'un autre côté, l'Esprit arrivant dans un milieu complètement sympathique, y est plus à son aise ; n'y trouvant que des amis, il y vient plus volontiers, et il est plus disposé à répondre. Quiconque a suivi avec quelque attention les manifestations spirites intelligentes a pu se convaincre de cette vérité. Si les pensées sont divergentes, il en résulte un choc d'idées désagréables pour l'Esprit, et par conséquent nuisible à la manifestation. Il en est de même d'un homme qui doit parler dans une assemblée ; s'il sent toutes les pensées lui être sympathiques et bienveillantes, l'impression qu'il en reçoit réagit sur ses propres idées et leur donne plus de verve ; l'unanimité de ce concours exerce sur lui une sorte d'action magnétique qui décuple ses moyens, tandis que l'indifférence ou l'hostilité le trouble et le paralyse ; c'est ainsi que les acteurs sont électrisés par les applaudissements ; or, les Esprits, bien plus impressionnables que les humains, doivent subir bien mieux encore l'influence du milieu. Toute réunion spirite doit donc tendre à l'homogénéité la plus grande possible ; il est bien entendu que nous parlons de celles qui veulent arriver à des résultats sérieux et vraiment utiles ; si l'on veut simplement obtenir des communications quand même, sans s'inquiéter de la qualité de ceux qui les donnent, il est évident que toutes ces précautions ne sont pas nécessaires, mais alors il ne faut pas se plaindre de la qualité du produit.

☞ 332. Le recueillement et la communion de pensées étant les conditions essentielles de toute réunion sérieuse, on comprend que le trop grand nombre des assistants doit être une des causes les plus contraires à l'homogénéité. Il n'y a certes aucune limite absolue à ce nombre, et l'on conçoit que cent personnes, suffisamment recueillies et attentives, seront dans de meilleures conditions que dix qui seraient distraites et bruyantes ; mais il est évident aussi que plus le nombre est grand, plus ces conditions sont difficiles à remplir. C'est d'ailleurs un fait prouvé par l'expérience que les petits cercles intimes sont toujours plus favorables aux belles communications, et cela par les motifs que nous avons développés.

☞ 333. Il est encore un autre point qui n'est pas moins nécessaire, c'est la régularité des réunions. Dans toutes il y a toujours des Esprits qu'on pourrait appeler des *habitués*, et nous n'entendons pas par là ces Esprits qui se trouvent partout et se mêlent de tout ; ce sont, soit des Esprits protecteurs, soit ceux que l'on interroge le plus souvent. Il ne faut pas croire que ces Esprits n'aient autre chose à faire que de nous écouter ; ils ont leurs occupations et peuvent d'ailleurs se trouver dans des conditions défavorables pour être évoqués. Quand les réunions ont lieu à jours et heures fixes, ils se disposent en conséquence, et il est rare qu'ils y manquent. Il en est même qui poussent la ponctualité à l'excès ; ils se formalisent d'un quart d'heure de retard, et s'ils assignent eux-mêmes le moment d'un entretien, on les appellerait en vain quelques minutes plus tôt. Ajoutons, toutefois, que bien que les Esprits préfèrent la régularité, ceux qui sont vraiment supérieurs ne sont pas méticuleux à ce point. L'exigence d'une ponctualité rigoureuse est un signe d'infériorité, comme tout ce qui est puéril. En dehors des heures consacrées, ils peuvent sans doute venir, et ils viennent même volontiers si le but est utile ; mais rien n'est plus nuisible aux bonnes communications que de les appeler à tort et à travers, quand la fantaisie nous en prend, et surtout sans motif sérieux ; comme ils ne sont pas tenus de se soumettre à nos caprices, ils pourraient bien ne pas se déranger, et c'est alors surtout que d'autres peuvent prendre leur place et leur nom.

Des sociétés proprement dites

☞ 334. Tout ce que nous avons dit sur les réunions en général s'applique naturellement aux sociétés régulièrement constituées ; celles-ci cependant ont à lutter contre quelques difficultés spéciales qui naissent du lien même qui unit les membres. Des avis nous ayant été plusieurs fois demandés sur leur organisation, nous les résumerons ici en quelques mots.
Le spiritisme qui naît à peine est encore trop diversement apprécié, trop peu compris dans son essence par un grand nombre d'adeptes, pour offrir un lien puissant entre les membres de ce qu'on pourrait appeler une association. Ce lien ne peut exister qu'entre ceux qui en voient le but moral, le comprennent et *se l'appliquent*

à eux-mêmes. Entre ceux qui n'y voient que des faits plus ou moins curieux, il ne saurait y avoir un lien sérieux ; mettant les faits au-dessus des principes, une simple divergence dans la manière de les envisager peut les diviser. Il n'en est pas de même des premiers, car sur la question morale il ne peut exister deux manières de voir ; aussi est-il à remarquer que partout où ils se rencontrent, une confiance réciproque les attire les uns vers les autres ; la bienveillance mutuelle qui règne entre eux bannit la gêne et la contrainte qui naissent de la susceptibilité, de l'orgueil qui se froisse de la moindre contradiction, de l'égoïsme qui rapporte tout à soi. Une société où de tels sentiments régneraient sans partage, où l'on se réunirait dans le but de venir s'instruire aux enseignements des Esprits, et non dans l'espérance de voir des choses plus ou moins intéressantes, ou pour faire prévaloir son opinion, une telle société, disons-nous, serait non seulement viable, mais indissoluble. La difficulté de réunir encore de nombreux éléments homogènes à ce point de vue nous porte à dire que, dans l'intérêt des études et pour le bien de la chose même, les réunions spirites doivent viser à se multiplier par petits groupes plutôt qu'à chercher à se constituer en grandes agglomérations. Ces groupes, correspondant entre eux, se visitant, se transmettant leurs observations, peuvent dès à présent former le noyau de la grande famille spirite qui ralliera un jour toutes les opinions, et unira les hommes dans un même sentiment de fraternité, scellé par la charité chrétienne.

☞ 335. Nous avons vu de quelle importance est l'uniformité de sentiments pour l'obtention de bons résultats ; cette uniformité est nécessairement d'autant plus difficile à obtenir que le nombre est plus grand. Dans les petits comités, on se connaît mieux, on est plus sûr des éléments que l'on y introduit ; le silence et le recueillement y sont plus faciles et tout s'y passe comme en famille. Les grandes assemblées excluent l'intimité par la variété des éléments dont elles se composent ; elles exigent des locaux spéciaux, des ressources pécuniaires et un appareil administratif inutiles dans les petits groupes ; la divergence des caractères, des idées, des opinions, s'y dessine mieux, et offre aux Esprits brouillons plus de facilité pour y semer la discorde. Plus la réunion est nombreuse, plus il est difficile de contenter tout le monde ; chacun voudrait que les travaux fussent dirigés à son gré, qu'on s'occupât de préférence des sujets qui l'intéressent le plus ; quelques-uns croient que le titre de sociétaire leur donne le droit d'imposer leur manière de voir ; de là des tiraillements, une cause de malaise qui amène tôt ou tard la désunion, puis la dissolution, sort de toutes les sociétés, quel qu'en soit l'objet. Les petits comités ne sont pas sujets aux mêmes fluctuations ; la chute d'une grande société serait un échec apparent pour la cause du spiritisme, et ses ennemis ne manqueraient pas de s'en prévaloir ; la dissolution d'un petit groupe passe inaperçue, et d'ailleurs, si l'un se disperse, vingt autres se forment à côté ; or, vingt groupes de quinze à vingt personnes obtiendront plus, et feront plus pour la propagation, qu'une assemblée de trois à quatre cents personnes.

On dira sans doute que les membres d'une société qui agiraient comme nous venons de le dire ne seraient pas de vrais spirites, puisque le premier devoir qu'impose la doctrine, c'est la charité et la bienveillance. Cela est parfaitement juste ; aussi ceux qui pensent ainsi sont-ils spirites de nom plutôt que de fait ; ils n'appartiennent assurément pas à la troisième catégorie (voir n° 28) ; mais qui dit que ce sont même des spirites quelconques ? Ici se présente une considération qui n'est pas sans gravité.

☞ 336. N'oublions pas que le spiritisme a des ennemis intéressés à le contrecarrer, et qui voient ses succès avec dépit ; les plus dangereux ne sont pas ceux qui l'attaquent ouvertement, mais ceux qui agissent dans l'ombre ; ceux-ci le caressent d'une main et le déchirent de l'autre. Ces êtres malfaisants se glissent partout où ils espèrent faire du mal ; comme ils savent que l'union est une puissance, ils tâchent de la détruire en jetant des brandons de discorde. Qui dit donc que ceux qui, dans les réunions, sèment le trouble et la zizanie ne sont pas des agents provocateurs intéressés au désordre ? À coup sûr, ce ne sont ni de vrais ni de bons spirites ; ils ne peuvent jamais faire de bien et ils peuvent faire beaucoup de mal. On comprend qu'ils ont infiniment plus de facilité à s'insinuer dans les réunions nombreuses que dans les petits comités où tout le monde se connaît ; à la faveur de sourdes menées qui passent inaperçues, ils sèment le doute, la défiance et la désaffection ; sous l'apparence d'un hypocrite intérêt pour la chose, ils critiquent tout, forment des conciliabules et des coteries qui bientôt rompent l'harmonie de l'ensemble : c'est ce qu'ils veulent. Vis-à-vis de ces gens-là, faire appel aux sentiments de charité et de fraternité, c'est parler à des sourds volontaires, car leur but est précisément de détruire ces sentiments qui sont le plus grand obstacle à leurs menées. Cet état de choses, fâcheux dans toutes les sociétés, l'est plus encore dans les sociétés spirites, parce que, s'il n'amène pas une rupture, il cause une préoccupation incompatible avec le recueillement et l'attention.

☞ 337. Si la réunion est dans une mauvaise voie, dira-t-on, des hommes sensés et bien intentionnés n'ont-il pas le droit de critique, et doivent-ils passer le mal sans rien dire, l'approuver par leur silence ? Sans aucun doute, c'est leur droit : c'est de plus un devoir ; mais si leur intention est réellement bonne, ils émettent leur avis avec convenance et bienveillance, ouvertement et non en cachette ; s'il n'est pas suivi, ils se retirent ; car on ne concevrait pas que celui qui n'aurait aucune arrière-pensée s'obstinât à rester dans une société où l'on ferait des choses qui ne lui conviendraient pas.

On peut donc établir en principe que quiconque, dans une réunion spirite, provoque au désordre ou à la désunion, ostensiblement ou par-dessous mains, par des moyens quelconques, est, ou un agent provocateur, ou tout au moins un très mauvais spirite dont on ne saurait se débarrasser trop tôt ; mais les engagements mêmes qui lient tous les membres y mettent souvent obstacle ; c'est pourquoi il convient d'éviter les engagements indissolubles ; les hommes de bien sont toujours assez engagés ; les mal intentionnés le sont toujours trop.

☞ 338. Outre les gens notoirement malveillants qui se glissent dans les réunions, il y a ceux qui, par caractère, portent le trouble avec eux partout où ils se trouvent : on ne saurait donc être trop circonspect sur les éléments nouveaux que l'on y introduit.

Les plus fâcheux, dans ce cas, ne sont pas les ignorants sur la matière, ni même ceux qui ne croient pas : la conviction ne s'acquiert que par l'expérience, et il y a des gens qui veulent s'éclairer de bonne foi. Ceux surtout dont il faut se préserver sont les gens à système préconçu, les incrédules quand même qui doutent de tout, même de l'évidence ; les orgueilleux, qui prétendent avoir seuls la lumière infuse, veulent partout imposer leur opinion, et regardent avec dédain quiconque ne pense pas comme eux. Ne vous laissez pas prendre à leur prétendu désir de s'éclairer ; il en est plus d'un qui serait bien fâché d'être forcé de convenir qu'il s'est trompé ; gardez-vous surtout de ces péroreurs insipides qui veulent toujours avoir le dernier mot, et de ceux qui ne se plaisent que dans la contradiction ; les uns et les autres font perdre le temps sans profit pour eux-mêmes ; les Esprits n'aiment pas les paroles inutiles.

☞ 339. Vu la nécessité d'éviter toute cause de trouble et de distraction, une société spirite qui s'organise doit apporter toute son attention sur les mesures propres à ôter aux fauteurs de désordres les moyens de nuire, et à donner les plus grandes facilités pour les écarter. Les petites réunions n'ont besoin que d'un règlement disciplinaire fort simple pour l'ordre des séances ; les sociétés régulièrement constituées exigent une organisation plus complète ; la meilleure sera celle dont les rouages seront le moins compliqués ; les unes et les autres pourront puiser ce qui leur sera applicable, ou ce qu'elles croiront utile, dans le règlement de la Société parisienne des études spirites que nous donnons ci-après.

☞ 340. Les sociétés petites ou grandes et toutes les réunions, quelle qu'en soit l'importance, ont à lutter contre un autre écueil. Les fauteurs de troubles ne sont pas seulement dans leur sein, ils sont également dans le monde invisible. De même qu'il y a des Esprits protecteurs pour les sociétés, les villes et les peuples, des Esprits malfaisants s'attachent aux groupes comme aux individus ; ils s'attaquent d'abord aux plus faibles, aux plus accessibles, dont ils cherchent à se faire des instruments, et de proche en proche tâchent de circonvenir les masses ; car leur joie méchante est en raison du nombre de ceux qu'ils tiennent sous leur joug. Toutes les fois donc que dans un groupe une personne tombe dans le piège, il faut se dire qu'il y a un ennemi dans le camp, un loup dans la bergerie, et qu'on doit se tenir sur ses gardes, car il est plus que probable qu'il multipliera ses tentatives ; si on ne le décourage par une résistance énergique, l'obsession devient alors comme un mal contagieux, qui se manifeste chez les médiums par la perturbation de la médiumnité, et chez d'autres par l'hostilité des sentiments, la perversion du sens moral et le trouble de l'harmonie. Comme le plus puissant antidote de ce poison est la charité, c'est la charité qu'ils cherchent à étouffer. Il ne faut donc pas attendre que le mal soit devenu incurable pour y porter remède ; il ne faut pas même attendre les premiers symptômes, il faut surtout s'attacher à le prévenir ; pour cela, il est deux moyens efficaces s'ils sont bien employés : la prière de cœur, et l'étude attentive des moindres signes qui révèlent la présence d'Esprits trompeurs ; le premier attire les bons Esprits qui n'assistent avec zèle que ceux qui les secondent par leur confiance en Dieu ; l'autre prouve aux mauvais qu'ils ont affaire à des gens assez clairvoyants et assez sensés pour ne pas se laisser abuser. Si l'un des membres subit l'influence de l'obsession, tous les efforts doivent tendre, dès les premiers indices, à lui dessiller les yeux, de peur que le mal ne s'aggrave, afin d'amener chez lui la conviction qu'il s'est trompé et le désir de seconder ceux qui veulent le débarrasser.

☞ 341. L'influence du milieu est la conséquence de la nature des Esprits et de leur mode d'action sur les êtres vivants ; de cette influence chacun peut déduire soi-même les conditions les plus favorables pour une société qui aspire à se concilier la sympathie des bons Esprits, et à n'obtenir que de bonnes communications en écartant les mauvais. Ces conditions sont toutes dans les dispositions morales des assistants ; elles se résument dans les points suivants :
Parfaite communauté de vues et de sentiments ;
Bienveillance réciproque entre tous les membres ;
Abnégation de tout sentiment contraire à la véritable charité chrétienne ;
Désir unique de s'instruire et de s'améliorer par l'enseignement des bons Esprits, et mise à profit de leurs conseils. Quiconque est persuadé que les Esprits supérieurs se manifestent en vue de nous faire progresser et non pour notre agrément, comprendra qu'ils doivent se retirer de ceux qui se bornent à admirer leur style sans en retirer aucun fruit, et ne prisent l'attrait des séances que par le plus ou moins d'intérêt qu'elles leur offrent selon leurs goûts particuliers ;
Exclusion de tout ce qui, dans les communications demandées aux Esprits, n'aurait qu'un but de curiosité ;
Recueillement et silence respectueux pendant les entretiens avec les Esprits ;
Association de tous les assistants, par la pensée, à l'appel fait aux Esprits que l'on évoque ;
Concours des médiums de l'assemblée avec abnégation de tout sentiment d'orgueil, d'amour-propre et de suprématie, et par l'unique désir de se rendre utiles.
Ces conditions sont-elles si difficiles à remplir qu'on ne puisse les rencontrer ? Nous ne le pensons pas ; nous espérons au contraire que les réunions vraiment sérieuses, comme il en existe déjà dans différentes localités, se multiplieront, et nous n'hésitons pas à dire que c'est à elles que le spiritisme devra sa plus puissante propagation ; en ralliant les hommes honnêtes et consciencieux, elles imposeront silence à la critique, et plus leurs intentions seront pures, plus elles seront respectées même de leurs adversaires ; *lorsque la raillerie s'attaque au bien, elle cesse de faire rire : elle se rend méprisable*. C'est entre les réunions de ce genre qu'un véritable lien sympathique, une solidarité mutuelle s'établiront par la force des choses et contribueront au progrès général.

☞ 342. Ce serait une erreur de croire que les réunions où l'on s'occupe plus spécialement des manifestations physiques soient en dehors de ce concert fraternel, et qu'elles excluent toute pensée sérieuse ; si elles ne requièrent pas des conditions aussi rigoureuses, ce n'est pas impunément qu'on y assiste avec légèreté, et l'on se tromperait si on croyait que le concours des assistants y soit absolument nul ; on a la preuve du contraire dans ce fait que souvent les manifestations de ce genre, même provoquées par de puissants médiums, ne peuvent se produire dans certains milieux. Il y a donc aussi pour cela des influences contraires, et ces influences ne peuvent être que dans la divergence ou l'hostilité des sentiments qui paralysent les efforts des Esprits.

Les manifestations physiques, comme nous l'avons dit, ont une grande utilité ; elles ouvrent un vaste champ à l'observateur, car c'est tout un ordre de phénomènes insolites qui se déroule à ses yeux, et dont les conséquences sont incalculables. Une assemblée peut donc s'en occuper dans des vues très sérieuses, mais elle ne saurait atteindre son but, soit comme étude, soit comme moyen de conviction, si elle ne se place dans des conditions favorables ; la première de toutes est, non pas la foi des assistants, mais leur désir de s'éclairer, sans arrière-pensée, sans parti pris de rejeter même l'évidence ; la seconde est la restriction de leur nombre pour éviter le mélange des éléments hétérogènes. Si les manifestations physiques sont produites en général par les Esprits les moins avancés, elles n'en ont pas moins un but providentiel, et les bons Esprits les favorisent toutes les fois qu'elles peuvent avoir un résultat utile.

Sujets d'études

☞ 343. Lorsqu'on a évoqué ses parents et ses amis, quelques personnages célèbres pour comparer leurs opinions d'outre-tombe avec celles qu'ils ont eues de leur vivant, on est souvent embarrassé pour alimenter les entretiens, à moins de tomber dans les banalités et les futilités. Beaucoup de personnes pensent, en outre, que le Livre des Esprits a épuisé la série des questions de morale et de philosophie ; c'est une erreur ; c'est pourquoi il peut être utile d'indiquer la source où l'on peut puiser des sujets d'étude pour ainsi dire illimités.

☞ 344. Si l'évocation des hommes illustres, des Esprits supérieurs, est éminemment utile par l'enseignement qu'ils nous donnent, celle des Esprits vulgaires ne l'est pas moins, bien qu'ils soient incapables de résoudre les questions d'une haute portée ; par leur infériorité ils se peignent eux-mêmes, et moins la distance qui les sépare de nous est grande, plus nous y trouvons de rapports avec notre propre situation, sans compter qu'ils nous offrent souvent des traits caractéristiques du plus haut intérêt, ainsi que nous l'avons expliqué ci-dessus, n° 281, en parlant de l'utilité des évocations particulières. C'est donc une mine inépuisable d'observations, en ne prenant même que les hommes dont la vie présente quelque particularité sous le rapport du genre de mort, de l'âge, des bonnes ou mauvaises qualités, de leur position heureuse ou malheureuse sur la terre, des habitudes, de l'état mental, etc.

Avec les Esprits élevés, le cadre des études s'élargit ; outre les questions psychologiques qui ont une limite, on peut leur proposer une foule de problèmes moraux qui s'étendent à l'infini sur toutes les positions de la vie, sur la meilleure conduite à tenir dans telle ou telle circonstance donnée, sur nos devoirs réciproques, etc. La valeur de l'instruction que l'on reçoit sur un sujet quelconque, moral, historique, philosophique ou scientifique, dépend entièrement de l'état de l'Esprit que l'on interroge ; c'est à nous de juger.

☞ 345. Outre les évocations proprement dites, les dictées spontanées offrent des sujets d'étude à l'infini. Elles consistent à attendre le sujet qu'il plaît aux Esprits de traiter. Plusieurs médiums peuvent, dans ce cas, travailler simultanément. Quelquefois on peut faire appel à un Esprit déterminé ; le plus ordinairement, on attend ceux qui veulent bien se présenter, et il en vient souvent de la manière la plus imprévue. Ces dictées peuvent ensuite donner lieu à une foule de questions dont le thème se trouve ainsi tout préparé. Elles doivent être commentées avec soin pour étudier toutes les pensées qu'elles renferment, et juger si elles portent avec elles un cachet de vérité. Cet examen, fait avec sévérité, est, comme nous l'avons dit, la meilleure garantie contre l'intrusion des Esprits trompeurs. Par ce motif, autant que pour l'instruction de tous, il pourra être donné connaissance des communications obtenues en dehors de la réunion. Il y a là, comme on le voit, une source intarissable d'éléments éminemment sérieux et instructifs.

☞ 346. Les occupations de chaque séance peuvent être réglées ainsi qu'il suit :

❖ 1°Lecture des communications spirites obtenues dans la dernière séance, mises au net.

❖ 2°Rapports divers. - Correspondance. - Lecture des communications obtenues en dehors des séances. - Relation de faits intéressant le spiritisme.

❖ 3°Travaux d'étude. - Dictées spontanées. Questions diverses et problèmes moraux proposés aux Esprits. - Evocations.

❖ 4°Conférence. - Examen critique et analytique des diverses communications. - Discussion sur les différents points de la science spirite.

☞ 347. Les groupes naissants sont quelquefois arrêtés dans leurs travaux par le manque de médiums. Les médiums sont assurément un des éléments essentiels des réunions spirites, mais ils n'en sont pas l'élément indispensable, et l'on aurait tort de croire qu'à leur défaut il n'y a rien à faire. Sans doute ceux qui ne se réunissent que dans un but d'expérimentation ne peuvent pas plus sans médiums que des musiciens dans un concert sans instruments ; mais ceux qui ont en vue l'étude sérieuse ont mille sujets d'occupations tout aussi utiles et profitables que s'ils pouvaient opérer par eux-mêmes. D'ailleurs, les réunions qui ont des médiums peuvent accidentellement se trouver au dépourvu, et il serait fâcheux qu'elles crussent, dans ce cas, n'avoir qu'à se retirer. Les Esprits eux-mêmes peuvent, de temps en temps, les mettre dans cette position, afin de leur apprendre à se passer d'eux. Nous dirons plus, c'est qu'il est nécessaire, pour profiter de leur enseignement, de consacrer un certain temps à le méditer. Les sociétés scientifiques n'ont pas toujours les instruments d'observation sous les yeux, et pourtant elles ne sont pas embarrassées de trouver des sujets de discussion ; en l'absence de poètes et d'orateurs, les sociétés littéraires lisent et commentent les ouvrages des auteurs anciens et modernes ; les sociétés religieuses méditent sur les Ecritures ; les sociétés spirites doivent faire de même, et elles tireront un grand profit pour leur avancement en établissant des conférences dans lesquelles on lirait et commenterait tout ce qui peut avoir trait au spiritisme, pour ou contre. De cette discussion où chacun apporte le tribut de ses réflexions, jaillissent des traits de lumière qui passent inaperçus dans une lecture individuelle. À côté des ouvrages spéciaux, les journaux fourmillent de faits, de récits, d'événements, de traits de vertus ou de vices qui soulèvent de graves problèmes moraux que le spiritisme seul peut résoudre, et c'est encore là un moyen de prouver qu'il se rattache à toutes les branches de l'ordre social. Nous mettons en fait qu'une société spirite qui organiserait son travail dans ce sens, en se procurant les matériaux nécessaires, ne trouverait pas assez de temps à donner aux communications directes des Esprits; c'est pourquoi nous appelons sur ce point l'attention des réunions vraiment sérieuses, de celles qui ont plus à cœur de s'instruire que de chercher un passe-temps. (Voir n° 207 au chapitre de la *Formation des médiums*.)

Rivalité entre les sociétés

☞ 348. Les réunions qui s'occupent exclusivement des communications intelligentes et celles qui se livrent à l'étude des manifestations physiques, ont chacune leur mission; ni les unes ni les autres ne seraient dans le véritable esprit du spiritisme si elles se voyaient d'un mauvais oeil, et celle qui jetterait la pierre à l'autre prouverait par cela seul la mauvaise influence qui la domine, toutes doivent concourir, quoique par des voies différentes, au but commun qui est la recherche et la propagation de la vérité; leur antagonisme, qui ne serait qu'un effet de l'orgueil surexcité, en fournissant des armes aux détracteurs, ne pourrait que nuire à la cause qu'elles prétendent défendre.

☞ 349. Ces dernières réflexions s'appliquent également à tous les groupes qui pourraient différer sur quelques points de la doctrine. Comme nous l'avons dit au chapitre des *Contradictions*, ces divergences ne portent, la plupart du temps, que sur des accessoires, souvent même sur de simples mots; il y aurait donc de la puérilité à faire bande à part, parce qu'on ne penserait pas exactement de même. Il y aurait pire que cela, si les différents groupes ou sociétés d'une même ville se regardaient avec jalousie. On comprend la jalousie entre gens qui se font concurrence, et peuvent se porter un préjudice matériel; mais, quand il n'y a pas spéculation, la jalousie ne peut être qu'une mesquine rivalité d'amour-propre. Comme, en définitive, il n'est pas de société qui puisse réunir dans son sein tous les adeptes, celles qui sont animées d'un véritable désir de propager la vérité, dont le but est uniquement moral, doivent voir avec plaisir se multiplier les réunions, et, s'il y a concurrence entre elles, ce doit être à qui fera le plus de bien. Celles qui prétendraient être dans le vrai à l'exclusion des autres, devraient le prouver en prenant pour devise: *Amour et charité*; car telle est celle de tout vrai spirite. Veulent-elles se prévaloir de la supériorité des Esprits qui les assistent? qu'elles le prouvent par la supériorité des enseignements qu'elles reçoivent, et par l'application qu'elles s'en font à elles-mêmes: c'est là un critérium infaillible pour distinguer celles qui sont dans la meilleure voie.

Certains Esprits, plus présomptueux que logiques, tentent parfois d'imposer des systèmes étranges et impraticables, à la faveur des noms vénérés dont ils se parent. Le bon sens fait bientôt justice de ces utopies, mais en attendant elles peuvent semer le doute et l'incertitude parmi les adeptes; de là souvent une cause de dissentiments momentanés. Outre les moyens que nous avons donnés de les apprécier, il est un autre critérium qui donne la mesure de leur valeur : c'est le nombre de partisans qu'ils recrutent. La raison dit que le système qui trouve le plus d'écho dans les masses, doit être plus près de la vérité que celui qui est repoussé par la majorité, et voit ses rangs s'éclaircir ; aussi tenez pour certain que les Esprits qui refusent la discussion de leur enseignement, c'est qu'ils en comprennent la faiblesse.

☞ 350. Si le spiritisme doit, ainsi que cela est annoncé, amener la transformation de l'humanité, ce ne peut être que par l'amélioration des masses, laquelle n'arrivera graduellement et de proche en proche que par l'amélioration des individus. Qu'importe de croire à l'existence des Esprits, si cette croyance ne rend pas meilleur, plus bienveillant et plus indulgent pour ses semblables, plus humble, plus patient dans l'adversité ? Que sert à l'avare d'être spirite, s'il est toujours avare ; à l'orgueilleux, s'il est toujours plein de lui-même ; à l'envieux, s'il est toujours jaloux ? Tous les hommes pourraient donc croire aux manifestations, et l'humanité rester stationnaire ; mais tels ne sont pas les desseins de Dieu. C'est vers le but providentiel que doivent tendre toutes les sociétés spirites sérieuses, en groupant autour d'elles tous ceux qui sont dans les mêmes sentiments ; alors il y aura entre elles union, sympathie, fraternité, et non un vain et puéril antagonisme d'amour-propre, de mots plutôt que de choses ; alors, elles seront fortes et puissantes, parce qu'elles s'appuieront sur une base inébranlable : le bien pour tous ; alors elles seront respectées et imposeront silence à la sotte raillerie, parce qu'elles parleront au nom de la morale évangélique respectée de tous.

Telle est la voie dans laquelle nous nous sommes efforcé de faire entrer le spiritisme. Le drapeau que nous arborons hautement est celui du *spiritisme chrétien et humanitaire*, autour duquel nous sommes heureux de voir déjà tant d'hommes se rallier sur tous les points du globe, parce qu'ils comprennent que là est l'ancre de salut, la sauvegarde de l'ordre public, le signal d'une ère nouvelle pour l'humanité. Nous convions toutes les sociétés spirites à concourir à cette grande œuvre ; que d'un bout du monde à l'autre elles se tendent une main fraternelle, et elles enlaceront le mal dans des filets inextricables.

CHAPITRE XXX.
RÈGLEMENT DE LA SOCIÉTÉ PARISIENNE DES ÉTUDES SPIRITES

Fondée le 1avril 1858

Et autorisée par arrêté de M. le Préfet de police, en date du 13 avril 1858, d'après l'avis de S. E. M. le Ministre de l'intérieur et de la sûreté générale.

Nota. - Quoique ce règlement soit le fruit de l'expérience, nous ne le donnons point comme une loi absolue, mais uniquement pour la facilité des sociétés qui voudraient se former, et qui pourront y puiser les dispositions qu'elles croiront utiles et applicables aux circonstances qui leur sont propres. Quelque simplifiée qu'en soit l'organisation, elle peut l'être encore beaucoup plus quand il s'agit, non de sociétés régulièrement constituées, mais de simples réunions intimes qui n'ont besoin d'établir que des mesures d'ordre, de précaution et de régularité dans les travaux.

Nous le donnons également pour la gouverne des personnes qui voudraient se mettre en rapport avec la Société parisienne, soit comme correspondants, soit à titre de membres de la Société.

CHAPITRE PREMIER - But et formation de la Société

ARTICLE 1. - La Société a pour objet l'étude de tous les phénomènes relatifs aux manifestations spirites, et leur application aux sciences morales, physiques, historiques et psychologiques. Les questions politiques, de controverse religieuse et d'économie sociale y sont interdites.
Elle prend pour titre : *Société parisienne des Etudes spirites*.

ART.2. - La Société se compose de membres titulaires, d'associés libres et de membres correspondants.
Elle peut conférer le titre de membre honoraire aux personnes résidant en France ou à l'étranger qui, par leur position ou leurs travaux, peuvent lui rendre des services signalés.
Les membres honoraires sont tous les ans soumis à une réélection.

ART.3. - La Société n'admet que les personnes qui sympathisent avec ses principes et le but de ses travaux ; celles qui sont déjà initiées aux principes fondamentaux de la science spirite, ou qui sont sérieusement animées du désir de s'en instruire. En conséquence, elle exclut quiconque pourrait apporter des éléments de trouble au sein des réunions, soit par un esprit d'hostilité ou d'opposition systématique, soit par toute autre cause, et faire ainsi perdre le temps en discussions inutiles.
Tous les membres se doivent réciproquement bienveillance et bons procédés ; ils doivent, en toutes circonstances, mettre le bien général au-dessus des questions personnelles et d'amour-propre.

ART.4. - Pour être admis comme associé libre, il faut adresser au Président une demande écrite, apostillée par deux membres titulaires qui se rendent garants des intentions du postulant.

La lettre de demande doit relater sommairement : 1° si le postulant possède déjà des connaissances en matière de spiritisme ; 2° l'état de ses convictions sur les points fondamentaux de la science ; 3° l'engagement de se conformer en tout au règlement. La demande est soumise au comité qui l'examine et propose, s'il y a lieu, l'admission, l'ajournement ou le rejet.

L'ajournement est de rigueur pour tout candidat qui ne posséderait aucun des éléments de la science spirite, et ne sympathiserait pas avec les principes de la Société.

Les associés libres ont droit d'assister à toutes les séances, de participer aux travaux et aux discussions qui ont pour objet l'étude ; mais, dans aucun cas, ils n'ont voix délibérative pour ce qui concerne les affaires de la Société.

Les associés libres ne sont engagés que pour l'année de leur admission, et leur maintien dans la Société doit être ratifié à la fin de cette première année.

ART.5. - Pour être membre titulaire, il faut avoir été au moins pendant un an associé libre, avoir assisté à plus de la moitié des séances, et avoir donné, pendant ce temps, des preuves notoires de ses connaissances et de ses convictions en fait de spiritisme, de son adhésion aux principes de la Société, et de sa volonté d'agir en toutes circonstances, à l'égard de ses collègues, selon les principes de la charité et de la morale spirite.

Les associés libres qui auront assisté régulièrement pendant six mois aux séances de la Société pourront être admis comme membres titulaires si, du reste, ils remplissent les autres conditions.

L'admission est proposée d'office par le comité, avec l'assentiment de l'associé, si elle est en outre appuyée par trois autres membres titulaires. Elle est ensuite prononcée, s'il y a lieu, par la Société, au scrutin secret, après un rapport verbal du comité.

Les membres titulaires ont seuls voix délibérative, et jouissent seuls de la faculté accordée par l'article 25.

ART.6. - La Société limitera, si elle le juge à propos, le nombre des associés libres et des membres titulaires.

ART.7. - Les membres correspondants sont ceux qui, ne résidant point à Paris, sont en rapport avec la Société, et lui fournissent des documents utiles pour ses études. Ils peuvent être nommés sur la présentation d'un seul membre titulaire.

CHAPITRE II - Administration

ART.8. - La Société est administrée par un Président-directeur, assisté des membres du bureau et d'un comité.

ART.9. - Le bureau se compose de :

↳ 1 Président. - 1 Vice-président. - 1 Secrétaire principal. 2 Secrétaires adjoints. - 1 Trésorier.

Il pourra en outre être nommé un ou plusieurs Présidents honoraires.

À défaut du Président et du Vice-président, les séances pourront être présidées par l'un des membres du comité.

ART.10. - Le Président-directeur doit tous ses soins aux intérêts de la Société et de la science spirite. Il a la direction générale et la haute surveillance de l'administration, ainsi que la conservation des archives.

Le Président est nommé pour trois ans, et les autres membres du bureau pour un an, et indéfiniment rééligibles.

ART.11. - Le comité est composé des membres du bureau et de cinq autres membres titulaires choisis de préférence parmi ceux qui auront apporté un concours actif dans les travaux de la Société, rendu des services à la cause du spiritisme, ou donné des gages de leur esprit bienveillant et conciliant. Ces cinq membres sont, comme les membres du bureau, nommés pour un an et rééligibles.

Le comité est présidé de droit par le Président-directeur, ou à son défaut, par le Vice-président ou celui de ses membres qui sera désigné à cet effet.

Le comité est chargé de l'examen préalable de toutes les questions et propositions administratives et autres à soumettre à la Société ; il contrôle les recettes et les dépenses de la Société et les comptes du Trésorier ; il autorise les dépenses courantes, et arrête toutes les mesures d'ordre qui seront jugées nécessaires.

Il examine en outre les travaux et sujets d'étude proposés par les différents membres, en prépare lui-même de son côté, et fixe l'ordre des séances, de concert avec le Président.

Le Président peut toujours s'opposer à ce que certains sujets soient traités et mis à l'ordre du jour, sauf à lui à en référer à la Société, qui décidera.

Le comité se réunit régulièrement avant l'ouverture des séances pour l'examen des choses courantes, et en outre à tout autre moment qu'il jugera convenable.

Les membres du bureau et du comité qui auront été absents pendant trois mois consécutifs sans en avoir donné avis, sont censés avoir résigné leurs fonctions, et il sera pourvu à leur remplacement.

ART.12. - Les décisions, soit de la Société, soit du comité, sont prises à la majorité absolue des membres présents ; en cas de partage, la voix du Président est prépondérante.

Le comité peut délibérer lorsque quatre de ses membres sont présents.

Le scrutin secret est de droit s'il est réclamé par cinq membres.

ART.13. - Tous les trois mois, six membres, choisis parmi les titulaires ou les associés libres, sont désignés pour remplir les fonctions de *commissaires*.

Les commissaires sont chargés de veiller à l'ordre et à la bonne tenue des séances, et de vérifier le droit d'entrée de toute personne étrangère qui se présente pour y assister.

À cet effet, les membres désignés s'entendront pour que l'un d'eux soit présent à l'ouverture des séances.

ART.14. - L'année sociale commence le 1 avril.

Les nominations du bureau et du comité se feront dans la première séance du mois de mai. Les membres en exercice continueront leurs fonctions jusqu'à cette époque.

ART.15. - Pour subvenir aux dépenses de la Société, il est payé une cotisation annuelle de 24 francs pour les titulaires, et de 20 francs pour les associés libres.
Les membres titulaires, lors de leur réception, acquittent en outre un droit d'entrée de 10 francs une fois payé.
La cotisation se paye intégralement pour l'année courante.
Les membres admis dans le courant de l'année n'auront à payer, pour cette première année, que les trimestres à échoir, y compris celui de leur admission.
Lorsque le mari et la femme sont reçus associés libres, ou titulaires, il n'est exigé qu'une cotisation et demie pour les deux.
Tous les six mois, le 1 avril et le 1 octobre, le Trésorier rend compte au comité de l'emploi et de la situation des fonds.
Les dépenses courantes en loyers et autres frais obligatoires étant acquittées, s'il y a un excédent, la Société en déterminera l'emploi.

ART.16. - Il est remis à tous les membres reçus, associés libres ou titulaires, une carte d'admission constatant leur titre. Cette carte est déposée chez le Trésorier, où le nouveau membre peut la retirer en acquittant sa cotisation et le droit d'entrée. Le nouveau membre ne peut assister aux séances qu'après avoir retiré sa carte. À défaut par lui de l'avoir retirée un mois après sa nomination, il est censé démissionnaire.
Sera également réputé démissionnaire tout membre qui n'aurait pas acquitté sa cotisation annuelle dans le premier mois du renouvellement de l'année sociale, après un avis du Trésorier demeuré sans effet.

CHAPITRE III - Des séances

ART.17 - Les séances de la Société ont lieu tous les vendredis à huit heures du soir, sauf modification, s'il y a lieu.
Les séances sont particulières ou générales ; elles ne sont jamais publiques.
Toute personne faisant partie de la Société à un titre quelconque doit, à chaque séance, apposer son nom sur une liste de présence.

ART.18. - Le silence et le recueillement sont rigoureusement exigés pendant les séances, et principalement pendant les études. Nul ne peut prendre la parole sans l'avoir obtenue du Président.
Toutes les questions adressées aux Esprits doivent l'être par l'intermédiaire du Président, qui peut refuser de les poser, selon les circonstances.
Sont notamment interdites toutes les questions futiles, d'intérêt personnel, de pure curiosité, ou faites en vue de soumettre les Esprits à des épreuves, ainsi que toutes celles qui n'ont pas un but d'utilité générale au point de vue des études.
Sont également interdites toutes les discussions qui détourneraient de l'objet spécial dont on s'occupe.

ART.19. - Tout membre a le droit de demander le rappel à l'ordre contre quiconque s'écarterait des convenances dans la discussion, ou troublerait les séances d'une manière quelconque. Le rappel est immédiatement mis aux voix ; s'il est adopté, il est inscrit au procès-verbal.

Trois rappels à l'ordre dans l'espace d'une année entraînent de droit la radiation du membre qui les aura encourus, quel que soit son titre.

ART.20. - Aucune communication spirite obtenue en dehors de la Société ne peut être lue avant d'avoir été soumise, soit au Président, soit au comité, qui peuvent en admettre ou en refuser la lecture.

Une copie de toute communication étrangère dont la lecture aura été autorisée doit rester déposée aux archives.

Toutes les communications obtenues pendant les séances appartiennent à la Société ; les médiums qui les ont écrites peuvent en prendre copie.

ART.21. - Les séances particulières sont réservées aux membres de la société ; elles ont lieu le 1°, le 3° et, s'il y a lieu, le 5° vendredi de chaque mois.

La société réserve pour les séances particulières toutes les questions concernant ses affaires administratives, ainsi que les sujets d'étude qui réclament le plus de tranquillité et de concentration, ou qu'elle juge à propos d'approfondir avant de les produire devant des personnes étrangères.

Ont droit d'assister aux séances particulières, outre les membres titulaires et les associés libres, les membres correspondants temporairement à Paris, et les médiums qui prêtent leur concours à la Société.

Aucune personne étrangère à la Société n'est admise aux séances particulières, sauf les cas exceptionnels et avec l'assentiment préalable du Président.

ART.22. - Les séances générales ont lieu le 2° et le 4° vendredi de chaque mois.

Dans les séances générales, la Société autorise l'admission d'auditeurs étrangers qui peuvent y assister temporairement sans en faire partie. Elle peut retirer cette autorisation quand elle le jugera à propos.

Nul ne peut assister aux séances comme auditeur sans être présenté au Président par un membre de la Société, qui se rend garant de son attention à ne causer ni trouble ni interruption.

La Société n'admet, comme auditeurs, que les personnes aspirant à devenir membres, ou qui sont sympathiques à ses travaux, et déjà suffisamment initiées à la science spirite pour les comprendre. L'admission doit être refusée d'une manière absolue à quiconque n'y serait attiré que par un motif de curiosité, ou dont les opinions seraient hostiles.

La parole est interdite aux auditeurs, sauf les cas exceptionnels appréciés par le Président. Celui qui troublerait l'ordre d'une manière quelconque, ou manifesterait de la malveillance pour les travaux de la Société, pourrait être invité à se retirer, et, dans tous les cas, mention en sera faite sur la liste d'admission, et l'entrée lui serait interdite à l'avenir.

Le nombre des auditeurs devant être limité sur celui des places disponibles, ceux qui pourront assister aux séances devront être inscrits d'avance sur un registre destiné à cet effet, avec mention de leur adresse et de la personne qui les recommande.

En conséquence, toute demande d'entrée devra être adressée plusieurs jours avant la séance au Président, qui seul délivre les lettres d'introduction jusqu'à la clôture de la liste.

Les lettres d'introduction ne peuvent servir que pour le jour indiqué et pour les personnes désignées.

L'entrée ne peut être accordée au même auditeur pour plus de deux séances, sauf l'autorisation du Président, et pour des cas exceptionnels. Le même membre ne peut présenter plus de deux personnes à la fois. Les entrées données par le Président ne sont pas limitées.

Les auditeurs ne sont plus admis après l'ouverture de la séance.

CHAPITRE IV - Dispositions diverses

ART.23. - Tous les membres de la Société lui doivent leur concours. En conséquence, ils sont invités à recueillir, dans leur cercle respectif d'observations, les faits anciens ou récents qui peuvent avoir trait au spiritisme, et à les signaler. Ils voudront bien en même temps s'enquérir, autant qu'il sera en leur pouvoir, de la notoriété des dits faits.

Ils sont également invités à lui signaler toutes les publications qui peuvent avoir un rapport plus ou moins direct avec l'objet de ses travaux.

ART.24. - La Société fait un examen critique des divers ouvrages publiés sur le spiritisme, lorsqu'elle le juge à propos. À cet effet, elle charge un de ses membres, associé libre ou titulaire, de lui faire un compte rendu qui sera imprimé, s'il y a lieu, dans la *Revue spirite*.

ART.25. - La Société créera une bibliothèque spéciale composée des ouvrages qui lui seront offerts, et de ceux dont elle fera l'acquisition.

Les membres titulaires pourront venir au siège de la Société consulter soit la bibliothèque, soit les archives, aux jours et heures qui seront fixés à cet effet.

ART.26. - La Société considérant que sa responsabilité peut se trouver moralement engagée par les publications particulières de ses membres, nul ne peut prendre, dans un écrit quelconque, le titre de *membre de la Société* sans y être autorisé par elle, et sans qu'au préalable elle ait pris connaissance du manuscrit. Le comité sera chargé de lui faire un rapport à ce sujet. Si la Société juge l'écrit incompatible avec ses principes, l'auteur, après avoir été entendu, sera invité, soit à le modifier, soit à renoncer à sa publication, soit enfin à ne point se faire connaître comme membre de la Société. Faute par lui de se soumettre à la décision qui sera prise, sa radiation pourra être prononcée.

Tout écrit publié par un membre de la Société sous le voile de l'anonyme, et sans aucune mention qui puisse le faire connaître comme tel, rentre dans la catégorie des publications ordinaires dont la Société se réserve l'appréciation. Toutefois, sans vouloir entraver la libre émission des opinions personnelles, la Société invite ceux de ses membres qui seraient dans l'intention de faire des publications de ce genre à réclamer au préalable son avis officieux, dans l'intérêt de la science.

ART.27. - La Société, voulant maintenir dans son sein l'unité de principes et l'esprit d'une bienveillance réciproque, pourra prononcer la radiation de tout membre qui serait une cause de trouble, ou se mettrait en hostilité ouverte avec elle par des écrits compromettants pour la doctrine, par des opinions subversives, ou par une manière d'agir qu'elle ne saurait approuver. La radiation ne sera toutefois prononcée qu'après avis officieux préalable demeuré sans effet, et après avoir entendu le membre inculpé, s'il juge à propos de s'expliquer. La décision sera prise au scrutin secret et à la majorité des trois quarts des membres présents.

ART.28. - Tout membre qui se retire volontairement dans le courant de l'année ne peut réclamer la différence des cotisations versées par lui ; cette différence sera remboursée en cas de radiation prononcée par la Société.

ART.29. - Le présent règlement pourra être modifié, s'il y a lieu. Les propositions de modifications ne pourront être faites à la Société que par l'organe de son Président, auquel elles devront être transmises, et dans le cas où elles auraient été admises par le comité.

La Société peut, sans modifier son règlement dans les points essentiels, adopter toutes les mesures complémentaires qu'elle jugera utiles.

CHAPITRE XXXI
—
DISSERTATIONS SPIRITES

Nous avons réuni dans ce chapitre quelques dictées spontanées pouvant compléter et confirmer les principes contenus dans cet ouvrage. Nous aurions pu en citer un beaucoup plus grand nombre, mais nous nous bornons à celles qui ont plus particulièrement rapport à l'avenir du spiritisme, aux médiums et aux réunions. Nous les donnons à la fois comme instruction, et comme types du genre des communications vraiment sérieuses. Nous terminons par quelques communications apocryphes suivies des remarques propres à les faire reconnaître.

Sur le spiritisme

I

Ayez confiance dans la bonté de Dieu, et soyez assez clairvoyants pour comprendre les préparatifs de la nouvelle vie qu'il vous destine. Il ne vous sera pas donné, il est vrai, d'en jouir dans cette existence; mais ne serez-vous pas heureux, si vous ne revivez pas sur ce globe, de considérer d'en haut l'œuvre que vous aurez commencée et qui se développera sous vos yeux. Soyez cuirassés par une foi ferme et sans hésitation contre les obstacles qui semblent devoir s'élever contre l'édifice dont vous posez les fondements. Les bases sur lesquelles il s'appuie sont solides : le Christ en a posé la première pierre. Courage, donc, architectes du divin maître! Travaillez, bâtissez, Dieu couronnera votre œuvre. Mais songez bien que le Christ renie pour ses disciples quiconque n'a la charité que sur les lèvres; il ne suffit pas de croire, il faut surtout donner l'exemple de la bonté, de la bienveillance et du désintéressement, sans cela votre foi sera stérile pour vous.

—SAINT AUGUSTIN

II

Le Christ lui-même préside les travaux de toute nature qui sont en voie d'accomplissement pour vous ouvrir l'ère de rénovation et de perfectionnement que vous prédisent vos guides spirituels. Si, en effet, vous jetez les yeux, en dehors des manifestations spirites, sur les événements contemporains, vous reconnaîtrez, sans aucune hésitation, les signes avant-coureurs qui vous prouveront d'une manière irréfragable que les temps prédits sont arrivés. Les communications s'établissent entre tous les peuples; les barrières matérielles renversées, les obstacles moraux qui s'opposent à leur union, les préjugés politiques et religieux, s'effaceront rapidement, et le règne de la fraternité s'établira enfin d'une manière solide et durable. Observez dès aujourd'hui les souverains eux-mêmes, poussés par une main invisible, prendre, chose inouïe pour vous, l'initiative des réformes; et les réformes qui partent d'en haut et spontanément sont bien plus rapides et plus durables que celles qui partent d'en bas, et sont arrachées par force. J'avais, malgré des préjugés d'enfance et d'éducation, malgré le culte du souvenir, pressenti l'époque actuelle ; j'en suis heureux, et suis plus heureux encore de venir vous dire : Frères, courage ! travaillez pour vous et pour l'avenir des vôtres ; travaillez surtout à votre amélioration personnelle, et vous jouirez dans votre première existence d'un bonheur dont il vous est aussi difficile de vous faire une idée, qu'à moi de vous le faire comprendre.

—CHATEAUBRIAND

III

Je pense que le spiritisme est une étude toute philosophique des causes secrètes, des mouvements intérieurs de l'âme peu ou point définis jusqu'ici. Il explique, plus encore qu'il ne découvre des horizons nouveaux. La réincarnation et les épreuves subies avant d'arriver au but suprême ne sont pas des révélations, mais une confirmation importante. Je suis frappé des vérités que ce *moyen* met en lumière. Je dis *moyen* avec intention, car, à mon sens, le spiritisme est un levier qui écarte les barrières de l'aveuglement. La préoccupation des questions morales est tout entière à créer ; on discute la politique qui remue les intérêts généraux, on discute les intérêts privés, on se passionne pour l'attaque ou la défense des personnalités ; les systèmes ont leurs partisans et leurs détracteurs ; mais les vérités morales, celle qui sont le pain de l'âme, le pain de vie, sont laissées dans la poussière accumulée par les siècles. Tous les perfectionnements sont utiles aux yeux de la foule, sauf celui de l'âme ; son éducation, son élévation sont des chimères bonnes tout au plus pour occuper les loisirs des prêtres, des poètes, des femmes, soit à l'état de mode, soit à l'état d'enseignement.

Si le *spiritisme* ressuscite le *spiritualisme*, il rendra à la société l'élan qui donne aux uns la dignité intérieure, aux autres la résignation, à tous le besoin de s'élever vers l'Etre suprême oublié et méconnu par ses ingrates créatures.

—J.-J. ROUSSEAU

IV

Si Dieu envoie des Esprits pour instruire les hommes, c'est afin de les éclairer sur leurs devoirs, de leur montrer la route qui peut abréger leurs épreuves, et par là de hâter leur avancement ; or, de même que le fruit arrive à maturité, l'homme aussi arrivera à la perfection. Mais à côté des bons Esprits qui veulent votre bien, il y a aussi les Esprits imparfaits qui veulent votre mal ; tandis que les uns vous poussent en avant, d'autres vous tirent en arrière ; c'est à les distinguer que vous devez apporter toute votre attention ; le moyen est facile : tâchez seulement de comprendre que rien de ce qui vient d'un bon Esprit ne peut nuire à qui que ce soit, et que tout ce qui est mal ne peut venir que d'un mauvais Esprit. Si vous n'écoutez pas les sages avis des Esprits qui vous veulent du bien, si vous vous blessez des vérités qu'ils peuvent vous dire, il est évident que ce sont de mauvais Esprits qui vous conseillent ; l'orgueil seul peut vous empêcher de vous voir tels que vous êtes ;

mais si vous ne le voyez pas vous-mêmes, d'autres le voient pour vous ; de sorte que vous êtes blâmés, et par les hommes qui rient de vous en arrière, et par les Esprits.

—UN ESPRIT FAMILIER

V

Votre doctrine est belle et sainte ; le premier jalon est planté et solidement planté. Maintenant vous n'avez plus qu'à marcher ; la voie qui vous est ouverte est grande et majestueuse. Bienheureux est celui qui arrivera au port, plus il aura fait de prosélytes et plus il lui sera compté. Mais pour cela il ne faut pas embrasser la doctrine froidement ; il faut y mettre de l'ardeur, et cette ardeur sera doublée, car Dieu est toujours avec vous quand vous faites le bien. Tous ceux que vous amènerez seront autant de brebis rentrées au bercail ; pauvres brebis à moitié égarées ! Croyez bien que le plus sceptique, le plus athée, le plus incrédule enfin a toujours un tout petit coin dans le cœur qu'il voudrait pouvoir se cacher à lui-même. Eh bien ! c'est ce petit coin qu'il faut chercher, qu'il faut trouver ; c'est ce côté vulnérable qu'il faut attaquer ; c'est une petite brèche laissée ouverte exprès par Dieu pour faciliter à sa créature le moyen de rentrer dans son sein.

—SAINT BENOÎT

VI

Ne vous effrayez pas de certains obstacles, de certaines controverses.

Ne tourmentez personne par aucune insistance ; la persuasion ne viendra aux incrédules que par votre désintéressement, que par votre tolérance et votre charité pour tous sans exception.

Gardez-vous surtout de violenter l'opinion, même par vos paroles ou par des démonstrations publiques. Plus vous serez modestes, plus vous arriverez à vous faire apprécier. Qu'aucun mobile personnel ne vous fasse agir, et vous trouverez dans vos consciences une force attractive que le bien seul procure.

Les Esprits, par ordre de Dieu, travaillent pour le progrès de tous sans exception ; vous, spirites, faites de même.

—SAINT LOUIS

VII

Quelle est l'institution humaine, même divine, qui n'a eu des obstacles à surmonter, des schismes contre lesquels il lui a fallu lutter ? Si vous n'aviez qu'une existence triste et mourante, on ne s'attaquerait point à vous, sachant bien que vous devez succomber d'un moment à l'autre ; mais comme votre vitalité est forte et active, comme l'arbre spirite a de fortes racines, on suppose qu'il peut vivre longtemps, et on essaie de la cognée contre lui. Que feront ces envieux ? Ils abattront tout au plus quelques branches qui repousseront avec une nouvelle sève et seront plus fortes que jamais.

—CHANNING

VIII

Je vais vous parler sur la fermeté que vous devez avoir dans vos travaux spirites. Une citation sur ce sujet vous a été faite ; je vous conseille de l'étudier de cœur, et de vous en appliquer l'esprit ; car de même que saint Paul vous serez persécutés, non pas en chair et en os, mais en esprit ; les incrédules, les pharisiens de l'époque, vous blâmeront, vous bafoueront ; mais ne craignez rien, ce sera une épreuve qui vous fortifiera si vous savez la rapporter à Dieu, et plus tard vous verrez vos efforts couronnés de succès ; ce sera un grand triomphe pour vous au jour de l'éternité, sans oublier que, dans ce monde, c'est déjà une consolation pour les personnes qui ont perdu des parents et des amis ; savoir qu'ils sont heureux, qu'on peut communiquer avec eux, est un bonheur. Marchez donc en avant ; accomplissez la mission que Dieu vous donne, et elle vous sera comptée au jour où vous paraîtrez devant le Tout-Puissant.

—CHANNING

IX

Je viens, moi, ton Sauveur et ton juge ; je viens, comme autrefois, parmi les fils égarés d'Israël ; je viens apporter la vérité et dissiper les ténèbres. Ecoutez-moi. Le spiritisme, comme autrefois ma parole, doit rappeler aux matérialistes qu'au-dessus d'eux règne l'immuable vérité : Dieu bon, le Dieu grand qui fait germer la plante et qui soulève les flots. J'ai révélé la doctrine divine ; j'ai comme un moissonneur, lié en gerbes le bien épars dans l'humanité, et j'ai dit : Venez à moi, vous tous qui souffrez !

Mais les hommes ingrats se sont détournés de la voie droite et large qui conduit au royaume de mon Père, et ils se sont égarés dans les âpres sentiers de l'impiété. Mon Père ne veut pas anéantir la race humaine ; il veut, non plus par des prophètes, non plus par des apôtres, il veut que vous aidant les uns les autres, morts et vivants, c'est-à-dire morts selon la chair, car la mort n'existe pas, vous vous secouriez, et que la voix de ceux qui ne sont plus se fasse entendre pour vous crier : Priez et croyez ! car la mort est la résurrection, et la vie, l'épreuve choisie pendant laquelle vos vertus cultivées doivent grandir et se développer comme le cèdre.

Croyez aux voix qui vous répondent : ce sont les âmes elles-mêmes de ceux que vous évoquez. Je ne me communique que rarement ; mes amis, ceux qui ont assisté à ma vie et à ma mort sont les interprètes divins des volontés de mon Père.

Hommes faibles qui croyez à l'erreur de vos obscures intelligences, n'éteignez pas le flambeau que la clémence divine place entre vos mains pour éclairer votre route et vous ramener, enfants perdus, dans le giron de votre Père.

Je vous le dis, en vérité, croyez à la diversité, à la *multiplicité* des Esprits qui vous entourent. Je suis trop touché de compassion pour vos misères, pour votre immense faiblesse, pour ne pas tendre une main secourable aux malheureux égarés qui, voyant le ciel, tombent dans l'abîme de l'erreur. Croyez, aimez, comprenez les vérités qui vous sont révélées ; ne mêlez pas l'ivraie au bon grain, les systèmes aux vérités.

Spirites ! aimez-vous, voilà le premier enseignement ; instruisez-vous, voilà le second. Toutes vérités se trouvent dans le christianisme; les erreurs qui y ont pris racine sont d'origine humaine; et voilà qu'au-delà du tombeau que vous croyiez le néant, des voix vous crient: Frères! rien ne périt; Jésus-Christ est le vainqueur du mal, soyez les vainqueurs de l'impiété.

Remarque: Cette communication, obtenue par un des meilleurs médiums de la Société spirite de Paris, est signée d'un nom que le respect ne nous permet de reproduire que sous toutes réserves, tant serait grande l'insigne faveur de son authenticité, et parce qu'il en a été trop souvent abusé dans des communications évidemment apocryphes; ce nom est celui de Jésus de Nazareth. Nous ne doutons nullement qu'il ne puisse se manifester; mais si les Esprits vraiment supérieurs ne le font que dans des circonstances exceptionnelles, la raison nous défend de croire que l'Esprit pur par excellence réponde à l'appel du premier venu; il y aurait, dans tous les cas, profanation à lui attribuer un langage indigne de lui.

C'est par ces considérations que nous nous sommes toujours abstenus de rien publier qui portât ce nom; et nous croyons qu'on ne saurait être trop circonspect dans les publications de ce genre, qui n'ont d'authenticité que pour l'amour-propre, et dont le moindre inconvénient est de fournir des armes aux adversaires du spiritisme.

Comme nous l'avons dit, plus les Esprits sont élevés dans la hiérarchie, plus leur nom doit être accueilli avec défiance; il faudrait être doué d'une bien grande dose d'orgueil pour se flatter d'avoir le privilège de leurs communications, et se croire digne de converser avec eux comme avec ses égaux. Dans la communication ci-dessus, nous ne constatons qu'une chose, c'est la supériorité incontestable du langage et des pensées, laissant à chacun le soin de juger si celui dont elle porte le nom ne la désavouerait pas.

Sur les médiums

X

Tous les hommes sont médiums; tous ont un Esprit qui les dirige vers le bien, quand ils savent l'écouter. Maintenant, que quelques-uns communiquent directement avec lui par une médiumnité particulière, que d'autres ne l'entendent que par la voix du cœur et de l'intelligence, peu importe, ce n'est pas moins leur Esprit familier qui les conseille. Appelez-le esprit, raison, intelligence, c'est toujours une voix qui répond à votre âme et vous dicte de bonnes paroles; seulement vous ne les comprenez pas toujours. Tous ne savent pas agir d'après les conseils de la raison, non de cette raison qui se traîne et rampe plutôt qu'elle ne marche, cette raison qui se perd au milieu des intérêts matériels et grossiers, mais cette raison qui élève l'homme au-dessus de lui-même, qui le transporte vers des régions inconnues; flamme sacrée qui inspire l'artiste et le poète, pensée divine qui élève le philosophe, élan qui entraîne les individus et les peuples, raison que le vulgaire ne peut comprendre, mais qui élève l'homme et le rapproche de Dieu, plus qu'aucune autre créature, entendement qui sait le conduire du connu à l'inconnu, et lui fait exécuter les choses les plus sublimes. Ecoutez donc cette voix intérieure, ce bon génie qui vous parle sans cesse, et vous arriverez progressivement à entendre votre ange gardien qui vous tend la main du haut du ciel ; je le répète, la voix intime qui parle au cœur est celle des bons Esprits, et c'est à ce point de vue que tous les hommes sont médiums.

—CHANNING

XI

Le don de médiumnité est aussi ancien que le monde ; les prophètes étaient des médiums ; les mystères d'Eleusis étaient fondés sur la médiumnité ; les Chaldéens, les Assyriens avaient des médiums ; Socrate était dirigé par un Esprit qui lui inspirait les admirables principes de sa philosophie ; il entendait sa voix. Tous les peuples ont eu leurs médiums, et les inspirations de Jeanne d'Arc n'étaient autres que les voix d'Esprits bienfaisants qui la dirigeaient. Ce don qui se répand maintenant était devenu plus rare dans les siècles moyens, mais il n'a jamais cessé. Swedenborg et ses adeptes ont eu une nombreuse école. La France des siècles derniers, moqueuse, et occupée d'une philosophie qui, en voulant détruire les abus de l'intolérance religieuse, éteignait sous le ridicule tout ce qui était idéal, la France devait éloigner le spiritisme qui ne cessait de progresser dans le Nord. Dieu avait permis cette lutte des idées positives contre les idées spiritualistes, parce que le fanatisme s'était fait une arme de ces dernières ; maintenant que les progrès de l'industrie et des sciences ont développé l'art de bien vivre à un tel point que les tendances matérielles sont devenues dominantes, Dieu veut que les Esprits soient ramenés aux intérêts de l'âme ; il veut que le perfectionnement de l'homme moral devienne ce qu'il doit être, c'est-à-dire la fin et le but de la vie. L'Esprit humain suit une marche nécessaire, image de la gradation subie par tout ce qui peuple l'univers visible et invisible ; tout progrès arrive à son heure : celle de l'élévation morale est venue pour l'humanité ; elle n'aura pas encore son accomplissement de vos jours ; mais remerciez le Seigneur d'assister à l'aurore bénie.

—PIERRE JOUTY (père du médium)

XII

Dieu m'a chargé d'une mission à remplir envers les croyants qu'il favorise du médiumat. Plus ils reçoivent de grâces du Très-Haut, plus ils courent de dangers, et ces dangers sont d'autant plus grands qu'ils prennent naissance dans les faveurs mêmes que Dieu leur accorde. Les facultés dont jouissent les médiums leur attirent les éloges des hommes ; les félicitations, les adulations : voilà leur écueil. Ces mêmes médiums qui devraient toujours avoir présente à la mémoire leur incapacité primitive l'oublient ; ils font plus : ce qu'ils ne doivent qu'à Dieu, ils l'attribuent à leur propre mérite. Qu'arrive-t-il alors ? Les bons Esprits les abandonnent ; ils deviennent le jouet des mauvais, et n'ont plus de boussole pour se guider ; plus ils deviennent capables, plus ils sont poussés à s'attribuer un mérite qui ne leur appartient pas, jusqu'à ce qu'enfin Dieu les punisse en leur retirant une faculté qui ne peut plus que leur être fatale.

Je ne saurais trop vous rappeler de vous recommander à votre ange gardien, pour qu'il vous aide à être toujours en garde contre votre plus cruel ennemi qui est l'orgueil. Rappelez-vous bien, vous qui avez le bonheur d'être les interprètes entre les Esprits et les hommes, que, sans l'appui de notre divin maître, vous serez punis plus sévèrement, parce que vous aurez été plus favorisés.

J'espère que cette communication portera ses fruits, et je désire qu'elle puisse aider les médiums à se tenir en garde contre l'écueil où ils viendraient se briser ; cet écueil, je vous l'ai dit, c'est l'orgueil.

—JEANNE D'ARC

XIII

Lorsque vous voudrez recevoir des communications de bons Esprits, il importe de vous préparer à cette faveur par le recueillement, par de saines intentions et par le désir de faire le bien en vue du progrès général ; car souvenez-vous que l'égoïsme est une cause du retard à tout avancement. Souvenez-vous que si Dieu permet à quelques-uns d'entre vous de recevoir le souffle de certains de ses enfants qui, par leur conduite, ont su mériter le bonheur de comprendre sa bonté infinie, c'est qu'il veut bien, à notre sollicitation, et en vue de vos bonnes intentions, vous donner les moyens d'avancer dans sa voie ; ainsi donc, médiums ! mettez à profit cette faculté que Dieu veut bien vous accorder. Ayez la foi dans la mansuétude de notre maître ; ayez la charité toujours en pratique ; ne vous lassez jamais d'exercer cette sublime vertu ainsi que la tolérance. Que toujours vos actions soient en harmonie avec votre conscience, c'est un moyen certain de centupler votre bonheur dans cette vie passagère, et de vous préparer une existence mille fois plus douce encore.

Que le médium d'entre vous qui ne se sentirait pas la force de persévérer dans l'enseignement spirite s'abstienne ; car ne mettant pas à profit la lumière qui l'éclaire, il sera moins excusable qu'un autre, et il devra expier son aveuglement.

—PASCAL

XIV

Je vous parlerai aujourd'hui du désintéressement qui doit être une des qualités essentielles chez les médiums, aussi bien que la modestie et le dévouement. Dieu leur a donné cette faculté afin qu'ils aident à propager la vérité, mais non pour en faire un trafic ; et par là je n'entends pas seulement ceux qui voudraient l'exploiter comme ils le feraient d'un talent ordinaire, qui se mettraient médiums comme on se met danseur ou chanteur, mais tous ceux qui prétendraient s'en servir dans des vues intéressées quelconques. Est-il rationnel de croire que de bons Esprits, et encore moins des Esprits supérieurs qui condamnent la cupidité, consentent à se donner en spectacle, et, comme des comparses, se mettent à la disposition d'un entrepreneur de manifestations spirites ? Il ne l'est pas davantage de supposer que de bons Esprits peuvent favoriser des vues d'orgueil et d'ambition. Dieu leur permet de se communiquer aux hommes pour les tirer du bourbier terrestre, et non pour servir d'instruments aux passions mondaines. Il ne peut donc voir avec plaisir ceux qui détournent de son véritable but le don qu'il leur a fait, et je vous assure qu'ils en seront punis, même ici-bas, par les plus amères déceptions.

—DELPHINE DE GIRARDIN

XV

Tous les médiums sont incontestablement appelés à servir la cause du spiritisme dans la mesure de leur faculté, mais il y en a bien peu qui ne se laissent prendre au trébuchet de l'amour-propre; c'est une pierre de touche qui manque rarement son effet; aussi, sur cent médiums, à peine en trouverez-vous un, si infime soit-il, qui ne se soit cru, dans les premiers temps de sa médiumnité, appelé à obtenir des résultats supérieurs et prédestiné à de grandes missions. Ceux qui succombent à cette vaniteuse espérance, et le nombre en est grand, deviennent la proie inévitable d'Esprits obsesseurs, qui ne tardent pas à les subjuguer en flattant leur orgueil et en les prenant par leur faible; plus ils ont voulu s'élever, plus leur chute est ridicule, quand elle n'est pas désastreuse pour eux. Les grandes missions ne sont confiées qu'aux hommes d'élite, et Dieu les place lui-même, et sans qu'ils le cherchent, dans le milieu et dans la position où leur concours pourra être efficace. Je ne puis trop recommander aux médiums inexpérimentés de se méfier de ce que certains Esprits pourront leur dire, touchant le prétendu rôle qu'ils sont appelés à jouer; car, s'ils le prennent au sérieux, ils n'en recueilleront que du désappointement en ce monde, et un sévère châtiment dans l'autre. Qu'ils se persuadent bien que, dans la sphère modeste et obscure où ils sont placés, ils peuvent rendre de grands services, en aidant à la conversion des incrédules, ou en donnant des consolations aux affligés; s'ils doivent en sortir, ils seront conduits par une main invisible qui préparera les voies, et mis en évidence pour ainsi dire malgré eux. Qu'ils se souviennent de cette parole: « Quiconque s'élève sera abaissé, et quiconque s'abaisse sera élevé.»

—L'ESPRIT DE VÉRITÉ

Sur les réunions spirites

Nota. Dans le nombre des communications suivantes quelques-unes ont été données dans la *Société parisienne des études spirites* ou à son intention; d'autres, qui nous ont été transmises par divers médiums, contiennent des conseils généraux sur les réunions, leurs formations et les écueils qu'elles peuvent rencontrer.

XVI

Pourquoi ne commencez-vous pas vos séances par une invocation générale, une sorte de prière qui disposerait au recueillement? car, sachez-le bien, sans le recueillement vous n'aurez que des communications légères; les bons Esprits ne vont que là où on les appelle avec ferveur et sincérité. Voilà ce qu'on ne comprend pas assez; c'est donc à vous à donner l'exemple; à vous qui, si vous le voulez, pouvez devenir une des colonnes de l'édifice nouveau. Nous voyons vos travaux avec plaisir, et nous vous aidons, mais c'est à la condition que vous nous seconderez de votre côté, et que vous vous montrerez à la hauteur de la mission que vous êtes appelés à remplir. Formez donc un faisceau, et vous serez forts, et les mauvais Esprits ne prévaudront pas contre vous. Dieu aime les simples d'esprit, ce qui ne veut pas dire les niais, mais ceux qui font abnégation d'eux-mêmes et qui viennent à lui sans orgueil. Vous pouvez devenir un foyer de lumière pour l'humanité ; sachez donc distinguer le bon grain de l'ivraie ; ne semez que le bon grain, et gardez-vous de répandre de l'ivraie, car l'ivraie empêchera le bon grain de pousser, et vous seriez responsables de tout le mal qu'elle aura fait ; de même vous seriez responsables des mauvaises doctrines que vous pourriez propager. Souvenez-vous qu'un jour le monde peut avoir l'œil sur vous ; faites donc que rien ne ternisse l'éclat des bonnes choses qui sortiront de votre sein ; c'est pourquoi nous vous recommandons de prier Dieu de vous assister.

—SAINT AUGUSTIN

Saint Augustin, prié de vouloir bien dicter une formule d'invocation générale, répondit :

Vous savez qu'il n'y a pas de formule absolue : Dieu est trop grand pour attacher plus d'importance aux mots qu'à la pensée. Or, ne croyez pas qu'il suffise de prononcer quelques paroles pour écarter les mauvais Esprits ; gardez-vous surtout d'en faire une de ces formules banales que l'on récite pour l'acquit de sa conscience ; son efficacité est dans la sincérité du sentiment qui la dicte ; elle est surtout dans l'unanimité de l'intention, car aucun de ceux qui ne s'y associeraient pas de cœur ne saurait en bénéficier, ni en faire bénéficier les autres. Rédigez-la donc vous-même, et soumettez-la-moi si vous voulez ; je vous aiderai.

Nota. La formule suivante d'invocation générale a été rédigée avec le concours de l'Esprit qui l'a complétée en plusieurs points.

« Nous prions Dieu Tout-Puissant de nous envoyer de bons Esprits pour nous assister, et d'éloigner ceux qui pourraient nous induire en erreur ; donnez-nous la lumière nécessaire pour distinguer la vérité de l'imposture.

Ecartez aussi les Esprits malveillants qui pourraient jeter la désunion parmi nous en suscitant l'envie, l'orgueil et la jalousie. Si quelques-uns tentaient de s'introduire ici, au nom de Dieu, nous les adjurons de se retirer.

Bons Esprits qui présidez à nos travaux, daignez venir nous instruire, et rendez-nous dociles à vos conseils. Faites que tout sentiment personnel s'efface en nous devant la pensée du bien général.

Nous prions notamment ..., notre protecteur spécial, de vouloir bien nous donner son concours aujourd'hui. »

XVII

Mes amis, laissez-moi vous donner un conseil, car vous marchez sur un terrain nouveau, et si vous suivez la route que nous vous indiquons, vous ne vous égarerez pas. On vous a dit une chose bien vraie et que nous voulons rappeler, c'est que le spiritisme n'est qu'une morale, et qu'il ne doit pas sortir des limites de la philosophie, pas ou peu, s'il ne veut tomber dans le domaine de la curiosité. Laissez de côté les questions de sciences : la mission des Esprits n'est pas de les résoudre en vous épargnant la peine des recherches, mais de tâcher de vous rendre meilleurs, car c'est ainsi que vous avancerez réellement.

— SAINT LOUIS

XVIII

On s'est moqué des tables tournantes, on ne se moquera jamais de la philosophie, de la sagesse et de la charité qui brillent dans les communications sérieuses. Ce fut le vestibule de la science ; c'est là qu'en entrant on doit laisser ses préjugés comme on y laisse son manteau. Je ne puis trop vous engager à faire de vos réunions un centre sérieux. Qu'ailleurs on fasse des démonstrations physiques, *qu'ailleurs on voie, qu'ailleurs on entende, que chez vous on comprenne et qu'on aime.* Que pensez-vous être aux yeux des Esprits supérieurs quand vous avez fait tourner ou lever une table ? Des écoliers ; le savant passe-t-il son temps à repasser l'*a, b, c* de la science ? Tandis qu'en vous voyant rechercher les communications sérieuses, on vous considère comme des hommes sérieux, en quête de la vérité.

— SAINT LOUIS

Ayant demandé à saint Louis s'il entendait par là blâmer les manifestations physiques, il répondit :

« Je ne saurais blâmer les manifestations physiques, puisque, si elles ont lieu, c'est avec la permission de Dieu et dans un but utile ; en disant qu'elles furent le vestibule de la science, je leur assigne leur véritable rang, et j'en constate l'utilité. Je ne blâme que ceux qui en font un objet d'amusement et de curiosité, sans en tirer l'enseignement qui en est la conséquence ; elles sont à la philosophie du spiritisme ce que la grammaire est à la littérature, et celui qui est arrivé à un certain degré dans une science ne perd plus son temps à en repasser les éléments. »

XIX

Mes amis et fidèles croyants, je suis toujours heureux de pouvoir vous diriger dans la voie du bien ; c'est une douce mission que Dieu me donne et dont je suis fier, parce qu'être utile est toujours une récompense. Que l'Esprit de charité vous réunisse, tant la charité qui donne que celle qui aime. Montrez-vous patients contre les injures de vos détracteurs ; soyez fermes dans le bien, et surtout humbles devant Dieu ; ce n'est que l'humilité qui élève : c'est la seule grandeur que Dieu reconnaisse. Alors seulement les bons Esprits viendront à vous, sinon celui du mal s'emparerait de votre âme. Soyez bénis au nom du Créateur et vous grandirez aux yeux des hommes, en même temps qu'à ceux de Dieu.

— SAINT LOUIS

XX

L'union fait la force ; soyez unis pour être forts. Le spiritisme a germé, jeté des racines profondes ; il va étendre sur la terre ses rameaux bienfaisants. Il faut vous rendre invulnérables contre les trais empoisonnés de la calomnie et de la noire phalange des Esprits ignorants, égoïstes et hypocrites. Pour y arriver, qu'une indulgence et une bienveillance réciproques président à vos rapports ; que vos défauts passent inaperçus, que vos qualités seules soient remarquées ; que le flambeau de la sainte amitié réunisse, éclaire et réchauffe vos cœurs, et vous résisterez aux attaques impuissantes du mal, comme le rocher inébranlable à la vague furieuse.

—SAINT VINCENT DE PAUL

XXI

Mes amis, vous voulez former une réunion spirite, et je vous approuve, parce que les Esprits ne peuvent voir avec plaisir les médiums qui restent dans l'isolement. Dieu ne leur a pas donné cette sublime faculté pour eux seuls, mais pour le bien général. En se communiquant à d'autres, ils ont mille occasions de s'éclairer sur le mérite des communications qu'ils reçoivent, tandis que seuls ils sont bien mieux sous l'empire des Esprits menteurs, enchantés de n'avoir point de contrôle. Voilà pour vous, et si vous n'êtes pas dominés par l'orgueil, vous le comprendrez et vous en profiterez. Voici maintenant pour les autres.

Vous rendez-vous bien compte de ce que doit être une réunion spirite ? Non ; car dans votre zèle vous croyez que ce qu'il y a de mieux à faire, c'est de réunir le plus grand nombre de personnes, afin de les convaincre. Détrompez-vous ; moins vous serez, plus vous obtiendrez. C'est surtout par l'ascendant moral que vous exercerez que vous amènerez à vous les incrédules, bien plus que par les phénomènes que vous obtiendrez ; si vous n'attirez que par les phénomènes, on viendra vous voir par curiosité, et vous trouverez des curieux qui ne vous croiront pas et qui riront de vous ; si l'on ne trouve parmi vous que des gens dignes d'estime, on ne vous croira peut-être pas tout de suite, mais on vous respectera, et le respect inspire toujours la confiance. Vous êtes convaincus que le spiritisme doit amener une réforme morale ; que votre réunion soit donc la première à donner l'exemple des vertus chrétiennes, car dans ce temps d'égoïsme, c'est dans les sociétés spirites que la véritable charité doit trouver un refuge[13]. Telle doit être, mes amis, une réunion de vrais spirites. Une autre fois, je vous donnerai d'autres conseils.

—FENELON

XXII

Vous m'avez demandé si la multiplicité des groupes dans une même localité ne pourrait pas engendrer des rivalités fâcheuses pour la doctrine. À cela je vous répondrai que ceux qui sont imbus des vrais principes de cette doctrine voient des frères dans tous les spirites et non des rivaux ; ceux qui verraient d'autres réunions d'un oeil jaloux prouveraient qu'il y a chez eux une arrière-pensée d'intérêt ou d'amour-propre, et qu'ils ne sont pas guidés par l'amour de la vérité. Je vous assure que si ces gens-là étaient parmi vous, ils y sèmeraient bientôt le trouble et la désunion. Le

---

13. Nous connaissons un monsieur qui a été accepté pour un emploi de confiance dans une importante maison, parce qu'il était spirite sincère, et qu'on a cru trouver une garantie de moralité dans ses croyances.

vrai spiritisme a pour devise *bienveillance et charité* ; il exclut toute autre rivalité que celle du bien que l'on peut faire ; tous les groupes qui l'inscriront sur leur drapeau pourront se tendre la main comme de bons voisins, qui n'en sont pas moins amis quoique n'habitant pas la même maison. Ceux qui prétendront avoir les meilleurs Esprits pour guides devront le prouver en montrant les meilleurs sentiments ; qu'il y ait donc entre eux lutte, mais lutte de grandeur d'âme, d'abnégation, de bonté et d'humilité ; celui qui jetterait la pierre à l'autre prouverait par cela seul qu'il y est sollicité par de mauvais Esprits. La nature des sentiments que deux hommes manifestent à l'égard l'un de l'autre est la pierre de touche qui fait connaître la nature des Esprits qui les assistent.

—FENELON

XXIII

Le silence et le recueillement sont des conditions essentielles pour toutes les communications sérieuses. Vous n'obtiendrez jamais cela de ceux qui ne seraient attirés dans vos réunions que par la curiosité ; engagez donc les curieux à aller s'amuser ailleurs, car leur distraction serait une cause de trouble.

Vous ne devez tolérer aucune conversation lorsque des Esprits sont questionnés. Vous avez parfois des communications qui demandent des répliques sérieuses de votre part, et des réponses non moins sérieuses de la part des Esprits évoqués qui éprouvent, croyez-le bien, du mécontentement des chuchotements continuels de certains assistants ; de là rien de complet ni de vraiment sérieux ; le médium qui écrit éprouve, lui aussi, des distractions très nuisibles à son ministère.

—SAINT LOUIS

XXIV

Je vous parlerai de la nécessité, dans vos séances, d'observer la plus grande régularité, c'est-à-dire d'éviter toute confusion, toute divergence dans les idées. La divergence favorise la substitution des mauvais Esprits aux bons, et presque toujours ce sont les premiers qui s'emparent des questions proposées. D'autre part, dans une réunion composée d'éléments divers et inconnus les uns aux autres, comment éviter les idées contradictoires, la distraction ou pis encore : une vague et railleuse indifférence ? Ce moyen, je voudrais le trouver efficace et certain. Peut-être est-il dans la concentration des fluides épars autour des médiums. Eux seuls, mais surtout ceux qui sont aimés, retiennent les bons Esprits dans l'assemblée ; mais leur influence suffit à peine à dissiper la tourbe des Esprits follets. Le travail de l'examen des communications est excellent ; on ne saurait trop approfondir les questions et surtout les réponses ; l'erreur est facile, même pour les Esprits animés des meilleures intentions ; la lenteur de l'écriture, pendant laquelle l'Esprit se détourne du sujet qu'il épuise aussitôt qu'il l'a conçu, la mobilité et l'indifférence pour certaines formes convenues, toutes ces raisons, et bien d'autres, vous font un devoir de n'apporter qu'une confiance limitée, et toujours subordonnée à l'examen, même quand il s'agit des communications les plus authentiques.

—GEORGES (*Esprit familier*)

XXV

Dans quel but, la plupart du temps, demandez-vous des communications aux Esprits ? Pour avoir de beaux morceaux que vous montrez à vos connaissances comme des échantillons de notre talent ; vous les conservez précieusement dans vos albums, mais dans votre cœur il n'y a pas de place. Croyez-vous que nous soyons bien flattés de venir poser dans vos assemblées comme à un concours, faire assaut d'éloquence pour que vous puissiez dire que la séance a été bien intéressante ? Que vous reste-t-il quand vous avez trouvé une communication admirable ? Croyez-vous que nous venions chercher vos applaudissements ? Détrompez-vous ; nous n'aimons pas plus à vous amuser d'une façon que d'une autre ; de votre part, c'est encore là de la curiosité que vous dissimulez en vain ; notre but est de vous rendre meilleurs. Or, quand nous voyons que nos paroles ne portent pas de fruits, et que tout se réduit de votre côté à une stérile approbation, nous allons chercher des âmes plus dociles ; nous laissons alors venir à notre place les Esprits qui ne demandent pas mieux que de parler, et il n'en manque pas. Vous vous étonnez que nous les laissions prendre notre nom ; que vous importe ? puisqu'il n'en est ni plus ni moins pour vous. Mais sachez bien que nous ne le permettrions pas vis-à-vis de ceux auxquels nous nous intéressons réellement, c'est-à-dire de ceux avec qui nous ne perdons pas notre temps ; ceux-là sont nos préférés, et nous les préservons du mensonge. Ne vous en prenez donc qu'à vous si vous êtes si souvent trompés ; pour nous, l'homme sérieux n'est pas celui qui s'abstient de rire, mais celui dont le cœur est touché de nos paroles, qui les médite et en profite. (Voir n° 268, questions 19 et 20.)

—MASSILLON

XXVI

Le spiritisme devrait être une égide contre l'Esprit de discorde et de dissension ; mais cet Esprit a de tout temps secoué sa torche sur les humains, parce qu'il est jaloux du bonheur que procurent la paix et l'union. Spirites ! il pourra donc pénétrer dans vos assemblées, et n'en doutez pas, il cherchera à y semer la désaffection, mais il sera impuissant contre ceux qu'anime la véritable charité. Tenez-vous donc sur vos gardes, et veillez sans cesse à la porte de votre cœur, comme à celle de vos réunions, pour n'y pas laisser pénétrer l'ennemi. Si vos efforts sont impuissants contre celui du dehors, il dépendra toujours de vous de lui interdire l'accès de votre âme. Si des dissensions s'élevaient parmi vous, elles ne pourraient être suscitées que par de mauvais Esprits ; que ceux donc qui auront au plus haut degré le sentiment des devoirs que leur impose l'urbanité aussi bien que le spiritisme vrai, se montrent les plus patients, les plus dignes et les plus convenables ; les bons Esprits peuvent quelquefois permettre ces luttes pour fournir aux bons comme aux mauvais sentiments l'occasion de se révéler, afin de séparer le bon grain de l'ivraie, et ils seront toujours du côté où il y aura le plus d'humilité et de véritable charité.

—SAINT VINCENT DE PAUL

XXVII

Repoussez impitoyablement tous ces Esprits qui se donnent comme conseils exclusifs, en prêchant la division et l'isolement. Ce sont presque toujours des Esprits vaniteux et médiocres, qui tendent à s'imposer aux hommes faibles et crédules, en leur prodiguant des louanges exagérées, afin de les fasciner et de les tenir sous leur domination. Ce sont généralement des Esprits affamés de pouvoir, qui, despotes publics, ou privés de leur vivant, veulent avoir encore des victimes à tyranniser après leur mort. En général, défiez-vous des communications qui portent un caractère de mysticisme et d'étrangeté, ou qui prescrivent des cérémonies et des actes bizarres ; il y a toujours alors un motif légitime de suspicion.

D'un autre côté, croyez bien que lorsqu'une vérité doit être révélée à l'humanité, elle est pour ainsi dire instantanément communiquée dans tous les groupes sérieux, qui possèdent de sérieux médiums, et non pas à tels ou tels à l'exclusion de tous autres. Nul n'est parfait médium s'il est obsédé, et il y a obsession manifeste lorsqu'un médium n'est apte qu'à recevoir les communications d'un Esprit spécial, si haut que celui-ci cherche à se placer lui-même. En conséquence, tout médium, tout groupe qui se croient privilégiés par des communications que seuls ils peuvent recevoir, et qui, d'autre part, sont assujettis à des pratiques qui frisent la superstition, sont indubitablement sous le coup d'une obsession des mieux caractérisées, surtout quand l'Esprit dominateur se targue d'un nom que tous, Esprits et incarnés, nous devons honorer et respecter, et ne pas laisser commettre à tout propos.

Il est incontestable qu'en soumettant au creuset de la raison et de la logique toutes les données et toutes les communications des Esprits, il sera facile de repousser l'absurdité et l'erreur. Un médium peut être fasciné, un groupe abusé ; mais le contrôle sévère des autres groupes, mais la science acquise, et la haute autorité morale des chefs de groupes, mais les communications des principaux médiums qui reçoivent un cachet de logique et d'authenticité de nos meilleurs Esprits, feront rapidement justice de ces dictées mensongères et astucieuses émanées d'une tourbe d'Esprits trompeurs ou méchants.

— ERASTE (disciple de saint Paul)

Remarque : Un des caractères distinctifs de ces Esprits qui veulent s'imposer et faire accepter des idées bizarres et systématiques, c'est de prétendre, fussent-ils seuls de leur avis, avoir raison contre tout le monde. Leur tactique est d'éviter la discussion, et quand ils se voient combattus victorieusement par les armes irrésistibles de la logique, ils refusent dédaigneusement de répondre, et prescrivent à leurs médiums de s'éloigner des centres où leurs idées ne sont pas accueillies. Cet isolement est ce qu'il y a de plus fatal pour les médiums, parce qu'ils subissent, sans contrepoids, le joug de ces Esprits obsesseurs qui les conduisent, comme des aveugles, et les mènent souvent dans des voies pernicieuses.

XXVIII

Les faux prophètes ne sont pas seulement parmi les incarnés ; ils sont aussi, et en bien plus grand nombre, parmi les Esprits orgueilleux qui, sous de faux-semblants d'amour et de charité, sèment la désunion et retardent l'œuvre émancipatrice de l'humanité, en jetant à la traverse leurs systèmes absurdes qu'ils font accepter par leurs médiums ; et pour mieux fasciner ceux qu'ils veulent abuser, pour donner plus de poids à leurs théories, ils se parent sans scrupule de noms que les hommes ne prononcent qu'avec respect, ceux de saints justement vénérés, de Jésus, de Marie, de Dieu même.

Ce sont eux qui sèment des ferments d'antagonisme entre les groupes, qui les poussent à s'isoler les uns des autres, et à se voir d'un mauvais oeil. Cela seul suffirait pour les démasquer, car, en agissant ainsi, ils donnent eux-mêmes le plus formel démenti à ce qu'ils prétendent être. Aveugles donc sont les hommes qui se laissent prendre à un piège aussi grossier.

Mais il y a bien d'autres moyens de les reconnaître. Des Esprits de l'ordre auquel ils disent appartenir doivent être non seulement très bons, mais, en outre, éminemment logiques et rationnels. Eh bien ! passez leurs systèmes au tamis de la raison et du bon sens, et vous verrez ce qui en restera. Convenez donc avec moi que, toutes les fois qu'un Esprit indique, comme remède aux maux de l'humanité, ou comme moyens d'arriver à sa transformation, des choses utopiques et impraticables, des mesures puériles et ridicules ; quand il formule un système contredit par les plus vulgaires notions de la science, ce ne peut être qu'un Esprit ignorant et menteur.

D'un autre côté, croyez bien que si la vérité n'est pas toujours appréciée par les individus, elle l'est toujours par le bon sens des masses, et c'est encore là un critérium. Si deux principes se contredisent, vous aurez la mesure de leur valeur intrinsèque en cherchant celui qui trouve le plus d'échos et de sympathie ; il serait illogique, en effet, d'admettre qu'une doctrine qui verrait diminuer le nombre de ses partisans fût plus vraie que celle qui voit les siens s'augmenter. Dieu, voulant que la vérité arrive à tous, ne la confine pas dans un cercle étroit et restreint : il la fait surgir par différents points, afin que partout la lumière soit à côté des ténèbres.

—ERASTE

Remarque : La meilleure garantie qu'un principe est l'expression de la vérité, c'est lorsqu'il est enseigné et révélé par différents Esprits, par des médiums étrangers les uns aux autres, et en différents lieux, et lorsque, de plus, il est confirmé par la raison et sanctionné par l'adhésion du plus grand nombre. La vérité seule peut donner des racines à une doctrine ; un système erroné peut bien recruter quelques adhérents, mais comme il manque de la première condition de vitalité, il n'a qu'une existence éphémère ; c'est pourquoi il n'y a pas à s'en inquiéter : il se tue par ses propres erreurs, et tombera inévitablement devant l'arme puissante de la logique.

Communications apocryphes

Il y a souvent des communications tellement absurdes, quoique signées des noms les plus respectables, que le plus vulgaire bon sens en démontre la fausseté ; mais il en est où l'erreur est dissimulée sous de bonnes choses qui font illusion et empêchent quelquefois de la saisir au premier coup d'oeil, mais elles ne sauraient résister à un examen sérieux. Nous n'en citerons que quelques-unes comme échantillon.

XXIX

La création perpétuelle et incessante des mondes est pour Dieu comme une jouissance perpétuelle, parce qu'il voit sans cesse ses rayons devenir chaque jour plus lumineux en bonheur. Il n'y a pas de nombre pour Dieu, pas plus qu'il n'y a de temps. Voilà pourquoi des centaines ou des milliards ne sont pas plus et pas moins pour lui, l'un que l'autre. C'est un père, dont le bonheur est formé du bonheur collectif de ses enfants, et à chaque seconde de création, il voit un nouveau bonheur venir se fondre dans le bonheur général. Il n'y a ni arrêt, ni suspension dans ce mouvement perpétuel, ce grand bonheur incessant qui féconde la terre et le ciel. Du monde, on ne connaît qu'une faible fraction, et vous avez des frères qui vivent sous des latitudes où l'homme n'est pas encore parvenu à pénétrer. Que signifient ces chaleurs torréfiantes et ces froids mortels qui arrêtent les efforts des plus hardis ? Croyez-vous simplement que là soit la limite de votre monde, quand vous ne pouvez plus avancer avec vos petits moyens ? Vous pourriez donc mesurer exactement votre planète ? Ne croyez pas cela. Il y a sur votre planète plus de lieux ignorés que de lieux connus. Mais comme il est inutile de propager davantage toutes vos mauvaises institutions, toutes vos mauvaises lois, actions et existences, il y a une limite qui vous arrête çà et là, et qui vous arrêtera jusqu'à ce que vous ayez à transporter les bonnes semences qu'a faites votre libre arbitre. Oh ! non, vous ne connaissez pas ce monde que vous appelez la terre. Vous verrez de votre existence un grand commencement de preuves à cette communication. Voilà que l'heure va sonner où il y aura une autre découverte que la dernière qui a été faite ; voilà que va s'élargir le cercle de votre terre connue, et quand toute la presse chantera cet Hosanna dans toutes les langues, vous, pauvres enfants, qui aimez Dieu et qui cherchez sa voix, vous l'aurez su avant ceux mêmes qui donneront leur nom à la nouvelle terre.

—VINCENT DE PAUL

Remarque : Au point de vue du style, cette communication ne supporte pas la critique ; les incorrections, les pléonasmes, les tournures vicieuses sautent aux yeux de quiconque est tant soit peu lettré ; mais cela ne prouverait rien contre le nom dont elle est signée, attendu que ces imperfections pourraient tenir à l'insuffisance du médium, ainsi que nous l'avons démontré. Ce qui est le fait de l'Esprit, c'est l'idée ; or quand il dit qu'il y a sur notre planète plus de lieux ignorés que de lieux connus, qu'un nouveau continent va être découvert, c'est, pour un Esprit qui se dit supérieur, faire preuve de la plus profonde ignorance. Sans doute on peut découvrir par-delà les glaces quelques coins de terre inconnus, mais dire que ces terres sont peuplées et que Dieu les a cachées aux hommes afin qu'ils n'y portassent pas leurs mauvaises institutions, c'est avoir par trop foi dans la confiance aveugle de ceux à qui il débite de pareilles absurdités.

XXX

Mes enfants, notre monde matériel et le monde spirituel que si peu connaissent encore, forment comme deux plateaux de la balance perpétuelle. Jusqu'ici nos religions, nos lois, nos coutumes et nos passions ont tellement fait pencher le plateau du mal pour enlever celui du bien, qu'on a vu le mal régner en souverain sur la terre. Depuis des siècles c'est toujours la même plainte qui s'exhale de la bouche de l'homme, et la conclusion fatale est l'injustice de Dieu. Il en est même qui vont jusqu'à la négation de l'existence de Dieu. Vous voyez tout ici et rien là; vous voyez le superflu qui heurte le besoin, l'or qui brille près de la boue; tous les contrastes les plus frappants qui devraient vous prouver votre double nature. D'où cela vient-il ? À qui la faute ? Voilà ce qu'il faut chercher avec tranquillité et avec impartialité; quand on désire sincèrement trouver un bon remède, on le trouve. Eh bien ! malgré cette domination du mal sur le bien, par votre propre faute, car ne voyez-vous pas le reste aller droit la ligne tracée par Dieu ? Voyez-vous les saisons se déranger ? les chaleurs et les froids se heurter inconsidérément ? la lumière du soleil oublier d'éclairer la terre ? la terre oublier dans son sein les grains que l'homme y a déposés ? Voyez-vous la cessation des mille miracles perpétuels qui se produisent sous nos yeux, depuis la naissance du brin d'herbe, jusqu'à la naissance de l'enfant, homme futur ? Mais, tout va bien du côté de Dieu, tout va mal du côté de l'homme. Quel remède à cela ? Il est bien simple : se rapprocher de Dieu, s'aimer, s'unir, s'entendre et suivre tranquillement la route dont on voit les jalons avec les yeux de la foi et de la conscience.

—VINCENT DE PAUL

Remarque : Cette communication a été obtenue dans le même cercle; mais quelle différence avec la précédente ! non seulement pour les pensées, mais encore pour le style. Tout y est juste, profond, sensé, et certes saint Vincent de Paul ne la désavouerait pas, c'est pourquoi on peut sans crainte la lui attribuer.

XXXI

Allons, enfants, serrez vos rangs ! c'est-à-dire que votre bonne union fasse votre force. Vous qui travaillez à la fondation du grand édifice, veillez et travaillez toujours à le consolider à sa base, et alors vous pourrez le monter bien haut, bien haut ! La progression est immense sur tout notre globe; une quantité innombrable de prosélytes se rangent sous notre drapeau; beaucoup de sceptiques et même des plus incrédules s'approchent, s'approchent aussi.

Allez, enfants; marchez le cœur haut, plein de foi; la route que vous poursuivez est belle; ne vous ralentissez pas; suivez toujours la droite ligne, servez de guides à ceux qui viennent après vous, ils seront heureux, bien heureux !

Marchez, enfants; vous n'avez pas besoin de la force des baïonnettes pour soutenir votre cause, vous n'avez besoin que de la foi; la croyance, la fraternité et l'union, voilà vos armes; avec celles-là vous êtes forts, plus puissants que tous les grands potentats de l'univers réunis, malgré leurs forces vivantes, leurs flottes, leurs canons et leur mitraille !

Vous qui combattez pour la liberté des peuples et la régénération de la grande famille humaine, allez, enfants, courage et persévérance, Dieu vous aidera. Bonsoir, au revoir.

—NAPOLÉON

Remarque : Napoléon était, de son vivant, un homme grave et sérieux s'il en fut jamais ; tout le monde connaît son style bref et concis ; il aurait singulièrement dégénéré si, après sa mort, il était devenu verbeux et burlesque. Cette communication est peut-être de l'Esprit de quelque troupier qui s'appelait Napoléon.

XXXII

Non, on ne peut pas changer de religion quand on n'en a pas une qui puisse à la fois satisfaire le sens commun et l'intelligence qu'on a, et qui puisse surtout donner à l'homme des consolations présentes. Non, on ne change pas de religion, on tombe de l'ineptie et de la domination dans la sagesse et dans la liberté. Allez, allez, notre petite armée ! allez, et ne craignez pas les balles ennemies : celles qui doivent vous tuer ne sont pas encore faites, si vous êtes toujours du fond du cœur dans la voie de Dieu, c'est-à-dire si vous voulez toujours combattre pacifiquement et victorieusement pour l'aisance et la liberté.

—VINCENT DE PAUL

Remarque : Qui reconnaîtrait saint Vincent de Paul à ce langage, à ces pensées décousues et dépourvues de sens ? Que signifient ces mots : Non, on ne change pas de religion, on tombe de l'ineptie et de la domination dans la sagesse et dans la liberté ? Avec ses balles qui ne sont pas encore faites, nous soupçonnons fort cet Esprit d'être le même que celui qui a signé ci-dessus Napoléon.

XXXIII

Enfants de ma foi, chrétiens de ma doctrine oubliée par les intérêts des flots de la philosophie des matérialistes, suivez-moi sur le chemin de la Judée, suivez la passion de ma vie, contemplez mes ennemis maintenant, voyez mes souffrances, mes tourments et mon sang versé pour ma foi.

Enfants, spiritualistes de ma nouvelle doctrine, soyez prêts à supporter, à braver les flots de l'adversité, les sarcasmes de vos ennemis. La foi marchera sans cesse en suivant votre étoile, qui vous conduira au chemin du bonheur éternel, telle que l'étoile conduisit pour la foi les mages de l'Orient à la crèche. Quelles que soient vos adversités, quelles que soient vos peines, et les larmes que vous aurez versées sur cette sphère d'exil, prenez courage, soyez persuadés que la joie qui vous inondera dans le monde des Esprits sera bien au-dessus des tourments de votre existence passagère. La vallée de larmes est une vallée qui doit disparaître pour faire place au brillant séjour de joie, de fraternité et d'union, où par votre bonne obéissance à la sainte révélation vous parviendrez. La vie, mes chers frères de cette sphère terrestre, toute préparatoire, ne peut durer que le temps nécessaire pour vivre bien préparé à cette vie qui ne pourra jamais finir. Aimez-vous, aimez-vous comme je vous ai aimés, et comme je vous aime encore ; frères, courage, frères ! Je vous bénis ; au ciel je vous attends.

—JÉSUS

De ces brillantes et lumineuses régions où la pensée humaine peut à peine arriver, l'écho de vos paroles et des miennes est venu frapper mon cœur.

Oh ! de quelle joie je me sens inondé en vous voyant, vous, les continuateurs de ma doctrine. Non, rien n'approche du témoignage de vos bonnes pensées ! Vous le voyez, enfants, l'idée régénératrice lancée par moi jadis dans le monde, persécutée, arrêtée un moment sous la pression des tyrans, s'en va désormais sans obstacles, éclairant les chemins à l'humanité si longtemps plongée dans les ténèbres.

Tout grand et désintéressé sacrifice, mes enfants, a tôt ou tard porté ses fruits. Mon martyr vous l'a prouvé ; mon sang versé pour ma doctrine sauvera l'humanité et effacera les fautes des grands coupables !

Soyez bénis, vous qui aujourd'hui prenez place dans la famille régénérée ! Allez, courage, enfants !

—JÉSUS

Remarque : Il n'y a sans doute rien de mauvais dans ces deux communications ; mais le Christ a-t-il jamais eu ce langage prétentieux, emphatique et boursouflé ? Qu'on les compare à celle que nous avons citée plus haut et qui porte le même nom, et l'on verra de quel côté est le cachet de l'authenticité.

Toutes ces communications ont été obtenues dans le même cercle. On remarque, dans le style, un air de famille, des tours de phrase identiques, les mêmes expressions souvent reproduites comme, par exemple, *allez, allez, enfants*, etc., d'où l'on peut conclure que c'est le même Esprit qui les a toutes dictées sous des noms différents. Dans ce cercle, cependant, très consciencieux du reste, mais un peu trop crédule, on ne faisait ni évocations, ni questions ; on attendait tout des communications spontanées, et l'on voit que ce n'est certes pas une garantie d'identité. Avec des questions un peu pressantes et serrées de logique, on eût facilement remis cet Esprit à sa place ; mais il savait n'avoir rien à craindre, puisqu'on ne lui demandait rien, et qu'on acceptait sans contrôle et les yeux fermés tout ce qu'il disait. (Voir n° 269.)

XXXIV

Que la nature est belle ! que la Providence est prudente en sa prévoyance ! mais votre aveuglement et vos passions humaines empêchent de prendre patience en la prudence et la bonté de Dieu. Vous vous lamentez du moindre nuage, du moindre retard dans vos prévisions ; sachez donc, impatients douteurs, que rien n'arrive sans un motif toujours prévu, toujours prémédité au profit de tous. La raison de ce qui précède est pour mettre à néant, hommes à craintes hypocrites, toutes vos prévisions de mauvaise année pour vos récoltes.

Dieu inspire souvent l'inquiétude de l'avenir aux hommes pour les pousser à la prévoyance ; et voyez comme grands sont les moyens pour parfaire à vos craintes semées à dessein, et qui, le plus souvent, cachent des pensées avides plutôt qu'une idée d'un sage approvisionnement inspiré par un sentiment d'humanité au profit des petits. Voyez les rapports de nations à nations qui en ressortiront ; voyez quelles transactions devront se réaliser ; que de moyens viendront concourir à parer vos craintes ! car, vous le savez, tout s'enchaîne ; aussi, grands et petits viendront à l'œuvre.

Alors, ne voyez-vous pas déjà dans tout ce mouvement une source d'un certain bien-être pour la classe la plus laborieuse des Etats, classe vraiment intéressante que vous, les grands, vous, les omnipotents de cette terre, vous considérez comme gens taillables à merci, créés pour vos satisfactions.

Puis, qu'arrive-t-il après tout ce va-et-vient d'un pôle à l'autre ? C'est qu'une fois bien pourvus, souvent ce temps a changé ; le soleil, obéissant à la pensée de son créateur, a mûri en quelques jours vos moissons ; Dieu a mis l'abondance où votre convoitise méditait sur le manque, et malgré vous les petits pourront vivre ; et sans vous en douter, vous avez été à votre insu la cause d'une abondance.

Cependant il arrive, - Dieu le permet quelquefois, - que les méchants réussissent dans leurs projets cupides ; mais alors c'est un enseignement que Dieu veut donner à tous ; c'est la prévoyance humaine qu'il veut stimuler ; c'est l'ordre infini qui règne dans la nature, c'est le courage contre les événements que doivent imiter, que doivent supporter avec résignation les hommes.

Quant à ceux qui, par calcul, profitent des désastres, croyez-le, ils en seront punis. Dieu veut que tous ses êtres vivent ; l'homme ne doit pas jouer avec la nécessité, ni trafiquer sur le superflu. Juste en ses bienfaits, grand en sa clémence, trop bon pour notre ingratitude, Dieu, dans ses desseins, est impénétrable.

—BOSSUET, ALFRED DE MARIGNAC

Remarque : Cette communication ne contient assurément rien de mauvais ; il y a même des idées philosophiques profondes et des conseils très sages, qui pourraient tromper, sur l'identité de l'auteur, les personnes peu versées dans la littérature. Le médium qui l'avait obtenue l'ayant soumise au contrôle de la Société spirite de Paris, il n'y eut qu'une voix pour déclarer qu'elle ne pouvait être de Bossuet. Saint Louis consulté répondit : « Cette communication, par elle-même, est bonne, mais ne croyez pas que ce soit Bossuet qui l'ait dictée. Un Esprit l'a écrite, peut-être un peu sous son inspiration, et il a mis le nom du grand évêque au bas pour la faire accepter plus facilement ; mais au langage vous devez reconnaître la substitution. Elle est de l'Esprit qui a mis son nom après celui de Bossuet.» Cet Esprit, interrogé sur le motif qui l'avait fait agir, dit : « J'avais envie d'écrire quelque chose afin de me rappeler au souvenir des hommes ; voyant que c'était faible, j'ai voulu y mettre le prestige d'un grand nom. - Mais ne pensez-vous pas qu'on reconnaîtrait qu'elle n'était pas de Bossuet ? - Qui sait jamais au juste ? Vous pouviez vous tromper. D'autres moins clairvoyants l'auraient acceptée. »

C'est en effet la facilité avec laquelle certaines personnes acceptent ce qui vient du monde invisible sous le couvert d'un grand nom, qui encourage les Esprits trompeurs. C'est à déjouer les ruses de ceux-ci qu'il faut appliquer toute son attention, et l'on ne peut y parvenir qu'à l'aide de l'expérience acquise par une étude sérieuse. Aussi répétons-nous sans cesse : Etudiez avant de pratiquer, car c'est le seul moyen de ne pas acquérir l'expérience à vos dépens.

VOCABULAIRE SPIRITE

Agénère (du grec, *a*, privatif et *géiné*, *géinomaï*, engendrer ; qui n'a pas été engendré). Variété de l'apparition tangible ; état de certains Esprits qui peuvent revêtir momentanément les formes d'une personne vivante, au point de faire complètement illusion.

Erraticité. Etat des Esprits errants, c'est-à-dire non incarnés, pendant les intervalles de leurs existences corporelles.

Esprit. Dans le sens spécial de la doctrine spirite, *les Esprits sont les êtres intelligents de la création, qui peuplent l'univers en dehors du monde matériel, et qui constituent le monde invisible.* Ce ne sont point des êtres d'une création particulière, mais les âmes de ceux qui ont vécu sur la terre ou dans les autres sphères, et qui ont quitté leur enveloppe corporelle.

Frappeur. Qualité de certains Esprits. Les Esprits frappeurs sont ceux qui révèlent leur présence par des coups et des bruits de diverses natures.

Médianimique. Qualité de la puissance des médiums. *Faculté médianimique.*

Médianimité. Faculté des médiums. Synonyme de *médiumnité*. Ces deux mots sont souvent employés indifféremment ; si l'on voulait faire une distinction, on pourrait dire que *médiumnité* a un sens plus général, et *médianimité* un sens plus restreint. Il a le don de *médiumnité*. *La médianimité mécanique.*

Médium (du latin, *medium*, milieu, intermédiaire). Personne pouvant servir d'intermédiaire entre les Esprits et les hommes.

Médiumat. Mission providentielle des médiums. Ce mot a été créé par les Esprits. (Voir chapitre XXXI ; communication XII.)

Médiumnité (Voir Médianimité).

Périsprit (du grec, *péri*, autour). Enveloppe semi-matérielle de l'Esprit. Chez les incarnés, il sert de lien ou d'intermédiaire entre l'Esprit et la matière ; chez les Esprits errants, il constitue le corps fluidique de l'Esprit.

Pneumatographie (du grec *pneuma*, air, souffle, vent, esprit, et *graphô*, j'écris). Ecriture directe des Esprits sans le secours de la main d'un médium.

Pneumatophonie (du grec, *pneuma*, et de *phoné*, son ou voix). Voix des Esprits ; communication orale des Esprits sans le secours de la voix humaine.

Psychographe (du grec, *psukê*, papillon, âme, et *graphô*, j'écris). Celui qui fait de la psychographie ; médium écrivain.

Psychographie. Ecriture des Esprits par la main d'un médium.

Psychophonie. Communication des Esprits par la voix d'un médium parlant.

Réincarnation. Retour de l'Esprit à la vie corporelle ; pluralité des existences.

Sématologie (du grec, *semâ*, signe, et *logos*, discours). Langage des signes. Communication des Esprits par le mouvement des corps inertes.

Spirite. Ce qui a rapport au spiritisme ; partisan du spiritisme ; celui qui croit aux manifestations des Esprits. *Un bon, un mauvais spirite ; la doctrine spirite.*

Spiritisme. Doctrine fondée sur la croyance à l'existence des Esprits et à leurs manifestations.

Spiritiste. Ce mot, employé dans le principe pour désigner les adeptes du spiritisme, n'a pas été consacré par l'usage ; le mot *spirite* a prévalu.

Spiritualisme. Se dit dans le sens opposé à celui de matérialisme (académ.) ; croyance à l'existence de l'âme spirituelle et immatérielle. *Le spiritualisme est la base de toutes les religions.*

Spiritualiste. Ce qui a rapport au spiritualisme ; partisan du spiritualisme. Quiconque croit que tout en nous n'est pas matière est *spiritualiste*, ce qui n'implique nullement la croyance aux manifestations des Esprits. Tout *spirite* est nécessairement *spiritualiste* ; mais on peut être *spiritualiste* sans être *spirite* ; le *matérialiste* n'est ni l'un ni l'autre. On dit : la philosophie *spiritualiste*. - Un ouvrage écrit dans les idées *spiritualistes*. - Les manifestations *spirites* sont produites par l'action des Esprits sur la matière. - La morale *spirite* découle de l'enseignement donné par les Esprits. - Il y a des *spiritualistes* qui tournent en dérision les croyances *spirites*. Dans ces exemples, la substitution du mot *spiritualiste* au mot *spirite*, produirait une confusion évidente.

Stéréotite (du grec, *stéréos*, solide). Qualité des apparitions tangibles.

Typteur (du grec, *tuptô*, je frappe). Variété des médiums aptes à la typtologie. *Médium typteur.*

Typtologie. Langage par coups frappés ; mode de communication des Esprits. *Typtologie alphabétique.*

INDEX

Index

A

Action magnétique curative 104
Alfred de Marignac (Esprit) 297
Âme collective 33
Âme matérielle 38
Animaux (médianimité chez les) 181
Appareil électromédianimique 72
Apparitions 79, 84
Apparitions de l'Esprit des vivants 93
Apports 72
Aptitude de certains médiums pour les choses qu'ils ne connaissent pas : les langues 166
Augmentation et diminution du poids des corps 61
Autres mondes 240
Avenir 232

B

Baron de Guldenstubbe 118
Basilide 96
Bergzabern 65
Bi-Corporéité 93
Bossuet (Esprit) 297
Bruits 54, 63

C

Castelnaudary 65
Causes physiques 31
Cerveau 162
Changement d'écriture 158
Channing (Esprit) 280, 281, 283
Charlatanisme 29
Charlatanisme et Jonglerie (Esprit) 250
Chateaubriand (Esprit) 279
Christ 36
Communications 110
Communications apocryphes 292
Communications frivoles 110
Communications grossières 110
Communications instructives 111
Communications sérieuses 111
Contradictions 242
Coran 36
Corbeilles 121
Coups frappés 121
Cupertin 19

D

Dangers de la Médiumnité 162
Delphine de Girardin (Esprit) 285
Démoniaque 34
Démons 34
Dessin 167
Développement de la médiumnité 151
Dibbelsdorf 65
Dissertation d'un Esprit sur le rôle des médiums 169
Dissertation d'un Esprit sur l'influence morale 177
Dissertations Spirites 278
Distinction des bons et des mauvais Esprits 200
Doctrine spirite 38

E

Écriture directe 117
Emah Tirpsé 33
Enfants 162
Enveloppe fluidique 45
Eraste (Esprit) 74, 142, 147, 148, 149, 172, 178, 185, 291, 292
Esprit d'Arago 60
Esprit perturbateur 69
Esprits 34
Esprits élevés 39
Esprits globules 87, 130
Esprits inférieurs 39
Esprits, l'identité des 197
Esprits que l'on peut évoquer 213
Esprits Supérieurs 39
Esprits sur La Matière 44
Évocation des animaux 224
Évocation des personnes vivantes 224
Évocations 211, 217
Évocations particulières, utilité des 216
Existences passées et futures 234

F

Fascination 186
Fenelon (Esprit) 288, 289
Fluide périspritique 73
Folie 30
Formation spontanée d'objets tangibles 100
Fraudes et supercheries 115
Fraudes spirites 253

G

Georges (Esprit) 289

H

Hallucination 30, 89
Hallucinationistes 90
Hommes doubles 95

I

Influence de l'Esprit personnel du médium 164
Influence de l'exercice de la médiumnité sur la santé 162
Influence morale du médium 173
Intérêts moraux et matériels 235
Inventions et les découvertes 239
Invisibilité 98

J

Jeanne d'Arc (Esprit) 284
Jeannet (Esprit) 71
Jésus (Esprit) 296
J.-J. Rousseau (Esprit) 279

L

Lamennais (Esprit) 40
Langage à tenir avec les Esprits 215
Langage des signes et des coups frappés 113
L'Église 35
L'Esprit de Vérité 245, 246, 247, 248, 285
Lieux Hantés 106

M

Magnétique curative 104
Manifestations intelligentes 51
Manifestations physiques 48, 54
Manifestations physiques spontanées 63
Manifestations spontanées 125
Manifestations visuelles 79, 128
Massillon (Esprit) 290
Médard, Saint 16
Médianimité chez les animaux 181
Médiums 124, 282
    Aptitudes spéciales des médiums 139
    Bons médiums 149
    Développement de la médiumnité 151
Médiums à apparitions 141
Médiums à apports 141
Médiums à communications triviales et ordurières 147
Médiums à dictées spontanées 145
Médiums à effets intellectuels 140
Médiums à effets musicaux 141
Médiums à effets physiques 124, 140
Médiums à évocations 145
Médiums ambitieux 148
Médiums à pressentiments 138, 143
Médiums à translations et à suspensions 141
Médiums auditifs 127, 142
Médiums calmes 147
Médiums convulsifs 147
Médiums de mauvaise foi 148
Médiums dévoués 149
Médiums écrivains 135, 143
Médiums écrivains mécaniques 144
Médiums écrivains ou psychographes 144
Médiums égoïstes 148
Médiums excitateurs 142
Médiums exclusifs 145
Médiums expérimentés 145
Médiums explicites 144
Médiums extatiques 143
Médiums facultatifs ou volontaires 141
Médiums faits ou formés 144
Médiums fascinés 148
Médiums flexibles 145
Médiums guérisseurs 132, 142
Médiums historiens 146
Médiums illettrés 144
Médiums imparfaits 148, 160
Médiums improductifs 144

Médiums incorrects 146
Médiums indifférents 148
Médiums inertes 166
Médiums inspirés 136, 138, 143
Médiums intéressés 250
Médiums intuitifs 135, 144
Médiums involontaires 124
Médiums jaloux 148
Médiums laconiques 144
Médiums légers 148
Médiums littéraires 146
Médiums mécaniques 135
Médiums médicaux 146
Médiums mercenaires 148
Médiums modestes 149
Médiums moteurs 141
Médiums musiciens 143
Médiums naturels 124
Médiums naturels ou inconscients 141
Médiums nocturnes 141
Médiums novices 144
Médiums obsédés 148
Médiums orgueilleux 148
Médiums parlants 128, 142
Médiums peintres et dessinateurs 143
Médiums philosophes et moralistes 146
Médiums pneumatographes 133, 142
Médiums poétiques 146
Médiums polyglottes 144
Médiums polygraphes 144
Médiums positifs 146
Médiums présomptueux 148
Médiums prophétiques 143
Médiums religieux 146
Médiums sans le savoir 137
Médiums scientifiques 146
Médiums semi-mécaniques 136, 144
Médiums sensitifs 141
Médiums sensitifs ou impressibles 127
Médiums sérieux 149
Médiums somnambules 131, 143
Médiums spéciaux 139
Médiums subjugués 148
Médiums sûrs 149
Médiums susceptibles 148
Médiums typteurs 141
Médiums véloces 147
Médiums versificateurs 145

Médiums voyants 128, 142
Modification des propriétés de la matière 102
Moïse 36
Monde Invisible 100
Mouvements et soulèvements 54
Musique 167
Mystifications 247

N

Napoléon (Esprit) 295
Nature et l'identité des Esprits 205

O

Objets lancés 67
Obsession 186
Obsession, causes de l' 188
Obsession, moyens de la combattre 191
Obsession simple 186

P

Parisienne des Études Spirites 271
Pascal (Esprit) 284
Périsprit 12, 38, 39, 45, 54, 87, 93
Personnes électriques 126
Perte et suspension de la médiumnité 158
Perturbations 63
Phénomène de l'écriture directe 118
Phénomène des apports 71
Pierre Jouty (Esprit) 283
Planchettes 121
Pneumatographie 100, 117
Pneumatophonie 119, 127
Poids des corps 61
Psychographes 135
Psychographie 117, 121
Psychographie directe 122
Psychographie indirecte 121

Q

Questions que l'on peut adresser aux Esprits 230
Questions sur la santé 238
Questions sur l'avenir 232
Questions sur les existences passées et futures 234

Questions sur les intérêts moraux et matériels 235
Questions sur le sort des Esprits 237
Questions sympathiques ou antipathiques aux Esprits 231

R

Raphaël 16
Règlement de la Société 271
Réunions et Sociétés Spirites 258
Réunions spirites 285
Rivalité entre les sociétés spirites 269
Rôle du médium dans les communications spirites 164
Rossini 16

S

Saint Alphonse de Liguori 95
Saint Antoine de Padoue 95
Saint Augustin (Esprit) 278, 286
Saint Benoît (Esprit) 280
SAINT LOUIS 280, 287, 289
Saint Pétersbourg 65
Saint Vincent de Paul (Esprit) 288, 290
Salette 19
Santé 162, 238
Sématologie 113
Socrate (Esprit) 149, 150
Somnambulisme magnétique 126
Sort des Esprits 237
Spirite, Échelle 38
Spiritisme 278
Subjugation 187
Subjugation corporelle 193
Superstition 15
Système diabolique 34
Système du muscle craqueur 31
Système du reflet 32
Système monospirite 36
Système multispirite 37
Système optimiste 36
Système pessimiste 34
Système polyspirite 37
Systèmes 29
Système somnambulique 33
Système unispirite 36

T

Tableau synoptique des différentes variétés de médiums 140
Table-Girardin 115
Tables Tournantes 48
Tapages 63
Télégraphie humaine 229
Timothée (Esprit) 172
Transfiguration 97
Transfiguration 93
Transmutation des métaux 117
Trésors cachés 239
Typtologie 113
Typtologie alphabétique 113

U

Un Esprit Familier (Esprit) 280

V

Vespasien 96
Vêtements des Esprits 100
Vierge 35
Vincent de Paul (Esprit) 293, 294, 295

Discovery Publisher is a multimedia publisher whose mission is to inspire and support personal transformation, spiritual growth and awakening. We strive with every title to preserve the essential wisdom of the author, spiritual teacher, thinker, healer, and visionary artist.

www.ingramcontent.com/pod-product-compliance
Lightning Source LLC
Chambersburg PA
CBHW031942080426
42735CB00007B/235